Caro aluno, seja bem-vindo!

A partir de agora, você tem a oportunidade de estudar com uma coleção didática da SM que integra um conjunto de recursos educacionais impressos e digitais desenhados especialmente para auxiliar os seus estudos.

Para acessar os recursos digitais integrantes deste projeto, cadastre-se no *site* da SM e ative sua conta.

Veja como ativar sua conta SM:

1. Acesse o *site* <**www.edicoessm.com.br**>.
2. Se você não possui um cadastro, basta clicar em "Login/Cadastre-se" e, depois, clicar em "Quero me cadastrar" e seguir as instruções.
3. Se você já possui um cadastro, digite seu *e-mail* e sua senha para acessar.
4. Após acessar o *site* da SM, entre na área "Ativar recursos digitais" e insira o código indicado abaixo:

A24AX - 7FU2E - PB6CR - NNSB8

Você terá acesso aos recursos digitais por 12 meses, a partir da data de ativação desse código.

Ressaltamos que o código de ativação somente poderá ser utilizado uma vez, conforme descrito no "Termo de Responsabilidade do Usuário dos Recursos Digitais SM", localizado na área de ativação do código no *site* da SM.

Em caso de dúvida, entre em contato com nosso **Atendimento**, pelo telefone **0800 72 54876** ou pelo *e-mail* **atendimento@grupo-sm.com** ou pela internet <**www.edicoessm.com.br**>.

Desejamos muito sucesso nos seus estudos!

Requisitos mínimos recomendados para uso dos conteúdos digitais SM

Computador	Tablet	Navegador
PC Windows • Windows XP ou superior • Processador dual-core • 1 GB de memória RAM **PC Linux** • Ubuntu 9.x, Fedora Core 12 ou OpenSUSE 11.x • 1 GB de memória RAM **Macintosh** • MAC OS 10.x • Processador dual-core • 1 GB de memória RAM	**Tablet IPAD IOS** • IOS versão 7.x ou mais recente • Armazenamento mínimo: 8GB • Tela com tamanho de 10" **Outros fabricantes** • Sistema operacional Android versão 3.0 (Honeycomb) ou mais recente • Armazenamento mínimo: 8GB • 512 MB de memória RAM • Processador dual-core	*Internet Explorer 10* *Google Chrome 20* ou mais recente *Mozilla Firefox 20* ou mais recente Recomendado o uso do Google Chrome Você precisará ter o programa Adobe Acrobat instalado, *kit* multimídia e conexão à internet com, no mínimo, 1Mb

Para Viver Juntos

CIÊNCIAS

ENSINO FUNDAMENTAL 7º ANO

7

São Paulo,
3ª edição
2014

João Batista Aguilar
Mestre em Ecologia e Doutor em Ciências pela Universidade de São Paulo (USP).
Bacharel e Licenciado em Ciências Biológicas pela USP.
Professor de Biologia.

Para Viver Juntos – Ciências 7
© Edições SM Ltda.
Todos os direitos reservados

Direção editorial	Juliane Matsubara Barroso
Gerência editorial	Angelo Stefanovits
Gerência de processos editoriais	Rosimeire Tada da Cunha
Coordenação de área	Lia Monguilhott Bezerra
Edição	André Henrique Zamboni, Andréa Cozzolino, Denise Costa Felipe, Eliane de Abreu Santoro, Eveline Duarte, Fabíola Bovo Mendonça, Maria Teresa Galluzzi, Nina Nazario, Verônica Bercht
Consultoria	Ana Maria de Souza, Maria Covadonga López Apostólico, Susana Oliveira Dias
Assistência de produção editorial	Alzira Aparecida Bertholim Meana, Flávia R. R. Chaluppe, Silvana Siqueira
Preparação e revisão	Cláudia Rodrigues do Espírito Santo (Coord.), Eliana Vila Nova de Souza, Fátima Cezare Pasculli, Fernanda Oliveira Souza, Izilda de Oliveira Pereira, Maíra de Freitas Cammarano, Rosinei Aparecida Rodrigues Araujo, Valéria Cristina Borsanelli, Marco Aurélio Feltran (apoio de equipe)
Coordenação de *design*	Erika Tiemi Yamauchi Asato
Coordenação de arte	Ulisses Pires
Edição de arte	Felipe Repiso, Juliano de Arruda Fernandes, Melissa Steiner Rocha Antunes
Projeto gráfico	Erika Tiemi Yamauchi Asato, Aurélio Camilo
Capa	Erika Tiemi Yamauchi Asato, Aurélio Camilo sobre ilustração de Estúdio Colletivo
Iconografia	Jaime Yamane, Josiane Camacho Laurentino, Karina Tengan, Priscila Ferraz, Sara Alencar, Tatiana Lubarino Ferreira, Tempo Composto Ltda.
Tratamento de imagem	Robson Mereu
Editoração eletrônica	Adriana Domingues de Farias, Estúdio Sintonia, Fernando Cesar Fernandes
Fabricação	Alexander Maeda
Impressão	EGB-Editora Gráfica Bernardi Ltda.

Dados Internacionais de Catalogação na Publicação (CIP)
(Câmara Brasileira do Livro, SP, Brasil)

Aguilar, João Batista
  Para viver juntos : ciências, 7º ano : ensino fundamental / João Batista Aguilar. — 3. ed. — São Paulo : Edições SM, 2014. — (Para viver juntos ; v. 7)

  Bibliografia.
  ISBN 978-85-418-0599-5 (aluno)
  ISBN 978-85-418-0600-8 (professor)

  1. Ciências (Ensino fundamental) I. Título. II. Série.

14-06759   CDD-372.35

Índices para catálogo sistemático:
1. Ciências : Ensino fundamental 372.35

3ª edição, 2014

Edições SM Ltda.
Rua Tenente Lycurgo Lopes da Cruz, 55
Água Branca 05036-120 São Paulo SP Brasil
Tel. 11 2111-7400
edicoessm@grupo-sm.com
www.edicoessm.com.br

APRESENTAÇÃO

Com um celular você pode conversar com pessoas, tirar fotos e fazer filmagens. Você também pode usá-lo para participar de jogos, navegar na internet, ouvir música e até assistir televisão!

Como funciona um celular e o que tornou possível sua invenção? Por que tantas pessoas no mundo usam esse tipo de aparelho? De que forma as inovações tecnológicas interferem na nossa vida e no ambiente? Você costuma usar equipamentos tecnológicos? Fica muito tempo conectado à internet? Alguém já chamou a sua atenção ou a de algum colega por isso?

As Ciências Naturais reúnem conhecimentos que nos levam a fazer perguntas para as quais podemos ou não ter as respostas. Os celulares são apenas um exemplo das muitas invenções e descobertas do ser humano, que resultam da grande busca por compreender os fenômenos observados no mundo.

Nesta coleção, você vai aprofundar os seus estudos sobre as tecnologias, os seres vivos, as relações que eles estabelecem entre si e com o ambiente, bem como saber um pouco mais sobre a Terra e o Universo.

Mais do que isso, você terá condições de desenvolver habilidades de observação, investigação e interpretação de fenômenos naturais, bem como entender de que forma o seu modo de vida pode afetar os outros seres e o ambiente.

Você vai se surpreender com os conteúdos de cada capítulo e, além das consultas ao livro, poderá encontrar mais informações acessando a página desta coleção na internet.

Cada página é um convite à sua participação e ao seu envolvimento na busca por um conhecimento científico inclusivo, voltado para a construção de uma sociedade sustentável, justa e democrática.

Os autores

CONHEÇA SEU LIVRO

O texto de abertura traz um breve resumo dos temas que serão tratados no capítulo.

O que você vai aprender
Lista dos tópicos mais importantes do capítulo.

Converse com os colegas
Todos os capítulos começam com uma imagem e algumas questões relacionadas a ela. Você e seus colegas lerão em silêncio o texto inicial e, em seguida, conversarão sobre as questões propostas. O professor orientará a discussão, e vocês deverão anotar no caderno tudo o que julgarem importante.

Os capítulos são organizados em **módulos** numerados, que dividem o tema geral em subgrupos. O texto em destaque no início de cada módulo faz referência aos assuntos que serão tratados.

A teoria está organizada por títulos principais, destacados por grafismo, e títulos secundários, com letras menores. Conceitos importantes são realçados com fundo colorido.

Em algumas margens laterais ou no final da página, há quadros com textos e, eventualmente, imagens. Eles complementam um assunto exposto na teoria, o qual foi destacado com fundo azul.

Glossário
Termos que podem ser desconhecidos são destacados no texto com cor alaranjada e explicados no Glossário, na margem lateral da página.

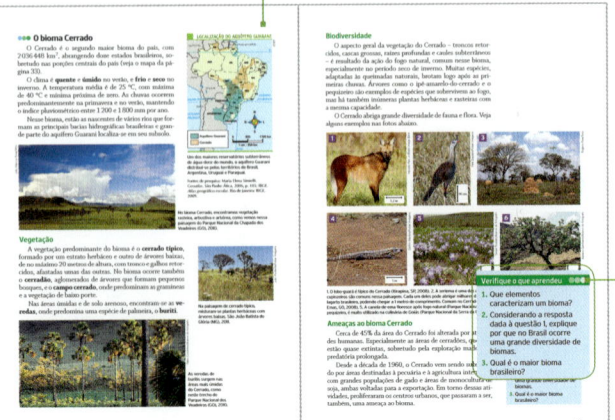

As páginas são ricamente ilustradas por gráficos, figuras, fotografias, esquemas e mapas que ajudam a compreender ou a ampliar a teoria.

As imagens de seres vivos não microscópicos são acompanhadas de uma barra com a informação de uma das dimensões reais do ser (altura ou comprimento médios).

Verifique o que aprendeu
Nesta seção, são propostas algumas questões que retomam os principais conteúdos estudados no módulo.

4

As atividades desta e de outras seções vão ajudá-lo a desenvolver diferentes habilidades e competências, entre elas: reconhecer argumentos a favor ou contra o uso de certas tecnologias para solução de necessidades humanas; ler, escrever e interpretar textos, imagens, gráficos e tabelas; realizar trabalhos em grupo. Anotando as respostas no caderno, você sempre poderá corrigi-las e/ou acrescentar informações importantes.

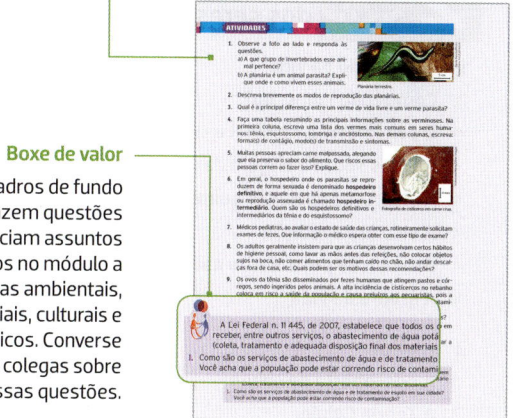

Ciência à mão
Propostas de atividades práticas que estimulam a investigação, a reflexão e a formulação de hipóteses.

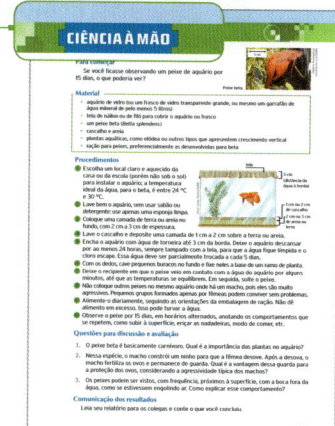

Boxe de valor
Os quadros de fundo lilás trazem questões que associam assuntos vistos no módulo a problemas ambientais, sociais, culturais e econômicos. Converse com os colegas sobre essas questões.

Lendo Ciências
Nesta seção, são reproduzidos textos publicados em diferentes meios: livros, jornais, revistas ou sites. O conteúdo desses textos é relacionado ao assunto do capítulo estudado. Antes da leitura do texto, converse com os colegas sobre as questões iniciais, sugeridas no Antes de ler.

Caixa de ferramentas
Nesta seção, que aparece uma vez no livro, você encontrará orientações sobre procedimentos que o ajudarão a organizar o estudo, a fazer pesquisas e trabalhos em grupo e a planejar e realizar projetos relacionados com o conhecimento.

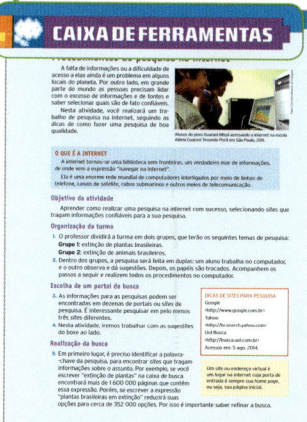

Depois da leitura, você resolverá no caderno as questões de interpretação propostas no De olho no texto.

Questões globais
O capítulo é encerrado com uma série de questões que possibilitam aprofundar os diferentes conteúdos estudados nos módulos.

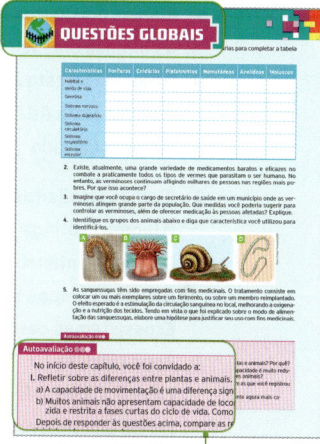

Projeto
Esta seção, que aparece duas vezes no livro, sugere que você faça uso dos procedimentos apreendidos na seção Caixa de ferramentas em um projeto no qual você e seu grupo aplicarão os conhecimentos de Ciências Naturais estudados até então.

Autoavaliação
Esta seção geralmente propõe que você releia as questões da abertura do capítulo e responda a elas novamente, agora considerando os conhecimentos que adquiriu ao longo do estudo do capítulo, avaliando seu progresso e os pontos que você tem de estudar um pouco mais.

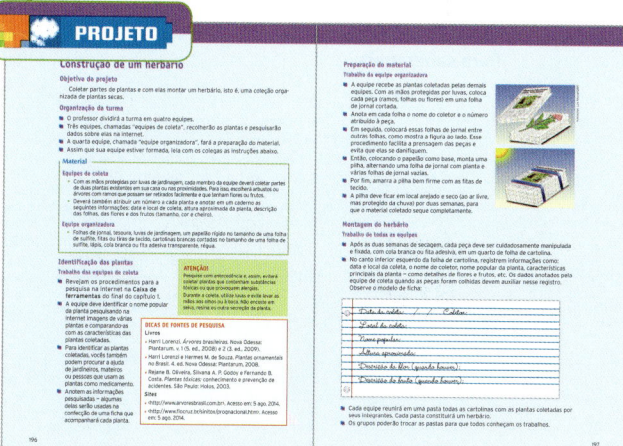

Para saber mais
Na página final de cada capítulo, você encontra várias sugestões de livros, sites e filmes que envolvem os assuntos estudados. Também há propostas de visita a museus, institutos e centros de estudo relacionados com o tema geral do capítulo.

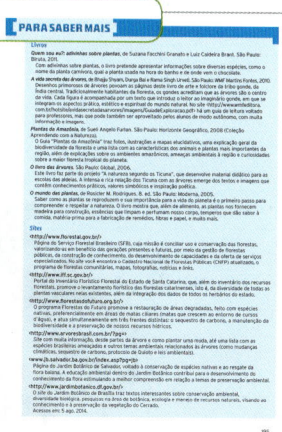

5

SUMÁRIO

1 Ecologia — 11

1 O que a Ecologia estuda — 12
- Ecologia: o estudo das interações — 12
- O organismo no ambiente — 14

2 Os organismos e o ambiente — 16
- Componentes físicos do ambiente — 16
- Os habitantes — 17
- A população e o ambiente — 19
- A estrutura das comunidades — 20

3 Relações ecológicas entre os organismos — 22
- A vida entre os iguais — 22
- Relações com outras espécies — 23

4 Matéria e energia nos ecossistemas — 26
- Relações alimentares — 26
- Matéria e energia nas cadeias alimentares — 29
- Impactos das ações humanas — 29
- A matéria no ecossistema — 30

5 Biomas brasileiros I — 33
- Os biomas brasileiros — 33
- O bioma Floresta Amazônica — 34
- O bioma Mata Atlântica — 37
- O bioma Cerrado — 40

6 Biomas brasileiros II — 43
- O bioma Caatinga — 43
- O bioma Pantanal — 45
- O bioma Campos Sulinos — 47
- Ecossistemas costeiros e marinhos — 49
- Zona marinha — 52
- Ciência à mão: A fertilidade do solo — 58
- Lendo Ciências: Ameaças ao Pantanal — 59
- Questões globais — 60
- Para saber mais — 61

Caixa de ferramentas: Procedimentos de pesquisa na internet — 62
Projeto: Modelos de ecossistema — 64

2 Classificação dos seres vivos — 67

1 A evolução da vida — 68
- Como tudo começou? — 68
- O pensamento racional e científico — 69
- Teorias sobre a origem da vida — 70
- A vida: uma evolução química — 72
- A vida em evolução — 73
- A evolução por seleção natural — 74
- A árvore da vida — 75

2 A célula — 77
- A descoberta da célula — 77
- A Teoria Celular — 78
- Tipos de células — 79
- Tipos de células eucarióticas — 80
- Os tecidos celulares — 81
- Seres unicelulares e pluricelulares — 81

3 Características dos seres vivos — 83
- Metabolismo — 83
- Nutrição — 84
- Respiração — 84
- Crescimento — 84
- Sensibilidade, reação e movimento — 85
- Adaptação — 85
- Reprodução — 86

4 Classificação dos seres vivos — 89
- A classificação biológica — 89
- O sistema de classificação de Lineu — 90
- A classificação e a evolução — 92
- A nomenclatura biológica — 94
- Os reinos de seres vivos — 95

5 Os vírus — 97
- Características dos vírus — 97
- Vírus que infectam seres humanos — 99
- Ciência à mão: O reino dos botões — 101
- Lendo Ciências: Encontrada bactéria multicelular em lagoas do Rio — 102
- Questões globais — 103
- Para saber mais — 105

3 Reinos Monera, Fungo e Protoctista — 107

1. **Reino Monera** — 108
   - Características gerais — 108
   - Reprodução nas bactérias — 109
   - Nutrição das bactérias — 110
   - Bactérias em ambientes extremos — 112
   - Bactérias na indústria — 113
   - Bactérias e saúde humana — 114
2. **Reino dos Fungos** — 118
   - Organização corporal — 118
   - Nutrição — 118
   - Reprodução — 118
   - Diversidade de fungos — 119
   - Os fungos na natureza — 120
   - Fungos utilizados pelo ser humano — 121
   - Os fungos e a saúde humana — 122
3. **Reino dos Protoctistas: protozoários** — 124
   - Os protozoários — 124
   - Estrutura — 124
   - Nutrição — 124
   - Reprodução — 124
   - Grupos de protozoários — 125
   - Os protozoários e a saúde humana — 126
   - Protozoários na natureza — 130
4. **Reino dos Protoctistas: algas** — 132
   - As algas — 132
   - Algas unicelulares — 132
   - Algas pluricelulares — 134
   - Ciência à mão: Cultivando bolores — 136
   - Lendo Ciências: KPC não é mais mortífera que outras superbactérias — 137
   - Questões globais — 138
   - Para saber mais — 139

4 Reino das Plantas I — 141

1. **Briófitas** — 142
   - Organização corporal das briófitas — 142
   - Ciclo de vida das briófitas — 143
   - Diversidade e classificação das briófitas — 144
2. **Pteridófitas** — 146
   - Organização corporal das pteridófitas — 146
   - Ciclo de vida das pteridófitas — 147
   - Diversidade e classificação das pteridófitas — 148
   - As pteridófitas do passado — 149
3. **Gimnospermas** — 151
   - A semente — 151
   - Organização corporal das gimnospermas — 152
   - Ciclo de vida das gimnospermas — 153
   - Diversidade e classificação das gimnospermas — 154
   - Gimnospermas utilizadas pelo ser humano — 155
   - Ciência à mão: Cultivando esporos de samambaia — 157
   - Lendo Ciências: Mata de araucárias — 158
   - Questões globais — 159
   - Para saber mais — 161

SUMÁRIO

5 Reino das Plantas II — 163

1. **As angiospermas** 164
   - Origem das angiospermas 164
   - Estrutura das angiospermas: flores e frutos 165
   - Estrutura das angiospermas: raiz e caule 166

2. **A folha** 172
   - Estrutura da folha 172
   - Fotossíntese 173
   - Transpiração 174
   - Gutação 174
   - Diversidade das folhas 175
   - Folhas modificadas 176

3. **Flor, fruto e semente** 179
   - Flor 179
   - O ciclo alternante das angiospermas 183
   - A formação da semente 183
   - A formação do fruto 185
   - Dispersão das sementes 186
   - Plantas anuais e plantas perenes 187
   - **Ciência à mão:** Germinação de sementes e desenvolvimento inicial da planta 189
   - Colorindo flores 190
   - **Lendo Ciências:** O papel do banco de sementes na restauração de áreas degradadas 192
   - Questões globais 193
   - Para saber mais 195

Projeto: Construção de um herbário 196

6 Invertebrados I — 199

1. **Como são os animais** 200
   - Características gerais 200
   - Classificação 200
   - Origem e diversidade 201
   - Diversidade dos invertebrados 202

2. **Poríferos e cnidários** 204
   - Poríferos 204
   - Cnidários 207

3. **Platelmintos e nematódeos** 212
   - Platelmintos 212
   - Nematódeos 217

4. **Moluscos e anelídeos** 220
   - Moluscos 220
   - Anelídeos 223
   - **Ciência à mão:** As minhocas e o solo 226
   - **Lendo Ciências:** Com minhocas, sistema doméstico converte lixo orgânico em fertilizante 227
   - Questões globais 228
   - Para saber mais 229

7 Invertebrados II — 231

1. **Artrópodes** 232
   - Principais características dos artrópodes 232
   - Diversidade e abundância dos artrópodes 234

2. **Artrópodes: insetos** 236
   - Organização corporal dos insetos 236
   - A diversidade dos insetos 236

3. **Artrópodes: crustáceos** 243
   - Crustáceos 243
   - A diversidade dos crustáceos 244
   - Organização corporal dos crustáceos 244

4. **Artrópodes: aracnídeos e miriápodes** 247
   - Organização corporal dos aracnídeos 247
   - Miriápodes: características gerais 249

5. **Equinodermos** 251
   - Características gerais 251
   - Diversidade dos equinodermos 252
   - Sistemas e órgãos dos equinodermos 253
   - **Ciência à mão:** Observação de moscas-das-frutas 256
   - **Lendo Ciências:** Controle biológico amplia acesso do Brasil ao mercado internacional de frutas 257
   - Questões globais 258
   - Para saber mais 259

8 Vertebrados I — 261

1 Peixes 262
- Diversidade de peixes 263
- Características gerais dos peixes 265
- Revestimento corporal 265
- Locomoção 266
- Respiração 267
- Reprodução 268

2 Anfíbios 271
- Diversidade de anfíbios 271
- Características gerais dos anfíbios 272
- Revestimento corporal 273
- Locomoção 274
- Reprodução 275
- Respiração 276

3 Répteis 279
- Diversidade de répteis 279
- Características gerais 280
- Revestimento corporal 281
- Locomoção 282
- Respiração 282
- Reprodução 283
- Prevenção de acidentes com répteis 284
- Ciência à mão: Criando peixes ornamentais ... 287
- Lendo Ciências: Anfíbio transparente corre risco de extinção na Amazônia 288
- Entre o perigo e o mito 289
- Questões globais 290
- Para saber mais 291

9 Vertebrados II — 293

1 Aves 294
- Características gerais 294
- Modos de locomoção 295
- O voo das aves 297
- Revestimento 299
- Respiração 300
- Reprodução 300
- Alimentação 301

2 Mamíferos 304
- Características gerais 304
- Reprodução 304
- Gestação e cuidados com a prole 305
- Em todos os lugares 307
- Alimentação 308
- Locomoção 309
- Revestimento 311
- Ciência à mão: Observação de aves 313
- Lendo Ciências: Macacos me mordam! ... 314
- Questões globais 315
- Para saber mais 317

Referências bibliográficas 318
Fontes da internet 320

Os seres vivos dependem da água, do solo, do ar e de outros organismos. Eles habitam os ambientes que apresentam as condições adequadas a suas necessidades.

Neste capítulo, você compreenderá as relações que se estabelecem entre os elementos de um ambiente, conhecerá as características de algumas regiões naturais do Brasil e entenderá como as atividades humanas modificam esses locais.

Sobre a folha de uma planta, uma formiga e uma joaninha estão cercadas por pulgões (os pequenos seres verdes que se espalham sobre a folha).

Ecologia

CAPÍTULO 1

O QUE VOCÊ VAI APRENDER

- O que é Ecologia
- As interações entre organismos e ambiente
- Transferência de matéria e energia nos ecossistemas
- Interferências humanas na natureza
- A diversidade de ambientes do Brasil

CONVERSE COM OS COLEGAS

Observe os animais que estão sobre a folha na foto ao lado: a joaninha (vermelha com pintas pretas), a formiga e os pulgões (verdes). Depois, converse sobre as questões propostas.

1. Os pulgões passam parte da vida fixos sobre as folhas das plantas. Você acha que eles se alimentam de quê?

2. As joaninhas se alimentam, entre outras coisas, de pulgões. Havendo uma joaninha sobre a folha onde estão os pulgões, o que acontece com a quantidade de pulgões com o passar do tempo? E se forem quatro joaninhas sobre a folha em vez de uma só?

3. A espécie de formiga fotografada alimenta-se de sementes e de substâncias açucaradas. Os pulgões liberam uma substância açucarada que pode servir de alimento às formigas. Para a formiga, é mais vantajoso existirem sobre a mesma folha muitos ou poucos pulgões? O que aconteceria se fossem muitas formigas sobre a folha?

4. Você sabe como as plantas se alimentam? Se a quantidade de plantas no mundo diminuísse drasticamente, o que aconteceria com pulgões, joaninhas e formigas?

MÓDULO 1

O que a Ecologia estuda

Os seres vivos fazem parte do ambiente e dele dependem para sua sobrevivência e reprodução. Alimento, água e abrigo são recursos encontrados no solo, na atmosfera ou nos oceanos, lagos e rios. Na busca por tais recursos, os seres vivos agem no ambiente em que vivem, modificando-o.

●●● Ecologia: o estudo das interações

A **Ecologia** estuda a interação dos organismos uns com os outros e dos organismos com o lugar em que vivem.

Em resumo, a Ecologia estuda o **ambiente**, que é formado pelos **fatores físicos** (como o solo, a água e a temperatura) e pelos **seres vivos** que nele habitam.

Essa ciência ajuda a compreender, por exemplo, as razões que levam os seres vivos a habitar um lugar determinado ou as causas de algumas espécies se encontrarem em risco de extinção.

> Para a Ecologia, o termo **ambiente** refere-se ao conjunto dos fatores físicos de um local com os seres vivos que nele habitam.

Níveis de organização

Na Ecologia, os seres vivos são agrupados e classificados de acordo com as interações entre eles. Assim, os **organismos** podem ser agrupados em **populações**, e estas, em **comunidades**.

Organismo

Entre os níveis de organização ecológica nos quais os seres vivos podem ser classificados, o **organismo** é considerado a unidade fundamental.

Para a Ecologia, é importante compreender como o organismo interage com os fatores físicos do ambiente e como ele interage com os outros organismos presentes no ambiente. As interações entre os organismos podem ocorrer entre seres da mesma **espécie biológica**, ou entre seres de espécies biológicas distintas. Uma espécie biológica pode ser definida como um grupo de seres vivos semelhantes entre si e que podem se reproduzir originando descendentes férteis, isto é, que também possam se reproduzir.

A casa dos seres vivos

O termo *ecologia* foi criado pelo naturalista Ernst Haeckel (1834-1919) em 1866. Derivado das palavras gregas *oikos* ("casa") e *logos* ("noção"), pode ser entendido como "a casa dos seres vivos".

O objetivo mais amplo da ciência Ecologia é compreender como ocorre o equilíbrio entre os seres vivos e como são mantidas as condições essenciais para a vida.

A importância da Ecologia tem crescido à medida que aumentam os desafios ambientais que devem ser enfrentados por nossa sociedade. Entender as inter-relações dos seres vivos e suas interações com o meio físico é hoje um conhecimento fundamental na busca de soluções para os problemas decorrentes da intervenção do ser humano no ambiente.

Os organismos interagem uns com os outros e com o ambiente ao redor. A foto acima mostra um cervo-do-pantanal no Pantanal de Poconé (MT), 2011.

A organização dos seres vivos

Para compreender melhor as interações que ocorrem no ambiente, a Ecologia adota uma organização com níveis de hierarquia, como esquematizado ao lado.

Organismo
O organismo é a unidade fundamental, o indivíduo.
Por exemplo: uma arara-canindé.

População
Conjunto de organismos da mesma espécie que habitam a mesma região.
Por exemplo: um grupo de araras-canindé.

Comunidade
Conjunto das populações que habitam a mesma região.
Por exemplo: populações de arara, cutia, onça, jacaré, etc. que habitam a mesma região. (Na ilustração, cada animal representa uma população.)

Ecossistema
Conjunto formado pela comunidade de seres vivos, pelos fatores físicos do ambiente em que essa comunidade vive e pelas relações que existem entre todos esses elementos.
Por exemplo: uma floresta, uma lagoa.

Biosfera
Conjunto de todos os ecossistemas.
Fisicamente, corresponde a todos os ambientes do planeta – terrestres, aquáticos ou aéreos – nos quais existe vida. Esse grande conjunto compreende desde a porção inferior da atmosfera até o fundo dos oceanos. Ele inclui as relações entre seres vivos e entre estes e o ambiente físico no qual se inserem.

Fonte de pesquisa: Robert E. Ricklefs. *A economia da natureza*. 5. ed. Rio de Janeiro: Guanabara Koogan, 2003. p. 3.
(Representações sem proporção de tamanhos.)

Os grandes ambientes da Terra

Para facilitar o estudo dos muitos processos que ocorrem simultaneamente, costumamos dividir o planeta em grandes **ambientes**, também conhecidos como **domínios**, **camadas** ou **esferas**.

Cada um desses ambientes é definido pelo elemento que nele predomina: o solo, a água, o ar ou a vida. Embora existam outras classificações dos ambientes terrestres, o sistema mais usual abrange as seguintes esferas: a **litosfera** é a camada do planeta formada pela crosta e pela parte superior do manto terrestre e pelo solo que fica à superfície; a **atmosfera** é a camada de gases que envolve a Terra, à qual costumamos chamar de ar; a **hidrosfera** é o nome do conjunto de toda a água do planeta (nos estados físicos líquido e sólido e em forma de vapor); a **biosfera** é a camada formada por todos os seres vivos e pelos ambientes – terrestres, aquáticos ou aéreos – nos quais possa existir vida.

Os grandes ambientes da Terra estão em constante inter--relação: o que acontece em uma esfera afeta as demais.

●●● O organismo no ambiente

Os organismos necessitam de energia e de matéria-prima para gerar os produtos de que precisam para viver, crescer e se reproduzir. Nesse processo, são gerados resíduos.

Uma planta, por exemplo, usa a energia luminosa para transformar gás carbônico e água em glicose, um nutriente essencial à vida vegetal.

Durante esse processo – denominado **fotossíntese** – a planta libera gás oxigênio, como resíduo para o ambiente. Esse gás é usado pela própria planta e por outros seres vivos no processo da **respiração**, no qual o oxigênio permite a liberação da energia armazenada na glicose. Na respiração, um dos resíduos formados é o gás carbônico.

Quase todos os demais seres vivos têm de ingerir alimento para obter tanto a matéria quanto a energia necessária à vida. Os processos metabólicos geram "produtos" que alteram o ambiente físico, como calor, gás carbônico e urina.

As características, os comportamentos e as atividades dos organismos também provocam alterações no ambiente. A sombra de uma árvore, a teia de uma aranha ou uma estrada construída pelo ser humano são exemplos desse tipo de alteração.

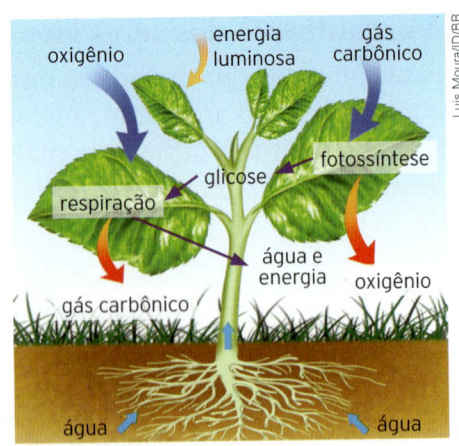

Consumo e liberação de substâncias em um organismo. (Representação sem proporção de tamanhos.)
Fonte de pesquisa: Peter H. Raven; Ray F. Evert; Susan E. Eichhorn. *Biologia vegetal*. 7. ed. Rio de Janeiro: Guanabara Koogan, 2007.

GLOSSÁRIO

Metabólico: relativo a metabolismo, ou seja, às transformações pelas quais passam as substâncias que constituem o corpo dos seres vivos. A respiração, a digestão, a fotossíntese são exemplos de processos metabólicos.

Mudanças na própria casa

O ser humano faz parte do ambiente, e dele depende sua sobrevivência. Muitas vezes, porém, as ações humanas não consideram os efeitos que causam sobre o ambiente. Os impactos dessas ações também são objeto de estudo da Ecologia.

Nas últimas décadas, as questões relativas ao meio ambiente têm participação constante no noticiário de jornais, rádio, TV e internet. Cada vez mais, criam-se normas e leis que tentam impor limites às ações humanas, visando minimizar os impactos negativos sobre o ambiente. Por outro lado, setores que se beneficiam economicamente da exploração dos recursos naturais criam meios de legitimar suas atividades, mesmo que elas acarretem prejuízos ambientais.

Verifique o que aprendeu ●●●

1. Indique uma população, uma comunidade e um ecossistema da região em que você vive.
2. Que nível de organização é formado pelo conjunto de todas as serpentes jararacas que habitam uma região? Explique.

O Código Florestal brasileiro

O conjunto de leis que procura regulamentar o uso dos recursos naturais é denominado **Código Florestal**.

O primeiro Código Florestal brasileiro, instituído em 1934 pelo Decreto-lei n. 23 793/34, previa a criação de parques nacionais e exigia a manutenção de um mínimo de vegetação nativa nas fazendas.

Foi atualizado em 1965 pela Lei n. 4 771, que mantinha os objetivos da lei anterior e estimulava o plantio e o uso racional das florestas. Esse código sofreu várias adaptações nos anos seguintes.

Em 2010, foi apresentada uma proposta de reformulação do Código Florestal, a qual, após tramitar pelo Congresso Nacional, foi aprovada pela Lei n. 12.651 de 2012.

Logotipo do Comitê Nacional para o Ano Internacional das Florestas (2011).

ATIVIDADES

1. A Ecologia é importante para a sociedade atual? Por quê?

2. Suponha que, em certa região, vivam três espécies biológicas. Represente um indivíduo de cada uma dessas espécies por um dos símbolos ao lado. Depois, junte os indivíduos em grupos e desenhe um esquema para representar os três primeiros níveis ecológicos: organismo, população e comunidade.

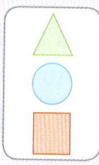

3. Explique o que é um ecossistema. Que tipo de estudo você imagina que os ecólogos (os estudiosos que se dedicam à Ecologia) fazem para compreender o funcionamento de um ecossistema?

4. Cite dois exemplos de interação do ser humano com o ambiente: um que seja característico da espécie humana, isto é, que não seja comparável às interações de nenhum outro ser vivo, e outro que seja similar às interações de outros seres vivos com o ambiente. Justifique.

5. Um ecólogo vai fazer dois estudos, conforme descrito nos itens **a** e **b**. Escreva qual nível de organização dos seres vivos ele deve pesquisar em cada caso e explique sua resposta.
   a) Estudo sobre a vida de uma espécie de quati: em que época se reproduz, quantos filhotes nascem e quantos indivíduos morrem por ano.

Fabio Colombini/Acervo do fotógrafo

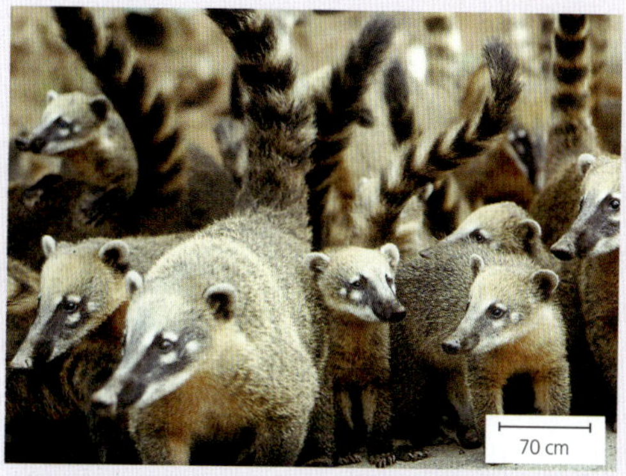

Quatis fotografados em Poços de Caldas (MG).

   b) Estudo sobre os impactos da construção de um condomínio à beira-mar, em local de natureza preservada: quais espécies ocorrem no local, como a construção vai afetar a disponibilidade dos recursos e as condições necessárias a essas espécies, e como esse ambiente alterado afetará a vida dos organismos que ali vivem.

Ernesto Reghran/Pulsar Imagens

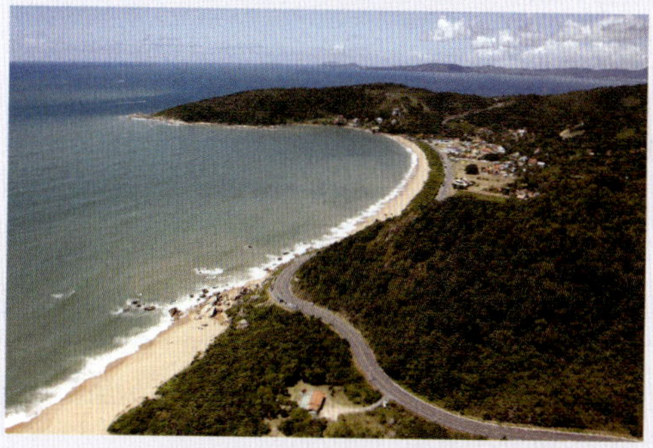

Balneário Camboriú (SC), 2011.

6. Forme dupla com um colega e resolvam a questão.
Observem as fotos abaixo e respondam: de que forma cada um dos organismos mostrados pode alterar o ambiente ao redor no decorrer da vida?

Ernesto Reghran/Pulsar Imagens

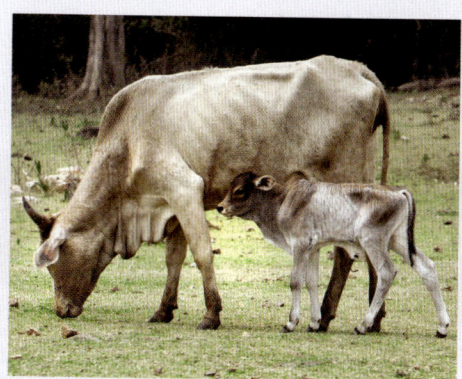

Vaca e bezerro pastando. O animal adulto tem cerca de 2 m de comprimento.

Fabio Colombini/Acervo do fotógrafo

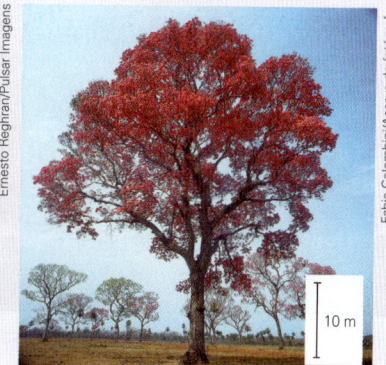

Ipê-roxo no Pantanal (MS).

MÓDULO 2
Os organismos e o ambiente

Todo lugar apresenta possibilidades e desafios específicos à sobrevivência dos seres vivos. Ao longo do tempo, as espécies sofrem modificações que possibilitam sua sobrevivência e reprodução.

••• Componentes físicos do ambiente

Você já sabe que os ambientes se modificam pelas ações dos seres que neles vivem. Mas, além disso, há variações ambientais decorrentes de mudanças de estações do ano, como as condições de temperatura, umidade e luminosidade, por exemplo. No decorrer de um único dia, essas três condições também mudam: geralmente, as noites são mais frias e úmidas. Essas variações são chamadas **cíclicas**.

Outras variações não são cíclicas, isto é, não se repetem com regularidade. A movimentação das placas da litosfera e uma tempestade são alguns exemplos.

A disponibilidade de água e o relevo afetam a distribuição da vegetação. Parque Nacional da Chapada dos Veadeiros, Alto Paraíso de Goiás (GO). Foto de 2011.

Os ambientes também podem variar conforme sua localização. Por exemplo, a proximidade de um rio aumenta a umidade no solo; a profundidade de um lago cria variações de luminosidade na água; as diferentes altitudes estão relacionadas a diferenças de temperatura e à disponibilidade de gás oxigênio; os diferentes tipos de solo representam um dos principais fatores na definição da comunidade vegetal que habita determinada região. Esses são apenas alguns exemplos de variações dos fatores físicos.

> **A luz na água**
>
> Nos mares, há uma região de grande luminosidade, que chega a, aproximadamente, 80 metros de profundidade.
>
> A luz que aí penetra ajuda a formar um ambiente favorável à vida de seres que fazem fotossíntese, como as algas, e de muitos animais que se alimentam delas.

Erosões podem modelar o ambiente, como podemos observar nessa paisagem do Jalapão, em Mateiros (TO). Foto de 2010.

No mar, a luminosidade diminui com a profundidade. Fernando de Noronha (PE). Foto de 2002.

••• Os habitantes

O que fazem os organismos diante das variações ambientais? Como isso afeta a distribuição e o tamanho de uma população?

Níveis de tolerância

Uma das características que garantem a sobrevivência dos organismos é a **tolerância** às mudanças ambientais. Cada organismo consegue suportar determinada variação de temperatura, disponibilidade de alimento, luminosidade, salinidade e outros recursos ambientais relevantes à vida.

Os limites de tolerância variam, dependendo das condições do ambiente e do organismo. Alguns seres conseguem sobreviver tanto em clima frio quanto em clima quente, enquanto outros só sobrevivem em uma dessas condições.

> Os organismos apresentam diferentes **níveis de tolerância** para os diversos fatores ambientais.

Hábitat

O local onde uma espécie normalmente vive é chamado **hábitat**. Geralmente, o hábitat é caracterizado por um tipo de vegetação ou por alguma característica do meio físico que seja predominante. Algumas espécies ocorrem em hábitats muito restritos; por exemplo, o hábitat das populações de todas as diferentes espécies de pinguim são as geleiras da Antártida. Outras espécies, como o sabiá-laranjeira, são encontradas em hábitats variados: florestas e campos de quase todo o território brasileiro (com exceção da Floresta Amazônica), além de plantações e ambientes urbanos.

> **Hábitat** é o local onde normalmente uma espécie vive.

A maioria dos anfíbios vive bem próximo da água (rios, poças, brejos e lagoas). Mas há aqueles que vivem a maior parte do tempo em terra firme, como o sapo-cururu (fêmea) da foto à esquerda, e os que preferem ficar sobre arbustos, como o sapo pingo-de-ouro da foto à direita.

Variações ambientais

Vida nos extremos

[...] sabemos que existem organismos muito pequenos, que não podemos ver a olho nu. São os chamados microrganismos. Alguns desses pequenos organismos vivem em locais onde nunca imaginaríamos que pudesse existir a vida. Esses organismos são conhecidos por *Archaea* (a pronúncia é mais ou menos assim: "arquéa").

[...]

[...] Elas podem habitar desde ambientes muito quentes, como vulcões, até ambientes gelados, como as geleiras da Antártida!

[...]

Algumas *archaeas* podem sobreviver aos efeitos de águas com elevadas concentrações de sal, que podem causar desidratação em outros organismos. [...]

As *archaeas* podem ser os únicos organismos vivendo em hábitats extremos, como fontes termais ou águas hipersalinas, sendo abundantes em ambientes que são prejudiciais às outras formas de vida.

[...]

Vida nos extremos. *Ciência para crianças*. Disponível em: <http://www2.bioqmed.ufrj.br/ciencia/Archaea.htm>. Acesso em: 5 ago. 2014.

Sobrevivência em ambientes distintos

Para entender como ocorrem as relações entre os elementos de um ambiente é preciso saber como os seres vivos interagem com toda a variação desse meio.

Os seres vivos apresentam características que lhes permitem sobreviver no ambiente do qual fazem parte, ou seja, estão adaptados ao ambiente.

As relações que ocorrem entre os seres vivos e os fatores físicos do ambiente demoram um longo período para se estabelecerem. Como essas modificações ocorrem o tempo todo, as relações ecológicas também podem se alterar.

Ocupando novos ambientes

A ocupação de novos ambientes depende da capacidade de dispersão dos organismos: a maioria dos animais pode se deslocar e encontrar novos locais; os animais que são fixos podem lançar suas células reprodutivas no ambiente; algumas plantas podem ter suas sementes transportadas por animais ou levadas pelo vento.

Obstáculos como um oceano, um deserto ou uma montanha, ou conflitos com outros seres vivos locais por competição ou predação, por exemplo, podem impedir que os organismos se estabeleçam em um hábitat propício a eles.

A imensa diversidade de formas de vida, como a encontrada ao redor de recifes de corais, é resultado de milhões de anos de evolução. Os peixes à esquerda na foto podem atingir até 10 cm de comprimento.

Longa viagem

Os cactos pertencem a um grupo de plantas que surgiu nas Américas, quando esse continente já estava separado da África. Por isso, praticamente todas as espécies de cactos ocorrem apenas no continente americano.

No entanto, várias espécies do grupo de cactos *Rhipsalideae*, como o cacto-macarrão, originários da Mata Atlântica brasileira, são encontradas também na África e na Ásia. Como elas conseguiram atravessar oceanos? Acredita-se que algumas sementes tenham sido levadas por aves migratórias.

Rios muito largos, como este trecho do rio Xingu, na região de São Félix do Xingu (PA), podem impedir a passagem de organismos terrestres, incluindo alguns animais voadores. Foto de 2010.

O cacto-macarrão (na foto, sobre tronco de árvore), do grupo *Rhipsalideae*, pode atingir até 60 cm de comprimento.

••• A população e o ambiente

As populações têm características próprias, diferentes daquelas apresentadas pelos organismos quando considerados isoladamente. Uma população reúne certo número de indivíduos da mesma espécie, certa distribuição espacial, uma taxa de crescimento própria, etc.

A população, como um todo, também interage com os componentes físicos do ambiente, e as características populacionais variam conforme as condições ambientais e a disponibilidade de recursos.

O tamanho da população

O tamanho de uma população depende principalmente de suas taxas de natalidade e de mortalidade e da migração dos indivíduos de uma região para outra.

A **estratégia reprodutiva** da espécie está relacionada com sua taxa de natalidade. Algumas espécies, como os elefantes, geram poucos descendentes, mas estes recebem muitos cuidados dos pais e poucos morrem: a maioria chega até a idade adulta.

> O **tamanho** de uma população pode mudar com o passar do tempo e depende das taxas de natalidade e de mortalidade e das migrações.

A quantidade limitada de recursos e as interações entre espécies, como a existência de predadores ou parasitas, podem limitar o crescimento de uma população. Por outro lado, sem predadores, uma população de lebres, por exemplo, poderia crescer muito, até que os alimentos se tornassem escassos.

Muitos descendentes

Em algumas espécies, como no dente-de-leão, os adultos geram milhares de descendentes, mas a taxa de mortalidade é alta, e poucos deles conseguem sobreviver até a idade de se reproduzir.

Dente-de-leão liberando frutos que contêm sementes.

Jacaré-do-pantanal comendo uma piranha. Essa espécie de jacaré pode atingir até 2,5 m de comprimento. Passo-do-lontra, Pantanal (MS), 2008.

••• A estrutura das comunidades

As comunidades têm características próprias, assim como as populações e os organismos.

Uma das mais importantes é a **diversidade**, que está relacionada ao número de espécies que habita determinado local e ao tamanho da população de cada uma delas.

> **Diversidade** é uma das características que descreve uma comunidade. Ela depende do número de espécies presentes na área e da quantidade de indivíduos por espécie, ou seja, do tamanho da população.

O Pantanal brasileiro é um ambiente de diversidade marcante. Foto de 2008.

Variação ao longo do tempo

Com o passar do tempo, a comunidade altera o ambiente físico, e essa alteração acaba por afetar a própria comunidade.

As populações mudam de tamanho, migram ou mesmo desaparecem. Simultaneamente outras espécies podem colonizar o local.

A série de mudanças pela qual passa uma comunidade é denominada **sucessão ecológica**.

Às vezes, uma comunidade alcança relativa estabilidade, pois sua composição sofre somente pequenas alterações. Nesse caso, podemos dizer que a comunidade atingiu o **clímax**, ou seja, que chegou ao maior grau de desenvolvimento que as condições ambientais permitiam.

> **Sucessão ecológica** é a série de mudanças pela qual passa uma comunidade ao longo do tempo. Essa comunidade atinge o **clímax** quando obtém o maior grau de desenvolvimento que as condições ambientais permitem.

A qualquer momento, um evento ocasional pode alterar a sucessão ecológica. Uma queimada ou grande enchente, por exemplo, costumam causar mudanças drásticas na comunidade, que pode ou não se recuperar.

A sucessão ecológica pode se iniciar em um ambiente desabitado. Na fotografia, musgos crescem sobre a lava resfriada de um vulcão.

Verifique o que aprendeu •••

1. Um tubarão poderia sobreviver no ambiente de uma arara? Que características tornam esses animais adaptados a viver em seus ambientes?

2. As garças alimentam-se principalmente de peixes. Uma seca em certa região forçou diversas garças a migrar para uma lagoa próxima, onde já existia uma população dessa ave. Que efeito a migração das aves terá sobre a população de garças que já existia naquela região? E sobre as populações de peixes que vivem na lagoa?

ATIVIDADES

1. As fotografias abaixo mostram uma área preservada e uma área reflorestada. Qual destes ambientes parece apresentar maior diversidade de espécies? Justifique.

Mata Atlântica do Parque Nacional da Serra da Bocaina, Parati (RJ). Foto de 2012.

Plantação de pinheiros em Camanducaia (MG). Foto de 2010.

2. A espécie A tolera temperaturas entre 0 °C e 20 °C; a espécie B tolera temperaturas entre 0 °C e 40 °C; e a espécie C tolera temperaturas entre 20 °C e 40 °C. Com base nessas informações, responda às questões abaixo.
   a) Qual das três espécies está mais adaptada ao calor? Qual está mais adaptada ao frio?
   b) Qual dessas espécies é mais tolerante, ou seja, suporta uma variação maior de temperatura?
   c) Em um ambiente cuja variação anual de temperatura esteja na faixa de 5 °C a 15 °C, quais dessas espécies poderiam ocorrer se a sobrevivência delas dependesse apenas do fator temperatura?

3. A fotografia ao lado mostra a luz solar incidindo na entrada de uma caverna.
   a) Quais são as prováveis alterações de luminosidade à medida que caminhamos para o interior dessa caverna?
   b) Quais são as prováveis alterações de temperatura, ao longo do dia, no interior dessa caverna? Haverá mudança significativa de temperaturas diurnas e noturnas?
   c) Em que local dessa caverna seria possível encontrar plantas? Justifique.

Uma das entradas da caverna Casa de Pedra, na Chapada dos Guimarães (MT).

4. Suponha que, em uma floresta, uma árvore muito antiga e de grande porte caia e derrube árvores menores, abrindo uma clareira, como a mostrada na fotografia ao lado.
   a) Que mudanças ambientais podem ocorrer no local em que a clareira foi aberta?
   b) Que tipo de espécies podem se aproveitar das novas condições na clareira?

5. O abacateiro produz uma quantidade bem menor de sementes por ano que a jabuticabeira. Com base apenas nessa informação, é correto afirmar que a população de jabuticabeiras crescerá mais que a de abacateiros? Ao justificar sua resposta, considere todo o ciclo de vida das plantas (semente, germinação, crescimento e reprodução).

A queda de uma árvore pode abrir uma clareira na floresta. Foto em trecho baiano da Mata Atlântica (BA).

MÓDULO 3

Relações ecológicas entre os organismos

Os organismos interagem continuamente uns com os outros, sejam da mesma espécie ou não. Entender essas relações é fundamental para compreender o funcionamento dos ecossistemas.

●●○ A vida entre os iguais

Quando diferentes indivíduos têm interesses semelhantes, a colaboração e a vida em grupo podem trazer facilidades.

No entanto, a proximidade pode aumentar a competição, já que eles disputam os mesmos recursos, como água, luz e certo tipo de alimento.

Competição

Os indivíduos da mesma espécie usam os mesmos recursos, e de maneira semelhante. Se, para determinada população, pelo menos um dos recursos for escasso, ou seja, se houver uma pequena quantidade dele, ocorrerá **competição** entre os indivíduos dessa população.

Alguns organismos são capazes de explorar os recursos do ambiente de maneira mais eficiente que outros. Na situação de competição, os mais eficientes conseguem mais recursos e, assim, aumentam as chances de sobreviver e de produzir descendentes. A competição, portanto, seleciona os indivíduos mais aptos de uma população. No próximo capítulo, veremos que a relação de competição é um dos fatores que interferem na **evolução biológica** das espécies.

Cardume de xiras-dourados. Arraial do Cabo (RJ).

Competição

As plantas de um ambiente competem por fatores como espaço e luz. A foto abaixo mostra um campo da Serra da Canastra (MG), em 2009, ocupado por várias plantas de uma mesma espécie.

Malmequer-amarelo. Os arbustos podem chegar a 2 m de altura.

Colônia e sociedade

Apesar da competição, a vida em grupo traz vantagens para as populações, como o aumento das possibilidades de reprodução e a intensificação das capacidades de obtenção de alimento e de defesa.

Quando a convivência em grupo é indispensável à sobrevivência, os indivíduos formam **colônias**, nas quais estão unidos fisicamente, como nos recifes de coral, ou **sociedades**, nas quais permanecem livres, como em uma colmeia ou nas sociedades humanas.

Muitas vezes, colônias e sociedades são formadas por parentes próximos, como filhos, irmãos ou primos. Em várias espécies coloniais e sociais, ocorre divisão de funções. É o que acontece, por exemplo, nos formigueiros e cupinzeiros, nos quais existem indivíduos especializados na reprodução, outros na defesa do ninho, e outros ainda na coleta de alimento.

••• Relações com outras espécies

As interações entre as diferentes populações de uma comunidade podem ser vantajosas para ambas as espécies envolvidas na relação ou desvantajosas para pelo menos uma das partes envolvidas.

Relações sem prejuízos

Nesses tipos de relação, ambas as espécies se beneficiam sem que exista prejuízo para nenhuma delas.

Mutualismo e cooperação

A relação de **mutualismo** é benéfica para ambas as espécies envolvidas.

Há casos em que a relação é obrigatória para as duas espécies envolvidas, como entre as flores e os animais que se alimentam de néctar (veja a foto de abelha ao lado). Mas há situações em que, embora as duas espécies se beneficiem, uma consegue sobreviver sem a outra; este caso é chamado **cooperação** (veja a foto do gavião-carrapateiro ao lado).

Quando a abelha se alimenta do néctar da flor, grãos de pólen (estrutura masculina da flor) grudam-se em seu corpo. Ao pousar em outra flor, a abelha deixa o pólen cair sobre a estrutura feminina da flor, que é então fecundada. Nessa relação de mutualismo, ambas as espécies são beneficiadas.

> O **mutualismo** é uma relação benéfica para ambas as espécies envolvidas e pode ser obrigatório ou facultativo (cooperação).

Comensalismo e inquilinismo

Nesses casos, a relação é benéfica para uma das espécies e neutra para a outra, ou seja, não apresenta vantagens nem desvantagens para esta.

O **comensalismo** se define quando uma das espécies consome os restos de alimento não utilizados pela outra. Um exemplo são as garças-vaqueiras, que acompanham animais herbívoros e se alimentam dos insetos que estes afugentam enquanto pastam (veja foto ao lado).

O gavião da foto acima (pousado sobre o herbívoro) tem alimentação variada: insetos, rãs, lagartas, matéria vegetal, restos de animais mortos. Pelo hábito de andar em cima de outros animais em busca de parasitas (carrapatos, cupins, bernes), é chamado de gavião-carrapateiro (este mede cerca de 40 cm, do bico à ponta da cauda). Essa é uma típica relação de cooperação.

Há também situações em que uma das espécies usa a outra apenas como suporte. Muitas aves usam a estrutura de uma árvore para construir seu ninho. As bromélias, as orquídeas e outras espécies de plantas – chamadas epífitas – também vivem sobre árvores sem as prejudicar. Essa relação é denominada **inquilinismo**.

A garça-vaqueira segue grandes herbívoros e come os insetos que eles espantam.

> **Comensalismo** e **inquilinismo** são relações nas quais uma das espécies se beneficia enquanto a outra não sofre nenhum efeito, nem positivo, nem negativo.

Muitas bromélias, como a da foto ao lado, usam árvores como suporte (Parque Estadual Intervales, SP).

Relações com algum prejuízo

Nesses tipos de relação, existe prejuízo para pelo menos uma das espécies envolvidas.

Predação e parasitismo

A **predação** ocorre quando um organismo se alimenta de outro, como uma aranha ao consumir uma mosca. Portanto, é uma relação benéfica para o **predador** (a aranha) e desvantajosa para a **presa** (a mosca).

O parasitismo ocorre quando uma espécie parasita vive à custa de um organismo hospedeiro, retirando dele seu alimento. Os parasitas podem viver dentro do corpo de seu hospedeiro, como a lombriga, ou fora dele, como os carrapatos.

A relação entre as plantas e os animais que as consomem é chamada **herbivoria**. Quando essa relação leva a planta à morte, a herbivoria é considerada um tipo de predação. Quando o herbívoro consome parte da planta, sem a levar à morte, a herbivoria se assemelha ao parasitismo.

> **Predação** e **parasitismo** são relações em que uma das espécies se beneficia e a outra é prejudicada.

Competição

Duas ou mais espécies vivendo no mesmo local podem usar os mesmos recursos naturais. Se, a partir de certo momento, a quantidade dos recursos torna-se escassa, passa a ocorrer **competição** entre essas espécies. Quando a competição ocorre entre indivíduos de espécies diferentes, é denominada **competição interespecífica**, e quando ocorre entre indivíduos da mesma espécie, **competição intraespecífica** (veja o tópico "Competição" da página 22).

> A **competição** é prejudicial para uma ou mais das espécies envolvidas.

Simbiose

O termo *simbiose* (do grego *sumbíosis*, "vida em comum") refere-se a uma associação íntima e frequentemente obrigatória entre duas espécies. Popularmente, é usado para denominar uma associação benéfica, mas, em Ecologia, também pode significar uma relação em que um dos participantes é prejudicado, como no caso do parasitismo.

O cipó-chumbo (de cor amarelada) é uma planta parasita, que suga a seiva de outras plantas.

Verifique o que aprendeu

1. Cite uma semelhança e uma diferença entre as relações em uma colônia e as relações em uma sociedade.
2. Quais são as vantagens e desvantagens de um organismo viver próximo de outros da mesma espécie? Dê exemplos.

Uma relação muito especial

De acordo com a Organização Mundial da Saúde (OMS), hoje a malária é a doença tropical e parasitária que mais causa problemas sociais e econômicos no mundo e só é superada em número de mortes pela aids. A malária é uma doença que traz grandes danos ao organismo humano, podendo levar à morte quando não é devidamente tratada. Ela é causada pelo parasita plasmódio, que é transmitido ao ser humano geralmente por picada da fêmea do mosquito anófeles.

Entre os grandes prejuízos causados ao nosso organismo pelo plasmódio está a destruição de glóbulos vermelhos do sangue. Pessoas que sofrem de anemia falciforme, no entanto, têm os glóbulos vermelhos ligeiramente alterados e, por isso, podem ser portadoras do agente da malária e não apresentar sintomas da doença. Nesses casos especiais, a relação entre as espécies pode ser classificada como **inquilinismo**, e não como **parasitismo**.

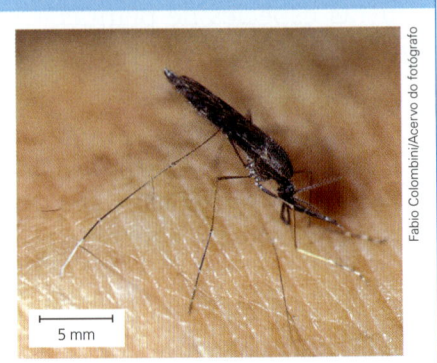

O mosquito anófeles é o principal vetor da malária no Brasil.

ATIVIDADES

1. Em muitas espécies de aves, o macho precisa encontrar um território para construir um ninho antes de se reproduzir. Em certos locais, o número de machos é maior que o número de territórios disponíveis. Que tipo de relação ecológica existe entre machos que se enfrentam pela conquista de territórios? Qual recurso é disputado nesse caso?

2. Preencha cada campo da tabela com um dos símbolos:
   + quando a relação é benéfica para a espécie;
   0 quando a relação é neutra para a espécie;
   − quando a relação é prejudicial para a espécie.

Relação	Espécie 1	Espécie 2
Mutualismo		
Comensalismo e inquilinismo		
Predação		
Parasitismo		
Competição		

3. Leia o texto abaixo e, depois, responda às questões.
   O anu-preto é um pássaro de tamanho médio – 35 cm, do bico à ponta da cauda – comum em muitas regiões rurais do Brasil. Tem bico forte, com o qual se alimenta de frutos, sementes, insetos e carrapatos. Para obter carrapatos, o anu-preto pousa sobre o dorso de outros animais, como bois, vacas e capivaras. Com frequência, forma bandos de 5 a 15 indivíduos, que se agrupam para se proteger do frio.

   Anu-preto sobre capivara (esta mede cerca de 1 m de comprimento).

   • Classifique as relações ecológicas solicitadas justificando suas respostas.

   a) Relação entre o carrapato e o boi.

   b) Relação entre o anu-preto e os animais que carregam carrapatos (bois, vacas, etc.).

   c) Relação entre os anus-pretos pousados sobre o dorso de um mesmo boi.

   d) O bando de anus-pretos que se agrupam para se aquecer formam uma sociedade ou uma colônia?

4. Observe as imagens abaixo. Em qual dos casos você acredita que a competição por comida seja mais acirrada? Por quê?

   Insetos em grãos de arroz.

   Gafanhotos atacando planta.

5. Faça uma suposição para explicar o fato de a competição – entre indivíduos da mesma espécie ou entre espécies diferentes – geralmente ser considerada prejudicial para as duas partes envolvidas na relação.

MÓDULO

4 Matéria e energia nos ecossistemas

Das várias relações que ocorrem entre os seres vivos e o ambiente, aquelas relacionadas à obtenção de alimento são as mais importantes, por serem essenciais à sobrevivência.

Relações alimentares

Todos os organismos precisam de **energia** e de **matéria orgânica** para viver e se reproduzir. Tanto um recurso quanto outro são obtidos da alimentação.

GLOSSÁRIO

Matéria orgânica: toda matéria de origem animal ou vegetal.

Plâncton: conjunto de seres pequenos ou microscópicos que vivem livremente na água salgada ou doce. O plâncton inclui espécies autótrofas (algas e bactérias) e heterótrofas (animais).

Alimento: alguns produzem, todos precisam

Todo alimento consumido pelos seres vivos é constituído por matéria orgânica, a qual é produzida de substâncias mais simples, como água, sais minerais e gás carbônico. Essas substâncias mais simples encontram-se disponíveis no solo, na atmosfera ou no ambiente aquático. Para que ocorra sua transformação em matéria orgânica, é preciso energia, sendo a luz solar a principal fonte energética usada pelos seres vivos para tal transformação. Parte da energia empregada nesse tipo de transformação fica armazenada nas próprias substâncias produzidas.

As plantas, as algas e certos tipos de bactéria são capazes de produzir alimento de substâncias simples, e por isso são chamados **autótrofos** (do grego *auto*, "si mesmo", e *trofos*, "alimentação"). Quando a luz do Sol é a fonte de energia, esse processo recebe o nome de **fotossíntese** (do grego *photo*, "luz", e *synthesis*, "produção"). A glicose, um tipo de açúcar, é o alimento produzido na fotossíntese. Quando a energia é obtida por meio de reações químicas, o processo é denominado **quimiossíntese**. Alguns tipos de bactéria são capazes de realizar quimiossíntese.

Os seres que não são capazes de produzir o próprio alimento precisam consumir substâncias orgânicas que foram produzidas pelos autótrofos e que, então, constituem o corpo desses organismos. Os seres que se alimentam dos autótrofos são denominados **heterótrofos** (do grego *hetero*, "diferente"). Os animais, os fungos e diversos tipos de microrganismo são exemplos de heterótrofos.

M. I. Walker/Photoresearchers/Latinstock

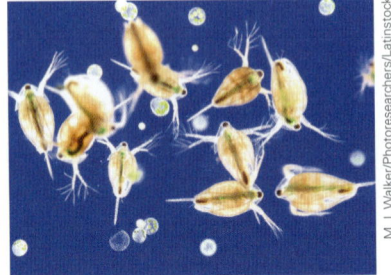

Nessa foto, aparecem algas autótrofas (círculos) e pulgas-d'água, pequenos animais heterótrofos. Esses organismos fazem parte do plâncton. (Fotografia obtida por microscópio de luz; aumento de cerca de 10 vezes; uso de corantes.)

Fabio Colombini/Acervo do fotógrafo

Marevision/EASYPIX BRASIL

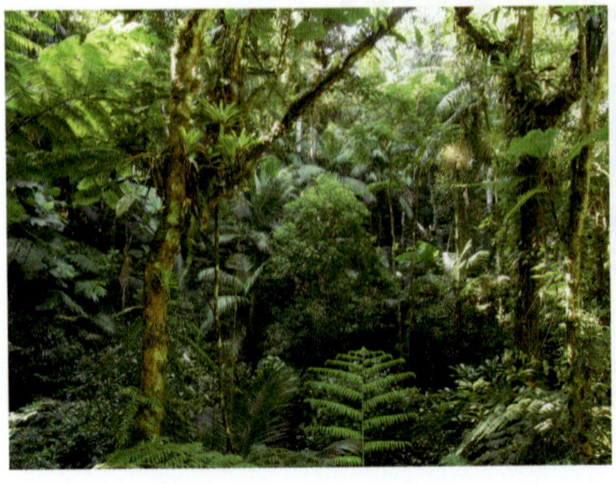

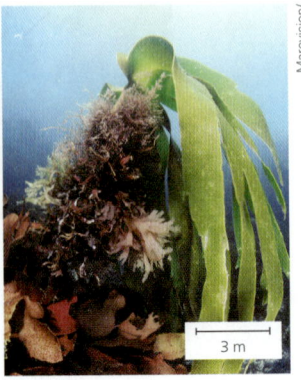

Seres fotossintetizantes são encontrados tanto em ambientes terrestres quanto em aquáticos. Ao contrário dos seres quimiossintetizantes, os fotossintetizantes não podem viver na ausência de luz. (À esquerda, Mata Atlântica, Parque Estadual Carlos Botelho, 2010. À direita, alga nas águas da Galícia, Espanha.)

Alimentação nos ecossistemas

Para estudar as relações alimentares, os organismos são classificados de acordo com seu papel no ecossistema.

Os organismos autótrofos, que produzem seu próprio alimento, são chamados de **produtores**.

Já os heterótrofos são chamados de consumidores, pois se alimentam de outros organismos.

Os que se alimentam de produtores, como os animais herbívoros, são chamados **consumidores primários**.

Os animais que se alimentam de consumidores primários são denominados **consumidores secundários**, os quais, por sua vez, servem de alimento para **consumidores terciários**, e assim por diante.

Alguns seres heterótrofos são classificados como decompositores. É o caso de fungos e bactérias, que se alimentam de resíduos orgânicos (organismos mortos, fezes, folhas caídas, penas, etc.). Os decompositores transformam a matéria orgânica presente nesses resíduos em substâncias mais simples, que podem ser novamente utilizadas pelos produtores. Assim, os decompositores promovem a reciclagem dos materiais nos ecossistemas.

Por outro lado, a energia que é capturada pelos autótrofos é transferida, junto com os alimentos, de um organismo a outro. Uma vez que é utilizada pelos seres vivos, essa energia não está mais presente nas substâncias simples que os decompositores devolvem ao ambiente. Assim, é necessária a presença de uma fonte de energia – em geral a luz solar – para que o material orgânico seja novamente produzido pelos autótrofos.

Consumidores ou decompositores?

Minhocas, como as da foto acima, se alimentam de restos orgânicos.

Os urubus (que se alimentam de animais mortos) e as minhocas (que consomem restos orgânicos) são animais **detritívoros**.

Eles aceleram a decomposição da matéria orgânica, ou seja, da matéria derivada de seres vivos.

Porém, nenhum deles realiza a decomposição de seus alimentos a ponto de transformá-los em matéria inorgânica e, por isso, não podem ser classificados como decompositores.

Os detritívoros, então, constituem um tipo particular de consumidores.

Conforme o papel alimentar que desempenham no ecossistema, os organismos podem ser classificados em **produtores**, **consumidores** e **decompositores**.

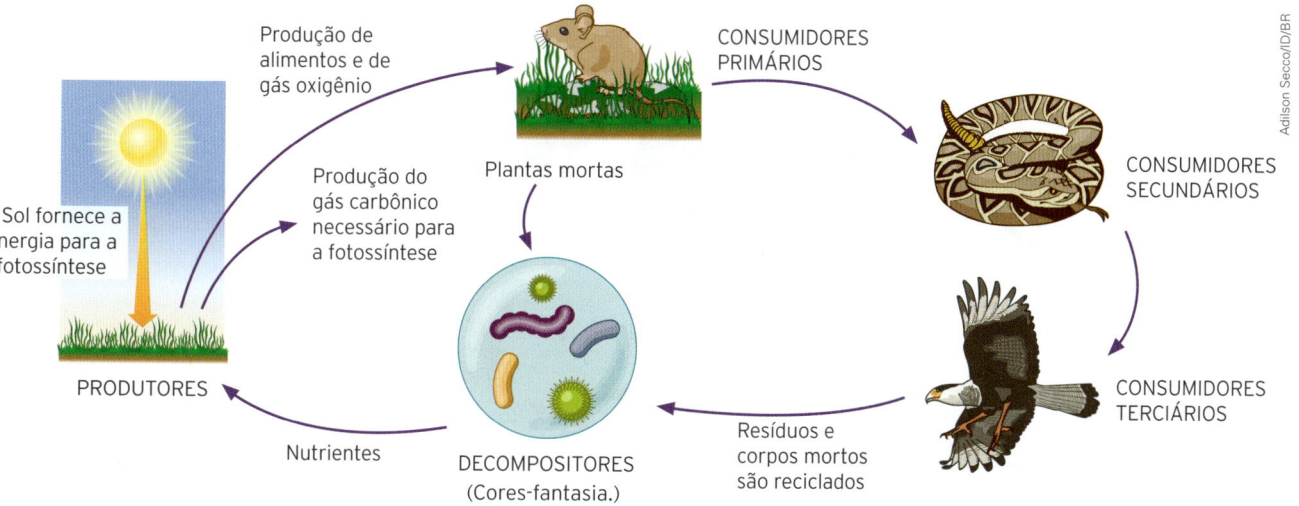

Os produtores fabricam seu próprio alimento e são consumidos pelos consumidores primários, que servem como alimento para os consumidores secundários, e assim por diante. Os decompositores transformam os resíduos de animais e vegetais em substâncias simples, deixando-as disponíveis para o ambiente. (Representações sem proporção de tamanhos.)

Cadeia e teia alimentar

É possível organizar as relações alimentares entre os organismos de forma linear, em uma representação a que chamamos de **cadeia alimentar**. Graficamente, usam-se setas para indicar os seres que servem de alimento para outros seres.

Cada elemento de uma cadeia alimentar constitui um **nível trófico**, ou seja, um nível de alimentação.

O primeiro nível é sempre ocupado por um organismo produtor. O segundo nível trófico é formado pelos animais que consomem diretamente os produtores, ou seja, os consumidores primários.

Os próximos níveis são ocupados por animais carnívoros ou onívoros. Os organismos decompositores ocupam níveis diversos, dependendo do nível trófico em que está seu alimento.

> **GLOSSÁRIO**
>
> **Onívoro:** que consome alimento de origem animal e vegetal.

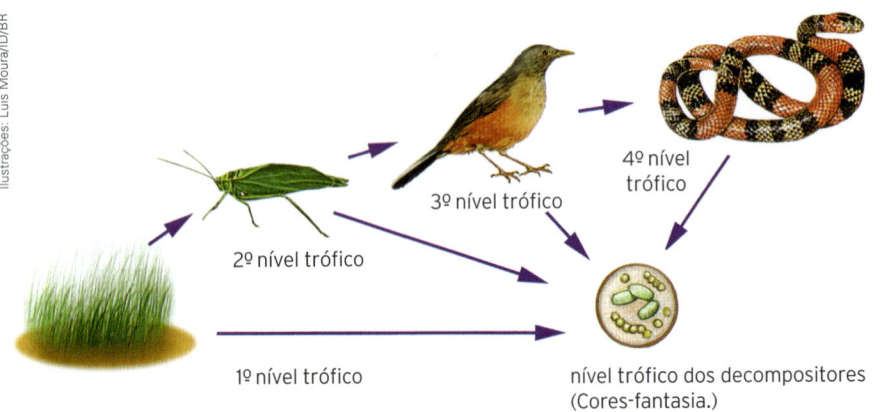

Esquema de cadeia alimentar. O capim pode ser alimento de um inseto, o qual servirá de alimento para uma ave, que, por sua vez, será consumida por uma serpente. Os resíduos de todos eles são alimento para os decompositores. (Representações sem proporção de tamanhos.)

Na cadeia alimentar esquematizada acima, a serpente também pode se alimentar diretamente da esperança-do-pasto (o inseto verde); assim, mais uma seta poderia ser colocada ligando esses dois animais.

Observe ainda no esquema que outras espécies poderiam ser incluídas, formando uma **teia alimentar**: a esperança também serve de alimento para um morcego; a ave pode se alimentar de um louva-a-deus, que por sua vez pode comer um besouro que se alimenta das sementes do capim; e assim por diante.

A teia alimentar representa as relações de várias cadeias alimentares em um único esquema. Os decompositores podem se alimentar de resíduos de todos os níveis tróficos. (Representações sem proporção de tamanhos.)

●●● Matéria e energia nas cadeias alimentares

Os organismos utilizam os alimentos de duas formas: como fonte de matéria para constituir o próprio corpo e como fonte de energia para as atividades que desempenham.

Em uma cadeia alimentar, a matéria é transferida de um nível trófico para outro.

Porém, nem todo alimento ingerido é aproveitado: parte dele é eliminado nas fezes, alimentando os decompositores. E, assim, a matéria fica novamente disponível para retornar à cadeia alimentar através dos produtores.

A energia, pelo contrário, não pode ser reaproveitada pelos organismos da cadeia alimentar.

A energia é incorporada pelos produtores (em geral, em forma de energia luminosa) e usada ou dissipada pelos próprios produtores e pelos organismos que constituem os demais níveis tróficos da cadeia alimentar.

A energia não é reaproveitada porque os seres vivos utilizam parte da energia presente nos alimentos, e uma porção cada vez menor da energia inicial fica disponível para o nível trófico seguinte. Além disso, parte da energia transfere-se para o ambiente na forma de calor.

●●● Impactos das ações humanas

Os seres vivos sempre alteram o ambiente, em maior ou em menor grau. No entanto, as alterações promovidas pelo ser humano são maiores que as dos demais seres vivos e podem produzir efeito tanto nas cadeias alimentares quanto nos ciclos de matéria (leia sobre as alterações no ciclo de carbono, na página 31).

Alterações na cadeia alimentar

Quando há bastante alimento disponível, uma população tende a crescer; quando o alimento é escasso, tende a diminuir.

O tamanho de uma população também depende de fatores como a quantidade de seus predadores.

O esquema ao lado mostra uma cadeia alimentar formada por plantas cujas sementes são o alimento de ratos, os quais são consumidos por corujas. Se a floresta for desmatada, os ratos terão menos alimento disponível, e muitos morrerão. Por isso, uma parte das corujas também morrerá.

A diminuição da população de produtores afeta os níveis tróficos seguintes. (Representações sem proporção de tamanhos e distâncias.)

Bioacumulação

Outro impacto da ação humana é provocado pela inserção no ambiente de substâncias tóxicas. Em alguns casos, organismos de níveis tróficos mais baixos de uma cadeia alimentar absorvem essas substâncias, que, sem sofrer decomposição ou eliminação, podem então ser transferidas para os níveis mais elevados da cadeia. Esse fenômeno é chamado de **bioacumulação**.

Um caso exemplar aconteceu na década de 1960, quando foi despejado um novo inseticida em um lago da Califórnia (EUA) para conter a proliferação de mosquitos na região.

A quantidade de inseticida foi suficiente para eliminar as larvas do mosquito sem matar outros seres. Após alguns anos, porém, começaram a aparecer muitos mergulhões mortos. O problema é que o inseticida usado, assim como outras substâncias tóxicas, acumula-se nos organismos quando ingerido.

Em meados da década de 2010, pesquisadores estadunidenses descobriram ovos de condores extremamente fragilizados. Há fortes suspeitas de que o fato estivesse ligado à disseminação na cadeia alimentar do DDT utilizado desde a década de 1950. Na foto, condor-da-califórnia, que pode medir até 3 m de envergadura (distância da ponta de uma asa à ponta da outra, quando abertas).

••• A matéria no ecossistema

A matéria circula pelas cadeias alimentares e também passa pelo solo, pelo ar e pela água. Uma das maneiras de estudar seu caminho no ecossistema é acompanhar a trajetória de determinados elementos químicos. Por exemplo, o carbono, de que modo esse elemento circula no ambiente? Como ele é transferido de um organismo para outro?

O ciclo do carbono

O ciclo do carbono é um exemplo de como a matéria circula no ecossistema. O elemento químico carbono pode ser encontrado: na composição de rochas como o calcário e o carvão mineral; na composição do petróleo; na atmosfera, na forma de gás carbônico; ou ainda dissolvido na água.

O gás carbônico é incorporado pelos organismos que fazem fotossíntese, que o utilizam na produção de glicose. Esse açúcar, que contém o elemento carbono, pode ser transferido para os demais seres vivos da cadeia alimentar. A respiração dos seres vivos transforma a glicose em água e gás carbônico, que é liberado no ambiente.

Uma decisão desastrosa

Na década de 1950, para combater os mosquitos transmissores da malária e do tifo, disseminou-se no mundo o uso do pesticida DDT (sigla de DicloroDifenilTricloroetano). Por suas propriedades inseticidas, o DDT passou a ser usado também no controle de pragas agrícolas.

Anos depois verificou-se, porém, que a acumulação de DDT na cadeia alimentar causava maiores índices de mortalidade que o habitual nos organismos do topo da cadeia, os predadores das pragas. Um fator agravante foi a descoberta de que o DDT pode demorar cerca de 30 anos para se degradar.

Tanto pelo uso direto quanto pelo acúmulo em peixes e outros animais, o DDT acabou contaminando os seres humanos, provocando câncer e outros sérios danos à saúde.

O DDT e outros inseticidas já foram considerados responsáveis pela grande expansão da produtividade agrícola ocorrida na década de 1960, com a qual se acreditava sanar o problema da fome no mundo. Essas substâncias também já foram consideradas responsáveis pela erradicação da dengue no Brasil, nos anos 1950.

Atualmente, a produção e comercialização do DDT são proibidas em muitos países, incluindo o Brasil. Porém, muitas pessoas importam o produto de maneira ilegal, e continuam a utilizá-lo para controlar mosquitos e pragas agrícolas.

Hoje é consenso que, apesar de baratas e eficientes a curto prazo, substâncias como o DDT não devem ser usadas nem no controle de doenças nem no incremento da produção agrícola.

No ciclo do carbono, a fotossíntese e a respiração são os principais processos biológicos que promovem a incorporação e a liberação de gás carbônico, respectivamente. Os processos que ocorrem nesse ciclo estão representados no esquema:

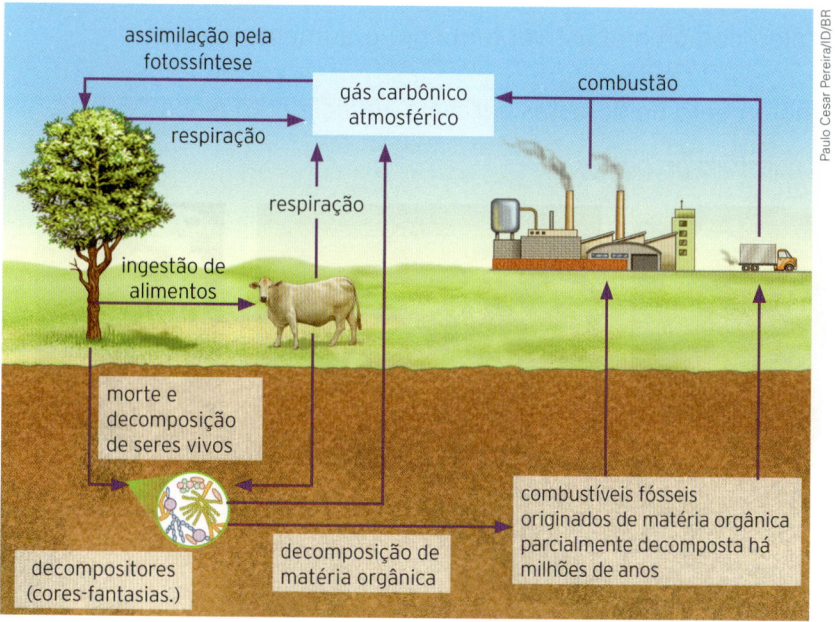

Esquema de ciclo do carbono. (Representação sem proporção de tamanhos e distâncias.)
Fonte de pesquisa: Peter H. Raven; Ray F. Evert; Susan E. Eichhorn. *Biologia vegetal*. 7. ed. Rio de Janeiro: Guanabara Koogan, 2007. p. 150.

Alterações no ciclo do carbono

A principal interferência humana no ciclo do carbono é consequência do uso de combustíveis fósseis (petróleo, carvão mineral e gás natural) como fonte de energia. Sua queima lança na atmosfera grandes quantidades de gás carbônico. Também contribuem para o aumento de gás carbônico na atmosfera as queimadas e os desmatamentos, que reduzem a quantidade de gás carbônico absorvido pelas plantas.

Vista aérea de queimada na Floresta Amazônica (2010).

O efeito estufa

O gás carbônico e o gás metano são alguns dos chamados **gases estufa**. Isso porque atuam na atmosfera como isolantes térmicos, dificultando a dissipação do calor da superfície terrestre para o espaço: é o **efeito estufa**. Até certo grau, o efeito estufa ajuda a garantir a estabilidade térmica do planeta. Sua intensificação, porém, acarreta aumento na temperatura média global, o que afeta o clima e as condições de sobrevivência da maior parte dos seres vivos, incluindo as comunidades humanas.

Amazônia em cinzas

O desmatamento na Amazônia vem diminuindo nos últimos anos. No entanto, as queimadas na região são cada vez mais recorrentes e podem emitir uma quantidade preocupante de dióxido de carbono. O alerta é de dois pesquisadores brasileiros [...] Luiz Aragão, da Universidade de Exeter, no Reino Unido, e Yosio Shimabukuro, do Instituto Nacional de Pesquisas Espaciais (Inpe). A solução, para eles, seria a introdução de uma política que apoie a mudança de comportamento da população amazônica para a adoção de uma agricultura sustentável e manejada livre de fogo. [...]

Quando as árvores sofrem danos ou são derrubadas, a queima ou o apodrecimento da madeira libera o carbono armazenado nas árvores na forma de dióxido de carbono, o que intensifica o efeito estufa. Assim, a fumaça contribui para as mudanças climáticas, o que pode fazer com que a Amazônia fique cada vez mais seca.

A maior causa de desmatamento das florestas tropicais é a expansão da agricultura e pecuária, que fragmenta a mata e favorece a incidência de queimadas.

Larissa Rangel. Amazônia em cinzas. *Ciência Hoje On-line*. Atualizado em 4 jun. 2010. Disponível em: <http://cienciahoje.uol.com.br/noticias/2010/06/amazonia-em-cinzas>. Acesso em: 5 ago. 2014.

Verifique o que aprendeu

1. De acordo com seu papel no ecossistema, como podem ser classificados os seres vivos?

2. Qual é a participação da fotossíntese e da respiração no ciclo do carbono?

ATIVIDADES

1. O que ocorreria em um ecossistema se os produtores desaparecessem?

2. Observe novamente o esquema do ciclo do carbono apresentado neste módulo e responda:
   a) Que relação o uso do petróleo como combustível tem com o aumento da temperatura média global?
   b) Por que a alta taxa de desmatamento de florestas agrava o aquecimento global?

3. Observe as fotos e responda às questões propostas.

Sagui-de-tufos-pretos (20 cm de comprimento sem considerar a cauda). Grumixama. Fungos. Harpia (1 m de altura – do bico à ponta da cauda).

   a) Classifique cada organismo em produtor, consumidor ou decompositor.
   b) Monte uma cadeia alimentar com os organismos apresentados.

4. O que ocorreria em um ecossistema se os decompositores desaparecessem?

5. A luz não chega a regiões muito profundas do mar e no interior de cavernas, locais em que também são encontrados seres vivos.
   a) Há organismos que fazem fotossíntese nesses locais? Justifique.
   b) Que tipo de seres vivos podem viver nesses ambientes, em relação à origem de seu alimento? Por quê?
   c) De onde deve vir a matéria orgânica que esses organismos utilizam como alimento?

6. A ilustração abaixo mostra uma cadeia alimentar nas redondezas de uma lagoa. Imagine que um condomínio residencial seja construído nessa região e provoque a retirada de todas as garças.

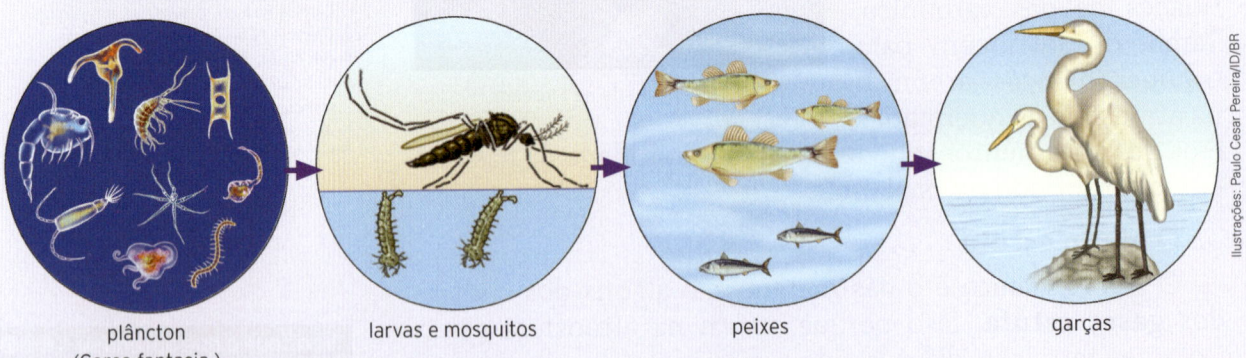

plâncton (Cores-fantasia.) larvas e mosquitos peixes garças

(Representações sem proporção de tamanhos.)

   a) O que deverá acontecer com o tamanho da população de peixes?
   b) Como o tamanho da população de peixes influenciaria o tamanho das populações de larvas e mosquitos? E a população de plâncton?
   c) Se houver escassez de alimentos, o que deverá acontecer com o tamanho da população de peixes?

Biomas brasileiros I

MÓDULO 5

De acordo com o tipo de clima e de solo, a biosfera pode ser dividida em regiões, cada uma abrigando comunidades bem características. Tais regiões são denominadas biomas. Neste módulo e no próximo, você conhecerá as características gerais dos principais biomas brasileiros.

Os biomas brasileiros

No grande território ocupado pelo Brasil – desde a pequena faixa ao norte do Equador até o extremo sul, abaixo do trópico de Capricórnio, e do extenso litoral à vasta região interior –, é possível identificar seis grandes áreas com clima e solo bem diferenciados e tipos de vegetação característicos, nas quais os seres vivos se relacionam, entre si e com o ambiente, de maneira típica. Cada uma dessas áreas corresponde a um bioma. O mapa ao final da página apresenta esses seis biomas, além das áreas de transição denominadas Mata dos Cocais e Mata de Araucárias e da zona dos ecossistemas costeiros.

O ser humano também se relaciona com o ambiente de modo peculiar em cada bioma, pois cada um oferece recursos naturais específicos, importantes para a economia e cultura regionais. Como veremos nos tópicos a seguir, grandes extensões desses biomas foram destruídas por atividades humanas como a pecuária, a agricultura e a extração madeireira.

> **Biomas e ecossistemas**
>
> Qual a diferença entre bioma e ecossistema? [...]
>
> A relação entre os elementos bióticos ("animados") e abióticos ("inanimados") em um **ecossistema** depende, principalmente, do fluxo de energia, e as escalas são extremamente variadas; pode-se considerar um pequeno lago, uma poça d'água, uma mata [...]
>
> Já em um **bioma**, o perfil do local e a dimensão têm maior importância. [...] a fisionomia da vegetação é uma das principais características para classificar um bioma. Por outro lado, a relação planta/animal, essencial na compreensão de um ecossistema, não é um fator que influi diretamente em sua classificação. [...]
>
> Alexandre Indriunas e Celso Parruco. Qual a diferença entre biomas e ecossistemas? Disponível em: <http://ciencia.hsw.uol.com.br/biomas1.htm>. Acesso em: 5 ago. 2014.

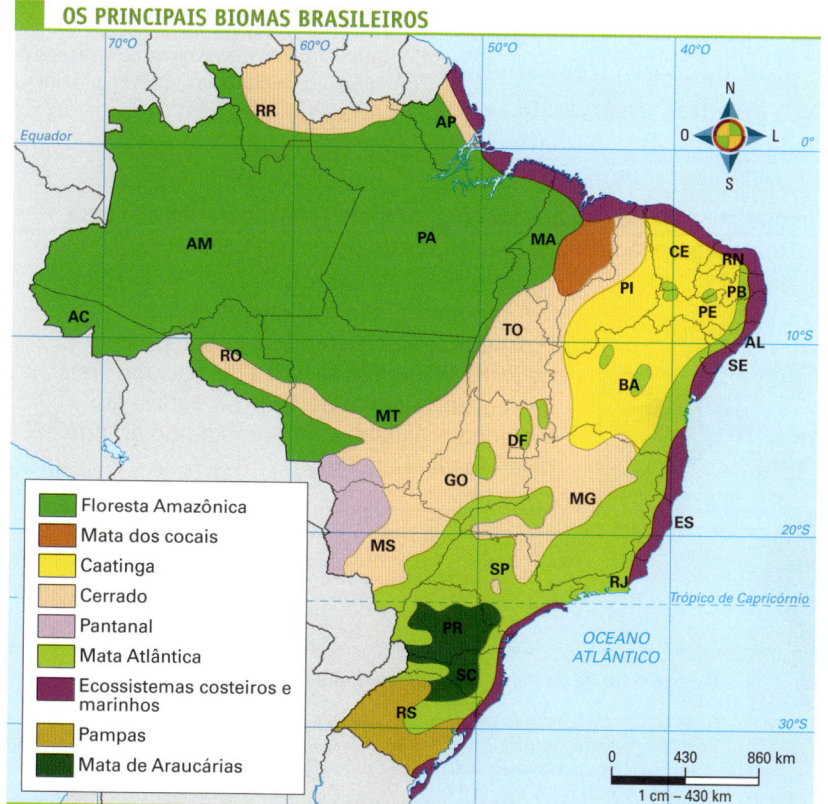

OS PRINCIPAIS BIOMAS BRASILEIROS

- Floresta Amazônica
- Mata dos cocais
- Caatinga
- Cerrado
- Pantanal
- Mata Atlântica
- Ecossistemas costeiros e marinhos
- Pampas
- Mata de Araucárias

Em algumas regiões, há uma mistura de características de dois ou mais biomas, e por isso elas são conhecidas como **áreas de transição**. São exemplos a Mata dos Cocais e a Mata de Araucárias. Na primeira, concentrada nos estados do Maranhão e do Piauí, predominam as palmeiras, como o babaçu, a carnaúba e os buritis. Na segunda, nos estados do Paraná e Santa Catarina, a espécie vegetal predominante é o pinheiro-do-paraná.

Fontes de pesquisa: IBGE (Instituto Brasileiro de Geografia e Estatística), disponível em <http://www.ibge.gov.br>; ICMBio-MMA (Instituto Chico Mendes – Ministério do Meio Ambiente), disponível em <http://www.icmbio.gov.br>; Agência Embrapa de Informação Tecnológica, disponível em <http://www.agencia.cnptia.embrapa.br>. Acessos em: 5 ago. 2014.

●●● O bioma Floresta Amazônica

A Floresta Amazônica ocupa 4 196 943 km², área que corresponde a quase 50% do território nacional. A maior floresta tropical do mundo em extensão abriga uma enorme diversidade de espécies animais e vegetais. Ela ocupa os estados da região Norte e parte dos estados do Maranhão e do Mato Grosso, estendendo-se a alguns países vizinhos.

O clima é **quente** e **úmido**, com temperatura média de 28 °C e pouca variação ao longo do ano; o índice pluviométrico é de aproximadamente 2 500 mm por ano, com período mais chuvoso entre fevereiro e julho.

Com o intuito de melhor planejar o desenvolvimento social e econômico da região amazônica, o governo brasileiro instituiu, em 1966, o conceito de Amazônia Legal.

As matas de várzea ficam inundadas nos períodos de cheia. A foto mostra uma área próxima ao município de Silves (AM), 2011.

Vegetação

A vegetação da Floresta Amazônica não é uniforme. Fatores locais, como a proximidade ou não de rios, determinam diferentes tipos de vegetação.

O tipo predominante no bioma são as **florestas de terra firme**, distantes dos cursos d'água, e por isso sem influência direta das inundações periódicas.

As **várzeas** e as **matas de igapó** são formações vegetais que convivem com a água. As várzeas ficam inundadas nos períodos de cheia dos rios, quando o solo é fertilizado pelos sedimentos carregados pela água. Já as matas de igapó ficam submersas quase o ano todo, às vezes por mais de dez meses.

Nesse bioma, há ecossistemas que ocupam áreas menores, além de rios, igarapés (riachos), paranás (braços de rios)

As matas de igapó permanecem inundadas na maior parte do tempo. A mostrada na foto fica em área próxima a Manaus (AM), 2010.

A Amazônia Legal

Denomina-se Amazônia Legal a região que abrange os estados do Acre, Amapá, Amazonas, Mato Grosso, Pará, Rondônia, Roraima e Tocantins, parte do Maranhão e cinco municípios de Goiás (veja a área verde no mapa abaixo).

A região representa 59% do território brasileiro, onde, segundo o Censo Demográfico de 2010, viviam 24 milhões de pessoas. Nela se concentra cerca de 56% da população indígena brasileira, compreendendo grande diversidade de povos.

A parte colorida do mapa corresponde à Amazônia Legal.

Fonte de pesquisa: Instituto Brasileiro de Geografia e Estatística (IBGE). Evolução do antropismo na Amazônia Legal. Disponível em: <http://www.atlasescolar.ibge.gov.br/images/atlas/mapas_brasil/brasil_evolucao_antropismo_AM.pdf>. Acesso em: 5 ago. 2014.

e sistemas de lagos permanentes e temporários, que abrigam flora e fauna peculiares.

Biodiversidade

A vegetação de uma floresta é constituída por espécies vegetais de alturas distintas, formando camadas de vegetação, às quais chamamos de **estratos**. Cada tipo de floresta apresenta um tipo de estrato.

Nas florestas de terra firme, que ocupam 65% da área do bioma amazônico, os estratos mais comuns são: solo de floresta, sub-bosque, bosque, dossel e árvores emergentes.

> **GLOSSÁRIO**
>
> **Dossel**: a camada superior de vegetação de uma floresta, formada pelas copas entrelaçadas das árvores; também chamado de "teto" da floresta.

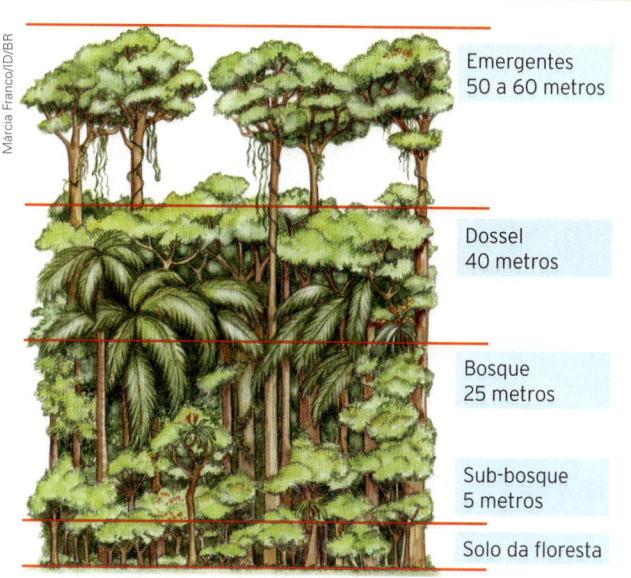

Emergentes 50 a 60 metros
Dossel 40 metros
Bosque 25 metros
Sub-bosque 5 metros
Solo da floresta

Representação esquemática dos estratos de uma floresta de terra firme.

Fonte de pesquisa: Aziz Ab'Saber. *Ecossistemas do Brasil*. São Paulo: Metalivros. p. 103.

Os variados tipos de vegetação da Floresta Amazônica e seus respectivos estratos estão associados à grande diversidade da fauna e da flora do bioma amazônico. Veja alguns exemplos:

1. A sumaúma chega a 60 metros de altura, compondo o estrato emergente da floresta (Manaus, AM, 2010). 2. As epífitas, como a da foto, usam o tronco das árvores como substrato ou apoio (Manaus, AM, 2009). 3. O macaco-barrigudo vive em bando, nas copas do dossel ou do bosque (Manaus, AM, 2010). 4. O falcão-críptico é uma das aves de rapina que habitam o dossel da floresta (Alta Floresta, MT, 2010). 5. A surucucu pode ser encontrada no solo coberto por folhas e material em decomposição ou sobre as árvores do sub-bosque (Alta Floresta, MT, 2011). 6. O gato-maracajá cultiva hábitos arbóreos (Floresta Amazônica, AM, 2008). 7. Na época da desova, a tartaruga-da--amazônia pode ser vista nas praias arenosas que se formam à margem de alguns rios amazônicos (margem do rio Trombetas, AM, 2009). 8. A vitória-régia ocorre nas áreas alagáveis (várzeas e igapós) da bacia do rio Amazonas (Floresta Amazônica, AM, 2008).

Ameaças ao bioma amazônico

Apesar de ser uma das maiores regiões preservadas do mundo, cerca de 15% do bioma amazônico já foi desmatado pela exploração indiscriminada de seus recursos.

A interferência humana geralmente tem início com a extração de madeira, na qual toda a vegetação de uma área é derrubada, mas apenas as madeiras de interesse comercial são aproveitadas. A vegetação tombada que permanece na área é, então, queimada, para "limpar" o terreno e possibilitar a criação de gado ou, mais recentemente, o plantio de soja.

Área da Floresta Amazônica devastada e queimada no município de Nova Ubiratã (MT). Foto de 2005.

Além dos danos à biodiversidade, o **desmatamento** deixa o solo mais exposto à ação das chuvas, que tem então sua camada mais superficial carregada para rios. Isso implica alteração em sua composição e redução de sua espessura, prejudicando os seres vivos que dele dependem.

A destruição da floresta também afeta o regime de chuvas. Cerca de 50% da água que cai sob a forma de chuva na floresta tem origem na própria vegetação. Estima-se que, caso a devastação continue nesse ritmo, as chuvas diminuirão e, por conseguinte, a floresta remanescente não sobreviverá.

Todas essas ameaças atingem os habitantes da floresta.

Populações indígenas

Existem cerca de 230 povos indígenas no Brasil. Sua população soma cerca de 600 mil habitantes, dos quais 60% vivem na Amazônia Legal, a maioria em áreas oficialmente delimitadas e conhecidas como Terras Indígenas.

Esses povos mantêm hábitos culturais relacionados aos recursos da floresta e dependem dela para sobreviver. Suas terras, porém, têm sido invadidas pelas atividades econômicas como empresas madeireiras e empreendimentos de garimpo, agricultura e pecuária, cortadas por estradas e linhas de transmissão de energia e inundadas para a instalação de hidrelétricas.

Fonte de pesquisa: *Povos indígenas no Brasil Mirim. Quem são*. Disponível em: <http://pibmirim.socioambiental.org/quem-sao>. Acesso em: 5 ago. 2014.

Dança capiwaya da etnia Barasano, em Manaus (AM). Foto de 2009.

●●● O bioma Mata Atlântica

O bioma denominado Mata Atlântica ocupava, originalmente, 1 306 421 km² do território brasileiro, distribuindo-se desde o Rio Grande do Sul até o Rio Grande do Norte, sobre as planícies litorâneas, regiões montanhosas na região leste e parte do planalto no interior do país. Hoje, resta apenas 7% de sua área original.

Por causa da distribuição do bioma ao longo de diferentes latitudes e altitudes (veja o mapa da página 33), o clima não é homogêneo. Podemos dizer que as características climáticas predominantes são a **umidade**, com média de precipitação de 2 000 mm por ano, e as **temperaturas amenas**, entre 14 °C e 21 °C, podendo atingir temperaturas negativas nas grandes altitudes e temperaturas mais altas nas baixas latitudes.

Floresta tropical atlântica no Parque Estadual da Serra do Mar. Cubatão (SP), 2009.

Vegetação

O bioma Mata Atlântica compreende um conjunto de ecossistemas com variados tipos de vegetação.

A denominação **floresta tropical atlântica** abrange vários tipos de formação florestal, caracterizados por árvores de alturas diversas, as mais altas com 35 metros, que formam um dossel mais baixo e irregular que o da Floresta Amazônica. Algumas espécies de árvores da floresta atlântica perdem as folhas no inverno, mas a maioria permanece verde o ano inteiro. Pequenas árvores e grande variedade de arbustos crescem à sombra do dossel e formam o sub-bosque da floresta, onde as epífitas são abundantes.

Destacam-se nesse bioma a Mata de Araucárias e os Campos de Altitude.

Na **Mata de Araucárias** predomina o pinheiro-do-paraná ou araucária, uma árvore que pode chegar a 50 metros de altura. Nessa mata, as araucárias formam o dossel que sombreia o sub-bosque da floresta, onde ocorre uma complexa e grande variedade de espécies arbóreas e arbustivas.

Os **Campos de Altitude** ocorrem nas áreas pedregosas dos topos das serras das Regiões Sul e Sudeste do país, onde predominam vegetação herbácea (plantas de caule macio) e arbustos.

Originalmente, a Mata de Araucárias distribuía-se pelos planaltos, do sul do estado de São Paulo ao Rio Grande do Sul. Foto de 2007.

Campo de Altitude no Parque Nacional de Itatiaia, no estado do Rio de Janeiro. Foto de 2008.

Biodiversidade

O bioma Mata Atlântica apresenta a maior biodiversidade entre os biomas brasileiros e uma das maiores do mundo. É, no entanto, o bioma mais devastado do território nacional, e estima-se que muitas espécies foram extintas antes mesmo de terem sido descritas cientificamente. Apesar disso, novas espécies da Mata Atlântica são identificadas constantemente. Sabe-se que hoje existem cerca de 260 espécies sob risco de extinção.

Veja algumas das inúmeras espécies que vivem nesse bioma:

1. A jararaca-ilhoa ocorre apenas na ilha de Queimada Grande, SP (2010). 2. A saíra-sete-cores pode ser encontrada em todos os estratos da floresta atlântica (Parque Nacional de Itatiaia, RJ, 2010). 3. Epífitas, como essa bromélia, são abundantes na Mata Atlântica (Parque Nacional Carlos Botelho, SP, 2010). 4. O mono-carvoeiro é uma das muitas espécies de primatas que vivem no bioma (Santa Maria de Jetibá, ES, 2008). 5. A juçara, palmeira nativa da Mata Atlântica, está sob risco de extinção pela extração indiscriminada de seu palmito (Parque Nacional de Itatiaia, RJ, 2010). 6. A preguiça-de-coleira vive apenas na porção da Mata Atlântica que se estende do sul da Bahia, Espírito Santo até o estado do Rio de Janeiro (Itabuna, BA, 2009). 7. O jequitibá-rosa é considerado a maior árvore nativa do Brasil, podendo atingir 50 metros de altura (Monte Alegre do Sul, SP, 2012). 8. Nas Matas de Araucárias, o pinhão alimenta vários animais, entre eles o papagaio-de-peito-roxo (Camanducaia, MG, 2010).

Ameaças ao bioma Mata Atlântica

A Mata Atlântica é o bioma brasileiro mais alterado pelas atividades humanas. A história de sua destruição remonta à época da extração do pau-brasil por portugueses, franceses e holandeses, no período da colonização do Brasil. Hoje, 70% da população e os principais complexos industriais do país encontram-se em área originalmente ocupada pela Mata Atlântica, e resta apenas 7% de sua cobertura original (veja o mapa da próxima página).

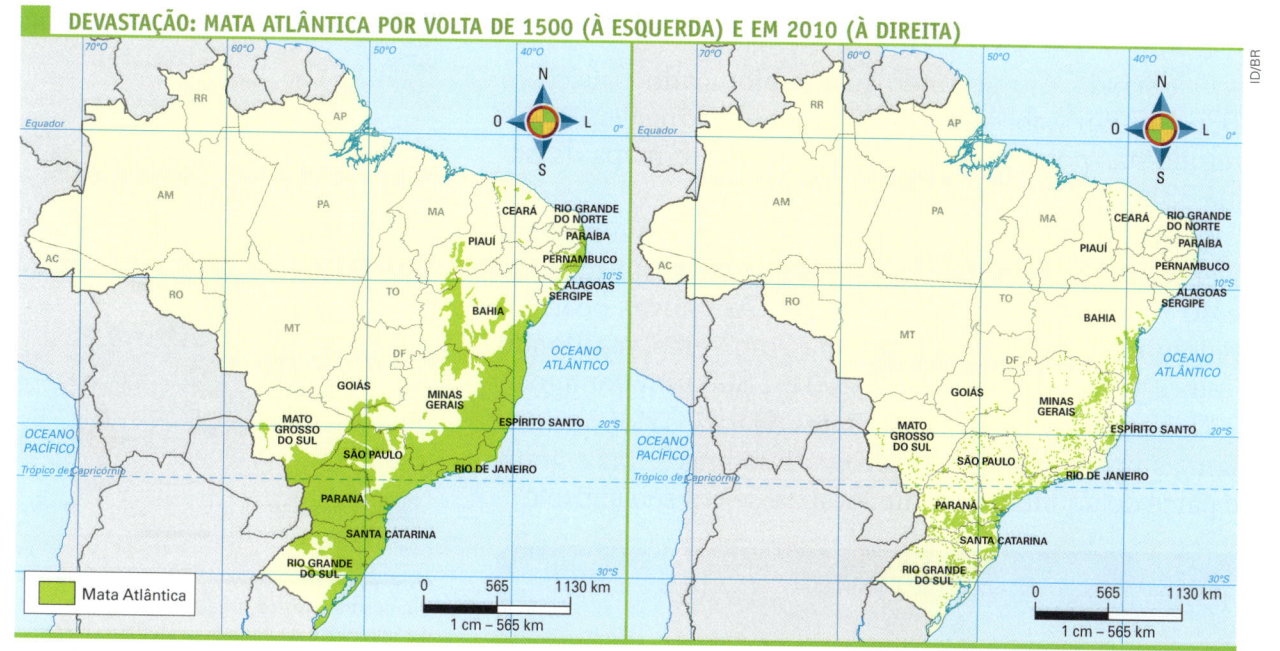

DEVASTAÇÃO: MATA ATLÂNTICA POR VOLTA DE 1500 (À ESQUERDA) E EM 2010 (À DIREITA)

Fonte de pesquisa: Fundação SOS Mata Atlântica. *Atlas dos remanescentes florestais da Mata Atlântica.* Disponível em: <http://mapas.sosma.org.br>. Acesso em: 5 ago. 2014.

Os remanescentes do bioma Mata Atlântica, já muito reduzidos em relação à mata original, correm o risco de desaparecer totalmente.

Uma das principais ameaças ao bioma é a falta de planejamento urbano que valorize a preservação da floresta. As cidades crescem desordenadamente, segundo os interesses econômicos dos empreendimentos imobiliários, que, muitas vezes, não respeitam a legislação ambiental. A remoção da cobertura vegetal para a construção de loteamentos de lazer, moradias, escritórios e fábricas, além de destruir o bioma, pode provocar deslizamentos de terra e enchentes, bem como prejudicar os corpos de água que servem para abastecer as cidades.

São também importantes ameaças a esse bioma as atividades de mineração – especialmente nos estados de Santa Catarina, Minas Gerais e Espírito Santo – e o avanço das monoculturas de plantas exóticas, como o eucalipto e o pinheiro, sobretudo para a produção de papel.

Moradias em encosta da Serra da Estrela, região originalmente ocupada por floresta atlântica. Petrópolis (RJ), 2011.

Indígenas, quilombolas e caiçaras

Na Mata Atlântica, vivem muitas populações tradicionais, que detêm grande conhecimento sobre a fauna e a flora do bioma.

São povos indígenas, grupos remanescentes de negros escravizados fugidos (chamados quilombolas) e caiçaras. Essas populações estão organizadas em comunidades e vivem de sua própria força de trabalho em atividades como agricultura familiar, coleta, artesanato ou pesca.

Agricultor limpando plantação de batata-doce em comunidade quilombola de São Miguel (RS), 2011.

●●● O bioma Cerrado

O Cerrado é o segundo maior bioma do país, com 2 036 448 km², abrangendo doze estados brasileiros, sobretudo nas porções centrais do país (veja o mapa da página 33).

O clima é **quente** e **úmido** no verão, e **frio** e **seco** no inverno. A temperatura média é de 25 °C, com máxima de 40 °C e mínima próxima de zero. As chuvas ocorrem predominantemente na primavera e no verão, mantendo o índice pluviométrico entre 1 200 e 1 800 mm por ano.

Nesse bioma, estão as nascentes de vários rios que formam as principais bacias hidrográficas brasileiras e grande parte do aquífero Guarani localiza-se em seu subsolo.

LOCALIZAÇÃO DO AQUÍFERO GUARANI

Um dos maiores reservatórios subterrâneos de água doce do mundo, o aquífero Guarani distribui-se pelos territórios de Brasil, Argentina, Uruguai e Paraguai.

Fontes de pesquisa: Maria Elena Simielli. *Geoatlas*. São Paulo: Ática, 2006, p. 105; IBGE. *Atlas geográfico escolar*. Rio de Janeiro: IBGE, 2009.

No bioma Cerrado, encontramos vegetação rasteira, arbustiva e arbórea, como vemos nessa paisagem do Parque Nacional da Chapada dos Veadeiros (GO), 2010.

Vegetação

A vegetação predominante do bioma é o **cerrado típico**, formado por um estrato herbáceo e outro de árvores baixas, de no máximo 20 metros de altura, com tronco e galhos retorcidos, afastadas umas das outras. No bioma ocorre também o **cerradão**, aglomerados de árvores que formam pequenos bosques, e o **campo cerrado**, onde predominam as gramíneas e a vegetação de baixo porte.

Nas áreas úmidas e de solo arenoso, encontram-se as **veredas**, onde predomina uma espécie de palmeira, o **buriti**.

Na paisagem de cerrado típico, misturam-se plantas herbáceas com árvores baixas. São João Batista do Glória (MG), 2011.

As veredas de buritis surgem nas áreas mais úmidas do Cerrado, como neste trecho do Parque Nacional dos Veadeiros (GO), 2010.

Biodiversidade

O aspecto geral da vegetação do Cerrado – troncos retorcidos, cascas grossas, raízes profundas e caules subterrâneos – é resultado da ação do fogo natural, comum nesse bioma, especialmente no período seco de inverno. Muitas espécies, adaptadas às queimadas naturais, brotam logo após as primeiras chuvas. Árvores como o ipê-amarelo-do-cerrado e o pequizeiro são exemplos de espécies que sobrevivem ao fogo, mas há também inúmeras plantas herbáceas e rasteiras com a mesma capacidade.

O Cerrado abriga grande diversidade de fauna e flora. Veja alguns exemplos nas fotos abaixo.

1. O lobo-guará é típico do Cerrado (Itirapina, SP, 2008). 2. A seriema é uma das aves terrestres desse bioma (Miranda, MS, 2010). 3. Os cupinzeiros são comuns nessa paisagem. Cada um deles pode abrigar milhares de cupins (Brumadinho, MG, 2011). 4. O teiú é o maior lagarto brasileiro, podendo chegar a 1 metro de comprimento. Comum no Cerrado, vive também em outros biomas (Parque Nacional das Emas, GO, 2008). 5. A canela-de-ema floresce após fogo natural (Parque Nacional da Serra da Canastra, MG, 2006). 6. O pequi, fruto do pequizeiro, é muito utilizado na culinária de Goiás (Parque Nacional da Serra da Canastra, MG, 2008).

Ameaças ao bioma Cerrado

Cerca de 45% da área do Cerrado foi alterada por atividades humanas. Especialmente as áreas de cerradões, que hoje estão quase extintas, sobretudo pela exploração madeireira predatória prolongada.

Desde a década de 1960, o Cerrado vem sendo substituído por áreas destinadas à pecuária e à agricultura intensivas, com grandes populações de gado e áreas de monocultura de soja, ambas voltadas para a exportação. Em torno dessas atividades, proliferaram os centros urbanos, que passaram a ser, também, uma ameaça ao bioma.

Verifique o que aprendeu

1. Que elementos caracterizam um bioma?
2. Considerando a resposta dada à questão 1, explique por que no Brasil ocorre uma grande diversidade de biomas.
3. Qual é o maior bioma brasileiro?

ATIVIDADES

1. A mudança de um bioma para outro geralmente não tem delimitação definida, mas se dá ao longo de áreas de transição. A diversidade de espécies nessas áreas é grande ou pequena? Justifique sua resposta.

2. O que diferencia um bioma de um ecossistema?

3. Faça dupla com um colega. Leiam o texto a seguir e, depois, respondam à questão no caderno.

> Seringueiro é o nome dado ao trabalhador que percorre trilhas na floresta buscando extrair da seringueira o látex do qual se faz a borracha. Historicamente vinculado ao dono da terra, o seringueiro tornou-se autônomo a partir do fim da Segunda Guerra Mundial (1945), quando os preços da borracha despencaram e os grandes fazendeiros perderam o interesse em sua produção.
>
> Com isso, a exploração dos frutos e sementes da castanha-do-pará tornou-se uma importante alternativa para os que vivem do extrativismo na Amazônia. Porém, com o avanço da fronteira agrícola – que promove a derrubada da floresta para exploração de madeira e posterior uso da terra na agricultura e na pecuária –, seringueiros e castanheiros veem ameaçado seu modo de subsistência.

Coleta de látex na Floresta Amazônica, 2011.

- A exploração de árvores nativas é protegida por lei (Decreto-lei n. 1 282 de 19 de outubro de 1994). Reservas extrativistas são áreas destinadas à exploração autossustentável por populações tradicionais. Que benefícios vocês imaginam que as reservas extrativistas podem trazer ao meio ambiente e ao ser humano?

4. As duas fotos abaixo são de áreas do bioma Cerrado. Compare-as e, depois, responda às questões.

Parque Nacional da Serra da Canastra (MG), 2011.

Área sendo preparada para plantio, pulverização com defensivos agrícolas. Luziania (GO), 2009.

a) Quais são as semelhanças e as diferenças entre as duas paisagens retratadas?

b) Analisando as fotos, é possível identificar pelo menos uma ação humana que está ameaçando o bioma Cerrado?

c) Proponha uma medida que poderia deter a destruição do Cerrado.

Biomas brasileiros II

MÓDULO 6

Este módulo dá continuidade ao estudo dos principais biomas brasileiros, incluindo os ecossistemas do litoral e da zona marinha.

●●● O bioma Caatinga

O bioma Caatinga ocupa cerca de 10% do território brasileiro, especificamente na região Nordeste, estendendo-se até o norte de Minas Gerais.

O clima é semiárido: predominantemente **seco**, com baixo índice pluviométrico (entre 400 e 650 mm por ano) e **temperaturas elevadas** (entre 27 °C e 29 °C). A ocorrência de chuvas concentra-se no início do ano.

O solo arenoso retém pouca água. Vários rios desse bioma são temporários, secando totalmente nos períodos áridos. Outros rios, perenes, mantêm-se durante o ano, mas com grande variação no volume de água, conforme o regime de chuvas.

O caminho arenoso que se vê na foto é o leito do Riacho Grande em período de seca. Casa Nova (BA), 2008.

Vegetação

Na Caatinga, observamos um estrato herbáceo e um estrato com arbustos e pequenas árvores, de 3 a 7 metros de altura, no qual se encontram cactos e bromélias.

A vegetação apresenta características **xerofíticas** (de *xero-*, "seco", e *-fito*, "vegetal"), ou seja, qualidades que possibilitaram sua adaptação ao ambiente seco: espécies caducifólias (que perdem as folhas na estação seca), folhas pequenas ou em forma de espinho reduzem a perda de água; folhas carnosas ou estruturas especiais de caule permitem o armazenamento de água em seu interior; raízes profundas alcançam a zona úmida do solo.

Em contraposição ao cenário desértico do período de seca, o verde brota com vigor poucos dias após a chegada das chuvas.

O juazeiro, o umbuzeiro e a barriguda são árvores típicas da Caatinga. Além da vegetação predominante, há vários outros tipos, como os que se formam nos grotões das serras ou nas áreas de lajedos (formações rochosas características), todos ainda pouco estudados.

Caatinga em Cabrobó (PE) no período de chuvas, 2010.

Caatinga em Cabrobó (PE) no período de seca, 2010.

43

Biodiversidade

A Caatinga é um bioma que só existe no Brasil. Grande parte de sua fauna e flora é composta de espécies exclusivas desse bioma. Veja alguns exemplos:

1. O umbuzeiro armazena água em estruturas especiais das raízes (Paulo Afonso, BA, 2008). 2. Originalmente, a ararinha-azul era encontrada no extremo norte da Bahia. Hoje não resta nenhuma na natureza, apenas cerca de 80 indivíduos criados em cativeiro. 3. Resistente a longos trajetos, o jegue é um grande aliado do homem sertanejo (Casa Nova, BA, 2008). 4. Cactos como o mandacaru da foto armazenam água no caule e têm espinhos no lugar de folhas (Piranhas, AL, 2010). 5. O mocó é um roedor encontrado em áreas pedregosas, principalmente no estado do Piauí, onde é utilizado como alimento (Piripiri, PI, 2008). 6. A barriguda armazena água no tronco abaulado (Jeremoabo, BA, 2008). 7. O tatu-bola, ou tatuapara, é um mamífero endêmico, isto é, que só existe no Brasil, e está em risco de extinção (PI, 2009). 8. O periquito-da-caatinga, ou gangarra, é ave típica do sertão nordestino (Juazeiro, BA, 2007).

Ameaças ao bioma Caatinga

A Caatinga é um dos biomas mais alterados do Brasil.

Já perdeu quase metade da vegetação original devido ao desmatamento para criação de animais e agricultura. A vegetação derrubada é, muitas vezes, usada para a obtenção ilegal de carvão vegetal. Recentemente, o emprego de técnicas de irrigação ampliou a área ocupada para fruticultura e agricultura extensiva, sobretudo às margens do rio São Francisco.

A caça representa, também, uma ameaça ao bioma. Alguns animais são capturados para alimentação humana, como o mocó e a pomba avoante. Outras espécies são aprisionadas para comércio ilegal, geralmente para servir de animal de estimação nas grandes cidades. O canário-da-terra, a patativa e o periquito-da-caatinga são algumas das espécies da lista de animais aprisionados.

O pisoteio dos animais da pecuária, a agricultura extensiva e a destruição da vegetação podem transformar extensas áreas da Caatinga em deserto.

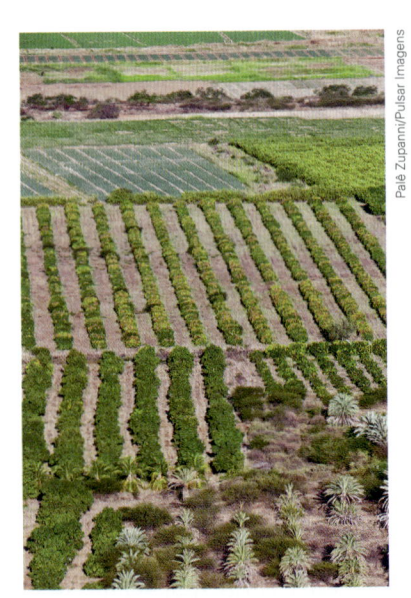

Plantação de frutas irrigadas no vale do rio São Francisco. Sobradinho (BA), 2010.

●●● O bioma Pantanal

O Pantanal ocupa uma extensa planície, que abrange parte dos estados do Mato Grosso e Mato Grosso do Sul e estende-se pelos territórios do Paraguai e da Bolívia.

O clima é **quente** e **úmido** no verão e **frio** e **seco** no inverno. Na estação seca, quando a temperatura média é de 21 °C, praticamente não chove. As precipitações, cujo nível varia de 1 000 mm a 1 400 mm por ano, concentram-se de novembro a abril, quando a temperatura média é de 32 °C. Nesse período, ocorrem as cheias e, em decorrência dos numerosos rios e do relevo plano, formam-se extensas áreas alagadas. A paisagem lembra então um grande pântano, de onde vem o nome da região. Com cerca de 230 mil km², sendo 140 mil km² em território brasileiro, o Pantanal é tido como a maior planície inundável do mundo.

Vista aérea do Pantanal na época de cheia. Foto de 2011.

Na vazante, quando se inicia o período de seca, as águas baixam e, nas terras recém-inundadas por águas ricas em nutrientes, surge uma vegetação exuberante, composta principalmente de ervas e capins, que serve de pastagem para a fauna nativa e para o gado introduzido pelo ser humano. Nas áreas mais elevadas, denominadas cordilheiras, que não chegam a alagar, predomina vegetação semelhante à do Cerrado.

O ritmo alternado de cheias e vazantes influencia toda a vida pantaneira, incluindo as atividades humanas, como a pecuária, a agricultura e o turismo.

Vegetação e biodiversidade

O Pantanal é um verdadeiro mosaico de vegetações de outros biomas brasileiros, como a Amazônia, a Mata Atlântica, a Caatinga e o Cerrado. Pela notável diversidade de espécies vegetais e animais que abriga, é considerado pela Unesco (Organização das Nações Unidas para a Educação, a Ciência e a Cultura) Patrimônio Natural Mundial e Reserva da Biosfera.

Ainda falta muito a estudar sobre as espécies que vivem nesse bioma. Estima-se que existam pelo menos 3 500 espécies de plantas, 463 de aves, 124 de mamíferos, 177 de répteis, 41 de anfíbios e 325 espécies de peixes de água doce. Veja, na próxima página, fotos de algumas dessas espécies.

Turismo é bom para quem?

É cada vez maior o número de pessoas que deseja viajar para regiões preservadas, repletas de matas e de cachoeiras. No entanto, a circulação intensa de turistas tem ameaçado a preservação de parques nacionais e de outras áreas protegidas por lei.

I. As pessoas têm o direito de viajar para esses locais ou o acesso a eles deveria ser proibido?

II. O que você acha da prática de estabelecer limites no número de visitantes em determinado local?

III. Você concorda ou não com a cobrança de taxas para dificultar o acesso de turistas a esses locais?

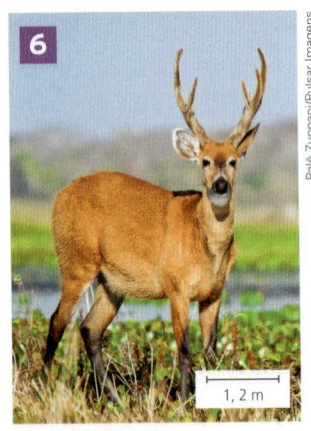

1. Entre os muitos répteis do bioma, destaca-se o jacaré-do-pantanal (Poconé, MT, 2009). 2. O tuiuiú, ou jaburu, é a ave-símbolo do Pantanal (MT, 2010). 3. Em geral, a floração do ipê-roxo tem início em junho e pode durar até agosto (Poconé, MT, 2010). 4. O pacupeva é um peixe herbívoro, muito apreciado na culinária de Cuiabá e vizinhanças (Miranda, MS, 2011). 5. O aguapé é uma planta aquática flutuante, bastante comum no Pantanal (Corumbá, MS, 2009). 6. O cervo-do-pantanal é uma espécie ameaçada de extinção (Miranda, MS, 2011). 7. A arara-azul-grande é um dos maiores alvos do comércio ilegal de aves (Aquidauana, MS, 2008). 8. O manduvi é uma das maiores árvores pantaneiras e ocorre nas áreas não inundáveis, como as cordilheiras (MT, 2007).

Ameaças ao bioma Pantanal

Toda a exuberância e diversidade do Pantanal atraem muitos turistas para a região. Embora preocupante, o impacto do turismo é menos significativo que o da criação de gado e da agricultura extensiva, que destroem grandes áreas de vegetação nativa, provocando a erosão do solo e a contaminação da água dos rios e seu assoreamento, com consequências negativas sobre todo o bioma.

●●● O bioma Campos Sulinos

O bioma Campos Sulinos, também conhecido como Pampa ou Campos Gerais, é constituído por vastas colinas que se estendem pelo Rio Grande do Sul e avançam até parte do Uruguai e da Argentina.

Nesse bioma prevalece o clima **subtropical**, com média anual de temperatura de 18 °C. As temperaturas são mais elevadas no verão, amenas na primavera e no outono e baixas no inverno, incluindo a ocorrência de geadas. Os índices pluviométricos variam de 600 a 1 200 mm por ano, e as chuvas são mais frequentes na porção leste do bioma, próximo do litoral, onde se formam áreas alagadas chamadas de **banhados**.

Característico da região é o minuano, vento frio e intenso que se origina das regiões polares e atinge o estado do Rio Grande do Sul e o sul de Santa Catarina, especialmente durante a passagem das frentes frias de outono e inverno.

No Pampa, as colinas têm inclinação suave e há predomínio de vegetação herbácea. Quaraí (RS), 2010.

Vegetação e biodiversidade

Nos Campos Sulinos, predominam as plantas de pequeno porte – ervas e capins –, com a presença esparsa de árvores e arbustos. Estudos recentes permitiram identificar mais de 3 mil espécies de planta na porção brasileira do bioma, entre elas 50 espécies de forrageiras.

A fauna é composta de mamíferos terrestres – como graxaim-do-campo, veados, tatus e gato-palheiro –, além de numerosas espécies de anfíbios, répteis e aves – como quero-quero, joão-de-barro e ema. Veja, na próxima página, alguns exemplos de espécies que vivem na região.

GLOSSÁRIO

Forrageira: espécie de planta que, por seu alto teor nutritivo, serve de forragem, isto é, de alimento para gado.

Heranças indígenas

Minuano é o nome de um dos grupos indígenas que habitavam os Campos ao sul do estado do Rio Grande do Sul. No idioma dos minuanos, *pampa* significa **plano**.

Outra herança indígena, dos povos Guarani e Quechua que habitavam a região, é o hábito de ingerir **chimarrão**, uma bebida feita da infusão das folhas de erva-mate, arbusto muito comum nos Campos Sulinos (veja foto ao lado).

Plantação de erva-mate na zona rural de Venâncio Aires (RS), 2010.

1. Nos Campos Sulinos, foram identificadas mais de 400 espécies de capim, entre elas o barba-de-bode, que mistura seu tom dourado ao verde das gramíneas (Bagé, RS, 2008). 2. A noivinha-do-rabo-preto é uma das aves do bioma ameaçadas de extinção (São Francisco de Paula, RS, 2007). 3. O graxaim-do-campo é alvo dos criadores de ovelhas, por ser acusado de caçá-las (Barra do Quaraí, RS, 2009). 4. Característico dos campos sulinos, o zorrilho emite cheiro desagradável quando acuado (Santana do Livramento, RS, 2009). 5. O cisne-de-pescoço-preto é uma das espécies que habitam os banhados (Banhado do Taim, RS, 2008). 6. Maior ave brasileira, a ema vive no Pampa e em outros biomas do país (Pinheiro Machado, RS, 2009). 7. A maria-mole, ou maria-faceira, é um dos arbustos sulinos (Santana da Boa Vista, RS, 2007). 8. O gato-palheiro também está ameaçado de extinção.

Ameaças ao bioma Campos Sulinos

Os Campos Sulinos já perderam cerca de 54% de sua cobertura vegetal original. O relevo plano e o domínio de vegetação gramínea favorecem a criação de gado, introduzida na região desde o tempo do Brasil colonial.

Inicialmente, o gado foi criado solto, em extensões de terra chamadas de vacarias. O gado solto se reproduzia espontaneamente e se dispersava pelo Pampa, dando origem à variedade de gado semisselvagem conhecida por chimarrão. Criado solto ou não, o gado está relacionado à origem dos problemas ambientais nesse bioma. O excesso de pastagem promoveu a erosão do solo, favorecendo também a invasão por plantas exóticas.

Mais recentemente, a agricultura intensiva – milho, soja e arroz – também tem contribuído para a degradação do bioma. O empobrecimento dos solos e a contaminação das águas por fertilizantes são alguns dos problemas resultantes dessa atividade. A intensa exploração dos recursos hídricos para irrigação das plantações originou a desertificação de algumas áreas desse bioma.

Plantação de arroz em São João do Polesine (RS), 2009.

Desertificação causada pela ação dos ventos e das chuvas e agravada pelo uso intensivo do solo para agricultura. Manoel Viana (RS), 2012.

••• Ecossistemas costeiros e marinhos

Faz parte do território brasileiro uma extensa costa, banhada pelo Oceano Atlântico. Nosso litoral abrange 17 estados, desde o Amapá até o Rio Grande do Sul, constituindo cerca de 10 mil km de extensão. Veja a faixa destacada no mapa.

Na faixa litorânea, os biomas terrestres, por influência do mar, apresentam características próprias e formam diferentes ecossistemas costeiros, como praias arenosas, restingas, costões rochosos e manguezais. Os principais fatores que determinam esses ecossistemas são o solo arenoso, a presença de ventos marítimos, a força das marés e a salinidade.

LOCALIZAÇÃO DOS ECOSSISTEMAS COSTEIROS E MARINHOS

Fontes de pesquisa:
IBGE. *Atlas geográfico escolar*. 5. ed. Rio de Janeiro: IBGE, 2009.
Milton Santos. *Atlas nacional do Brasil*. Rio de Janeiro: IBGE, 2010.

Praias arenosas

Ao longo do litoral, encontramos ambientes formados pela afloração de depósitos de areia trazida pelo mar. A praia arenosa é a faixa de areia mais próxima do mar, submetida ao movimento de vaivém das ondas.

Esse ambiente não oferece boas condições de fixação para os seres vivos, pois é pobre em nutrientes e está submetido a condições extremas de insolação, salinidade e dessecação (pela constância dos ventos marítimos). Nele, encontram-se numerosas espécies microscópicas e pequenos animais, como a tatuíra, o caranguejo-maria-farinha e a bolacha-da-praia. Várias aves, como as gaivotas e os maçaricos, visitam as praias em busca de alimento.

Paisagem típica de uma praia arenosa. Angra dos Reis (RJ), 2009.

Nas praias, alguns pequenos crustáceos, como o tatuí (à esquerda), vivem enterrados na areia.
A batuíra-de-coleira é frequentadora assídua das praias brasileiras.

Restingas

Na faixa litorânea do bioma Mata Atlântica, há o ambiente de restinga, que tem início na parte mais alta da praia, distante das marés altas, e onde apenas algumas plantas rasteiras conseguem se fixar na areia. Em direção ao interior do continente, ainda na planície arenosa, a influência do mar diminui, e a vegetação aumenta gradativamente – em estatura, adensamento e diversidade –, chegando a formar a floresta chamada **mata de restinga**.

Nas restingas, à medida que diminui a influência do mar, a vegetação pode variar de rasteira a florestal. Peruíbe (SP), 2009.

O sapinho-da-restinga só existe na floresta de restinga de interior, ou seja, é endêmico desse ambiente.

Interior de uma floresta baixa de restinga na Reserva Biológica de Comboios. Linhares (ES), 2011.

Costões rochosos

São chamadas costões as formações rochosas que ficam à beira-mar.

Em razão de diferentes graus de exposição à luz solar e à ação das ondas do mar, os costões rochosos propiciam a existência de ambientes diversos, dentro e fora da água. Na zona exposta ao ar, que recebe apenas borrifos de ondas, habitam liquens, bromélias e pequenos animais, como cracas e alguns moluscos. Na zona que fica submersa durante a maré alta, vivem caranguejos, mexilhões e algas verdes. Na zona permanentemente submersa, encontramos anêmonas, ouriços e outras espécies de algas, de moluscos e de crustáceos. Muitos peixes dependem desse ambiente para alimentação, abrigo e reprodução.

Costão rochoso no morro do Indaiá. Bertioga (SP), 2010.

Bromélias e liquens crescem na parte mais alta das rochas dos costões. Parati (RJ), 2007.

Sambaqui

No litoral de São Paulo e de Santa Catarina, em áreas de restinga, encontram-se enormes morros arredondados, que podem chegar a 30 metros de altura, chamados **sambaquis**.

Constituídos principalmente de conchas e restos de animais marinhos, esses morros registram as prováveis atividades de grupos humanos que habitaram o litoral há cerca de 6 500 anos. Há indícios de que tais construções estavam associadas a cerimônias de sepultamento.

Sambaqui em Parati (RJ), 2007.

Manguezais

Os manguezais são ecossistemas que se desenvolvem nas planícies litorâneas, à margem de rios e perto da foz. Nesses ambientes, durante as marés altas, a água doce dos rios mistura-se à água salgada do mar, resultando em **água salobra**.

O solo dos manguezais é lodoso, rico em nutrientes e pobre em gás oxigênio. Por tais condições, a vegetação não é muito diversificada, predominando poucas espécies arbóreas, que desenvolveram recursos de adaptação como os **caules-escora**, que possibilitam a fixação ao solo instável, e as **raízes aéreas** (pneumatóforos), que, crescendo no sentido vertical e projetando-se acima do solo, auxiliam na respiração da planta.

Apesar da baixa diversidade vegetal, os manguezais abrigam grande variedade de animais, sobretudo de aves e de crustáceos. A rica matéria orgânica levada pelas águas de rios e do mar cria condições muito propícias à geração da vida: muitos seres ali põem seus ovos e se reproduzem. Por isso os manguezais são conhecidos como **berçários da vida marinha**.

A baixa quantidade de gás oxigênio no solo favorece a presença de microrganismos anaeróbios (capazes de sobreviver sem gás oxigênio), os quais liberam um gás com cheiro de ovo podre, característico desse ambiente.

Os caules-escora propiciam a fixação da planta ao solo lodoso. Ilha de Marajó, PA, 2005.

Os pneumatóforos projetam-se acima do solo lodoso em busca de gás oxigênio. Mangue em São Sebastião (SP), 2009.

Manguezal na baía dos Pinheiros. Paranaguá, (PR), 2010.

Nos manguezais, encontramos várias espécies de caranguejo, como o aratu, à esquerda, e o guaiamum, no centro. Uma ave comum nesse ambiente é o guará-vermelho, à direita.

●●● Zona marinha

Os ambientes aquáticos geralmente não são classificados como biomas. O grande território brasileiro abrange todo tipo de ambiente aquático: rios, lagoas e mares. Vamos conhecer as características principais da zona marinha (veja o mapa ao lado).

ZONA MARINHA DO BRASIL

Fontes de pesquisa:
IBGE. *Atlas geográfico escolar*. 5. ed. Rio de Janeiro: IBGE, 2009. Milton Santos. *Atlas nacional do Brasil*. Rio de Janeiro: IBGE, 2010.

A zona marinha apresenta ambientes que variam conforme a luminosidade e a profundidade do local e a temperatura da água. A presença de estuários, baías e canais na costa também promove diferenciações nos ambientes marinhos.

Na zona marinha brasileira, vivem numerosas espécies de peixe e cerca de 50 espécies de mamífero. O peixe-boi-marinho, por exemplo, é uma espécie endêmica (brasileira) que habita o litoral, de Alagoas ao Amapá. Há também espécies visitantes, como a baleia-franca e a jubarte.

Entre as aves, algumas são residentes da zona marinha brasileira e outras migratórias, como o tesourão e o gaivotão, que visitam as ilhas costeiras, onde constroem seus ninhos e se reproduzem.

Há também as tartarugas-marinhas que vivem nas águas brasileiras e desovam em nossas praias.

Peixe-boi marinho em águas de Porto da Pedra (AL), 2009.

A jubarte (à esquerda), o tesourão (centro) e a tartaruga-marinha (à direita).

Ameaças aos ecossistemas costeiros e marinhos

As principais causas da degradação dos ecossistemas costeiros e marinhos são: despejo inadequado de lixo, lançamento de esgoto doméstico e industrial, derramamentos esporádicos de petróleo e pesca intensiva.

Zona costeira, manguezais e restingas estão ameaçados também por outros tipos de atividade. A criação de crustáceos, especialmente de camarão, produz excesso de matéria orgânica e introduz espécies exóticas, comprometendo os manguezais, onde geralmente é instalada. As áreas de restinga sofrem as pressões do mercado imobiliário, com a construção de loteamentos de lazer em áreas que deveriam ser preservadas.

O lixo que vai para o mar

É fácil saber que o lixo que se joga nas praias pode prejudicar os seres marinhos. Porém, o lixo que se joga nas ruas das grandes cidades também pode chegar ao mar, carregado pelos rios.

Animais marinhos estão ameaçados também pelo lixo urbano. Eles se intoxicam ao ingerir resíduos e ficam presos e se machucam em latas, sacos plásticos e objetos variados.

Vazamento de óleo na bacia de Campos (RJ), em novembro de 2011.

Ecossistemas de água doce

Os ecossistemas de água doce fazem parte dos biomas em que se encontram. Mas, conforme a profundidade e o movimento das águas, rios, riachos, lagos, lagoas, regiões alagadas e pantanais apresentam zonas com diferentes comunidades de microrganismos, vegetais e animais.

A água dos córregos e rios se desloca em um fluxo de direção única, da nascente à foz, movendo-se de regiões mais altas para regiões mais baixas. As quantidades de gás oxigênio, de nutrientes e de partículas na água variam muito ao longo de todo o percurso, principalmente devido às alterações de relevo e das características geológicas do leito.

GLOSSÁRIO

Nascente: local onde afloram as águas que formam um rio.

Foz: local onde um rio deságua; pode ser o mar, outro rio ou um lago.

Nas nascentes (foto da esquerda), em geral, a água é cristalina, com poucos nutrientes e muito gás oxigênio (nascente do rio Embu-Guaçu, SP, 2008). Próximo à foz (foto da direita), a água se torna turva, e diminui a quantidade de luz que penetra na água e de gás oxigênio presente na água (foz de rio na praia da vila de Santo Antônio, BA, 2007).

53

A água das lagoas, lagos, regiões alagadas e pantanais permanece praticamente parada ou se move lentamente.

A quantidade de luz, a temperatura e a concentração de gás oxigênio nessas massas de água variam, principalmente de acordo com a profundidade.

Em lagos profundos podem-se reconhecer três zonas bem distintas, que abrigam comunidades animais e vegetais diferentes. A **zona litorânea** situa-se nas margens do lago, onde os raios de Sol chegam até o fundo. A **zona limnética** é a porção de água central, próxima à superfície e muito iluminada, rodeada pela zona litorânea. E a **zona profunda** é a região menos iluminada do lago e a mais fria.

1. As plantas dão abrigo para várias espécies, bem como para ovos de insetos, anfíbios e peixes. 2. A carpa e muitas outras espécies de peixes vivem na zona limnética, pois poucos peixes sobrevivem à falta de gás oxigênio da zona profunda.

Ameaças aos ecossistemas de água doce

Os ecossistemas de água doce são considerados ameaçados em todo o planeta. A poluição das águas por agrotóxicos e esgoto doméstico e industrial, a construção de represas e o assoreamento dos rios e lagos são algumas das maiores ameaças aos ecossistemas de água doce. A destruição das matas ciliares e a ocupação desordenada do solo também contribuem para a degradação desses ecossistemas.

A situação é considerada grave em todo o planeta, pois há milhões de pessoas que já não contam com água de qualidade para suas necessidades básicas de sobrevivência.

Água poluída do Rio Tietê, em Itu (SP). Foto de 2009.

Usinas, barragens e represas

A maior parte da energia elétrica utilizada em nosso país vem de usinas hidrelétricas, que utilizam a energia da queda da água para gerar eletricidade. Por não utilizar combustíveis como petróleo ou carvão, a energia que vem dessas usinas é considerada limpa e renovável.

Por outro lado, o impacto da construção de usinas hidrelétricas no ambiente é grande, sobretudo quando há o alagamento de vastas áreas, com prejuízos para a fauna e a flora.

O impacto social da construção de uma represa também não é pequeno: os moradores têm suas terras alagadas e muitas vezes precisam recomeçar a vida em outra região.

I. Você acha que os benefícios gerados pelas usinas hidrelétricas justificam os impactos ambientais e sociais dessas construções? Justifique.

Proteção dos biomas e ecossistemas

Ao longo deste capítulo, vimos que as atividades humanas alteraram grande parte de cada um dos biomas e ecossistemas brasileiros. Essa realidade está presente em praticamente todo o planeta. Entre as principais formas de preservação dos biomas e ecossistemas, duas se destacam: a adoção de um modelo de desenvolvimento sustentável e a delimitação de unidades de conservação.

Desenvolvimento sustentável

A obtenção dos recursos necessários à sobrevivência humana sempre alterou o meio ambiente. Afinal, o homem faz parte da natureza.

O atual modelo de desenvolvimento usa indiscriminadamente os recursos naturais e, movido pela necessidade da obtenção do lucro, produz bens muitas vezes descartáveis ou de pouca durabilidade. A consequência disso é o consumismo exacerbado. Celulares, computadores, garrafas PET e muitos outros produtos têm uma vida útil curta, e logo são jogados fora. Isso gera montanhas de lixo, que, como o uso irracional dos recursos naturais, também é uma forma de agredir o meio ambiente.

Um novo tipo de desenvolvimento, chamado de **sustentável**, se propõe a respeitar os limites da natureza e as necessidades humanas. Esse modelo reconhece que a humanidade recebeu a natureza como herança das gerações anteriores, herança que deve legar de forma íntegra às gerações futuras.

Para que o desenvolvimento sustentável se estabeleça é necessário que órgãos do governo, organizações não governamentais e a sociedade em geral se mobilizem para criar leis que estabeleçam limites para a exploração dos recursos naturais, para exigir a adoção de práticas sustentáveis de produção de bens e alimentos, e para fiscalizar sua execução.

O lixo eletrônico – materiais elétricos e eletrônicos que não têm mais uso – pode ser reciclado. Na foto, galpão de reciclagem de lixo eletrônico em Porto Alegre (RS), 2009.

Unidades de conservação

As unidades de conservação são áreas do território nacional definidas por lei para a conservação da biodiversidade e dos recursos naturais.

O Sistema Nacional de Unidades de Conservação (Snuc), criado em 2000, é composto pelo conjunto de unidades de conservação federais, estaduais, municipais e particulares, distribuídas em dois grandes grupos: as unidades de proteção integral e as de uso sustentável.

Nas **Unidades de Proteção Integral** não é permitida nenhuma atividade que envolva consumo, coleta ou dano aos recursos naturais. Já nas **Unidades de Uso Sustentável** são permitidas atividades que envolvem coleta e uso dos recursos naturais, desde que praticadas de forma a assegurar a capacidade de renovação desses recursos. Essas unidades propiciam às comunidades envolvidas o desenvolvimento de atividades econômicas sustentáveis.

Existe no país um total de 310 unidades federais, 503 estaduais e 81 municipais, que representam 16,6% do território nacional.

No entanto, as áreas destinadas à preservação ainda são distribuídas de forma muito desigual entre os diferentes biomas. As metas nacionais preveem a conservação de pelo menos 30% da Amazônia e 10% dos outros biomas em unidades de conservação. Em 2011, essas metas ainda não haviam sido cumpridas, e o Pampa, o Pantanal e a zona marinha eram as áreas menos protegidas.

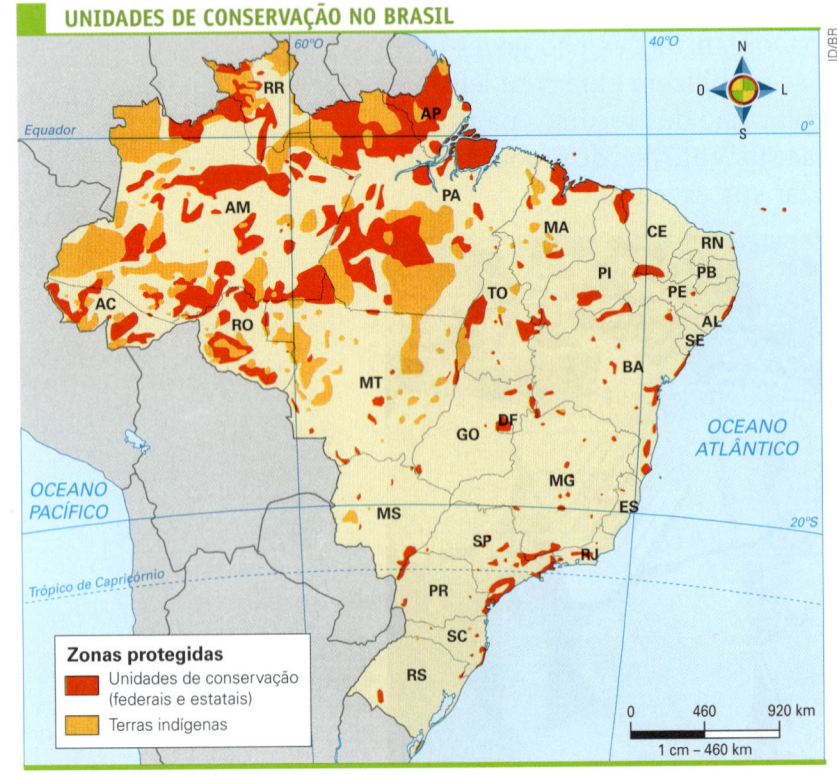

Verifique o que aprendeu

1. Associe as características de cada item a um bioma brasileiro.
   a) Solo lodoso, rico em nutrientes e pobre em gás oxigênio, periódica ou constantemente encharcado.
   b) Clima predominantemente seco e quente, com chuvas concentradas no início do ano.
   c) Presença de árvores de grande porte e clima úmido e quente.
   d) Vegetação que varia de campos abertos a pequenos bosques, com estação seca bem delimitada.

2. Embora diversificados e localizados em diferentes regiões do país, a maior parte dos biomas brasileiros encontra-se sob o mesmo tipo de ameaça. Quais são as principais ameaças aos nossos biomas e por quê?

UNIDADES DE CONSERVAÇÃO NO BRASIL

Zonas protegidas:
- Unidades de conservação (federais e estatais)
- Terras indígenas

1 cm – 460 km

Fonte de pesquisa: M. F. Durand e outros. *Atlas da mundialização*: compreender o espaço mundial contemporâneo. São Paulo: Saraiva, 2009. p. 128.

ATIVIDADES

1. Leia o texto abaixo com atenção. Depois, escreva no caderno o termo que preenche as lacunas e, em seguida, responda às questões propostas.

   > Considerando a importância do bioma _____ na pecuária da região semiárida brasileira, o presente trabalho objetivou apresentar informações sobre diferentes aspectos forrageiros de plantas da _____, com vistas à alimentação de ruminantes. A vegetação de _____ é constituída por arbustos e árvores de pequeno porte, geralmente dotados de espinhos, [...], em sua maioria, perdendo suas folhas no início da estação seca. Complementam ainda a composição botânica desse bioma cactáceas, bromeliáceas e um componente herbáceo [...]
   >
   > M. Santos e outros. Potencial de plantas forrageiras da [...] na alimentação de ruminantes. *Revista Brasileira de Zootecnia*, Viçosa, v. 39, jul. 2010. Disponível em: <http://dx.doi.org/10.1590/S1516-35982010001300023>. Acesso em: 5 ago. 2014.

   a) Procure no dicionário o significado das palavras que desconhece e registre-o no caderno.

   b) Com as informações do texto, descreva a vegetação desse bioma.

2. O clima e o solo de uma região, e as espécies de seres vivos (plantas e animais) que se adaptam a tais condições, são elementos determinantes para a caracterização de um bioma. Considerando isso, responda:

   a) Como o solo influencia a vegetação nos manguezais? Como isso se associa à proximidade do mar?

   b) Quais são os principais fatores que fazem do Cerrado um dos biomas mais heterogêneos do Brasil, com áreas vegetais bastante diversas?

Manguezal no rio Ceará-Mirim, Extremoz (RN), 2008.

Bonito (MS), 2011.

3. Faça dupla com um colega e respondam às questões a seguir, que tratam da importância do clima para a biodiversidade de um bioma.

   a) Dois dos biomas brasileiros estudados aqui apresentam, durante o ano todo, temperaturas entre amenas e altas e alto teor de umidade. Eles também têm em comum o fato de se destacarem por uma grande variedade de espécies. Quais são esses biomas?

   b) Qual bioma brasileiro é quente o ano todo, com predominância de clima seco? E em qual bioma o clima é temperado, com baixas temperaturas? Compare a diversidade de espécies desses dois biomas com a diversidade dos dois anteriores.

   c) Comparando as respostas dos itens anteriores, o que vocês deduzem sobre a relação entre a biodiversidade de um bioma e os índices de temperatura e de umidade que nele prevalecem?

CIÊNCIA À MÃO

A fertilidade do solo

Para começar

O que um solo deve conter para as plantas crescerem da melhor maneira possível?

Material

- luvas
- terra vegetal (formada por restos decompostos de plantas)
- terra
- 6 vasinhos para planta (com furos no fundo)
- areia
- papel, palitos de madeira e fita adesiva
- sementes de feijão ou de milho
- 1 bandeja onde caibam todos os vasinhos
- régua

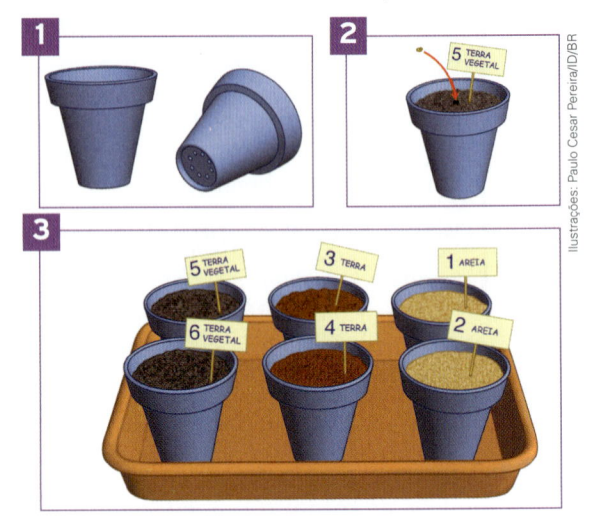

Procedimentos

Parte I – Montagem do experimento

1. Use luvas sempre que mexer com terra. Se a terra estiver muito molhada, deixe-a secar um pouco. Em seguida, afofe-a.
2. Verifique se todos os vasos têm furos no fundo (Figura 1).
3. Em dois deles coloque terra vegetal; nos outros dois, somente terra, e nos dois últimos coloque areia. Com o papel, os palitos e a fita adesiva, faça seis placas para numerar os vasos e anotar que tipo de substrato está em cada um (Figura 3).
4. Use o palito para fazer, no centro dos substratos, um buraco com cerca de 1 cm de profundidade e coloque nele uma semente (Figura 2). Cubra o buraco com um pouco do substrato que estiver usando (sem pressioná-lo).
5. Coloque os vasos sobre a bandeja (Figura 3) e regue sem encharcar. Mantenha-os em um lugar bem iluminado, mas que não tome sol diretamente. Certifique-se de que os substratos estejam sempre umedecidos.

Parte II – Observação

1. Faça uma tabela como a do exemplo ao lado e observe os vasos todos os dias, por pelo menos duas semanas.
2. Anote suas observações na tabela assim que as plantas começarem a brotar.
3. Todo dia, meça a altura de cada planta.

Exemplo de tabela					
	16/3	17/3	18/3	19/3	20/3
Vaso 1	–	–	–	0,4 cm	0,9 cm
Vaso 2	–	–	–	0,3 cm	0,8 cm
Vaso 3	–	–	0,4 cm	0,7 cm	1,2 cm
Vaso 4	–	0,3 cm	0,8 cm	1,3 cm	1,9 cm
Vaso 5	0,5 cm	0,8 cm	1,4 cm	1,8 cm	2,2 cm
Vaso 6	–	0,6 cm	1,0 cm	1,6 cm	2,1 cm

*As medidas da tabela não correspondem a resultados reais.

Questões para discussão e avaliação

1. Pelas suas observações, as plantas crescem mais rápido em algum dos substratos (terra, terra vegetal ou areia)?
2. Se encontrou diferenças, por que imagina que elas ocorreram? Faça também uma rápida pesquisa sobre como a terra vegetal é preparada.

Comunicação dos resultados

Construa um gráfico de barras que mostre a variação da altura das plantas dos diferentes vasos.

LENDO CIÊNCIAS

ANTES DE LER

- Os textos reproduzidos abaixo falam do "Dia Mundial das Zonas Úmidas". A que regiões do planeta você imagina que tal dia seja dedicado?

Ameaças ao Pantanal

[...] A região [do Pantanal] corre perigo, principalmente pela degradação de nascentes e barramento de rios que fluem de áreas de planalto (Cerrado) para a planície pantaneira. [...] O trabalho "Análise de Risco Ecológico da Bacia do Rio Paraguai"* foi lançado hoje, 2 de fevereiro [de 2012], data em que se comemora o Dia Mundial das Zonas Úmidas, e o Pantanal, parte da bacia do Paraguai, é a maior área úmida continental do planeta.

[...] Os pesquisadores listaram as principais ameaças à bacia do rio Paraguai:

1. Desmatamento e manejo inadequado de terras para agropecuária, ambos causadores de erosões e sedimentação de rios.

2. Barragens feitas para a construção de hidrelétricas, que alteram o regime hídrico natural.

3. Crescimento urbano e populacional, normalmente seguido de obras de infraestrutura, como rodovias, barragens, portos e hidrovias que – se construídas sem critérios de sustentabilidade – colocam em risco o frágil equilíbrio ambiental pantaneiro.

Daniele Bragança. Estudo mapeia as principais ameaças ao Pantanal. *O Eco*, 2 fev. 2012. Disponível em: <http://www.oeco.com.br/noticias/25683-estudo-mapeia-as-principais-ameacas-ao-pantanal?utm_source=newsletter_310&utm_medium=email&utm_campaign=as-novidades-de-hoje-em-oeco>. Acesso em: 5 ago. 2014.

Zonas Úmidas

As Zonas Úmidas podem ser definidas como áreas de pântano, charco, turfa ou água, natural ou artificial, permanente ou temporária, com água estagnada ou corrente, doce, salobra ou salgada, incluindo área de água marítima com menos de 6 metros de profundidade na maré baixa. Têm um papel fundamental na manutenção da biodiversidade e na regulação do clima. Situadas em uma área de transição entre os ecossistemas aquáticos e terrestres, essas áreas são muito vulneráveis.

[...] Só no Brasil são 11 zonas úmidas incluídas na Lista de Ramsar** (veja o mapa ao lado). [...]

Fonte de pesquisa (texto e mapa): *O Eco*.
Disponível em: <http://www.oeco.com.br/ano-internacional-das-florestas/24770-dia-mundial-das-zonas-umidas->. Acesso em: 5 ago. 2014.

* Estudo desenvolvido pela ONG (Organização Não Governamental) WWF-Brasil, em parceria com a The Nature Conservancy e o Centro de Pesquisas do Pantanal.
** Lista de zonas úmidas selecionadas pelos países signatários da Convenção de Ramsar (1971), tratado intergovernamental que estabelece marcos para ações de conservação e uso racional de zonas úmidas e de seus recursos naturais.

Fontes de pesquisa: IBGE. Unidades de conservação. Disponível em: <http://www.teen.ibge.gov.br/mapas-teen/mapas-tematicos-teen/unidades-de-conservacao>. Acesso em: 5 ago. 2014; Fundação SOS Mata Atlântica. Atlas dos remanescentes florestais da Mata Atlântica 2008. Disponível em: <http://mapas.sosma.org.br>. Acesso em: 5 ago. 2014.

De olho no texto

1. Procure no dicionário o significado das palavras que desconhece e registre-os no caderno.

2. Segundo o estudo citado no texto, quais são as ameaças ao Pantanal brasileiro?

QUESTÕES GLOBAIS

1. Imagine que um peixe seja mantido dentro de um aquário que não precise de nenhuma manutenção, ou seja, não é necessário colocar comida para o peixe nem limpar o aquário. Sabendo que o peixe é um consumidor secundário, registre no caderno os elementos que você supõe necessários no aquário para que o peixe sobreviva.

2. Na década de 1980, alguns criadores brasileiros apostaram na possibilidade de comercializar caramujos, conhecidos como *escargots* (cerca de 5 cm de comprimento) e considerados alimento requintado em certas partes do mundo.

   Na esperança de aumentar os lucros, os criadores introduziram, por volta de 1988, uma espécie maior, o caramujo-gigante-africano. Contudo, o paladar brasileiro não se adaptou a esse alimento, e a maioria dos criadores abandonou a empreitada.

   Com o fracasso da criação, muitos desses caramujos foram soltos no ambiente e reproduziram-se rapidamente, espalhando-se por todo o país.

   O gigante-africano é hoje um grande problema, pois, além de competir com os moluscos nativos, tornou-se uma praga na agricultura e é um possível hospedeiro de vermes que causam sérias doenças ao ser humano. Quando ingerimos caramujos infectados ou vegetais contaminados por larvas do verme (disseminadas pelo muco do caramujo), corremos o risco de contrair angiostrongilíase abdominal, que pode ser fatal.

   O caramujo-gigante-africano tornou-se uma praga no Brasil. Chapada dos Guimarães (MT), 2009.

   Em sua opinião, que fatores podem ter contribuído para o notável aumento da população do gigante-africano no Brasil?

3. A compreensão das complexas relações ecológicas entre os seres vivos e entre eles e o ambiente pode auxiliar o ser humano na busca de soluções para problemas difíceis. Um exemplo é a seleção, pelo ser humano, de linhagens de bactérias que combatem o fungo causador da ferrugem-do-cafeeiro, uma doença de difícil controle que ataca as folhas dessa planta e reduz drasticamente a produção.

   a) Que relação ecológica existe entre o fungo e o cafeeiro?

   b) Que argumentos você usaria para convencer um agricultor a escolher o controle biológico em lugar de fungicidas químicos?

4. Qual bioma brasileiro é considerado um "berçário da vida marinha"? Por quê?

5. Observe o mapa ao lado.
   a) A serra do Mar faz parte de qual bioma?
   b) Quais as principais características de clima, vegetação e biodiversidade desse bioma?

   EXTENSÃO DA SERRA DO MAR

   Fonte de pesquisa: Maria Elena Simielli. *Geoatlas*. São Paulo: Ática, 2006. p. 102.

Autoavaliação

I. Por que os temas deste capítulo são importantes para o futuro dos seres humanos e do planeta?

II. Olhando a seu redor, você consegue identificar onde ocorrem as interações ecológicas?

PARA SABER MAIS

Livros

Ecologia da cidade, de Samuel Murgel Branco. São Paulo: Moderna.
O desequilíbrio ecológico também pode ser notado em um ambiente inteiramente criado pelos homens – as cidades. É possível recuperar o equilíbrio ambiental urbano? Essa e outras questões sobre as cidades podem ser respondidas neste livro.

Carta da Terra, São Paulo: Gaia, 2010.
O texto enfoca a importância de respeitar e cuidar da comunidade, a integridade ecológica, a justiça social, a democracia, a paz e a busca pela construção de um futuro melhor.

Amazônia: povos da floresta, de Sérgio Alli e Thais Sauaya. São Paulo: Salesiana, 2006.
Este livro aborda temas como manejo sustentável, devastação, a luta pela preservação da floresta, entre outros.

Nina na Mata Atlântica, de Nina Nazario. São Paulo: Oficina de Textos, 2009.
Neste livro, Nina e seus amigos caminham por rios e cachoeiras a caminho do mar e conhecem a Mata Atlântica, um bioma rico em diversidade de espécies como orquídeas, bromélias, cotias, bugios e outras mais.

O Cerrado, de Rubens Matuck. São Paulo: Biruta, 2010.
A obra aborda aspectos e seres vivos desse bioma.

Tem rebuliço no Pantanal, de Elba Gomes e Luciene Gomes. São Paulo: Pruminho, 2009.
A Ecologia está na ordem do dia! Todos precisam saber da importância de preservar o meio ambiente; por isso, os tuiuiús estão convocando toda a passarada para um comício: "Vamos salvar o Pantanal ou será a nossa extinção!".

Sites

<http://www.atlasescolar.ibge.gov.br>
Atlas Geográfico Escolar do IBGE, reúne diversos mapas temáticos e conta com uma seção voltada à informações do planeta terra.

<http://www.socioambiental.org>
Site do Instituto Socioambiental com informações direcionadas a direitos sociais e relativos ao meio ambiente.

<http://www.wwf.org.br/natureza_brasileira/questoes_ambientais/biomas/>
O *site* da WWF é bastante completo sobre os biomas brasileiros, suas comunidades e as ameaças que cada um enfrenta.

<http://www.mma.gov.br/estruturas/sbf2008_dcbio/_ebooks/frutiferas/>
Trata de plantas frutíferas e úteis na vida da Amazônia.
Acessos em: 5 ago. 2014.

Filme

Pantanal & Amazônia, Distribuidora: Azul Music.
Apresenta uma viagem por dois santuários ecológicos brasileiros, patrimônios da vida na Terra: o Pantanal e a Amazônia. Tuiuiús, jacarés, tucanos, araras, onça-pintada, boto cor-de-rosa, entre outros, são filmados em seus hábitats.

Museus

Museu Paraense Emílio Goeldi
<http://www.museu-goeldi.br>
Site do Museu Paraense Emílio Goeldi, de Belém, PA.

Jardim Botânico do Recife
<www.recife.pe.gov.br/meioambiente/jb_apresentacao.php>
Página dedicada ao Jardim Botânico do Recife, PE.
Acessos em: 5 ago. 2014.

CAIXA DE FERRAMENTAS

Procedimentos de pesquisa na internet

A falta de informações ou a dificuldade de acesso a elas ainda é um problema em alguns locais do planeta. Por outro lado, em grande parte do mundo as pessoas precisam lidar com o excesso de informações e de fontes e saber selecionar quais são de fato confiáveis.

Nesta atividade, você realizará um trabalho de pesquisa na internet, seguindo as dicas de como fazer uma pesquisa de boa qualidade.

Alunos do povo Guarani Mbyá acessando a internet na escola Aldeia Guarani Tenonde Porã em São Paulo, 2011.

O QUE É A INTERNET

A internet tornou-se uma biblioteca sem fronteiras, um verdadeiro mar de informações, de onde vem a expressão "navegar na internet".

Ela é uma enorme rede mundial de computadores interligados por meio de linhas de telefone, canais de satélite, cabos submarinos e outros meios de telecomunicação.

Objetivo da atividade

Aprender como realizar uma pesquisa na internet com sucesso, selecionando *sites* que tragam informações confiáveis para a sua pesquisa.

Organização da turma

1. O professor dividirá a turma em dois grupos, que terão os seguintes temas de pesquisa:
   Grupo 1: extinção de plantas brasileiras.
   Grupo 2: extinção de animais brasileiros.
2. Dentro dos grupos, a pesquisa será feita em duplas: um aluno trabalha no computador, e o outro observa e dá sugestões. Depois, os papéis são trocados. Acompanhem os passos a seguir e realizem todos os procedimentos no computador.

Escolha de um portal de busca

3. As informações para as pesquisas podem ser encontradas em dezenas de portais ou *sites* de pesquisa. É interessante pesquisar em pelo menos três *sites* diferentes.
4. Nesta atividade, iremos trabalhar com as sugestões do boxe ao lado.

Realização da busca

5. Em primeiro lugar, é preciso identificar a palavra-chave da pesquisa, para encontrar *sites* que tragam informações sobre o assunto. Por exemplo, se você escrever "extinção de plantas" na caixa de busca encontrará mais de 1 600 000 páginas que contêm essa expressão. Porém, se escrever a expressão "plantas brasileiras em extinção" reduzirá suas opções para cerca de 352 000 opções. Por isso é importante saber refinar a busca.

DICAS DE *SITES* PARA PESQUISA
Google
<http://www.google.com.br>
Yahoo
<http://br.search.yahoo.com>
Uol Busca
<http://busca.uol.com.br>
Acessos em: 5 ago. 2014.

Um *site* ou endereço virtual é um lugar na internet cuja porta de entrada é sempre sua *home page*, ou seja, sua página inicial.

Refinamento da busca

6. Existem algumas dicas para encontrar o assunto de forma específica. O uso de aspas (" ") reduzirá o número de opções e aparecerão resultados para o assunto procurado de forma mais direta. As extensões como **.gov** (governamentais), **.edu** (universidades fora do Brasil) e **.org** (instituições sem fins lucrativos) orientam a busca para conteúdos mais confiáveis.

Verificação da adequação do *site* à pesquisa

7. O resultado da busca é uma lista de diversas páginas. Provavelmente nem todas trarão informações adequadas para sua pesquisa. Por isso, é preciso saber identificar, seguindo as dicas apresentadas aqui, as páginas que podem ser úteis.

Por exemplo, uma página que pode fazer parte dos resultados de sua pesquisa é: <http://www.icmbio.gov.br/portal/>. Acesso em: 5 ago. 2014.

Acesse essa página e responda às questões abaixo no caderno.

a) Quem é responsável pelo *site*?
b) Há referências bibliográficas e dados comprováveis sobre o assunto pesquisado?
c) O *site* é destinado a um grupo específico de pessoas? Qual?
d) As informações do *site* têm reconhecimento de alguma instituição (universidade, fundação, órgão de pesquisa, etc.)?
e) Para qual tipo de pesquisa esse *site* é adequado? Justifique sua resposta.

Por exemplo, no *site* indicado acima, encontramos o seguinte texto:

> **Fauna ameaçada**
>
> A atual Lista Oficial da Fauna Brasileira Ameaçada de Extinção [...] registra 627 espécies da fauna terrestre e aquática ameaçadas de extinção, sendo 394 espécies terrestres e 233 espécies aquáticas. A maioria das espécies está na Mata na Atlântica (64%), e a principal causa de ameaça de extinção é a redução na distribuição geográfica da área de ocupação estimada (64%), face à fragmentação elevada ou conhecida e declínio continuado observado, inferido ou projetado (48%).

Portanto, o *site* é adequado para a pesquisa que será feita pelo Grupo 2.

Agora é a sua vez

8. Você e seus colegas devem encontrar três *sites* que julguem adequados e confiáveis para realizar a pesquisa sobre o tema indicado para seu grupo.
9. Reflita, com o grupo, sobre quais seriam as palavras-chave mais adequadas.
10. Anote os endereços e registre os dados principais sobre cada *site*.

Comunicação dos resultados

Relate aos colegas as dificuldades encontradas na navegação e as descobertas interessantes.

DICA DE CITAÇÃO DE FONTE

Anote o endereço do *site* e a data de consulta, pois as informações podem ser alteradas a qualquer momento. Exemplos:

- Instituto Chico Mendes de Conservação da Biodiversidade.
  Disponível em: <http://www.icmbio.gov.br/portal/biodiversidade/fauna-brasileira/lista-de-especies.html>.
- Instituto Brasileiro de Geografia e Estatística.
  Disponível em: <http://teen.ibge.gov.br>.
  Acessos em: 5 ago. 2014.

PROJETO

Modelos de ecossistema

Objetivo do projeto

Realizar uma exposição de modelos de ecossistemas construídos pela turma.

Organização da turma

- O professor dividirá a turma em quatro equipes numeradas de 1 a 4.
- Reunido com seu grupo, leia atentamente as instruções abaixo.

Pesquisa das informações

- Todos os grupos farão pesquisas na internet para obter as informações necessárias:
  - O que é um ecossistema?
  - Que elementos fazem parte de um ecossistema?
  - Quais podem ser os elementos de um ecossistema aquático? E de um ecossistema terrestre?
- Para dinamizar a pesquisa na internet, o grupo deve discutir quais são as palavras-chave mais adequadas para a busca e, também, analisar se os *sites* são confiáveis.

DICAS DE FONTES DE PESQUISA

Sites

- <http://educar.sc.usp.br/>. Programa Educar. Acesse os *links* Ciências/O que é ecologia?
- <http://www.canalciencia.ibict.br>. Canal Ciência, do Ministério da Ciência e Tecnologia.
- <http://www.museuvirtual.unb.br>. Museu virtual da Universidade de Brasília.

Acesse os *links* atividades lúdico-educativas/terrário.

- <http://www.aquahobby.com/>. *Site* direcionado a quem deseja construir e manter aquários com peixes ornamentais. Acessos em: 5 ago. 2014.

Livro

- Edson Futema. *O ecossistema marinho*. São Paulo: Ática. (Coleção Investigando).

Organização do trabalho

- **Grupos 1 e 2**
  Dois grupos construirão os ecossistemas aquático e terrestre: o grupo 1 montará um terrário, e o grupo 2 montará um aquário.
- **Grupos 3 e 4**
  Dois grupos serão responsáveis pela confecção de cartazes e pela montagem da exposição dos ecossistemas.

Construção do ecossistema

- Com base nas orientações a seguir, além de outras informações obtidas nas pesquisas que considerem interessantes, os grupos 1 e 2 construirão seus ecossistemas.

Material

Ecossistema terrestre (terrário)

- aquário ou pote grande de vidro ou plástico, com tampa perfurada
- água, pedras pequenas e terra úmida de local protegido da luz direta
- musgos e outras plantas pequenas
- arame ou vareta de madeira
- pequenos animais de jardim (formigas, minhocas, tatuzinhos, etc.)

Ecossistema aquático (aquário)

- aquário ou pote grande de vidro ou plástico
- pedras pequenas e médias de jardim (que preencham o fundo do aquário)
- água filtrada
- plantas aquáticas
- peixes de água doce

Procedimento

Ecossistema terrestre (terrário)

- Coloque pedras no fundo do recipiente.
- Acrescente uma camada de cerca de 4 cm de terra úmida sobre as pedras.
- Adicione um pouco de água, sem encharcar o solo.
- Coloque as plantas dentro do recipiente, apoiando-as em arame ou vareta.
- Coloque alguns animais, como tatuzinho-de-jardim, minhoca, caracol, grilo, lagarta, joaninha e formigas.
- Feche o recipiente com a tampa.

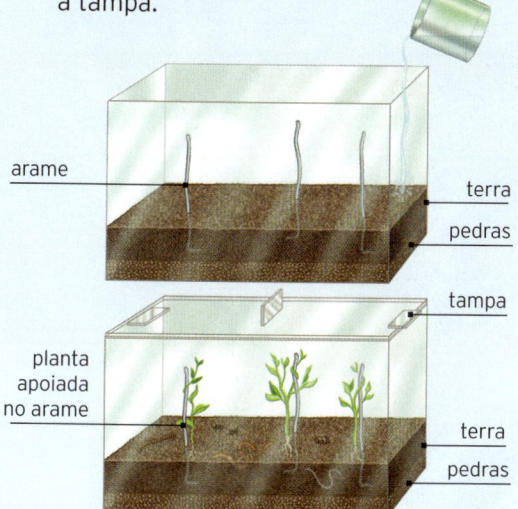

Ecossistema aquático (aquário)

- Coloque uma camada fina de pedras bem lavadas no fundo do recipiente.
- Adicione água. Se a água utilizada for a da torneira (clorada), ela deverá ser armazenada por pelo menos um dia, para que o cloro escape, antes que as plantas e os peixes sejam colocados.
- Posicione as plantas aquáticas no aquário. Coloque o saco com os peixes dentro do aquário para que a temperatura da água dentro e fora do saco se iguale. Espere cerca de meia hora antes de liberar os peixes.

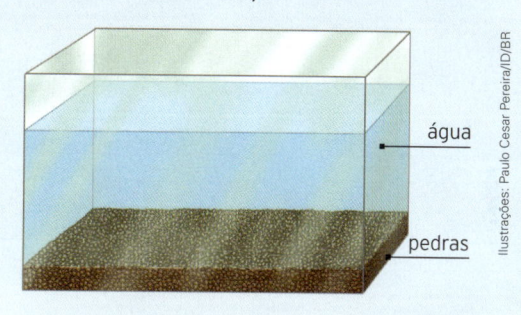

Modelo de terrário.

Modelo de aquário.

ATENÇÃO!
Tenha cuidado ao manusear o vidro e também o arame ou a vareta!

Elaboração de recursos visuais para a exposição

- O grupo 3 fará um cartaz para o terrário.
- O grupo 4 fará um cartaz para o aquário.
- Esses dois grupos selecionarão as informações mais importantes obtidas na pesquisa para divulgá-las nos cartazes, que terão o título: "O que são ecossistemas?".
- Devem ser registradas informações como: título com o nome do ecossistema, características principais, listas de elementos vivos e não vivos. Além disso, devem ser indicadas algumas relações ecológicas presentes em cada um deles.
- As principais fontes de pesquisa utilizadas deverão ser registradas.

Exposição dos ecossistemas

- Os ecossistemas ficarão em uma bancada e os respectivos cartazes perto deles, para que todos possam entender melhor suas composições e dinâmicas.
- Verifique com o professor a possibilidade de manter os ecossistemas montados ao longo das próximas semanas para observá-los.

O sistema de classificação utilizado pelos cientistas procura organizar o conhecimento disponível sobre os seres vivos, criando grupos e subgrupos de organismos. Isso é muito importante porque, entre outras coisas, torna mais fácil a compreensão da grande diversidade de seres existente no planeta. Neste capítulo, você vai conhecer um pouco mais sobre a origem dos seres vivos e quais são os critérios utilizados para sua classificação.

A foto maior é de uma coruja-buraqueira, ave comum no Brasil. A foto menor é de uma borboleta-coruja. A borboleta tem 17 cm de envergadura de asas e a coruja mede 25 cm de altura.

Classificação dos seres vivos

CAPÍTULO 2

O QUE VOCÊ VAI APRENDER

- Origem da vida e evolução dos seres vivos
- Estrutura e tipos de células
- Características dos seres vivos
- Classificação dos seres vivos
- Os vírus

CONVERSE COM OS COLEGAS

1. Observe com atenção as fotos ao lado. Descreva o que você vê.

2. Compare as fotos da borboleta e da coruja e cite características semelhantes na aparência desses animais.

3. Borboletas e corujas vivem em ambientes onde também habitam outros animais. A coruja é uma ave de rapina que se alimenta de roedores e de outras aves, que, por sua vez, podem capturar borboletas para comer. Para a borboleta, ter aparência semelhante à de uma coruja é uma grande vantagem. Você sabe por quê? Explique.

4. Essa espécie de borboleta-coruja é chamada de *Caligo memnon* pelos cientistas. Já a coruja-buraqueira recebe o nome de *Athene cunicularia*. Você sabe por que os cientistas dão nomes como esses para os seres vivos?

5. Neste capítulo, você vai estudar a classificação científica dos seres vivos. Mas classificar é uma ação presente em muitas outras atividades humanas, até no dia a dia de uma casa. Quer ver? Então, descreva o móvel onde são guardadas suas roupas.

6. Você diria que no móvel descrito existe algum sistema de classificação? Em caso afirmativo, qual a vantagem dessa classificação?

67

MÓDULO 1

A evolução da vida

Qual é a origem do Universo? Como a Terra se formou? Como a vida surgiu no planeta? Essas e outras questões sempre intrigaram o ser humano, que, há muito, busca respostas satisfatórias para elas.

●●● Como tudo começou?

Ao longo da história da humanidade, diferentes povos, de diferentes maneiras, procuraram responder a essa questão fundamental. De fato, todas as sociedades humanas elaboraram relatos, os **mitos**, que descrevem a formação do Universo, a origem da humanidade e a criação dos outros seres vivos.

Por exemplo, para os antigos **gregos**, que há mais de 2 mil anos habitavam a região da Grécia atual e regiões vizinhas, no início a terra e o céu estavam misturados, mas houve uma separação que originou Urano, representante do céu, e Gaia, deusa primordial que representa a terra e é a geradora de plantas e animais.

Já as etnias indígenas do Alto Xingu, que vivem na Terra Indígena do Xingu, nos estados do Pará e Mato Grosso, explicam a própria origem assim: no começo, havia Mavutsinim, que vivia sozinho. Um dia, de uma concha, Mavutsinim fez uma mulher, com a qual teve um filho. Todos os indígenas do Alto Xingu seriam descendentes do filho de Mavutsinim. Os gêmeos Sol e Lua também são descendentes de Mavutsinim.

Características da mitologia

A narrativa mitológica geralmente se refere a eventos ocorridos antes da origem do ser humano na Terra ou a histórias envolvendo os primeiros humanos.

Os mitos sempre incluem seres sobrenaturais ou divindades, que são os autores dos principais acontecimentos relatados. A princípio, portanto, trata-se de relatos fantásticos, e, assim, não se baseiam em fatos.

A mitologia de um povo, além de explicar a origem das coisas, também pode incluir rituais que se repetem ciclicamente, com festas que, por exemplo, celebram o fim de um ano e o começo de outro. O novo ano pode representar o início de um novo ciclo de criação, quando os campos serão semeados.

Como, além do significado religioso, os mitos também podem ter um sentido prático para os povos que os criam, alguns deles baseiam-se na observação cuidadosa dos fenômenos naturais. Alguns povos tinham sacerdotes-astrônomos que observavam sinais da passagem das estações do ano e o movimento das estrelas e, com base nessas observações, estabeleciam as datas que definiam um ciclo.

Alto-relevo em mármore em templo de Corfu, Grécia, representando a deusa Gaia.

Indígenas do povo Kalapalo durante a preparação do *kuarup*, a "festa dos mortos", em que é evocada a origem da humanidade: Mavutsinim, o primeiro homem, criou a mulher a partir de uma concha; instituiu o *kuarup*; ensinou as pessoas a plantar, tomar banho, viver em sociedade. Aldeia Aiha, Parque Indígena do Xingu (MT), 2011.

●●● O pensamento racional e científico

Os registros mais antigos de mitos gregos são datados entre os séculos IX e VIII a.C. Pouco a pouco, porém, o pensamento mítico foi sendo substituído pelo pensamento filosófico e racional (raciocínio lógico), especialmente entre gregos e indianos.

Entre os séculos VI e III a.C., filósofos gregos passam a buscar no mundo material **as explicações para a origem de todas as coisas**. Uma de suas principais preocupações era explicar as **transformações**: por exemplo, como as plantas surgem e se desenvolvem na terra.

Aos poucos, sobretudo pelas ideias do filósofo grego Aristóteles (que viveu no século IV a.C.), a observação direta dos fenômenos passou a ocupar lugar de destaque na explicação do mundo. Modernamente, a observação e a descrição de fenômenos, **o pensamento racional, a experimentação e a formulação de teorias** formam as bases das Ciências Naturais.

Os quatro elementos

O filósofo grego Empédocles (século V a.C.) é considerado o primeiro a afirmar que todas as coisas são feitas da combinação de quatro elementos fundamentais: terra, água, fogo e ar. Essa concepção, com algumas modificações, foi amplamente adotada pelos naturalistas até o fim da era medieval (século XIV d.C.), mas caiu em desuso conforme a Química se desenvolveu. Entretanto, os quatro elementos são uma referência até hoje para algumas áreas. Por exemplo, a astrologia – prática não científica que estuda a influência dos astros na vida das pessoas – associa os signos do zodíaco aos elementos terra, água, fogo e ar.

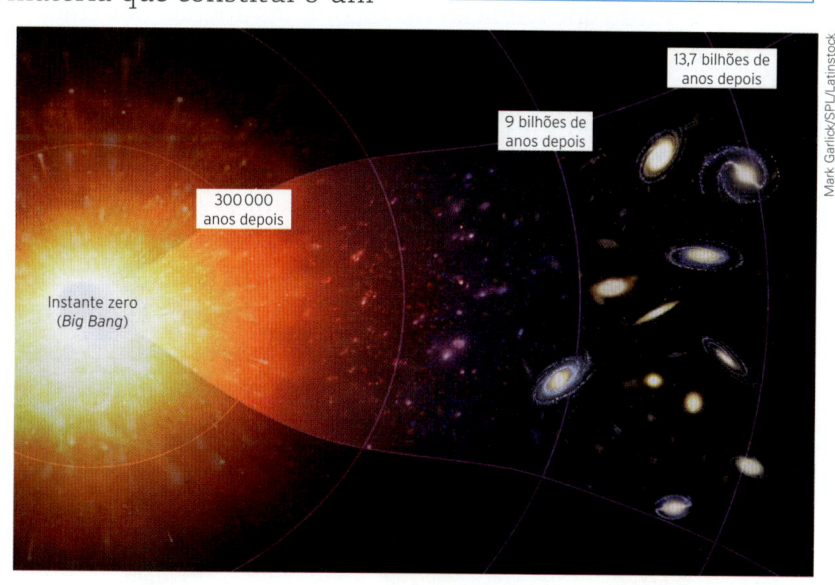

A teoria do Big Bang

A explicação científica mais aceita atualmente para a origem do Universo é a teoria do *Big Bang*, segundo a qual, entre 13 e 15 bilhões de anos atrás, toda a matéria que constitui o universo estaria em um estado de grande densidade e em temperaturas muito elevadas, quando teria ocorrido uma súbita expansão (o evento denominado *Big Bang*) desse núcleo de matéria condensada, que continua a ocorrer até hoje. Depois, formaram-se as estrelas, os planetas e os demais corpos celestes.

A formação da Terra

Os cientistas acreditam que o Sistema Solar tenha se formado há cerca de 5 bilhões de anos. No início, o planeta Terra teria sido muito quente e não apresentaria condições para a formação da vida. O resfriamento gradual da superfície, com a formação de rios e mares, entre outras transformações, teria criado as condições favoráveis para o aparecimento dos primeiros seres vivos.

Representação da evolução do Universo a partir do *Big Bang*. (Representação sem proporção de tamanhos e distâncias; cores-fantasia.)

Teoria científica

Ao contrário dos mitos e de outras explicações baseadas na crença, uma teoria científica sustenta-se em evidências obtidas por observações cuidadosas, registros, medições, experimentos e também em outras teorias já aceitas pela Ciência.

As teorias científicas podem ser modificadas, complementadas ou substituídas por novas descobertas que expliquem melhor o que foi observado e os resultados obtidos.

••• Teorias sobre a origem da vida

Ao longo da história da Ciência, diversas teorias tentaram explicar a origem dos seres vivos. Algumas não foram comprovadas; outras foram aperfeiçoadas conforme o avanço científico.

Duas teorias, uma polêmica

Defendida no passado por alguns estudiosos, a **teoria da abiogênese** ou da **geração espontânea** afirma que um ser vivo pode surgir da matéria sem vida. Segundo essa teoria, peixes e girinos surgiriam do lodo de lagos e ratos e moscas seriam gerados pelo lixo em decomposição, pois esses materiais conteriam um "princípio vital", que daria vida à matéria inanimada. O filósofo francês René Descartes (1596-1650) e o cientista inglês Isaac Newton (1643-1727) defendiam a abiogênese.

Porém, havia naturalistas que defendiam ideias opostas, como a teoria da **biogênese**, segundo a qual a vida só pode surgir de outro ser vivo, por reprodução. Um deles, o médico italiano Francesco Redi (1626-1698), realizou um famoso experimento: ele colocou pedaços de carne e peixe em frascos iguais, mantendo uns abertos e cobrindo outros com gaze. Após alguns dias, Redi notou que havia larvas de moscas apenas nos frascos abertos e concluiu que elas surgiam de ovos depositados na carne por moscas adultas, o que confirmava a teoria de que um ser vivo só pode surgir de outro.

Em 1770, outro italiano, um padre estudioso das ciências e defensor da biogênese, Lazzaro Spallanzani (1729-1799), realizou o seguinte experimento: ferveu caldo de carne em frascos de vidro e, em seguida, manteve alguns frascos abertos e fechou outros. Ele notou a proliferação de microrganismos apenas nos frascos abertos e concluiu que tais organismos estavam presentes no ar e contaminaram o caldo, onde se reproduziram.

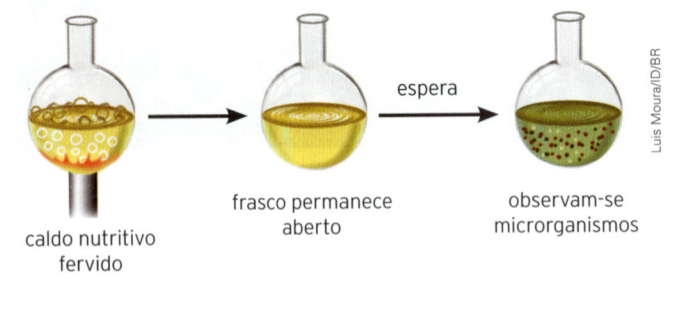

Os ratos de Van Helmont

Acredita-se que o médico belga Van Helmont (1577-1644), que defendia a geração espontânea, seja o autor de uma célebre "receita" para produzir ratos: se uma trouxa feita com camisas sujas contendo grãos de trigo fosse mantida em um canto pouco iluminado e sossegado, em três semanas ratos seriam gerados.

I. Você acha que os ratos surgiriam na trouxa de roupas sujas por geração espontânea? Redija um parágrafo descrevendo uma explicação alternativa.

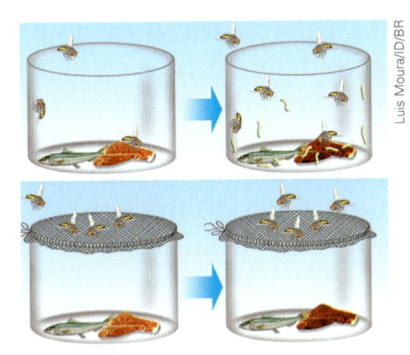

Esquema simplificado do experimento de Redi. No frasco aberto (no alto), moscas colocaram ovos na carne; surgiram larvas, que se transformaram em novas moscas. No frasco coberto por gaze (embaixo), as moscas não puderam colocar seus ovos e não surgiram novas moscas. (Representações sem proporção de tamanhos; cores-fantasia.)

caldo nutritivo fervido → frasco permanece aberto → espera → observam-se microrganismos

caldo nutritivo fervido → frasco mantido fechado → espera → não se observam microrganismos

Esquema simplificado do experimento de Spallanzani. Ferve-se o caldo; em seguida, fecha-se um dos frascos e deixa-se o outro aberto. Após algum tempo, surgem microrganismos no frasco aberto (no alto), mas não no fechado (embaixo). (Representações sem proporção de tamanhos; cores-fantasia.)

Pasteur derruba a abiogênese

Quando Spallanzani montou seu experimento (página anterior), ele pretendia contestar outro realizado pelo inglês John Needham (1713-1781), um dos defensores da abiogênese.

O experimento de Needham, realizado 25 anos antes, apesar de semelhante ao de Spallanzani, apresentara um resultado oposto: Needham observara a presença de microrganismos também no caldo dos frascos fechados e concluíra que eles tinham surgido ali por geração espontânea.

Para Spallanzani, Needham cometera um erro: ele não havia fervido os frascos por tempo suficiente para matar os microrganismos que já existiam no caldo, que se multiplicaram quando o caldo esfriou. Mas Needham contra-atacou dizendo que Spallanzani é que fervera o caldo por tempo demais, destruindo o princípio vital, sem o qual, segundo ele, não podia haver geração espontânea.

A polêmica entre os dois só foi resolvida em 1862, pelo químico francês Louis Pasteur (1822-1895).

Pasteur colocou caldo de carne em frascos de vidro que tinham um longo gargalo, que ele aqueceu e curvou, produzindo gargalos em S.

Depois de ferver o caldo, Pasteur aguardou alguns dias. Embora os frascos estivessem abertos, a poeira e os microrganismos do ar ficavam retidos na curvatura do gargalo, e apenas o ar limpo entrava em contato com o caldo nutritivo, que permaneceu estéril por muito tempo.

Quando Pasteur quebrava os gargalos, a poeira do ar contaminado entrava em contato com o caldo, que, então, desenvolvia microrganismos. Isso provava que a fervura do caldo nutritivo não tinha destruído o suposto princípio vital.

Com esse experimento, Pasteur forneceu forte evidência de que a geração espontânea não é possível, comprovando assim a teoria da biogênese.

O químico francês Louis Pasteur (1822-1895).

GLOSSÁRIO

Estéril: livre de microrganismos, asséptico, infértil.

A origem da vida

Considera-se que o trabalho de Pasteur, ao concluir que um organismo vivo só pode surgir de outro organismo vivo, resolveu a polêmica entre biogênese e abiogênese.

I. Que questão essa conclusão deixa em aberto? Pense sobre isso, discuta o tema com os colegas e tente descobrir.

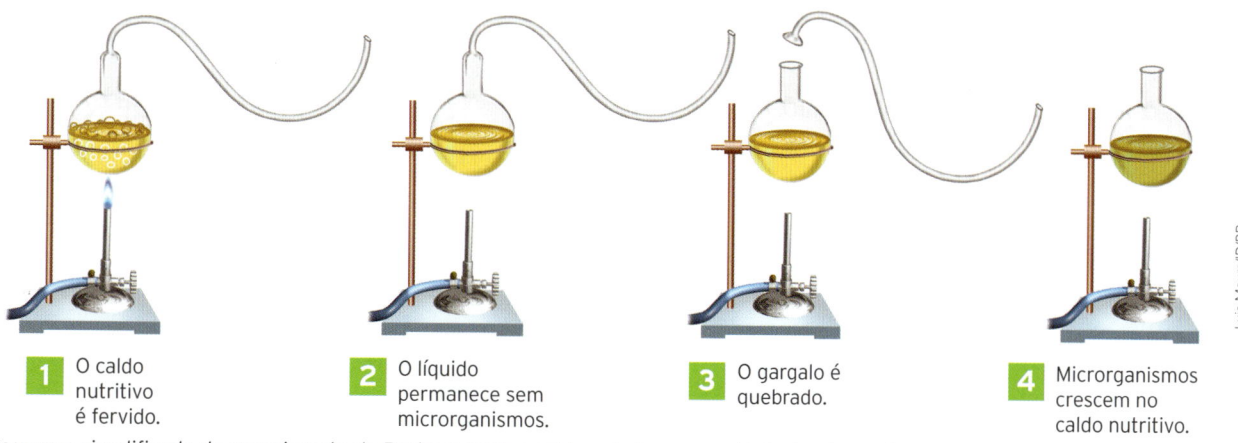

1 O caldo nutritivo é fervido.
2 O líquido permanece sem microrganismos.
3 O gargalo é quebrado.
4 Microrganismos crescem no caldo nutritivo.

Esquema simplificado do experimento de Pasteur. Em 1, o caldo nutritivo, que está dentro de um frasco com gargalo em S, é fervido. Em 2, não surgem microrganismos no caldo fervido, apesar de o frasco estar aberto e o ar poder entrar nele. Os microrganismos do ar ficam retidos na curva do gargalo.
Em 3, o gargalo é quebrado e os microrganismos do ar entram em contato com o caldo fervido, multiplicando-se (em 4). Ou seja, a fervura não destruiu o princípio vital. (Representações sem proporção de tamanhos; cores-fantasia.)

●●● A vida: uma evolução química

Se a vida não surge espontaneamente, então, qual teria sido a origem dos primeiros seres vivos? Em outras palavras, como teria surgido a vida na Terra?

Ainda no século XIX, começaram a aparecer pistas para resolver essa questão, quando o biólogo inglês Thomas Huxley (1825-1895) afirmou que o planeta Terra seria muito mais antigo do que então se acreditava e que a vida nele teria surgido de um lento processo de transformação química.

A hipótese de Oparin e Haldane

No século seguinte, na década de 1920, dois cientistas, o russo Aleksandr Oparin (1894-1980) e o escocês John Haldane (1892-1964), descobriram evidências de que a composição da atmosfera e o clima na Terra primitiva eram muito diferentes do que então se observava e levantaram a hipótese de que a vida teria surgido nos oceanos primitivos.

Segundo eles, na Terra primitiva, sob temperaturas muito elevadas e as intensas descargas elétricas das frequentes tempestades, os gases atmosféricos teriam reagido entre si e formado determinadas substâncias, que, transportadas pelas chuvas, se acumularam nos oceanos.

Em um lento processo, de milhões de anos de duração, essas substâncias teriam formado moléculas características dos seres vivos, que, mais tarde, originaram os primeiros organismos vivos.

Aleksandr Oparin. John Haldane.

Panspermia

Existem explicações alternativas para o aparecimento da vida na Terra. Uma delas é a teoria da **panspermia cósmica**. Seus defensores afirmam que os seres vivos surgiram na Terra a partir de **cosmozoários**, microrganismos existentes no espaço cósmico que teriam chegado aqui a bordo de corpos celestes que se chocaram com o planeta.

Contudo, a teoria não explica como os supostos cosmozoários poderiam sobreviver às condições de temperatura e radiação do espaço. Tampouco, qual teria sido a origem desses microrganismos espaciais.

O experimento de Miller e Urey

Em 1953, os cientistas estadunidenses Stanley Miller e Harold Urey resolveram testar a hipótese de Oparin e Haldane. Para isso, eles construíram um aparelho como o da ilustração abaixo.

No interior do aparelho, eles colocaram água e uma mistura dos gases que, de acordo com as suposições de Oparin e Haldane, estariam presentes na atmosfera primitiva. No balão inferior do aparelho, a água era aquecida, transformando-se em vapor, e, no balão superior, a mistura de gases e vapor de água era submetida a descargas elétricas.

Ao final de uma semana, eles conseguiram coletar um líquido que continha moléculas como algumas que são encontradas no corpo de seres vivos e que não existiam na mistura inicial.

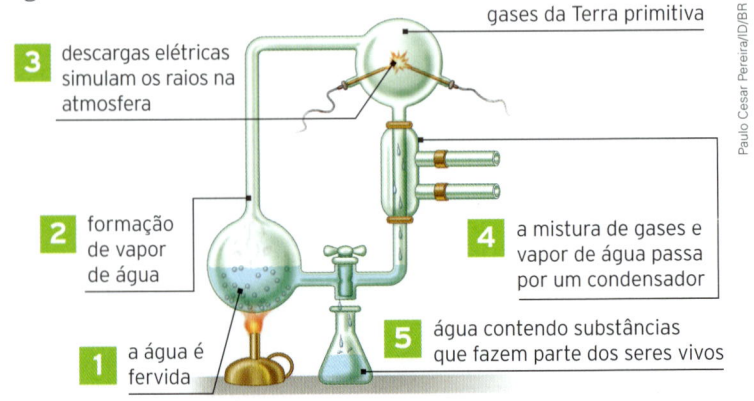

1 a água é fervida
2 formação de vapor de água
3 descargas elétricas simulam os raios na atmosfera
4 a mistura de gases e vapor de água passa por um condensador
5 água contendo substâncias que fazem parte dos seres vivos

gases da Terra primitiva

Esquema simplificado do aparelho construído por Miller e Urey, em que eles procuraram simular as condições da atmosfera da Terra primitiva. (Representação sem proporção de tamanhos; cores-fantasia.)

●●● A vida em evolução

Se o problema da origem da vida não tem uma resposta definitiva, há muitos estudos tentando resolver a outra questão levantada pela biogênese: se todo ser vivo se origina de outro ser vivo, então todos os organismos atuais descendem de um mesmo ser vivo ancestral? As teorias de **evolução biológica** procuram explicar como isso aconteceu.

A evolução para Lamarck

O naturalista francês Jean-Baptiste Lamarck (1744-1829) foi um dos principais defensores da ideia de evolução biológica e o primeiro a formular uma teoria consistente para explicá-la. Ele também observou que os seres vivos estão **adaptados** ao ambiente, ou seja, apresentam características que permitem sua sobrevivência nos locais onde vivem.

A teoria evolucionista de Lamarck tem duas leis básicas. A **lei do uso e desuso** diz que os órgãos mais usados por um ser vivo para sobreviver em um ambiente (exemplo de **uso**) tendem a se desenvolver mais – o que explicaria, por exemplo, por que um morcego, que depende da audição para se orientar no voo, tem orelhas grandes; por outro lado, órgãos pouco utilizados (exemplo de **desuso**) se atrofiam e tendem a desaparecer – o que explicaria a cegueira de animais que vivem em cavernas ou em ambientes escuros.

A segunda lei de Lamarck, **da transmissão dos caracteres adquiridos**, diz que as modificações desenvolvidas por um organismo para sobreviver no ambiente, ou seja, os **caracteres adquiridos**, seriam transmitidas aos descendentes. Assim, filhotes de morcego tenderiam a nascer com as orelhas grandes que seus pais desenvolveram pelo uso. De acordo com Lamarck, isso explicaria como seres vivos se modificam, evoluindo ao longo do tempo.

Entretanto, existem evidências contrárias à teoria de Lamarck. Por exemplo, filhotes de cães com caudas cortadas nascem com caudas de comprimento normal, o que contraria a lei da transmissão dos caracteres adquiridos.

Darwin e o evolucionismo

Em 1831, aos 22 anos de idade, Charles Darwin (1809-1882) foi convidado a participar de uma viagem ao redor do mundo – que durou cinco anos – a bordo do navio inglês *Beagle*, com a missão de estudar a geologia, a fauna e a flora dos locais visitados.

Revendo o extenso material coletado e as observações que fez ao longo da viagem e refletindo sobre suas leituras de geologia, Darwin ficou convencido da evolução biológica das espécies. E, em 1838, enquanto refletia sobre a evolução, Darwin leu o livro *Ensaio sobre a população*, de Thomas Malthus, que o ajudou a criar o conceito-chave de sua teoria evolucionista, a ideia de **seleção natural**.

Finalmente, em 1859, Darwin publicou o livro *A origem das espécies por meio da seleção natural*. Nesse histórico livro, que revolucionaria a Biologia, ele propunha uma nova teoria evolutiva, que constitui a base de todas as modernas teorias evolutivas.

Criacionismo e evolucionismo

O criacionismo é uma explicação religiosa para a origem da vida. De acordo com essa visão, os seres vivos, incluindo o ser humano, teriam sido criados por um ente divino e permaneceriam ainda hoje idênticos ao que eram no momento da criação. Em alguns países, grupos religiosos propõem que as teorias evolutivas não sejam ensinadas nas escolas.

I. Em sua opinião, a fé religiosa pode – ou deve – interferir nos conteúdos científicos abordados na escola? Explique.

II. Ciência e religião podem conviver na sociedade atual?

Os morcegos emitem sons e captam, pela audição, os ecos produzidos pelos objetos no caminho do voo, e assim se orientam no espaço. O morcego da foto tem em média 28 cm de envergadura de asas.

Litografia feita por Thomas Herbert Maguire mostrando Charles Darwin por volta dos 30 anos de idade.

••• A evolução por seleção natural

A teoria evolucionista de Darwin baseia-se no conceito de **seleção natural**, ideia que considera as seguintes características fundamentais de uma população:

- *variabilidade* – os indivíduos não são idênticos, mas apresentam pequenas variações entre si;
- *crescimento* – uma população tende a crescer, pois os organismos se reproduzem;
- *competição* – se as populações crescem, em algum momento poderão faltar recursos (alimento, parceiros reprodutivos, espaço, etc.); se faltarem recursos, os indivíduos competirão entre si, para garantir a própria sobrevivência e reprodução.

Se os indivíduos de uma população não são iguais, alguns deles podem ter características que os favoreçam na competição por recursos. Por exemplo, em uma população de peixes em um dado contexto ambiental, indivíduos que tenham nadadeiras mais desenvolvidas e nadem melhor podem ter mais chances de sobreviver e se reproduzir. Se os descendentes herdarem dos pais as características favoráveis, ao longo das gerações elas tenderão a estar presentes na maioria dos indivíduos.

Por outro lado, nessa mesma população também pode haver indivíduos com características desfavoráveis, isto é, que não contribuem para sua sobrevivência em dado contexto ambiental, como peixes com nadadeiras menos desenvolvidas, que nadem mais lentamente. Se essa característica for desfavorável, esses indivíduos provavelmente deixarão menos descendentes e, assim, as características desfavoráveis tenderão a desaparecer da população.

À sobrevivência e reprodução diferencial dos indivíduos mais aptos de uma população, em detrimento dos menos aptos, Darwin deu o nome de **seleção natural**.

Os tentilhões de Galápagos

Em sua viagem, o *Beagle* esteve no arquipélago das ilhas Galápagos, onde Darwin encontrou alguns dos exemplos mais importantes para a fundamentação de sua teoria evolucionista. É o caso dos tentilhões.

Nas ilhas do arquipélago havia diferentes tipos de tentilhão, os quais eram distintos dos tentilhões que viviam no continente. Já de volta à Inglaterra, estudando os tentilhões das ilhas e comparando-os aos do continente, Darwin concluiu que, no passado, teria existido um único tipo dessa ave, que posteriormente colonizou as ilhas.

Ao longo das gerações, em cada ilha foram naturalmente selecionados os indivíduos com bicos mais favoráveis à sobrevivência, isto é, bicos mais adaptados ao alimento disponível na ilha. Ou seja, de um único tipo de tentilhão, que vivia no continente, surgiram diferentes tentilhões, que habitam as ilhas.

GLOSSÁRIO

População: indivíduos de uma mesma espécie que vivem no mesmo ambiente; por exemplo, população de lebistes de um aquário; população de cães de uma cidade, etc.

Tentilhões: pequenas aves (de até 15 cm de comprimento) do mesmo grupo dos pintassilgos.

Alfred R. Wallace

Em 1858, Darwin recebeu uma carta do naturalista inglês Alfred Russel Wallace (1823--1913), na qual este expunha suas ideias em evolução. Para surpresa de Darwin, Wallace – que ele, até então, não conhecia – tinha desenvolvido uma teoria evolucionista semelhante à sua.

Em 1859, pouco antes da publicação do livro *A origem das espécies*, Darwin e Wallace concordaram em publicar, em conjunto, a carta de Wallace e um resumo da teoria de Darwin. Hoje, ambos são considerados autores da teoria da evolução por seleção natural, mas o trabalho de Darwin tornou-se mais conhecido do grande público.

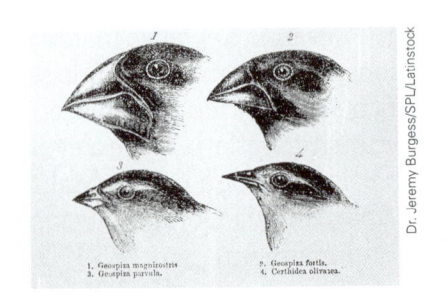

Ilustrações feitas por Darwin, mostrando os bicos de quatro tipos de tentilhões do arquipélago de Galápagos.

A árvore da vida

Ao contrário de Lamarck, Darwin acreditava que todos os seres vivos atuais são descendentes de um único ser ancestral, a primeira forma de vida. A história da vida no planeta Terra poderia ser representada, então, como uma árvore ramificada. Na base da árvore da vida estaria o ancestral comum de todos os seres vivos. Ao longo do tempo, as mudanças no ambiente e a seleção natural teriam originado os ramos dessa árvore, ou seja, novos grupos de seres vivos.

Essas novas formas de vida, eventualmente, são bem-sucedidas e deixam descendentes. Outras, não tão bem-sucedidas, podem entrar em extinção e desaparecer. Assim, na árvore dos seres vivos há ramos que têm representantes atuais e outros que só podem ser reconhecidos em formas fósseis, isto é, que já não existem na atualidade.

O exemplo dos tentilhões pode ser usado para ilustrar essa ideia: o ancestral comum seria o tentilhão que habitava o continente e que, migrando para o arquipélago, teria dado origem a vários ramos distintos, de acordo com o processo de seleção natural que ocorreu em cada ilha.

> **GLOSSÁRIO**
>
> **Ancestral comum:** ser vivo que originou os grupos de seres vivos atuais.

Esboço de árvore evolucionária feita por Darwin em um de seus cadernos de anotações. Os tipos representados pelas letras A, B, C e D são ramos da árvore, derivados de um ancestral comum, representado pelo número 1.

O ser humano descende do macaco?

Em tom de brincadeira, um estudante pergunta a outro: se o ser humano descende do macaco, então por que ainda existem macacos?

Essa pergunta esconde, na verdade, uma ideia equivocada sobre o evolucionismo darwinista. Para entender, observe a figura abaixo, que ilustra a evolução dos elefantes.

Esquema representando a evolução do mamute e de duas espécies de elefantes. Esquemas como este são produzidos utilizando informações de fósseis e de outras evidências evolutivas.

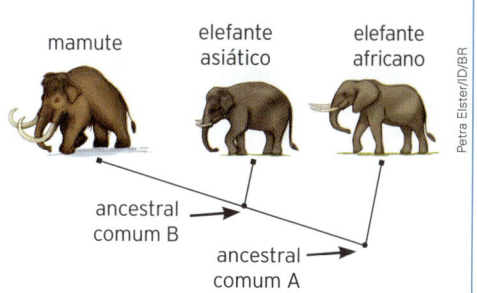

Ao contrário do que muita gente pensa, o mamute não é o ancestral do elefante, mas um ramo atualmente extinto da árvore evolutiva dos elefantes. Um ancestral comum A teria dado origem ao elefante africano atual e também a outro ramo evolutivo, do qual fazia parte o ancestral B, que teria originado o mamute e o elefante asiático.

I. Pense sobre isso e responda: o ser humano descende mesmo do macaco?

Verifique o que aprendeu

1. Compare as explicações mitológicas e as explicações científicas para os fenômenos naturais, citando uma diferença entre elas.

2. Em seu experimento, Redi usou frascos abertos e frascos fechados. Ele teria chegado às mesmas conclusões se usasse apenas frascos fechados? Explique.

3. Os experimentos de Spallanzani e Pasteur são semelhantes, mas o primeiro foi muito criticado, e o segundo não. Como se explica essa diferença na aceitação dos resultados de ambos?

4. Tanto Lamarck quanto Darwin consideraram a importância do ambiente para a evolução. Qual o papel do ambiente em cada uma dessas teorias evolutivas?

ATIVIDADES

1. Alimentos em conserva em geral têm longos prazos de validade, às vezes, de vários anos a partir da data de fabricação. Porém, as embalagens trazem sempre uma advertência, de que depois de abertas o alimento deverá ser consumido em poucos dias ou se estragará. Por que a probabilidade de o alimento se estragar aumenta após a abertura da embalagem?

2. A goiabeira é árvore nativa do Brasil e produz um fruto muito apreciado pelas pessoas. Por isso, ela é muito cultivada em pomares. Frequentemente, porém, as goiabas maduras apresentam, em seu interior, larvas de mosca, conhecidas como "bicho da goiaba".

   Para evitar a presença das larvas nas goiabas maduras, os agricultores envolvem os frutos ainda verdes e presos aos ramos da planta, um por um, em saquinhos de papel, no interior dos quais os frutos amadurecem. Com esse procedimento, o agricultor demonstra acreditar na hipótese da geração espontânea ou na hipótese da biogênese para a origem das larvas? Justifique.

   "Bicho da goiaba" no fruto maduro.

3. A teoria da geração espontânea (abiogênese) não é mais aceita pela Ciência para explicar a origem dos seres vivos. Para a Ciência, a vida só pode surgir pela reprodução de um ser vivo. Essa conclusão, porém, cria um dilema: se não há geração espontânea, como então teria surgido o primeiro ser vivo?

   Reveja no texto a hipótese de Oparin e Haldane para a origem da vida (página 72) e responda: até que ponto a teoria dos dois pesquisadores pode ser considerada uma forma de abiogênese? Comente e justifique sua opinião.

4. A foto abaixo mostra duas mariposas pousadas sobre o tronco de uma árvore. Observe a imagem e responda às questões propostas a seguir.

   Mariposas pousadas sobre tronco de árvore. As mariposas da foto têm em média 5 cm de envergadura.

   a) Sabendo que as mariposas são presas de aves, responda: Qual das duas mariposas mostradas na foto tem mais chances de sobreviver e de se reproduzir? Justifique.

   b) Imagine que dois estudantes de Ciências passaram vários dias acampando no bosque onde foi tirada a foto acima. Após observar cuidadosamente o tronco de muitas árvores, constataram que, no local, predominavam árvores de tronco escuro e, também, mariposas de asas escuras. Um deles, chamado João, concluiu que as mariposas desenvolveram cor escura a fim de evitar a predação pelas aves. O outro estudante, Carlos, discordou de João; ele afirmou que as aves predadoras localizam as mariposas claras com mais facilidade, e, por isso, estas se tornaram mais raras. Qual dos estudantes apresenta uma explicação lamarckista para a cor das mariposas e qual deles oferece uma explicação darwinista para a característica? Justifique.

A célula

MÓDULO 2

Apesar da enorme variedade de formas e tamanhos, todos os seres vivos conhecidos são formados por unidades denominadas células, estruturas que, em geral, têm tamanho muitíssimo reduzido.

Embora o ser humano observe e estude os seres vivos há milhares de anos, a descoberta das células é recente e dependeu da invenção do microscópio.

●●● A descoberta da célula

Há dezenas de séculos, os chineses já fabricavam lentes feitas de cristais de rocha lapidados. No mundo ocidental, porém, o primeiro registro de lentes data de 1280, na Itália, quando eram usadas para corrigir problemas de visão.

Logo se descobriu que lentes ovaladas poderiam ampliar a imagem de objetos muito pequenos. Acredita-se que o primeiro microscópio foi construído pelos fabricantes de óculos holandeses Zacharias e Hans Jansen, por volta de 1595. Entretanto, os primeiros microscópios ofereciam ampliação de menos de dez vezes e eram usados apenas como brinquedo.

O aperfeiçoamento dos microscópios levou a descobertas importantes. No final do século XVII, o holandês Antonie van Leeuwenhoek (1632-1723) conseguia produzir microscópios que ampliavam os objetos em até duzentas vezes e, graças a eles, descreveu a existência de minúsculos seres na água, os quais denominou "animálculos". No mesmo século, em 1660, na Itália, o microscopista Marcelo Malpighi (1628-1694) descreveu os glóbulos vermelhos, células do sangue.

Finalmente, em 1665, o inglês **Robert Hooke** (1635-1703), professor, inventor e entusiasta da experimentação, observou ao microscópio finas fatias de cortiça, material obtido a partir da casca de certas árvores. Hooke descreveu a cortiça como sendo formada por inúmeras e reduzidas cavidades semelhantes a favos de mel, preenchidas com ar. A cada uma dessas estruturas ocas ele deu o nome de **célula**.

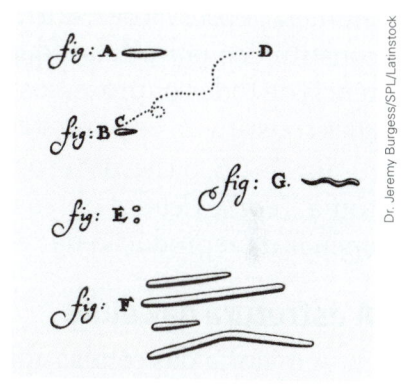

Desenho feito por Leeuwenhoek em 1683 representando os animálculos que observou: a linha tracejada indica o movimento de um animálculo.

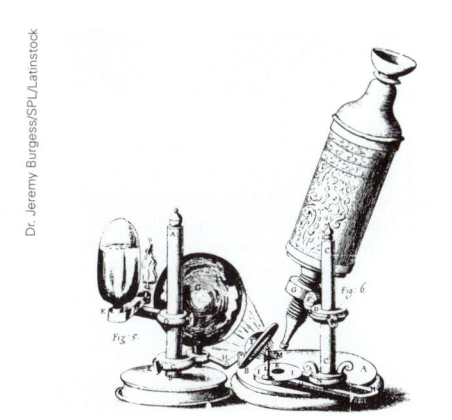

O microscópio usado por R. Hooke em ilustração feita por ele.

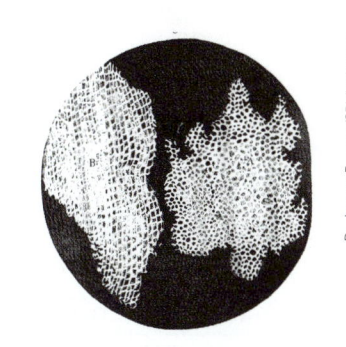

Desenho feito por Hooke ao observar a cortiça com o microscópio: o termo célula foi usado pela primeira vez na descrição de material biológico. (Ampliação de cerca de 300 vezes.)

Sobre animálculos e células

O sufixo *ulo*, que deriva do latim, é usado frequentemente para compor o diminutivo de muitas palavras. Por exemplo, em **animálculo**, palavra usada por Leeuwenhoek para nomear os seres que ele observou em uma gota de água, ao usar o microscópio, e que pode ser entendida como "animal muito pequeno, visível apenas ao microscópio".

A palavra **célula** também deriva do latim: *cella* significa quarto, cela, ou cavidade. Robert Hooke usou a palavra *cellula* para descrever as pequenas cavidades da cortiça, visíveis apenas ao microscópio.

••• A Teoria Celular

Nos anos que se seguiram às descobertas de Hooke, muitos naturalistas passaram a usar microscópios e, já no século XVIII, descobriu-se que as células animais não eram cavidades vazias, mas preenchidas por um líquido viscoso, em meio ao qual se avistava uma estrutura central, que foi denominada **núcleo**. Mais tarde, esses elementos foram observados também nas células vegetais.

Essas descobertas foram importantes para que se reconhecesse que animais e plantas têm muitas similaridades. Mas foi somente em 1839 que os cientistas alemães Theodor Schwann (1810-1882) e Matthias Schleiden (1804-1881), com base em inúmeras observações, afirmaram que todos os seres vivos são constituídos por células, que seriam também o local de ocorrência de todos os processos vitais do organismo. Essas afirmações constituem os pontos centrais da **Teoria Celular**.

Em 1855, o cientista russo Rudolph Virchow complementou a Teoria Celular ao sustentar que novas células surgem apenas da reprodução de células preexistentes.

A estrutura da célula

A maioria das células apresenta três partes fundamentais: **membrana plasmática**, **citoplasma** e **núcleo**.

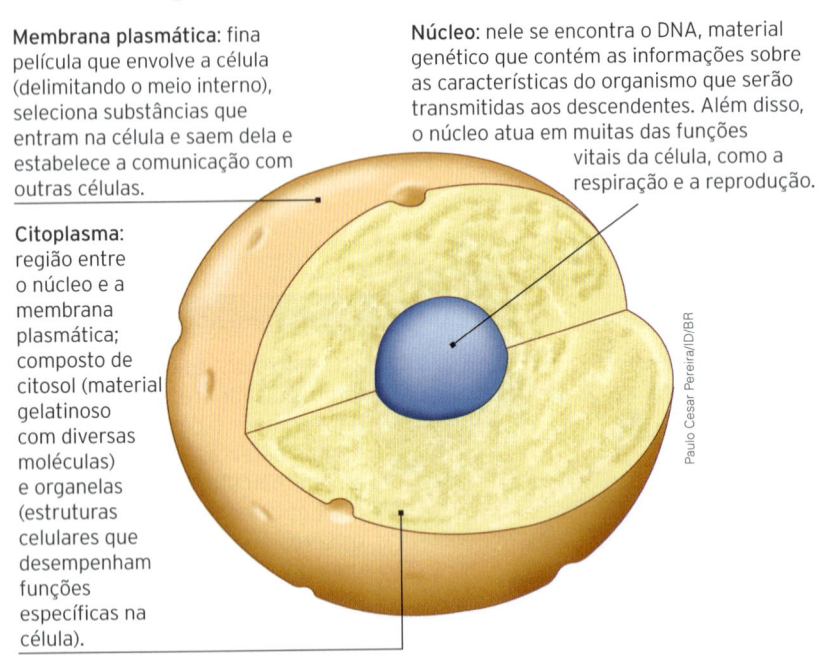

Membrana plasmática: fina película que envolve a célula (delimitando o meio interno), seleciona substâncias que entram na célula e saem dela e estabelece a comunicação com outras células.

Citoplasma: região entre o núcleo e a membrana plasmática; composto de citosol (material gelatinoso com diversas moléculas) e organelas (estruturas celulares que desempenham funções específicas na célula).

Núcleo: nele se encontra o DNA, material genético que contém as informações sobre as características do organismo que serão transmitidas aos descendentes. Além disso, o núcleo atua em muitas das funções vitais da célula, como a respiração e a reprodução.

Esquema simplificado de uma célula em corte. (Representação sem proporção de tamanhos; cores-fantasia.)

No decorrer do século XX, graças ao avanço tecnológico que permitiu a construção de novos equipamentos e técnicas de investigação, revelou-se que a variedade de tipos de célula e a complexidade da estrutura interna delas eram muito maiores do que se pensava.

Ultraestrutura celular

O **microscópio óptico** comum, similar aos usados pelos biólogos do século XIX, permitia uma ampliação da imagem até algumas centenas de vezes.

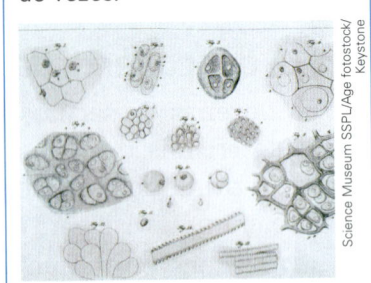

Desenhos feitos por Theodor Schwann, por volta da metade do século XIX, revelam como a célula era vista na época em microscópios ópticos.

Equipamentos ópticos mais modernos permitem ampliações maiores, mas alcançam seu limite numa ampliação de pouco mais de mil vezes. A partir da década de 1950, no entanto, o uso de **microscópios eletrônicos**, que ampliam a imagem do objeto em centenas de milhares de vezes, revelou uma nova visão do interior da célula.

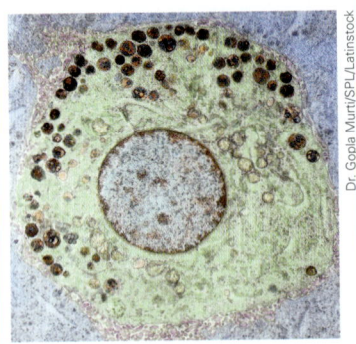

Célula do fígado fotografada com o auxílio de microscópio eletrônico. Na posição central, vê-se o núcleo, colorizado em azul, e o citoplasma, que foi colorizado em verde-claro. (Ampliação de cerca de 6 mil vezes.)

••• Tipos de células

Os cientistas classificam as células em dois grupos principais: células **procarióticas** e células **eucarióticas**.

Células procarióticas

Na célula procariótica, o material genético (DNA) encontra-se imerso no citoplasma, pois não existe uma membrana que delimite o núcleo celular, e, em geral, esse material ocupa posição central.

Frequentemente, a célula procariótica possui um envoltório externo à membrana plasmática, a **parede celular**. A célula das bactérias é procariótica (veja o esquema ao lado). Os biólogos acreditam que os primeiros seres vivos eram formados por células procarióticas que, por meio de processos evolutivos, originaram as células eucarióticas.

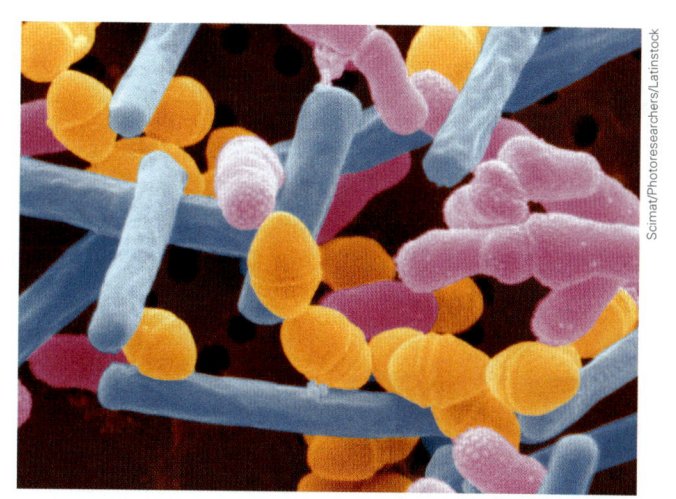

As bactérias, como as da foto, têm células procarióticas. Bactérias comuns em iogurtes fotografadas com o auxílio de microscópio eletrônico. (Imagem colorizada, ampliação de cerca de 16 mil vezes.)

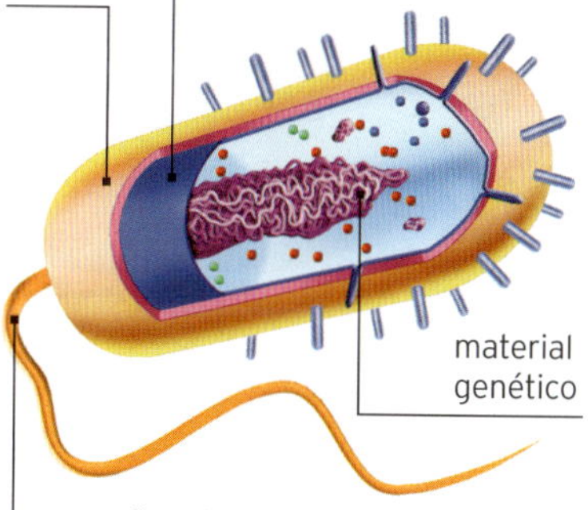

Células eucarióticas

Na célula eucariótica, existe uma membrana – a **membrana nuclear** – que separa o material genético do citoplasma, delimitando o núcleo celular. Além disso, diversas outras estruturas membranosas estão no citoplasma da célula eucariótica.

Animais, plantas, fungos, algas e protozoários são exemplos de seres formados por células eucarióticas.

> As **células eucarióticas** possuem núcleo organizado, ou seja, núcleo envolvido por uma membrana. Nas **células procarióticas**, a membrana nuclear é ausente.

Esquema simplificado de uma célula procariótica de bactéria. (Representação sem proporção de tamanhos; cores-fantasia.)
Fonte de pesquisa: Lynn Margulis; Karlene V. Schwartz. *Cinco reinos*: um guia ilustrado dos filos da vida na Terra. Rio de Janeiro: Guanabara Koogan, 2001. p. 10 e 68.

As plantas, os animais e os fungos são exemplos de seres vivos que têm células eucarióticas. Nas fotos, flor da goiabeira, cogumelos crescendo em tronco da Floresta Amazônica e aranha-marrom.

Tipos de células eucarióticas

Embora todas as células eucarióticas possuam o mesmo padrão geral de organização, com membrana plasmática, citoplasma e núcleo organizado, existem diferenças significativas entre as células dos animais e as das plantas.

Célula animal

A figura abaixo representa uma célula animal típica. Nem todas as estruturas representadas no esquema estão presentes em todas as células, que também podem variar muito em formato e tamanho. Note que cada componente celular tem funções específicas, descritas nas legendas.

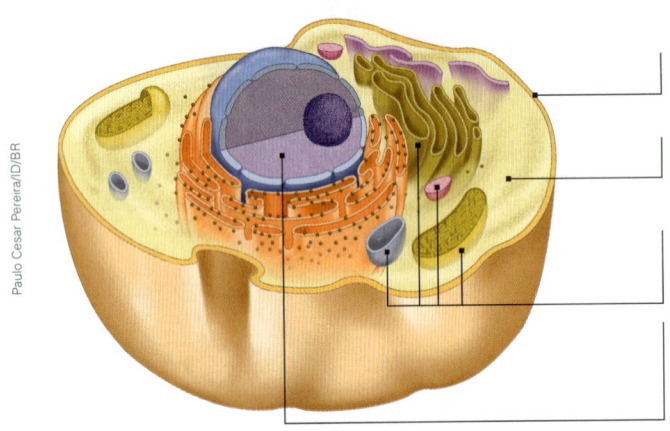

Membrana plasmática: película que envolve e delimita a célula, e atua controlando a entrada e saída de substâncias.

Citosol: é formado por água e outras substâncias; tem consistência gelatinosa.

Organelas: estruturas de vários tipos, imersas no citosol, especializadas em determinadas funções: respiração, digestão, transporte e produção de substâncias diversas, por exemplo.

Núcleo: armazena grande parte do material genético (DNA) e participa, ainda que indiretamente, de quase todas as atividades celulares; atua diretamente na produção de substâncias e na reprodução celular.

Ilustração de uma célula animal e suas principais estruturas e organelas, vistas em corte. (Representação sem proporção de tamanhos; cores-fantasia.)

Fonte de pesquisa: Bruce Alberts e outros. *Molecular Biology of the cell*. 4. ed. Nova York: Garland Science, 2002. p. 29.

Célula vegetal

A figura abaixo representa uma célula vegetal típica. As funções do núcleo, da membrana plasmática e das organelas em geral são as mesmas nas células animais e vegetais. Porém, as células vegetais possuem algumas estruturas que estão ausentes na célula animal, como **parede celular**, **cloroplastos** e **vacúolos**.

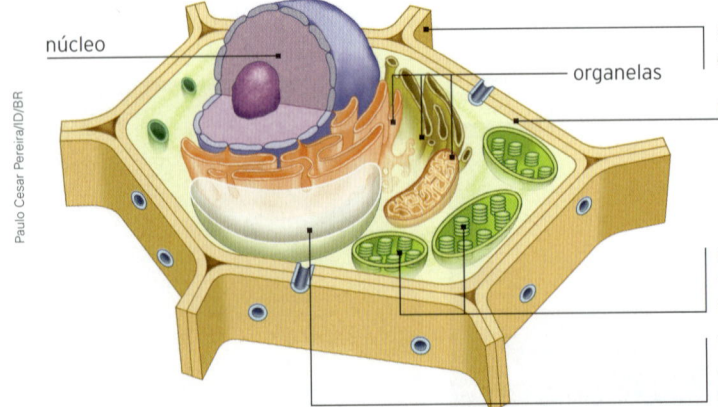

núcleo

organelas

membrana plasmática

Parede celular: camada espessa e resistente, situada externamente à membrana plasmática, que a envolve.

Cloroplasto: organela que contém clorofila, pigmento verde que absorve a luz do Sol e a realização de fotossíntese.

Vacúolo: estrutura membranosa de grande volume (maior que as demais organelas) que armazena água, pigmentos ou outras substâncias.

Ilustração de uma célula vegetal e suas principais estruturas e organelas, vistas em corte. (Representação sem proporção de tamanhos; cores-fantasia.)

Fonte de pesquisa: Peter H. Raven; Ray F. Evert; Susan E. Eichhorn. *Biologia vegetal*. 7. ed. Rio de Janeiro: Guanabara Koogan, 2007. p. 45.

●●● Os tecidos celulares

Em muitos organismos, células de um mesmo tipo, especializadas em funções específicas, organizam-se em grupos denominados **tecidos**.

Por exemplo, nos animais em geral há **tecido muscular**, que é formado por células alongadas que têm a capacidade de se contrair e relaxar, produzindo movimento. No ser humano, muitos músculos estão presos ao esqueleto, que é formado por **tecido ósseo**, entre outros tecidos. O tecido ósseo é formado por células específicas imersas em uma matriz mineral que confere rigidez e resistência ao tecido.

As plantas também apresentam tecidos específicos do grupo. No corpo de muitas plantas, por exemplo, existem tecidos formados por grupos de células alongadas, que estão unidas no sentido do comprimento de modo a formar longos canais, ou vasos, por onde é conduzida a seiva que nutre o organismo. São os **tecidos condutores**.

As nervuras de uma folha são formadas por tecidos específicos das plantas, os tecidos condutores. As células desses tecidos não são visíveis sem o auxílio de microscópios.

Tecidos são agrupamentos de células semelhantes que, em conjunto, desempenham funções específicas.

●●● Seres unicelulares e pluricelulares

Muitos seres vivos são formados por apenas uma célula, e por isso são chamados **unicelulares**. As bactérias, alguns tipos de fungos e de algas, e os protozoários (como as amebas) são exemplos de seres unicelulares.

Unicelulares eucarióticos primitivos, em algum momento da evolução, devem ter formado agrupamentos de células, dando origem aos seres **pluricelulares**, que são constituídos por mais de uma célula. Os seres humanos, os demais animais, as plantas, além de muitos fungos e algas, são seres pluricelulares.

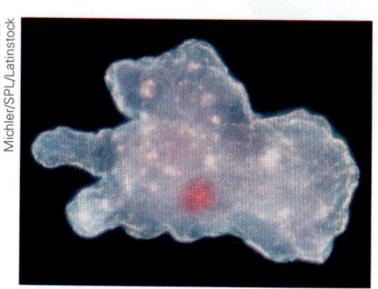

Ameba, ser eucariótico e unicelular. (Fotografia ao microscópio de luz com o uso de corantes; aumento de cerca de 80 vezes.)

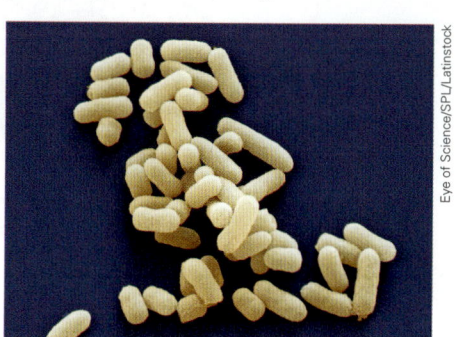

Bactérias, seres procarióticos e unicelulares. (Fotografia ao microscópio eletrônico; aumento de cerca de 9 mil vezes; imagem colorizada.)

As abelhas e as plantas são exemplos de seres pluricelulares e eucarióticos.

Verifique o que aprendeu ●●●

1. O ser humano investiga a natureza e os seres vivos há milhares de anos, mas a descoberta da célula e dos seres unicelulares só ocorreu no século XVII. Como se explica esse fato?

2. Ao descrever a cortiça (material de origem vegetal), Hooke afirma que o material é formado por "compartimentos separados por paredes espessas". Se os "compartimentos" são as células, o que são as "paredes espessas"?

3. Caso Hooke observasse ao microscópio material de origem animal, e não cortiça, ele teria feito a mesma descoberta? Explique.

4. Compare as definições de células e tecidos, e estabeleça uma distinção entre elas.

ATIVIDADES

1. No caderno, faça um esquema representando uma célula. Identifique com legendas suas partes fundamentais: membrana plasmática, citoplasma e núcleo.

2. A cortiça corresponde a uma camada de tecido morto encontrado na casca de certas árvores, e foi descrita por Hooke como "compartimentos vazios". Posteriormente, outros observadores descreveram que "cada ser vivo é uma massa de tecido celular, onde fluidos movem-se com rapidez". Responda:

   a) O que deve ser o fluido mencionado na descrição acima?

   b) Como se explica que esse fluido não tenha sido observado por Hooke na cortiça?

3. Mesmo os naturalistas mais antigos consideravam que os vegetais, assim como os animais, eram seres vivos. Porém, os naturalistas não reconheciam semelhanças na estrutura desses dois grupos de organismos. A seguinte frase é atribuída a T. Schwann, o criador da Teoria Celular, junto com M. Schleiden: "derrubamos a grande barreira que separava os reinos vegetal e animal". Escreva no caderno um comentário sobre a frase de Schwann e explique seu possível significado.

4. Identificar um organismo como animal ou planta é uma tarefa relativamente fácil na maior parte das vezes. Suponha que você receba a tarefa de estabelecer essa diferença entre dois organismos, mas esteja impedido de observá-los por inteiro, dispondo apenas de pequenas amostras de tecidos dos seres vivos e um microscópio. Como saber qual das amostras corresponde a uma planta e qual corresponde a um animal?

5. Imagine que os desenhos abaixo foram feitos por um estudante após observar amostras de células de organismos ao microscópio. Um dos organismos estudados era eucariótico e o outro procariótico. Analise as figuras e responda:

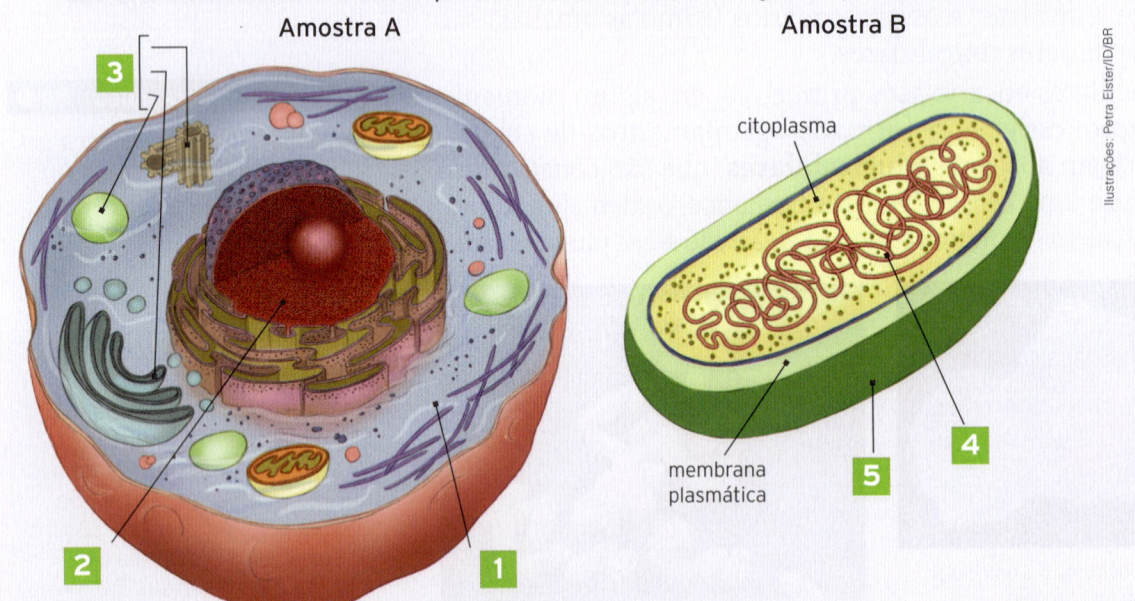

   Amostra A   **Amostra B**

   (Representações sem proporção de tamanhos; cores-fantasia.)

   Fontes de pesquisa: Bruce Alberts e outros. *Molecular Biology of the cell*. 4. ed. Nova York: Garland Science, 2002. p. 29. Lynn Margulis; Karlene V. Schwartz. *Cinco reinos*: um guia ilustrado dos filos da vida na Terra. Rio de Janeiro: Guanabara Koogan, 2001. p. 10 e 68.

   a) Escreva o nome da estrutura correspondente a cada um dos números.

   b) Qual das amostras corresponde ao organismo eucariótico e qual corresponde ao procariótico? Justifique.

   c) Dê exemplos de organismos que poderiam ter fornecido cada uma das amostras.

Características dos seres vivos

MÓDULO 3

Além do fato de serem todos formados por células, os seres vivos apresentam uma série de outras características que os distinguem dos seres não vivos e da matéria bruta.

Metabolismo

No interior de toda e qualquer célula viva, há sempre um grande número de reações químicas em andamento. É por meio dessas reações que são produzidas ou transformadas as diversas substâncias que um organismo utiliza. Também é por meio delas que a célula consegue retirar dos nutrientes a energia de que o organismo necessita para sua sobrevivência e reprodução.

O conjunto de reações químicas que ocorre no interior de uma célula viva é denominado **metabolismo** (do grego: *metabole*, que significa transformar). O metabolismo é um dos fatores que permitem **a constância e o equilíbrio do meio interno**, fundamental para a manutenção da vida. Por exemplo, o corpo humano contém água, que é perdida para o ambiente na forma de suor e urina, principalmente. A sede é sinal de que perdemos muita água, e a ingestão de líquidos repõe os níveis necessários para que o metabolismo continue funcionando.

A fotossíntese, a respiração celular e a produção de proteínas são exemplos de reações do metabolismo no nível das células. A digestão de alimentos e a contração muscular são exemplos de aspectos do metabolismo no nível do organismo.

Se compararmos o metabolismo de diferentes seres vivos, veremos que, em todos eles, os processos são muito semelhantes. A respiração celular (que será abordada na próxima página) e o modo de produzir proteínas, entre outros exemplos, são praticamente os mesmos nas células de todos os eucariontes.

Por outro lado, também existem diferenças, geralmente associadas ao modo de vida do organismo considerado. Por exemplo, os animais não realizam fotossíntese e precisam se deslocar, pois em geral buscam alimento de modo ativo; já as plantas não têm músculos e não se deslocam, mas, como fazem fotossíntese, podem ficar imóveis em um mesmo ambiente.

O metabolismo sempre envolve transformação de energia. Em geral, nas reações em que substâncias complexas são transformadas em substâncias mais simples – por exemplo, na decomposição da glicose – há liberação de energia para a célula realizar seus processos vitais, como a produção de substâncias, o crescimento e a reprodução.

> **Metabolismo e energia**
>
> O corpo humano utiliza certa quantidade de energia para manter suas funções vitais, como a respiração e os batimentos cardíacos. Isso é chamado de **metabolismo basal**.
>
> Ao metabolismo basal soma-se a energia utilizada em atividades diárias, como andar, praticar esportes, estudar, dançar, etc. O resultado corresponde à **necessidade energética total**, que depende também da idade e do sexo: por exemplo, pessoas mais jovens precisam de mais energia que as mais idosas; já os homens em geral usam mais energia que as mulheres.

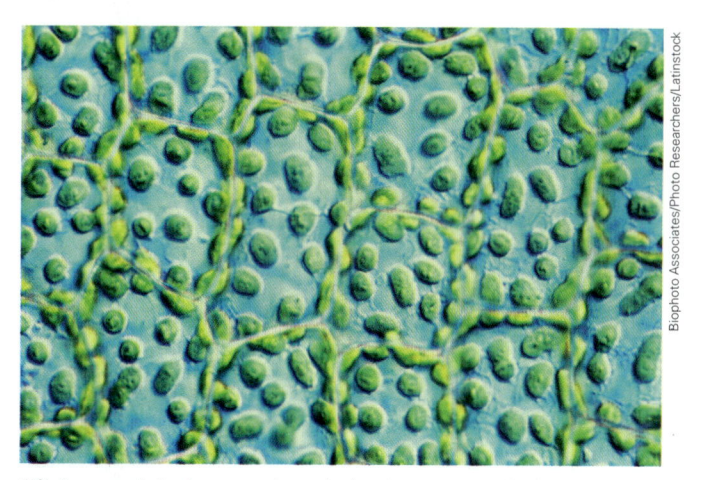

Células vegetais ricas em cloroplastos (pequenas estruturas arredondadas e verdes): nessas organelas, ricas em clorofila, ocorre a fotossíntese. (Fotografia ao microscópico eletrônico; aumento de cerca de 600 vezes; imagem colorizada.)

Nutrição

Para obter a energia necessária à manutenção do metabolismo, os seres vivos precisam de alimento. A forma como obtêm alimento está relacionada ao modo de vida e aos hábitos de cada um.

Os organismos **autótrofos** produzem o próprio alimento e, em geral, usam a luz do Sol como fonte de energia. Aqueles que produzem o próprio alimento usando a energia da luz – como as plantas, as algas e alguns tipos de bactéria – são ditos **fotossintetizantes**.

Os seres **heterótrofos** não são capazes de produzir o próprio alimento e precisam obtê-lo do ambiente, por ingestão ou absorção. Os animais, os fungos, os protozoários e alguns tipos de bactéria são exemplos de seres heterótrofos.

Embora não dependam diretamente da luz para a obtenção de alimento, os heterótrofos são mais frequentes nos ambientes onde existe abundância de autótrofos.

Bois e vacas (gado bovino) são seres heterótrofos, pois não produzem o próprio alimento. Esses animais se alimentam exclusivamente de organismos autótrofos (plantas).

Respiração

O metabolismo de muitos seres vivos envolve o consumo de gás oxigênio e a eliminação de gás carbônico. **Respiração corpórea** é o nome dado às trocas de gases entre o organismo vivo e o meio ambiente.

Os seres vivos que utilizam o gás oxigênio no metabolismo são denominados **aeróbios**. Organismos aeróbios combinam o gás oxigênio com os nutrientes que chegam às células, em um processo denominado **respiração celular**, e assim conseguem a energia de que necessitam para a manutenção do metabolismo.

Seres vivos que não utilizam o gás oxigênio na liberação de energia são denominados **anaeróbios**.

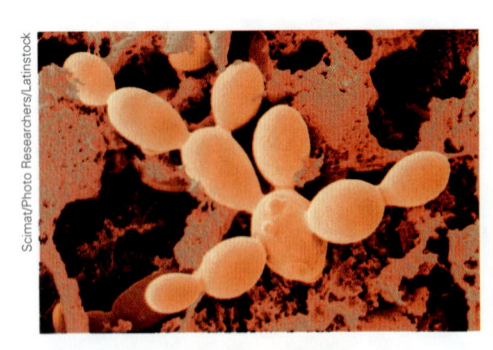

Leveduras (como as da foto ao lado) são fungos unicelulares anaeróbios. (Fotografia ao microscópio eletrônico; imagem colorizada. As células de levedura têm cerca de 10 μm.)

Alimentos e nutrientes

Alimento é qualquer substância que pode fornecer energia para o metabolismo ou matéria para a construção do corpo do ser vivo. Em geral, os alimentos precisam ser digeridos para ser utilizados. Após a digestão, os **nutrientes** — substâncias presentes nos alimentos — estão disponíveis para a utilização pelo corpo.

Para o ser humano, por exemplo, as frutas são alimentos importantes, pois fornecem nutrientes como açúcares e vitaminas.

É importante ter uma alimentação variada, para consumir diversos tipos de nutriente.

Crescimento

A maioria dos organismos apresenta crescimento ao longo da vida. O crescimento pode ocorrer pelo aumento do número de células (em seres pluricelulares) ou pelo aumento do tamanho das células (em seres unicelulares).

●●● Sensibilidade, reação e movimento

Todos os seres vivos apresentam **sensibilidade** aos estímulos do ambiente, como o frio e o calor, a luz e a escuridão, etc., e são capazes de **reagir** a esses fatores. Quando sentem frio, por exemplo, certos animais procuram se expor ao sol e, assim, aquecem o corpo.

Os olhos de muitos animais reagem à luminosidade do ambiente – por exemplo, com a contração das pupilas, quando a luz é excessiva, ou com a dilatação delas, quando há pouca luz no ambiente (compare, nas fotos ao lado, a variação no tamanho das pupilas de um gato em diferentes ambientes).

Nos animais, a capacidade de **movimentação** de órgãos ou de **locomoção** permite, por exemplo, fugir de um estímulo negativo, como o proporcionado por um predador.

As plantas são capazes de determinados movimentos – por exemplo, a abertura e o fechamento de folhas e flores –, que também são reações a estímulos (veja, ao lado, as fotos da mimosa).

Muitos seres unicelulares contam com estruturas de locomoção que permitem a realização de movimentos em ambientes aquáticos.

A dilatação e a contração das pupilas são reações do organismo, respectivamente, à menor ou à maior luminosidade do ambiente.

●●● Adaptação

Todos os seres vivos apresentam certa capacidade de adaptação ao ambiente. Aquecer o corpo e beber água são exemplos de ações que permitem ao ser vivo realizar ajustes que mantêm o metabolismo em boas condições de funcionamento e em adequação com o ambiente em que o ser vive.

A adaptação também está relacionada à presença de estruturas corporais e suas formas. Por exemplo, as asas das aves e dos insetos são adaptações que permitem o voo, assim como as nadadeiras dos peixes permitem a natação.

Uma vez que as adaptações aumentam as chances de sobrevivência e reprodução, espera-se que os organismos mais bem adaptados produzam mais descendentes. Assim, ao longo de várias gerações, organismos com características que propiciam uma boa adaptação ao ambiente tendem a predominar nas populações.

Entretanto, certas mudanças que ocorrem no ambiente determinam que organismos antes bem adaptados encontrem dificuldades de sobreviver sob as novas condições.

As folhas da planta conhecida como mimosa ou sensitiva fecham-se rapidamente quando tocadas.

> **Adaptações** são características desenvolvidas ao longo da evolução que permitem aos organismos sobreviver e se reproduzir sob determinadas condições do ambiente.

●●● Reprodução

É o ato de se reproduzir, ou seja, de dar origem a novos seres vivos, que dá continuidade ao fenômeno da vida. A **reprodução** é uma das características mais importantes dos seres vivos, e pode ser **sexuada** ou **assexuada**.

Reprodução sexuada

A reprodução sexuada envolve, na maior parte dos casos, a participação de dois indivíduos. Cada um dos participantes fornece uma célula especializada na reprodução, denominada **gameta**. Os gametas dos dois indivíduos se unem em um processo denominado **fecundação**, dando origem a uma nova célula, a **célula-ovo** ou **zigoto**, que se desenvolverá em um novo indivíduo.

A fecundação pode ser **interna**, isto é, acontecer dentro do corpo da fêmea, como em mamíferos e aves, ou **externa**, isto é, fora do corpo da fêmea, caso de muitos peixes e dos anfíbios, que lançam seus gametas na água.

Após a fecundação, a célula-ovo entra em processo de divisão. Nos organismos eucarióticos, sucessivas divisões da célula-ovo dão origem ao **embrião**. É na fase de embrião que se formam todos os tecidos e órgãos do novo ser.

Os mamíferos são animais **vivíparos**, ou seja, o embrião se desenvolve dentro do corpo da mãe. Já as aves e os répteis são exemplos de animais **ovíparos**, isto é, após a fecundação, a fêmea põe ovos no ambiente, no interior do qual o embrião se desenvolve.

Após o nascimento ou eclosão do ovo, surge um indivíduo jovem, que se desenvolve até a fase adulta, quando adquire a capacidade de produzir gametas e se reproduzir.

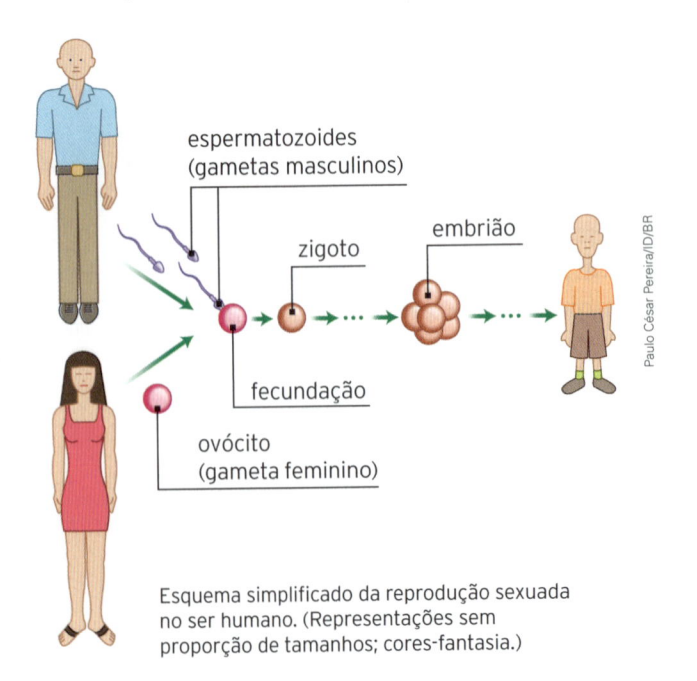

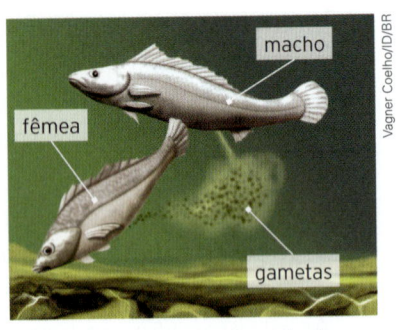

Peixes são animais com fecundação externa: o macho e a fêmea depositam os gametas no ambiente.

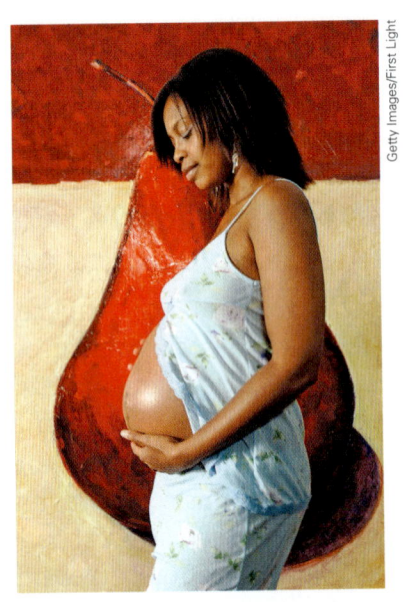

Seres humanos (mamíferos) são animais vivíparos: o embrião desenvolve-se no corpo da mãe.

Tartarugas (répteis) são animais ovíparos: os filhotes saem de ovos.

Esquema simplificado da reprodução sexuada no ser humano. (Representações sem proporção de tamanhos; cores-fantasia.)

Reprodução assexuada

A reprodução também pode ocorrer sem a participação de gametas. A simples divisão de uma célula, ou o desenvolvimento de fragmentos do corpo, pode originar novos seres. Essas formas de reprodução são chamadas de reprodução assexuada.

A **divisão binária** ocorre em seres unicelulares, como bactérias, amebas e alguns tipos de alga: uma célula-mãe se divide em duas células-filhas, idênticas à célula que lhes deu origem.

Muitos seres pluricelulares, além de se reproduzirem sexuadamente, também apresentam processos assexuados de reprodução.

A **fragmentação** ocorre em algumas algas. Pedaços do corpo do organismo se desprendem, por um processo natural ou por acidente, e cada pedaço pode se desenvolver em um novo organismo, completo.

A **multiplicação vegetativa** ocorre em muitas plantas. Nesse processo, uma folha ou um ramo se destacam da planta-mãe e se desenvolvem, formando uma nova planta. Os agricultores e jardineiros utilizam-se dessa propriedade para produzir mudas – pedaços de galhos que são plantados e desenvolvem raízes e folhas.

A **gemulação**, também chamada **brotamento**, envolve a formação de gemas, ou brotos, estruturas que se desenvolvem e se destacam do organismo original, constituindo um novo indivíduo. Fungos unicelulares, como as leveduras, e mesmo alguns animais, como a hidra, podem se reproduzir por brotamento.

A **esporulação** é uma forma de reprodução assexuada que envolve a formação de células especiais denominadas esporos. Cada esporo possui a capacidade de germinar e formar um novo indivíduo. Muitos microrganismos, os fungos e algumas plantas são exemplos de seres que formam esporos.

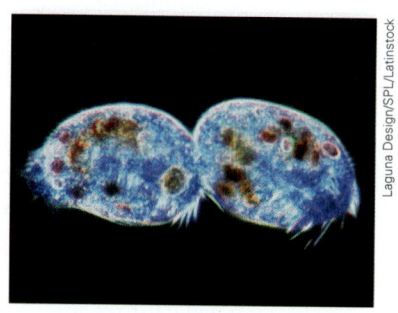

A divisão binária de protozoários, seres unicelulares, é uma forma de reprodução assexuada. (Fotografia ao microscópio de luz, com uso de corantes; ampliação desconhecida.)

Uma hidra reproduzindo-se por gemulação: o broto lateral está em estágio avançado de desenvolvimento. (Imagem obtida por microscópio de luz, com uso de corantes.)

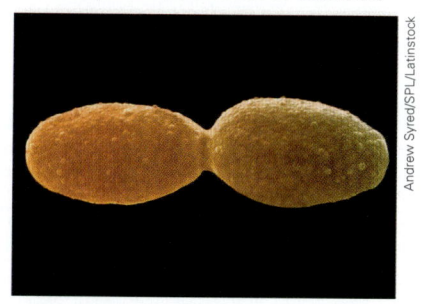

Imagem colorizada obtida por microscópio eletrônico (ampliação de cerca de 5 mil vezes) mostrando uma levedura (à esquerda) reproduzindo-se por gemulação.

Verifique o que aprendeu

1. Leia a frase: "A função dos alimentos é fornecer energia para a manutenção do metabolismo". Esse conceito está completo? Se não estiver, reescreva a frase, corrigindo-a.
2. Compare a capacidade de movimentação de um animal e de uma planta.
3. Qual a diferença entre fecundação interna e externa?
4. A reprodução não é necessária para manter o organismo vivo, mas para garantir a continuidade da vida. Você concorda? Justifique sua resposta.

ATIVIDADES

1. Um tijolo é considerado matéria não viva. O mesmo pode ser dito sobre a folha seca de uma planta? Explique.

2. A maioria das algas vive em ambientes aquáticos próximos da superfície e não é encontrada em grandes profundidades, fora do alcance da luz solar. Responda:
   a) Por que as algas são mais abundantes na superfície?
   b) A maioria dos seres heterótrofos também é encontrada nas águas superficiais. Por que isso acontece?

3. Vimos, nas páginas 73 e 74, que os seres vivos se transformam ao longo do tempo no processo denominado evolução biológica. Qual é a relação entre adaptação e evolução biológica?

4. O camaleão é um animal conhecido pela capacidade de mudar de cor de acordo com o ambiente em que se encontra. Observe as fotografias ao lado e responda:
   a) Nesse caso, a capacidade de mudar de cor pode ser considerada uma adaptação para viver em ambientes de mata? Explique.
   b) Essa mesma adaptação poderia ser esperada em animais que vivem em cavernas? Explique.

5. A energia utilizada pelo organismo pode ser medida em unidades denominadas **calorias**. A tabela abaixo apresenta algumas informações que poderão ajudá-lo a estimar o gasto energético diário de calorias. Preencha as lacunas e calcule o gasto calórico em cada atividade, da seguinte forma:

   (tempo gasto na atividade) × (massa corpórea em kg) × × (gasto calórico em cada atividade) = total parcial

   Some os totais parciais de cada atividade para obter o total geral de um dia. Depois, responda às perguntas a seguir.

Atividade	Tempo gasto na atividade (horas)	Massa corporal (kg)	Gasto calórico em cada atividade (por hora)	Total parcial
Dormir			1,0	
Andar			3,0	
Correr, jogar bola, dançar, etc.			5,0	
Escrever, assistir à aula sentado, etc.			1,0	
Ler, assistir à TV, escutar música			1,0	
Total geral (calorias consumidas em um dia)				

   Fonte de pesquisa: Barbara E. Ainsworth e outros. *Compendium of Physical Activities*: classification of energy costs of human physical activities. Disponível em: <http://www.cdof.com.br/MET_compendium.pdf>. Acesso em: 5 ago. 2014.

   a) Compare seu gasto calórico com o de outras pessoas da classe. Há diferenças? Como podem ser explicadas essas diferenças?
   b) Um atleta profissional geralmente consome uma quantidade maior de alimentos do que uma pessoa de mesma massa corporal que tenha uma vida sedentária – por exemplo, alguém que trabalhe sentado, como um digitador. Explique o porquê dessa diferença.
   c) Estimar o gasto calórico diário pode ter alguma utilidade prática? Qual?

MÓDULO 4

Classificação dos seres vivos

A variedade de seres vivos que habita o planeta Terra é enorme: são descritas pela Biologia mais de 1,9 milhão de espécies, e acredita-se que esse número seja muito maior, pois sabe-se que existem seres vivos que ainda não foram descritos.

••• A classificação biológica

O estudo de cada uma das formas de vida que habita o planeta gera uma grande quantidade de informações. Essas informações são organizadas em categorias ou padrões, o que facilita sua compreensão. A **classificação biológica** procura identificar, denominar e organizar em grupos os seres vivos.

Os grupos de seres vivos são definidos a partir de critérios como sua forma e estrutura corporal, o tipo de desenvolvimento embrionário, o metabolismo, os processos vitais, etc.

Os sistemas de classificação

Os modernos sistemas de classificação procuram usar critérios que permitem agrupar os seres vivos de acordo com seu **parentesco evolutivo**. De modo geral, quanto maior a semelhança entre dois seres, maior o grau de parentesco evolutivo. Assim, um cachorro apresenta maior semelhança (e maior parentesco) com um gato do que com um tubarão.

> **O que é classificar?**
>
> Classificar significa distribuir em grupos de acordo com um método que emprega critérios, que podem ser variados. Por exemplo, em uma escola, os alunos são distribuídos em grupos que pertencem a uma *série* (1º ano, 2º ano, etc.), e as séries são organizadas em *níveis de ensino* (Ensino Fundamental, Ensino Médio). O critério geral usado é o grau de aprendizado alcançado pelos alunos.
>
> I. Pense e responda: quais são os critérios usados para organizar os produtos nas prateleiras de um supermercado?

Um cão e um gato, ambos mamíferos, são mais parecidos entre si do que com um tubarão, que é um peixe.

Para estabelecer com segurança a semelhança e o parentesco devemos usar uma variedade de critérios, e não apenas a aparência externa. Por exemplo, o formato corporal de uma baleia é semelhante ao de um peixe, mas, se incluirmos outros critérios (presença ou ausência de pelos e glândulas mamárias), veremos que a baleia é mais parecida com os cachorros e gatos do que com os peixes.

As baleias têm a forma do corpo semelhante à dos peixes, mas uma baleia é mamífero, como os cachorros e os gatos, e não um peixe, como o tubarão. A fêmea adulta da baleia-franca-austral (foto ao lado) pode atingir 18 m de comprimento.

●●● O sistema de classificação de Lineu

O naturalista sueco Karl von Linné (1707-1778) – ou simplesmente Lineu – criou, em 1735, um sistema de classificação dos seres vivos que é usado até hoje, com algumas modificações.

Nesse sistema, os seres vivos são agrupados em categorias ou níveis de classificação. A unidade de classificação é denominada **espécie biológica**, ou simplesmente **espécie**.

Os níveis de classificação

O sistema de classificação biológica atual divide-se, basicamente, em sete categorias ou níveis de classificação:

- **Reino**: é a categoria mais abrangente. Por exemplo, o reino Animal (que inclui todos os animais), o reino Plantas (que reúne todas as plantas), e outros.
- **Filo**: cada reino é dividido em filos. O reino Animal inclui, entre outros, os filos cordados, artrópodes e moluscos.
- **Classe**: cada filo é dividido em classes. O filo cordados abrange, entre outras, as classes anfíbios, répteis, aves e mamíferos.
- **Ordem**: cada classe pode reunir diversas ordens. Por exemplo, a classe dos mamíferos inclui as ordens dos primatas (macacos e seres humanos, entre outros), dos carnívoros (leão, gato, cachorro, urso, etc.), e muitas outras.
- **Família**: as famílias são subdivisões das ordens. Por exemplo, a ordem dos carnívoros inclui a família dos felídeos (gato, leão, onça, etc.) e a dos canídeos (cachorro doméstico, lobo, etc.), entre outras.
- **Gênero**: as famílias dividem-se em vários gêneros. A dos felídeos inclui, entre outros, os gêneros *Panthera* e *Felis*.
- **Espécie**: cada gênero pode apresentar algumas espécies. O leão (*Panthera leo*) e a onça-pintada (*Panthera onca*) pertencem ao mesmo gênero. O mesmo ocorre com o gato doméstico (*Felis silvestris*) e a jaguatirica (*Felis pardalis*).

O leão pertence à espécie *Panthera leo*.

A onça-pintada pertence à espécie *Panthera onca*.

O gato doméstico pertence à espécie *Felis silvestris*.

A jaguatirica pertence à espécie *Felis pardalis*.

Exemplos de classificação

Observe abaixo a classificação biológica de três animais. Note que estas espécies compartilham alguns níveis de classificação.

Reino	Animal	
Filo	Artrópodes	
Classe	Insetos	
Ordem	Himenópteros	Dípteros
Família	Apidae	Muscidae
Gênero	Apis	Musca
Espécie	Apis mellifera / Apis dorsata	Musca domestica
Nome comum	Abelha europeia / Abelha asiática	Mosca doméstica

Categorias hierarquizadas

No sistema de Lineu, os níveis de classificação são **hierarquizados**, isto é, cada nível, ou categoria, é dividido em subníveis ou categorias menores, até chegar à unidade de classificação, a espécie. A classificação da onça-pintada pode ser representada como na figura abaixo.

Note que, conforme a classificação se aproxima da categoria de espécie, os organismos pertencentes a cada grupo tornam-se mais semelhantes.

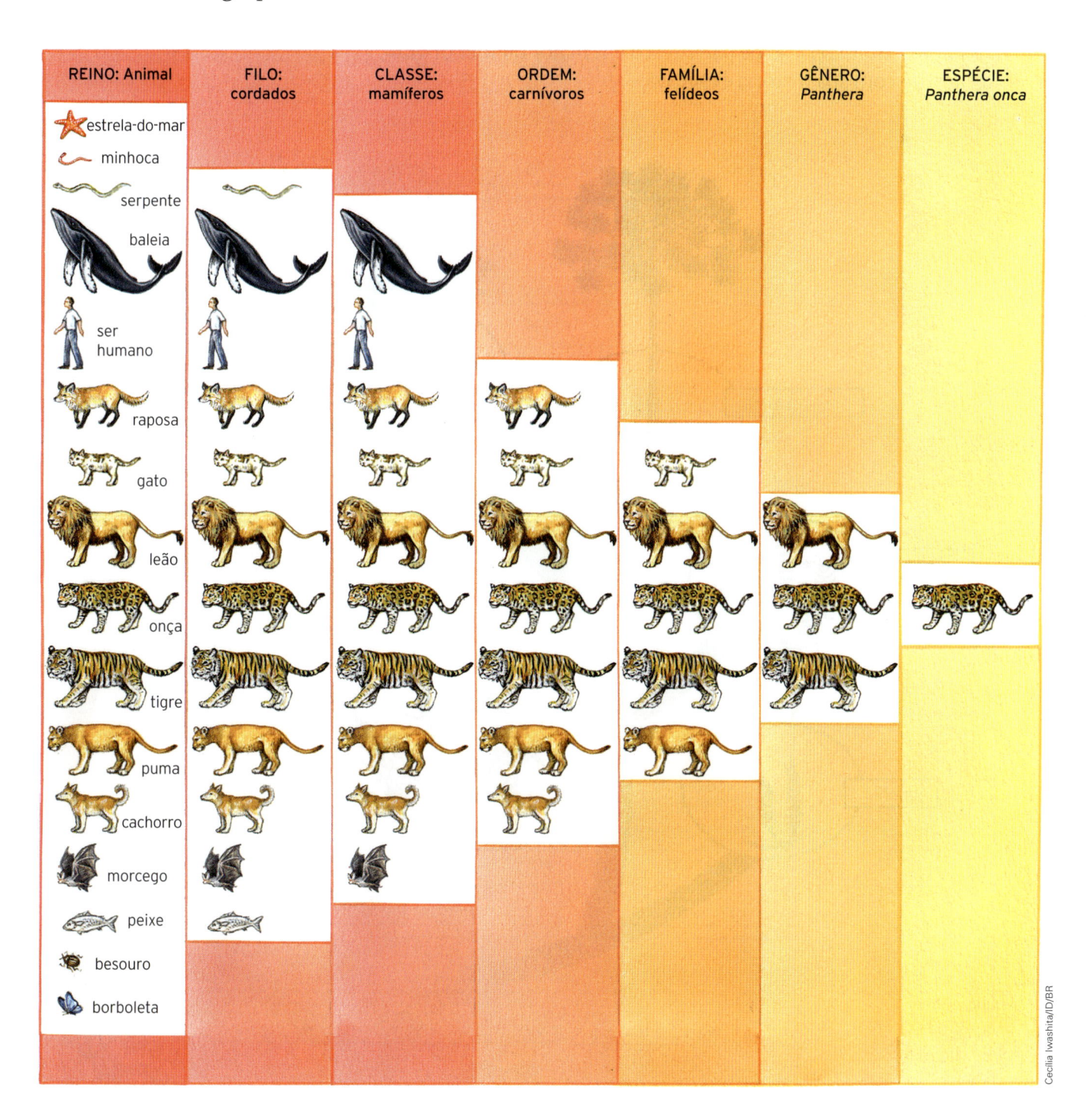

Esquema hierarquizado de classificação da onça-pintada (*Panthera onca*). Nesse esquema, estão representados somente alguns organismos pertencentes aos níveis de classificação indicados. (Representações sem proporção de tamanhos.)

A classificação e a evolução

Lineu e outros naturalistas de sua época acreditavam que os seres vivos apresentavam a mesma forma que tinham no instante da criação. De acordo com esse pensamento, cada espécie corresponderia a um conjunto de organismos semelhantes a um **tipo ideal**, e não existiria relação entre as diversas espécies ou grupos de organismos.

Porém, segundo o evolucionismo darwinista, todas as espécies apresentam relação de parentesco em maior ou menor grau, de acordo com sua história evolutiva.

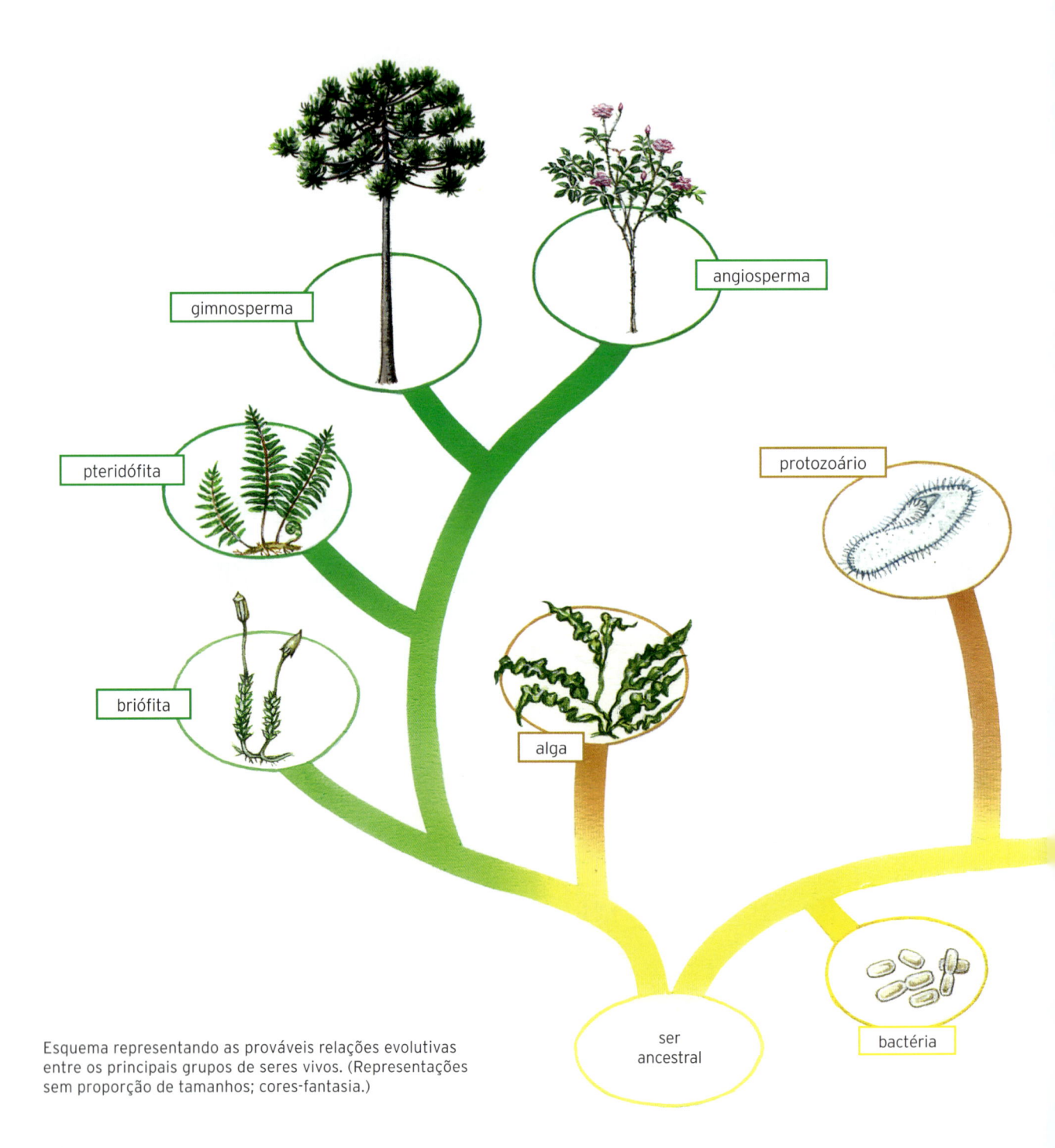

Esquema representando as prováveis relações evolutivas entre os principais grupos de seres vivos. (Representações sem proporção de tamanhos; cores-fantasia.)

Espécie biólogica

De acordo com o pensamento evolutivo, não existe um tipo ideal que descreva a espécie, pois esta pode evoluir, ou seja, mudar ao longo do tempo. Sendo assim, a própria definição de **espécie biológica** foi alterada, mas ainda é controversa. Para muitos biólogos, a espécie biológica pode ser definida como um conjunto natural de organismos que apresentam a capacidade de se reproduzir e gerar descendentes férteis.

A classificação biológica e as relações entre os grupos sofrem alterações conforme muda a compreensão dos cientistas sobre a história evolutiva dos seres vivos. O esquema aqui representado, portanto, é uma hipótese, e pode ser modificado no futuro.

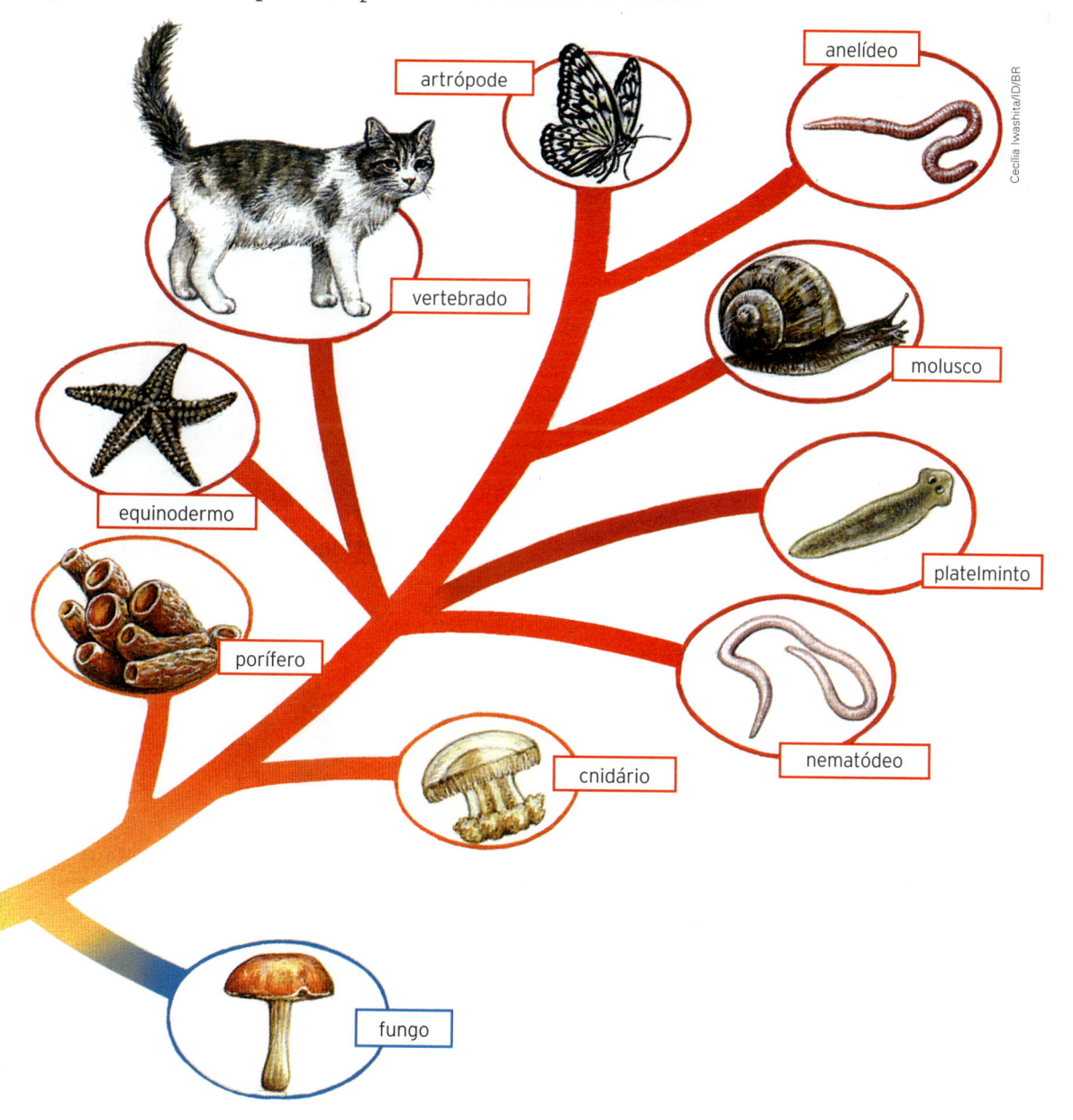

Fontes de pesquisa: Richard C. Brusca; Gary J. Brusca. *Invertebrados*. Rio de Janeiro: Guanabara Koogan, 2007. Peter H. Raven; Ray F. Evert; Susan E. Eichhorn. *Biologia Vegetal*. Rio de Janeiro: Guanabara Koogan, 2007. *Tree of Life Web Project*. Disponível em: <http://tolweb.org/animals>. Acesso em: 5 ago. 2014.

●●● A nomenclatura biológica

O sistema de Lineu inclui também um conjunto de regras de nomenclatura, estabelecendo normas para a criação de **nomes científicos**, isto é, do nome dado a cada espécie biológica. Com algumas modificações, essas regras ainda são aplicadas atualmente.

Um sistema binomial

O nome de cada espécie é composto de **duas palavras**, e por isso o sistema é chamado binomial.

A primeira palavra indica o **gênero**, e a segunda é chamada de epíteto **específico**.

As duas palavras em conjunto – o nome do gênero seguido do epíteto específico – constituem o nome da **espécie**. Veja o exemplo abaixo:

Nome comum	Nome científico
feijão	*Phaseolus vulgaris* (gênero) (epíteto específico)

> **GLOSSÁRIO**
>
> Binomial: que tem dois nomes.
> Epíteto: palavra que se associa a um nome para qualificá-lo.

O idioma

Na época de Lineu, o latim era a língua universal do ensino, e os trabalhos científicos eram escritos nesse idioma. Por isso, o latim foi adotado para a criação dos nomes científicos.

O uso de um único idioma facilita a comunicação entre pessoas que falam idiomas diferentes. As palavras *horse* (inglês), *pferd* (alemão), *cheval* (francês) e *caballo* (espanhol) correspondem a cavalo, cujo nome científico é *Equus caballus*.

Mesmo entre pessoas de um mesmo país, muita confusão é evitada com esse sistema unificado, pois os nomes comuns também variam de acordo com a região geográfica: no Brasil, a mandioca é também chamada de aipim, macaxeira e maniva, entre outros nomes. Porém, essa planta possui um único nome científico, *Manihot esculenta*, válido em todo o mundo.

O nome científico do cavalo é *Equus caballus*.

A grafia

Os nomes científicos devem ser escritos em itálico ou sublinhados. Assim, o nome científico da laranjeira escreve-se *Citrus sinensis* (itálico) ou Citrus sinensis (sublinhado).

Observe, ainda, que o nome do gênero inicia-se com letra maiúscula, enquanto o epíteto da espécie é escrito com letras minúsculas.

Ilustração da planta aipim, mandioca ou macaxeira: *Manihot esculenta*.

> **Algumas regras complementares**
>
> Muitas vezes, escrevemos em sequência o nome de vários organismos que pertencem ao mesmo gênero. Neste caso, a primeira palavra (correspondente ao nome do gênero) é abreviada a partir da segunda citação. Por exemplo: laranjeira (*Citrus sinensis*), cidra (*C. medica*) e tangerina (*C. reticulata*).
>
> Também é comum escrever, após o nome científico, o nome do cientista que descreveu a espécie pela primeira vez e a data em que foi feita a descrição. Por exemplo, o nome científico da tartaruga-marinha pode ser escrito assim: *Caretta caretta* Lineu, 1758.

Os reinos de seres vivos

Uma vez que a classificação dos seres vivos depende dos critérios escolhidos para formar os grupos, **diversos sistemas já foram adotados**. O filósofo grego Aristóteles (384 a.C.- -322 a.C.) considerava dois reinos: Plantas e Animais. Método semelhante era usado por Lineu.

Mais recentemente, novos reinos foram criados. Isso decorreu da necessidade de classificar a enorme variedade de seres que foram sendo descobertos (por exemplo, os microrganismos eram desconhecidos até a invenção do microscópio), e também para evitar incluir no mesmo grupo organismos com origens evolutivas distintas.

Em 1969, o biólogo estadunidense R. H. Whittaker (1920- -1980) elaborou um sistema de cinco reinos, muito usado atualmente. Veja um resumo na tabela abaixo.

Reino	Características	Exemplos
Monera	Seres procarióticos e unicelulares. Heterótrofos ou autótrofos, aeróbios ou anaeróbios.	Bactérias e cianobactérias. Bactéria vista ao microscópio eletrônico. (Fotografia colorizada; ampliação de 10 500 vezes.)
Protoctista	Seres eucarióticos, unicelulares ou pluricelulares. Autótrofos ou heterótrofos; os últimos nutrem-se ingerindo ou absorvendo substâncias do meio.	Protozoários e algas. Paramécio visto ao microscópio eletrônico. (Fotografia colorizada; aumento de cerca de 75 vezes.)
Fungos	Seres eucarióticos, unicelulares ou pluricelulares. Heterótrofos por absorção, ou seja, absorvem seu alimento do ambiente.	Fungos, mofos, leveduras (fermentos) e bolores. 5 cm. Cogumelos pertencem ao reino dos Fungos.
Plantas	Seres eucarióticos e pluricelulares. Autótrofos fotossintetizantes. Produzem embriões pluricelulares que se desenvolvem utilizando nutrientes da planta-mãe.	Plantas. 50 cm. Orquídea, representante do reino Plantas.
Animais	Seres eucarióticos e pluricelulares. Heterótrofos por ingestão, ou seja, ingerem substâncias retiradas de outros seres vivos.	Insetos, vermes, caramujos, peixes, aves, mamífero. 4 cm. O cavalo-marinho é um peixe, um representante do reino Animal.

A evolução da classificação

As classificações mais antigas (seres classificados como perigosos ou inofensivos, comestíveis ou venenosos) usavam critérios que não representavam características específicas dos organismos, mas sim de sua relação com o ser humano.

Aristóteles foi o primeiro a empregar um **sistema racional**, usando características inerentes aos seres: Plantas (seres imóveis) e Animais (seres móveis).

O sistema criado por Lineu é racional, mas **artificial**, pois desconsidera a evolução.

Com o evolucionismo, veio a busca por sistemas **naturais**, que reflitam as relações de parentesco entre os seres vivos.

Verifique o que aprendeu

1. Ao longo da história, o ser humano criou diferentes sistemas de classificação dos seres vivos. Comparando o sistema de Lineu, baseado na semelhança, com o dos biólogos evolucionistas, baseado no parentesco, podemos encontrar um objetivo comum. Qual seria esse objetivo?
2. Organismos semelhantes apresentam, sempre, parentesco próximo?
3. Por que se diz que o sistema de Lineu é hierarquizado?
4. Quantas palavras são necessárias para se denominar corretamente uma espécie biológica no atual sistema de classificação? Explique.

ATIVIDADES

1. O sistema de classificação biológica é composto de categorias hierarquizadas.
   a) Qual das categorias constitui a unidade do sistema de classificação?
   b) Em qual das categorias de classificação espera-se encontrar maior número de indivíduos? Explique.

2. Observe a forma como um aluno escreveu o nome científico de alguns organismos:
   I) girassol: *helianthus annuus*; II) preá: Cavia Aperea; III) sabiá-laranjeira: TURDUS RUFIVENTRIS.
   a) Copie os nomes dos seres em seu caderno e faça as correções necessárias para grafá-los de acordo com as regras da nomenclatura biológica.
   b) A qual gênero pertence o sabiá-laranjeira?

3. Existem inúmeras espécies de abelhas nativas do Brasil, muitas delas conhecidas e criadas pelos povos indígenas e pelas populações rurais. As abelhas da foto, *Tetragonisca angustula*, também conhecidas pelo nome de jataí, jati, iataí ou abelha-mosquito, são um bom exemplo. Responda.
   a) Quantas espécies de abelhas são mencionadas no enunciado acima?
   b) Qual é a vantagem de se usar o nome científico da abelha em vez de, simplesmente, jataí ou jati?

   Abelhas jataí. As abelhas dessa espécie têm em média 0,5 cm de comprimento do corpo.

4. Um aluno recebeu a tarefa de identificar a qual reino pertencem os organismos, descritos com as seguintes características:
   I) não apresenta núcleo organizado e é unicelular;
   II) tem núcleo organizado, é multicelular e heterótrofo; nutre-se absorvendo substâncias do meio.
   Pela descrição, é possível identificar a qual (ou quais) reino(s) pertence(m) os organismos em questão? Justifique.

5. Em uma fazenda, criam-se cavalos (*Equus caballus*) e jumentos (*Equus asinus*). Eventualmente, jumentos machos cruzam com éguas, que neste caso geram animais conhecidos pelo nome de mulas ou burros. As mulas e os burros são estéreis, ou seja, não são capazes de gerar descendentes. Responda.
   a) Quantos gêneros e quantas espécies são criados nessa fazenda?
   b) As mulas e os burros podem ser considerados uma espécie biológica? Por quê?

6. Observe a tabela ao lado, com a classificação completa da coruja-da-igreja (suindara), da maritaca-verde e da perereca, e responda:
   a) A qual classe pertence a perereca?
   b) Em qual nível de classificação ocorre a separação entre a suindara e a maritaca-verde?

Animal		
Cordados		
Aves		Anfíbios
estrigiformes	psitaciformes	anuros
titonídeos	psitacídeos	hilídeos
Tyto	*Pionus*	*Scinax*
Tyto alba	*Pionus maximiliani*	*Scinax perereca*
coruja-da-igreja, ou suindara	maritaca-verde	perereca

40 cm — 30 cm — 4 cm

MÓDULO 5

Os vírus

Os vírus apresentam características que não se enquadram em nenhum dos reinos. Por isso, muitos cientistas não os consideram organismos vivos.

Os **vírus** são tão pequenos que só podem ser observados com o microscópio eletrônico. Por isso, são chamados também de **seres ultramicroscópicos**. O nome do grupo vem do latim *virum*, que significa veneno.

Todos os vírus conhecidos são causadores de infecções em organismos variados, incluindo plantas, animais e bactérias.

No ser humano, são responsáveis por doenças como a gripe, a paralisia infantil (poliomielite) e a aids. Viroides e príons, que têm estrutura ainda mais simples que os vírus, também causam doenças.

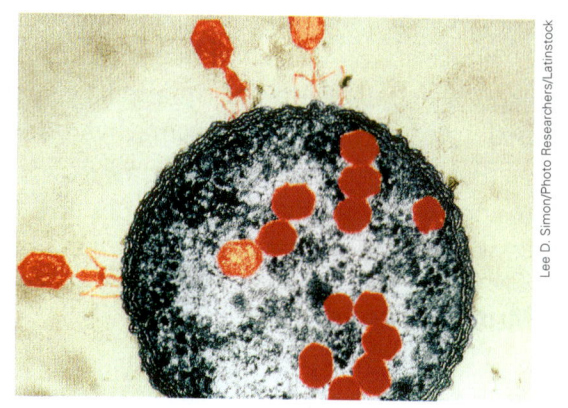

Vírus (em vermelho) atacando uma célula. (Fotografia colorizada obtida por microscópio eletrônico; aumento de 30 mil vezes.)

●●● Características dos vírus

Os vírus não apresentam algumas das características típicas dos seres vivos, como estrutura celular e metabolismo próprio. Porém, podem se reproduzir e sofrem modificações em sua estrutura ao longo do tempo, ou seja, evoluem.

Estrutura acelular

Os vírus diferem dos seres vivos por não possuírem estrutura celular. Em outras palavras, os vírus não apresentam membrana plasmática, citoplasma, organelas ou núcleo.

Cada vírus é formado por uma cápsula externa de proteínas, denominada **capsídeo**. O capsídeo aloja, em seu interior, o material genético.

Em alguns vírus, pode ser observada uma camada mais externa, que envolve o capsídeo. Essa camada é denominada **envelope**, e, nesse caso, os vírus são denominados envelopados.

Representação esquemática do vírus da aids. O capsídeo aloja o material genético viral. (Representações sem proporção de tamanhos; cores-fantasia.)

Fonte de pesquisa: Yale University. Disponível em: <http://www.yale.edu/bio243/HIV/hivstructure.html>. Acesso em: 5 ago. 2014.

Os **vírus** são seres acelulares que parasitam as células de seres vivos.

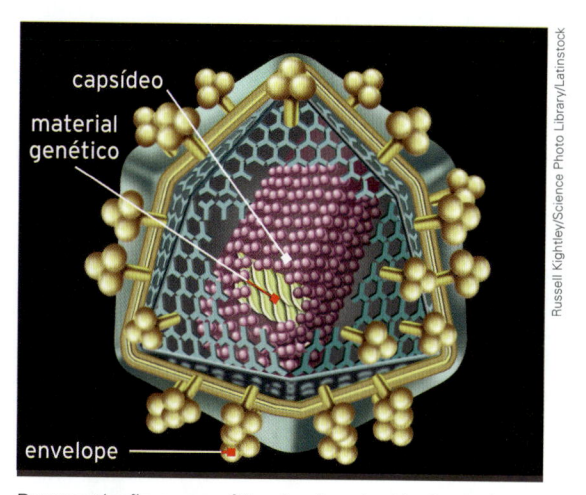

Viroides e príons

Viroides são pequenas porções de material genético capazes de se alojar no núcleo de células infectadas. Diferem dos vírus por não formarem capsídeo. Encontrados apenas nas plantas.

Príons são proteínas capazes de modificar as proteínas normalmente encontradas nas células vivas, que passam a se comportar como príons. Em outras palavras, os príons se "reproduzem". Os príons modificam o metabolismo das células, causando enfermidades como a "doença da vaca louca".

Ausência de metabolismo próprio

Sendo desprovidos dos componentes básicos de uma célula – membrana, citoplasma, organelas –, os vírus não apresentam metabolismo próprio. Isso significa que os vírus não respiram, não se nutrem, não crescem, em suma, não realizam nenhuma das atividades que estão relacionadas à sobrevivência e ao desenvolvimento dos seres vivos.

Por isso, os vírus são **parasitas obrigatórios**: invadem as células e se utilizam das organelas e substâncias de suas hospedeiras (as células que foram invadidas) para se reproduzir.

Fora das células hospedeiras, os vírus permanecem inertes por um tempo variável, dependendo do tipo de vírus e das condições ambientais.

Mutação constante

O material genético do vírus modifica-se com muita rapidez. Assim, vírus com novas características surgem constantemente. Isso dificulta a elaboração de vacinas eficazes contra alguns tipos de vírus, como o causador da gripe, por exemplo.

Reprodução dos vírus

Existem vários tipos de vírus com diferentes ciclos reprodutivos. De modo geral, quando um vírus invade uma célula, seu material genético interfere no metabolismo celular, e a célula começa a produzir capsídeos virais e cópias do material genético viral. O material genético viral se aloja no interior dos capsídeos, e os novos vírus abandonam a célula hospedeira, podendo infectar outras células ou permanecer inertes no ambiente.

Vivos ou não vivos?

Cientistas encontraram semelhanças químicas entre os capsídeos de vírus que parasitam seres de todos os reinos. Isso sugere que os vírus seriam muito antigos e teriam surgido antes que houvesse a separação evolutiva dos vários reinos – processo que teria se iniciado há mais de 3 bilhões de anos. Os autores da pesquisa acreditam que os vírus precederam as formas de vida celular.

Outros cientistas argumentam que os vírus, sendo parasitas obrigatórios, não poderiam existir antes das células, suas hospedeiras. Se o metabolismo é a principal característica dos seres vivos, os vírus, desprovidos de metabolismo, seriam aglomerados de material orgânico, dependentes da matéria viva para continuar existindo.

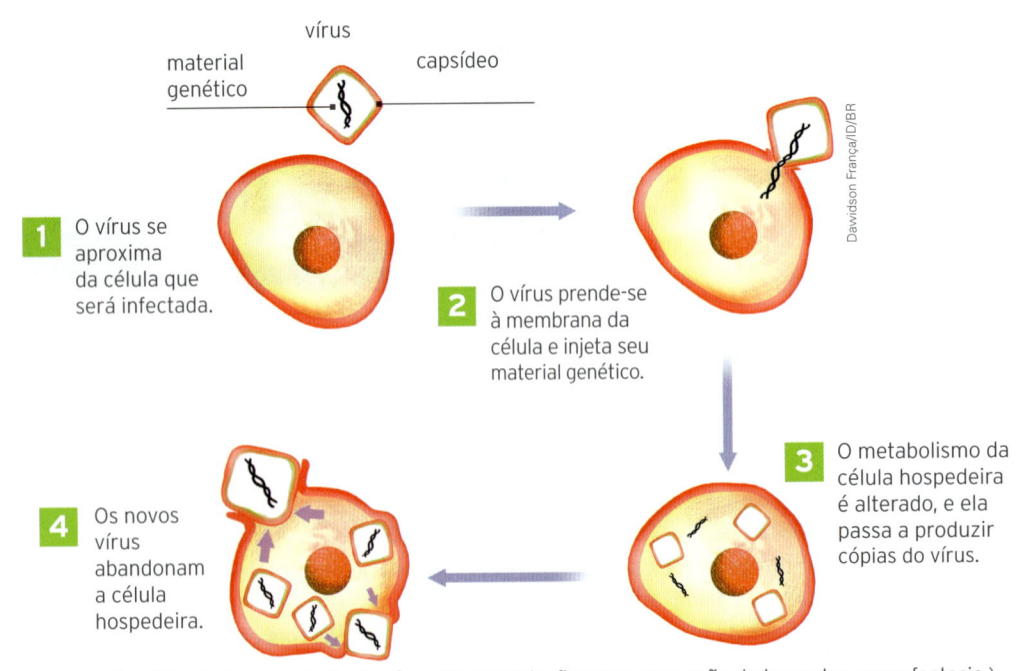

1 O vírus se aproxima da célula que será infectada.

2 O vírus prende-se à membrana da célula e injeta seu material genético.

3 O metabolismo da célula hospedeira é alterado, e ela passa a produzir cópias do vírus.

4 Os novos vírus abandonam a célula hospedeira.

Esquema simplificado de reprodução de vírus. (Representações sem proporção de tamanho; cores-fantasia.)
Fonte de pesquisa: Bruce Alberts e outros. *Molecular Biology of the cell*. 4. ed. Nova York: Garland Science, 2002. p. 1431.

••• Vírus que infectam seres humanos

Inúmeras doenças humanas são causadas por vírus. Catapora, herpes, sarampo, varíola e poliomielite (paralisia infantil) são alguns exemplos.

A **gripe** é causada pelo vírus *influenza*. Os sintomas da gripe incluem febre, dor de cabeça, tosse e espirros. A saliva e as secreções das vias respiratórias (catarro, pigarro) contêm cópias dos vírus infectantes. Quando a pessoa gripada tosse ou espirra, acaba espalhando o vírus no ar, ou nas próprias mãos, podendo transmiti-los aos objetos que toca.

A **dengue** é causada por um flavovírus, um tipo de vírus envelopado. Os sintomas iniciais são febre, dor muscular e nas articulações, manchas avermelhadas na pele e pequenas hemorragias. Dependendo do tipo de flavovírus infectante, a doença pode evoluir e causar hemorragias internas graves e levar à morte. Os vírus são transmitidos pela picada do mosquito *Aedes aegypti*. Não existem remédios ou vacinas para nenhum dos quatro tipos de vírus causadores da dengue. Por isso, a melhor prevenção é o combate ao mosquito, eliminando os focos de proliferação. A fêmea deposita seus ovos em qualquer lugar onde encontre água parada: pneus velhos, caixas-d'água, pratos de vasos de plantas, etc.

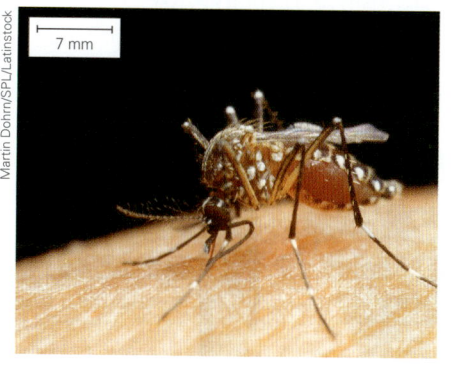

Fêmea do *Aedes aegypti* picando uma pessoa.

A **aids** é causada pelo HIV, um vírus que ataca as células de defesa (leucócitos) do corpo humano, deixando o organismo mais exposto à ação de outros vírus e bactérias. Doenças comuns, facilmente combatidas pelo organismo sadio, podem tornar-se letais no indivíduo portador do HIV. A transmissão do vírus se dá pelas secreções produzidas pelos órgãos genitais e por meio do sangue. Não existem vacinas ou medicamentos que o eliminem; portanto, a prevenção é a melhor forma de combate.

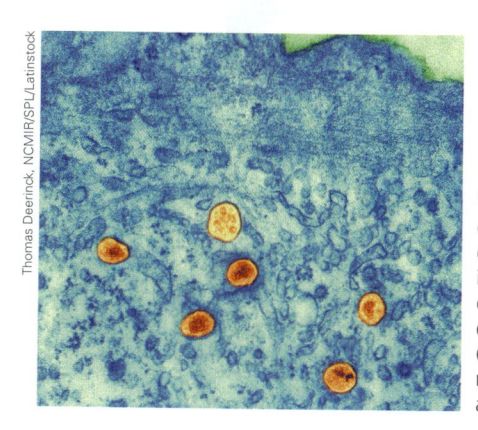

Vírus HIV (cor laranja) infectando uma célula hospedeira. O HIV ataca células do sangue responsáveis pela proteção imunológica, causando a morte dessas células. Como consequência, o sistema de defesa humano fica enfraquecido. (Imagem colorizada obtida por microscópio eletrônico; aumento de aproximadamente 50 mil vezes.)

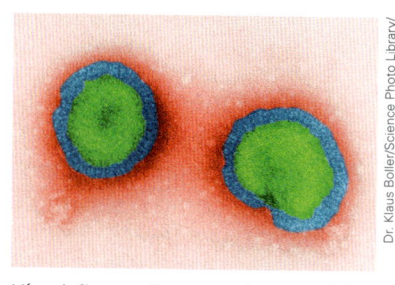

Vírus *influenza*. (Imagem colorizada obtida por microscópio eletrônico; aumento de aproximadamente 165 mil vezes.)

Reservatórios naturais

Alguns tipos de vírus podem infestar tanto células humanas quanto de outros animais. Nesses casos, esses animais são chamados de **reservatórios naturais** do vírus. Existem evidências de que doenças como a varíola e o sarampo foram transmitidas ao ser humano pelo gado bovino, há cerca de 10 mil anos, na época em que esses animais foram domesticados.

A descoberta de um vírus ancestral do HIV em chimpanzés levou ao desenvolvimento da hipótese da transmissão desse vírus aos humanos. O desmatamento e as guerras no continente africano teriam contribuído para a transmissão: pessoas que se alimentavam desses animais teriam entrado em contato com sangue infectado.

Verifique o que aprendeu •••

1. Os vírus são considerados parasitas obrigatórios. Como se justifica essa afirmação?
2. Uma das polêmicas da Biologia moderna envolve os vírus – saber se eles são ou não seres vivos. Quais argumentos podem ser usados a favor e quais podem ser usados contra a proposição de que os vírus são organismos vivos?
3. Descreva, resumidamente, a estrutura de um vírus.

ATIVIDADES

1. No caderno, faça um desenho esquemático de um vírus e indique suas principais estruturas.

2. Anualmente, são feitas campanhas de vacinação para prevenção da gripe, doença causada pelo vírus *influenza*. O Ministério da Saúde recomenda que crianças e idosos sejam vacinados anualmente. A prevenção de outras doenças causadas por vírus, como o sarampo, requer vacinação apenas durante a infância. Responda:
   a) Qual característica dos vírus exige que a vacinação contra a gripe seja feita anualmente?
   b) Faça uma pesquisa e descubra por que as autoridades da Saúde se preocupam em monitorar e controlar surtos de gripe suína e aviária.

3. Um pesquisador, procurando estudar certo tipo de vírus, adicionou partículas virais inertes a um recipiente que continha todos os nutrientes necessários para o desenvolvimento de células e bactérias. Para prevenir a contaminação, o recipiente com nutrientes foi devidamente esterilizado antes da inoculação dos vírus. O pesquisador ficou surpreso ao verificar que não houve multiplicação das partículas virais.
   Em uma segunda tentativa, repetiu o experimento, mas sem esterilizar o recipiente. Dessa vez, verificou a presença de bactérias no recipiente e constatou que houve multiplicação das partículas virais.
   Como se explicam esses resultados?

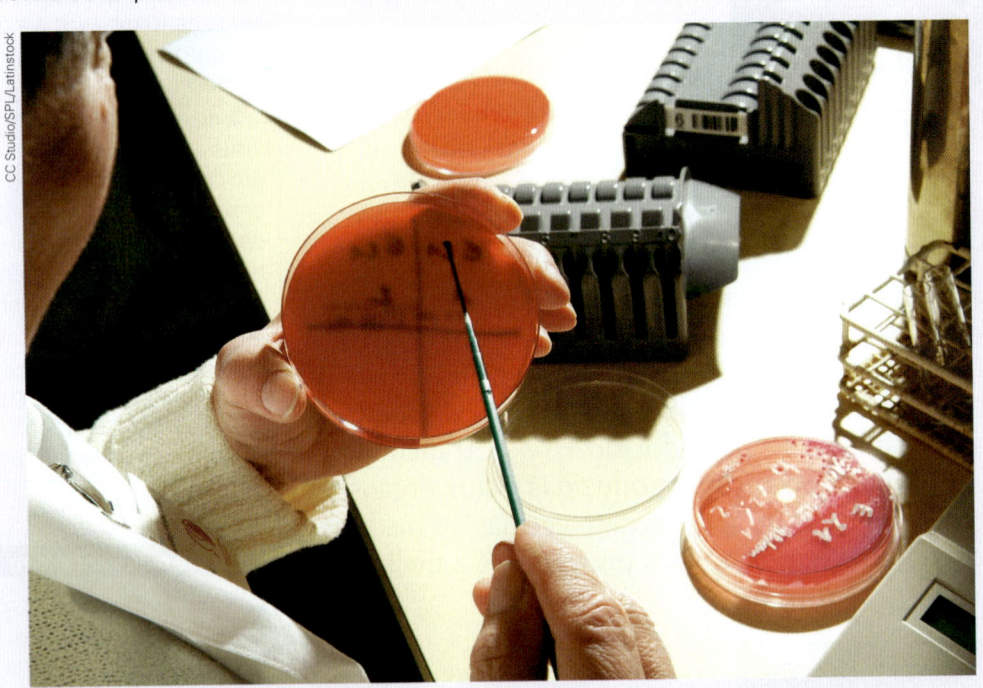

Foto de pesquisador adicionando microrganismos a um recipiente com substâncias nutritivas.

4. Muitos tipos de vírus causam doenças fatais, pois matam as células hospedeiras após se reproduzirem.
   Pesquisadores procuram identificar e isolar vírus infectantes de insetos considerados pragas agrícolas. O objetivo é disseminar esses vírus em plantações (milho, soja, cana-de-açúcar, por exemplo), protegendo essas culturas por meio do controle das populações de insetos sem o uso de inseticidas e outros produtos químicos.
   a) Quais as vantagens do uso de vírus no controle das pragas agrícolas?
   b) Cite um risco envolvido nessa prática e justifique a resposta.

CIÊNCIA À MÃO

O reino dos botões

Para começar

Como classificar botões de costura em categorias?

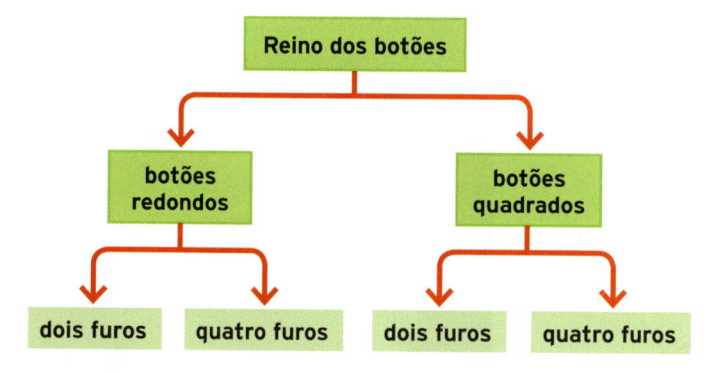

```
                Reino dos botões
                /              \
         botões                botões
         redondos              quadrados
         /     \               /      \
   dois furos  quatro furos  dois furos  quatro furos
```

Material
- botões de costura de formas, tamanhos e materiais variados
- uma folha de cartolina (para cada grupo de alunos)
- canetas hidrográficas ou lápis de cor
- lápis ou caneta, para anotações
- cola branca (opcional)

Procedimentos

1. Forme um grupo de três ou quatro alunos em volta de uma mesa.
2. Espalhe todos os botões sobre a mesa. Procure observar a presença de características como: cor, formato, material de que é feito o botão, número de furos, etc.
3. Defina quais são as características que podem ser usadas como critério de classificação. Você terá mais facilidade se cada critério permitir a separação dos botões em dois grupos. Por exemplo: formato (botões redondos ou quadrados), furos (dois furos ou quatro furos), cor (brancos ou coloridos), coloridos (amarelo ou outra cor), presença ou ausência de revestimento, material (plástico ou outro material), etc.
4. Elabore uma tabela no caderno, de acordo com o modelo ao lado, definindo uma ordem para a aplicação dos critérios (acrescente mais linhas de acordo com o número de critérios estabelecidos pelo grupo).

Primeiro critério	Formato (botões redondos ou quadrados)
Segundo critério	Furos (dois furos ou quatro furos)
Terceiro critério	Cor (brancos ou coloridos)
Quarto critério	Revestimento (presente ou ausente)
Quinto critério	Material (plástico ou outro material)
...	....

5. Inicie a separação dos botões: usando o primeiro critério, separe os botões de acordo com o formato (caso este tenha sido o critério definido pelo grupo).
6. A seguir, separe cada um dos grupos em subgrupos, usando o segundo critério.
7. Repita o procedimento quantas vezes forem necessárias, até utilizar todos os critérios.
8. Faça um diagrama, na folha de cartolina, esquematizando uma "árvore" dos botões; opcionalmente, cole botões representantes de cada grupo no último nível de classificação utilizado.

Questões para discussão e avaliação

1. Quantos níveis de classificação foram obtidos em seu grupo?
2. Houve dificuldade para estabelecer os critérios de separação dos grupos de botões?
3. Quantos critérios seriam necessários para que, comparativamente ao sistema de classificação biológica, tivéssemos "gêneros" de botões?

Comunicação dos resultados

Apresente o cartaz e a tabela para a classe; compare semelhanças e diferenças entre os critérios de classificação estabelecidos pelo seu grupo e os demais. Como se explicam as diferenças?

LENDO CIÊNCIAS

ANTES DE LER

- O sistema de classificação dos seres vivos pode sofrer alterações no futuro?

Encontrada bactéria multicelular em lagoas do Rio

Pesquisadores do Instituto de Ciências Biomédicas e do Instituto de Microbiologia da Universidade Federal do Rio de Janeiro encontraram um organismo multicelular constituído de 15 a 20 células bacterianas em lagoas no Rio de Janeiro. O ser não tem núcleo celular definido por membrana [...] e possui todas as características atribuídas a uma bactéria. No entanto, é multicelular.

"Já tínhamos notado a presença dessa bactéria em outros estudos feitos a partir das águas das lagoas Rodrigo de Freitas, de Itaipu e de Maricá", explica a bióloga Carolina Keim, uma das autoras do estudo [...].

[...]

A bactéria consiste numa esfera formada por 20 células em média, como mostra a imagem por microscopia eletrônica. Os "fiapos" na superfície correspondem aos flagelos. As análises concluíram que as células do organismo nunca vivem sozinhas (diferentemente de bactérias em uma colônia), não concorrem umas com as outras e se comunicam entre si [...].

Os pesquisadores estão tentando demonstrar que o organismo bacteriano satisfaz algumas das condições consideradas fundamentais para ser considerado multicelular. "Temos duas tendências na classificação dos organismos", explica Carolina Keim. "Uma é a complexidade, observada principalmente em animais e plantas que possuem diversas células especializadas que trabalham em conjunto. A outra é a simplicidade, observada nos microrganismos unicelulares. Acreditamos que esse organismo esteja no meio do caminho, entre essas duas definições opostas."

A pesquisadora também explica que os organismos multicelulares tiveram várias origens independentes durante a evolução. "Tudo indica que esse organismo é representante de mais uma origem independente", diz Carolina Keim.

[...] Como ela ainda não foi cultivada em laboratório e seu estudo ainda está em andamento, não foi possível determinar sua espécie e lhe dar um nome científico. "O que sabemos até o momento é que sua morfologia é diferente das outras bactérias já analisadas. Podemos estar até observando um gênero novo", afirma Carolina. A pesquisadora também comentou a necessidade de comparar esse organismo com um outro de características semelhantes encontrado em lagos parecidos nos EUA.

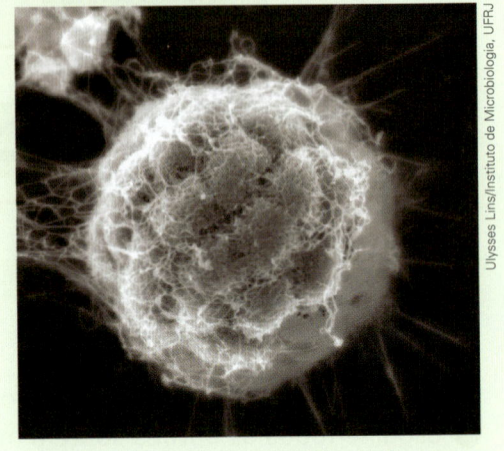

O tamanho médio de cada bactéria que forma a esfera é de 7,5 micrometros. (Imagem obtida por microscópio eletrônico; imagem colorizada.)

Renata Moehlecke, *Ciência Hoje On-line*, 3 jun. 2004. Disponível em: <http://cienciahoje.uol.com.br/noticias/microbiologia/encontrada-bacteria-multicelular-em-lagoas-do-rio>. Acesso em: 5 ago. 2014.

De olho no texto

1. Qual mudança no sistema de classificação dos seres vivos poderá ocorrer, em função da descoberta da bactéria multicelular?

2. Como se explica que bactérias semelhantes sejam encontradas em lagos parecidos nos Estados Unidos?

QUESTÕES GLOBAIS

1. O termo *célula* foi criado em 1665 e é usado na Biologia até os dias de hoje. Responda:
   a) Que modificações sofreu o significado dessa palavra, desde os tempos de Hooke até os dias atuais?
   b) Essas modificações podem ser associadas a qual invenção do ser humano? Justifique.

2. Em 1855, Virchow afirma que novas células surgem apenas pela reprodução de outras células preexistentes, complementando a Teoria Celular. Em 1862, o químico francês Louis Pasteur realizou uma célebre experiência, contestando a geração espontânea. Responda:
   a) Que outras afirmações constituem a Teoria Celular?
   b) Qual relação pode ser estabelecida entre a conclusão de Pasteur e a afirmação de Virchow?

3. Considere os organismos denominados a seguir e responda ao que se pede:

Melipona rufiventris	Turdus rufiventris	Melipona quadrifasciata

   a) Pode-se afirmar que seres vivos classificados como *Melipona rufiventris* e *Turdus rufiventris* pertencem à mesma espécie? Explique.
   b) Agrupando esses organismos em pares, obtemos três possíveis arranjos. Qual dos três arranjos reúne os organismos com maior grau de semelhança? Explique.

4. A figura a seguir representa, de modo simplificado, as relações evolutivas do ser humano (*Homo sapiens*) e alguns outros representantes da família dos hominídeos, conhecidos apenas pelos seus restos fósseis. Observe a figura e leia as afirmações abaixo, classificando cada uma como falsa ou verdadeira. Justifique sua opinião por escrito, em seu caderno.
   a) O diagrama apresenta cinco espécies do gênero *Homo*.
   b) *Paranthropus boisei* é ancestral direto do ser humano atual.
   c) De acordo com o diagrama, nosso parente mais próximo é o *Homo erectus*.

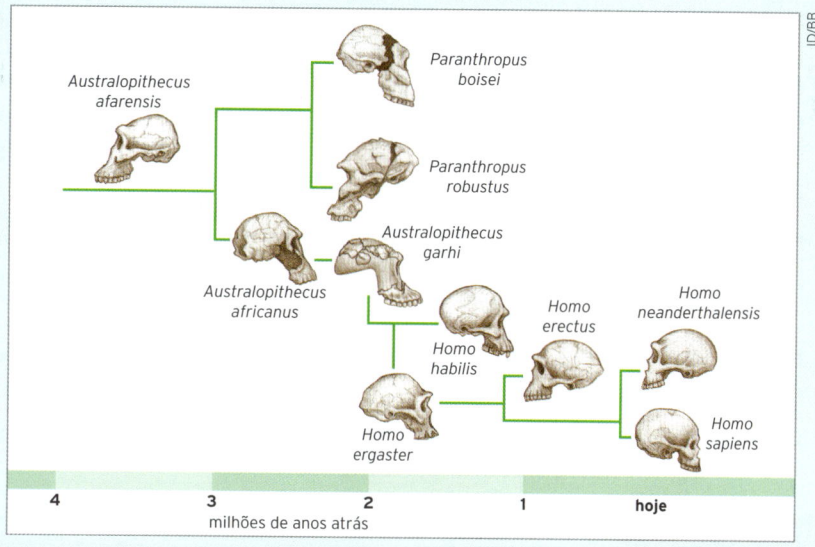

   Modelo simplificado do parentesco evolutivo da família dos hominídeos.
   Fonte de pesquisa: *Scientific American*. Nova York, jan. 2000. p. 60.

5. Um criador de porcos, desde que iniciou sua atividade, adotou o seguinte procedimento: seleciona entre os porcos que nascem aqueles mais fortes e mais pesados e os mantém para reprodução, os outros ele vende para consumo. Passadas algumas décadas, ele ficou conhecido por produzir os maiores porcos da região. A seleção feita pelo ser humano para produzir variedades de plantas e animais que atendam a seus interesses chama-se seleção artificial. Em um pequeno texto compare o processo de seleção artificial com o de seleção natural.

QUESTÕES GLOBAIS

6. No final do século XVII, Van Leeuwenhoek descreveu a existência de minúsculos seres na água, que denominou animálculos. Em 1665, Hooke descreve a cortiça como sendo formada por inúmeras pequenas cavidades, que denominou células. Qual a relação entre os animálculos de Van Leeuwenhoek e as células de Hooke?

7. Em seu caderno, construa uma tabela como exemplificado abaixo. Preencha-a com as características adequadas para cada um destes seres vivos: margarida, tubarão, bolor, serpente, estrela-do-mar, algas verdes, gaivota e bactéria.

Espécie	Tipo de célula	Unicelular ou pluricelular	Tipo de nutrição	Reino

8. Durante sua evolução, o ser humano tem vivido em ambientes com diferentes características de clima, vegetação, fauna, etc. É de se supor que processos evolutivos tenham influenciado as populações humanas durante esse percurso. Vamos considerar o significado biológico de dois aspectos físicos característicos de grupamentos humanos diversos e que são geneticamente transmitidos de uma geração a outra.

   A – A pele humana pode apresentar variável quantidade de **melanina** – pigmento de tom escuro que protege a pele da radiação ultravioleta do Sol, ajudando a evitar o desenvolvimento de tumores. Por outro lado, a pele mais clara, com menos melanina, é mais facilmente sensibilizada pela luz do Sol e, com isso, contribui para a produção de vitamina D, que ajuda no desenvolvimento do esqueleto.

   B – Os povos inuítes, os povos orientais (como chineses, japoneses e coreanos), além dos indígenas americanos, possuem a **fenda palpebral** – espaço entre as pálpebras superior e inferior – mais estreita do que a apresentada pelos povos de origem africana ou europeia. Acredita-se que a fenda palpebral estreita ajude a proteger os olhos da luminosidade excessiva, causada pelo reflexo da luz solar na neve ou na areia, por exemplo, além de reduzir a exposição dos olhos às baixas temperaturas. Essas condições ambientais podem ter predominado durante o percurso dos humanos pelas regiões hoje denominadas Sibéria e Alasca.

   Considerando o exposto em **A** e **B**, elabore hipóteses para explicar:
   a) A predominância, entre as populações nativas da África, de indivíduos com alta pigmentação na pele.
   b) A predominância, entre as populações nativas da Europa, de indivíduos com baixa pigmentação na pele.
   c) A predominância, entre os povos inuítes, orientais e indígenas americanos, de indivíduos com fenda palpebral estreita.

Autoavaliação

No início deste capítulo, você foi convidado a refletir sobre o hábito humano de classificar e denominar os objetos e foi solicitado a responder a duas perguntas:

I. Por que os cientistas dão nomes especiais aos seres vivos?
II. Qual a vantagem de classificar as roupas por tipo? (Inclua, nesta resposta, um comentário sobre as vantagens de classificar os seres vivos.)
Responda novamente a essas duas questões e compare suas respostas às que foram dadas antes do estudo deste capítulo, avaliando se a sua compreensão sobre o assunto permaneceu igual ou se aprofundou.

PARA SABER MAIS

Livros

A fascinante aventura da vida: a evolução dos seres vivos, de Suzana Facchini Granato e Neide Simões de Mattos. São Paulo: Atual, 2011 (Coleção Projeto Ciência).
Uma obra que aborda a evolução dos seres vivos, desde a formação da Terra até hoje; os mecanismos de desenvolvimento e as experiências que levaram os cientistas às hipóteses mais prováveis para explicar como ocorre a evolução.

Evolução dos seres vivos: a vida em transformação, de Nélio Bizzo. São Paulo: Ática, 1999 (Coleção De Olho na Ciência).
Neste livro, são debatidos aspectos da evolução dos seres vivos na Terra em cada era geológica. Os principais conceitos evolutivos são abordados por meio de exemplos extraídos do contexto sul-americano.

Por que as galinhas cruzam as estradas? A história das ideias sobre a vida e a sua origem, de Luiz Antonio Botelho Andrade e Edson Pereira da Silva. Rio de Janeiro: Vieira e Lent, 2011.
Tomando as questões científicas sobre a vida e sua origem como um tema educacional importante, este livro mostra um pouco a história das ideias, com suas idas e vindas, e as teorias provisórias que lançam novas perguntas.

Ciência Hoje na escola: evolução. Rio de Janeiro-São Paulo: SBPC-Global, 2011.
Livro ilustrado, informativo e divertido, com dicas de leitura, programas em DVD e muito mais. Textos escritos por vários autores sobre a história das teorias evolutivas, a viagem de Darwin a bordo do navio Beagle, as ideias sobre a origem da vida e outros temas relacionados.

Sites

<http://www.invivo.fiocruz.br/celula/index.htm>
Página da Fundação Oswaldo Cruz (Fiocruz), destacada instituição de ciência e tecnologia em saúde. Nesse endereço você tem acesso a conteúdo ilustrado para saber mais sobre a história dos microscópios e das células.

<http://educar.sc.usp.br/ciencias/seres_vivos/seresvivos1.html>
Página do Centro de Divulgação Científica e Cultural da Universidade de São Paulo. Amplo conteúdo sobre seres vivos voltado para o aluno do Ensino Fundamental, com leituras complementares, ilustrações e questões para autoavaliação.

<http://www.defesaagropecuaria.sp.gov.br>
Site da Coordenadoria de Defesa Agropecuária (CDA) do governo do estado de São Paulo.

<http://chc.cienciahoje.uol.com.br/ah-se-eu-te-pego-sua-barata/>
Texto curto e com imagens sobre a história de sucesso da evolução dos insetos – uma história de evolução que remonta há mais de 400 milhões de anos. O *site* permite fácil navegação por assuntos relacionados.

Acessos em: 5 ago. 2014.

Além de fungos e bactérias, outros organismos microscópicos e unicelulares estão presentes no ambiente, como protozoários e algas. E ainda existem muitos tipos de fungos e algas pluricelulares visíveis a olho nu.

Este capítulo é dedicado ao estudo desses seres, que têm participação muito importante na natureza e também são relevantes para o ser humano. Muitos deles são causadores de doenças; outros são utilizados na fabricação de alimentos, remédios e produtos variados.

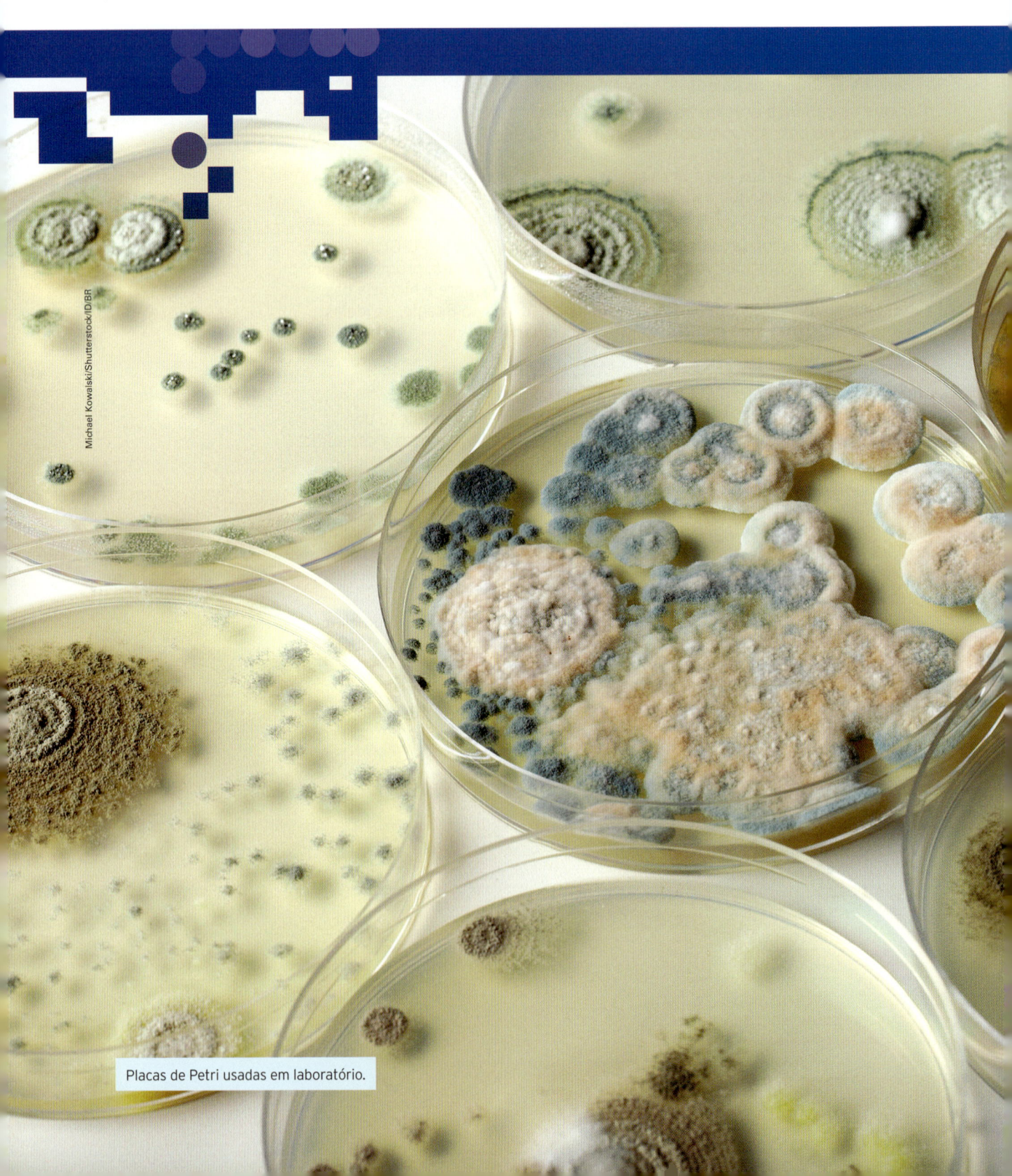

Placas de Petri usadas em laboratório.

Reinos Monera, Fungo e Protoctista

CAPÍTULO 3

O QUE VOCÊ VAI APRENDER

- Como se caracterizam os principais grupos de bactérias, fungos, algas e protozoários
- A importância desses seres para o ambiente
- A utilização de bactérias, fungos, protozoários e algas em atividades humanas
- Algumas doenças causadas por esses organismos

CONVERSE COM OS COLEGAS

Cada colônia de bactérias contém milhares de células. Microscópicas e unicelulares, as bactérias foram os primeiros habitantes da Terra e, durante muitos milhões de anos, os únicos seres vivos no planeta. Ao longo do tempo, desenvolveram diversas formas de vida e atualmente são encontradas em todos os ambientes, incluindo o interior de outros organismos.

1. Observe a foto, leia a legenda e responda: há seres vivos na imagem? Qual ou quais?

2. A placa de Petri é usada em laboratório para o cultivo de organismos microscópicos. Mas eles não podem ser cultivados diretamente sobre o vidro. É preciso colocar sobre a placa um material, que pode ser sólido ou líquido, e, então, "semear" as bactérias e os fungos que se pretende cultivar. Qual é a função desse material?

3. As placas de Petri têm uma tampa, também de vidro, que deve ser colocada sobre a parte inferior logo depois de as bactérias e os fungos terem sido "semeados". Qual é a importância de manter o recipiente fechado?

4. Por que se cultivam bactérias e fungos em laboratório?

5. Em quais ambientes naturais você esperaria encontrar bactérias e fungos?

MÓDULO 1

Reino Monera

Bactérias e cianobactérias, atuais representantes dos moneras, estão entre os seres vivos mais antigos e abundantes da Terra.

●●● Características gerais

Encontradas em todos os ambientes, algumas espécies de bactéria suportam condições extremas, que nenhum outro ser vivo conhecido suportaria. E, apesar de sua simplicidade estrutural, as bactérias são muito importantes para os outros seres vivos, incluindo o ser humano.

São considerados **moneras** os microrganismos unicelulares procarióticos, o que inclui as bactérias e as cianobactérias.

A célula bacteriana, assim como as células de todos os seres vivos, possui uma membrana envoltória, a **membrana plasmática**, que contém o citoplasma. As bactérias, em geral, possuem também um envoltório protetor que recobre a membrana plasmática denominado **parede celular** ou **parede bacteriana**.

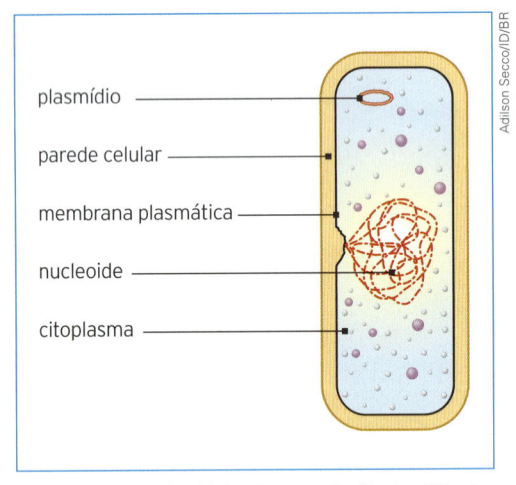

Estrutura de uma bactéria. (Representação simplificada, sem proporção de tamanhos; cores-fantasia.)

Como vimos no Capítulo 2, na célula procariótica não existe membrana nuclear – o material genético encontra-se em contato direto com o citoplasma. Nas bactérias e cianobactérias, a maior parte do material genético concentra-se em uma região denominada **nucleoide**. Pequenas porções isoladas de material genético podem, no entanto, ficar dispersas no citoplasma, formando os **plasmídios**.

Diversidade de formas nas bactérias

Existem diferentes formatos de célula bacteriana; essa diferenciação é um critério útil para classificar esses organismos.

Se as bactérias são esféricas, recebem o nome de **coco**. Se são alongadas, são chamadas de **bastonete** ou **bacilo**. Aquelas com formato parecido ao de uma vírgula são conhecidas como **vibrião**, e as que têm formato que lembra uma mola são denominadas **espirilo**.

Vibriões, bacilos e espirilos são frequentemente dotados de flagelo, estrutura de locomoção que não é observada nos cocos.

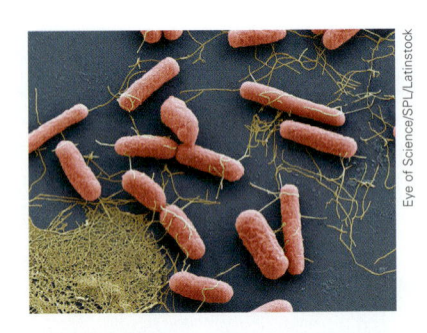

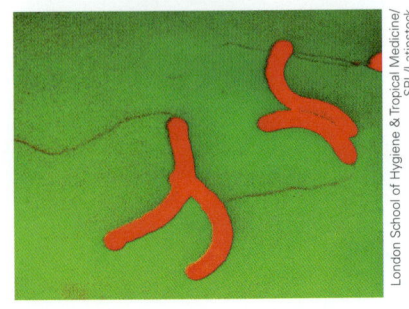

Bactérias de diferentes formatos. De cima para baixo: bacilos (ampliação de cerca de 6 500 vezes); cocos (ampliação de cerca de 20 mil vezes); espirilo (ampliação de cerca de 450 vezes, ao microscópio óptico); e vibrião (ampliação de cerca de 6 mil vezes). (Fotomicrografias ao microscópio eletrônico; imagens colorizadas.)

●●● Reprodução nas bactérias

As bactérias se reproduzem ou assexuadamente ou por troca de material genético. Muitas espécies podem dar origem a **esporos**, estruturas resistentes a condições ambientais adversas.

A capacidade de formar esporos representa uma importante adaptação das bactérias.

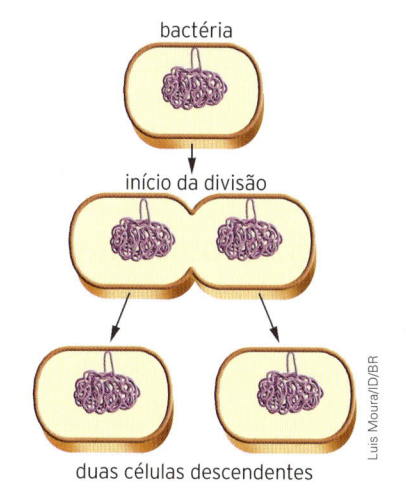

Bipartição ou divisão binária

É o modo assexuado de reprodução de bactérias. O material genético se duplica; em seguida, a bactéria se divide em duas, e o material genético se distribui igualmente entre as células formadas.

Na bipartição, cada célula bacteriana origina duas novas bactérias, geneticamente idênticas à original. Em condições ideais, uma bactéria pode sofrer divisão a cada 20 minutos, o que faz as populações aumentarem rapidamente.

Processo de divisão binária. (Representação esquemática sem proporção de tamanhos; cores-fantasia.)

Troca de material genético

As bactérias também podem trocar material genético com outras bactérias ou absorver fragmentos de DNA presentes no ambiente.

Na **conjugação**, duas bactérias se unem por uma espécie de "ponte" de citoplasma, pela qual fragmentos de DNA – os plasmídios – são transferidos de uma célula a outra. O material genético recebido é incorporado; quando, depois, a célula se divide, esse material também é duplicado e transferido às células-filhas.

A troca de material genético faz surgirem bactérias com características novas, que podem adaptar-se a ambientes e situações antes desfavoráveis. Esse processo desempenha importante papel na evolução bacteriana, além de apresentar implicações à saúde humana. O desenvolvimento da resistência bacteriana aos antibióticos pode ser explicado, entre outros fatores, pelas trocas de plasmídios entre bactérias.

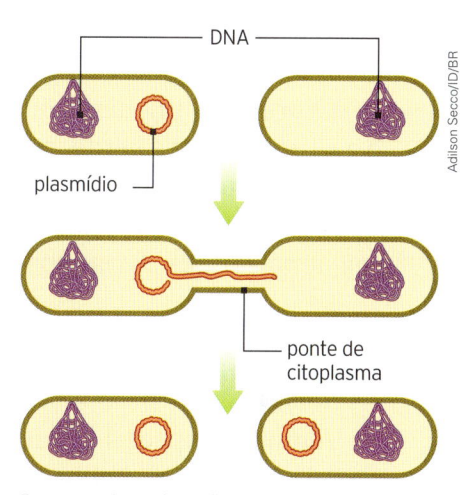

Processo de conjugação. (Representação esquemática sem proporção de tamanhos; cores-fantasia.)

Fonte de pesquisa: B. Alberts e outros *Molecular biology of the cell*. 4. ed. Nova York: Garland Science, 2002. p. 1058.

Plasmídios e resistência aos antibióticos

Para combater as bactérias, os antibióticos ou modificam a parede celular delas, tornando-as mais vulneráveis aos agentes ambientais, ou interferem em seu metabolismo, impedindo seu funcionamento. Porém, um antibiótico pode falhar, quando não consegue se ligar à parede celular bacteriana ou atravessá-la, ou quando é destruído pela bactéria. Dizemos, então, que aquela bactéria é resistente àquele antibiótico.

Durante uma infecção – quando a população bacteriana está em desenvolvimento –, é possível que algumas bactérias sejam resistentes ao medicamento. A capacidade de resistência pode estar relacionada ao material genético do plasmídio. Dividindo-se, essas bactérias dão origem a novas bactérias resistentes. Realizando conjugação, disseminam a característica de resistência ao antibiótico. É o processo de evolução por seleção natural.

Por isso, para combater uma infecção é indispensável a orientação de um médico, que pode prescrever o antibiótico correto e a dosagem adequada.

●●● Nutrição das bactérias

As bactérias apresentam grande diversidade em relação ao tipo de nutrição. Existem bactérias **autótrofas**, isto é, capazes de produzir o próprio alimento, e bactérias **heterótrofas**, que se alimentam de substâncias orgânicas presentes no ambiente.

Bactérias fotossintetizantes

Algumas bactérias autótrofas são fotossintetizantes – utilizam a luz como fonte de energia para a produção de seu alimento. Entre elas, destacam-se as **cianobactérias**.

As cianobactérias podem existir como células isoladas ou reunidas em colônias, que podem ser filamentosas, semelhantes a fios alongados, ou formar "cápsulas" com algumas células. Elas são muito abundantes nos oceanos, lagos e rios, mas também são encontradas no solo úmido e associadas a fungos, formando os liquens. A fotossíntese realizada pelas cianobactérias e pelas algas produz a maior parte do gás oxigênio da atmosfera terrestre.

O principal pigmento fotossintetizante das cianobactérias é a clorofila, que é verde, mas outros pigmentos, de cores diferentes – verde-azulados, amarelos ou avermelhados –, podem estar presentes. Esses pigmentos ficam dispersos no citoplasma, uma vez que as cianobactérias não possuem cloroplasto.

> As **cianobactérias** podem apresentar cores diversas, dependendo do tipo de pigmento presente em seu citoplasma.

Algumas espécies produzem substâncias tóxicas, chamadas **cianotoxinas**. A ingestão de água com essas toxinas pode ser fatal para seres humanos e outros animais.

A origem do gás oxigênio atmosférico

As cianobactérias foram os primeiros seres fotossintetizantes a surgir na Terra e, durante muitos milhões de anos, os únicos organismos dotados dessa capacidade.

Os cientistas acreditam que a atmosfera terrestre, logo após a formação do planeta, não continha gás oxigênio. Ao longo do tempo, o gás oxigênio produzido pelas cianobactérias e outros organismos autótrofos acumulou-se na atmosfera, e muitos organismos passaram a utilizar o gás oxigênio no processo de liberação de energia em suas células (respiração celular). Por isso, esses organismos são chamados **aeróbios**.

Existem, porém, muitos seres – incluindo algumas **bactérias** – que são **anaeróbios**, ou seja, não utilizam o gás oxigênio para a obtenção de energia. Se, como se acredita, a atmosfera da Terra primitiva era desprovida de gás oxigênio, é bastante provável que os primeiros seres vivos fossem anaeróbios.

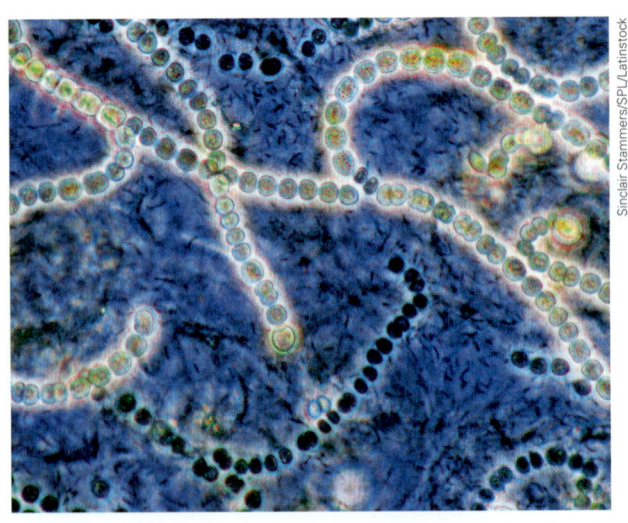

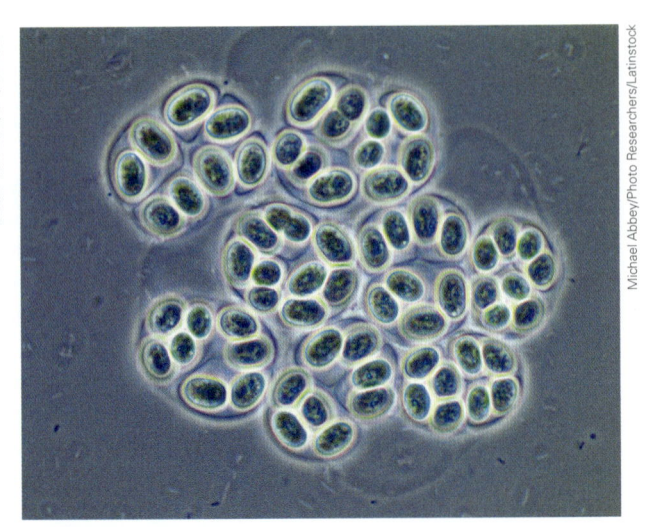

As cianobactérias podem apresentar formatos variados. As colônias podem ser filamentosas (imagem à esquerda; ampliação de cerca de 500 vezes) ou formar "cápsulas" que contêm algumas células (imagem à direita; ampliação de cerca de 570 vezes). (Fotomicrografias ao microscópio de luz; uso de corantes.)

Bactérias decompositoras

Há muitos tipos de bactérias heterótrofas, mas algumas das mais importantes são as bactérias **decompositoras**, que se alimentam de qualquer resto de material orgânico – corpos de animais mortos, fezes e resíduos vegetais, como folhas, frutos, galhos, etc.

Essas bactérias transformam os restos orgânicos em sais minerais (por exemplo, fosfato, nitrato), gases (como gás carbônico e metano) e água. Elas são chamadas decompositoras porque decompõem matéria orgânica complexa (cadáveres e detritos produzidos por seres vivos) em componentes mais simples (sais minerais, gases e água).

A atividade das bactérias decompositoras disponibiliza sais minerais para a nutrição das plantas. Essas bactérias também impedem que restos orgânicos complexos se acumulem no ambiente.

Esquema simplificado de reaproveitamento de nutrientes em um ambiente. (Representação sem proporção de tamanhos; cores-fantasia.)

Bactérias fixadoras do nitrogênio

No solo, na água e no interior de certas plantas há bactérias capazes de utilizar o gás nitrogênio atmosférico para produzir substâncias de que elas necessitam, como proteínas. Por isso, essas bactérias são chamadas de **fixadoras de nitrogênio**.

No processo de fixação de nitrogênio, ocorrem reações químicas que liberam energia. As bactérias fixadoras de nitrogênio utilizam essa energia para produzir alimento.

Bactérias autótrofas (como as cianobactérias) e heterótrofas (como algumas que vivem livremente no solo) compõem o grupo das bactérias fixadoras de nitrogênio. Os produtos nitrogenados que essas bactérias produzem e, por fim, liberam no solo também podem ser absorvidos pelas plantas. As plantas precisam dessas substâncias ricas em nitrogênio para produzir as proteínas de seu corpo.

As bactérias fixadoras de nitrogênio que vivem em nódulos nas raízes de plantas leguminosas (feijão e soja, entre outras) beneficiam esse tipo de planta, que absorve parte das substâncias nitrogenadas que as bactérias produzem. Estas, por sua vez, também são beneficiadas, porque utilizam açúcares e outras substâncias que as plantas produzem.

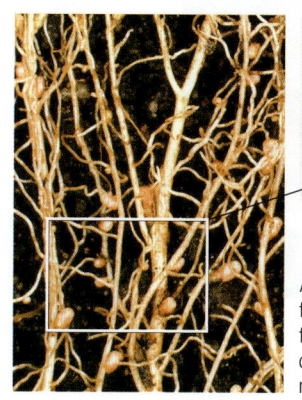

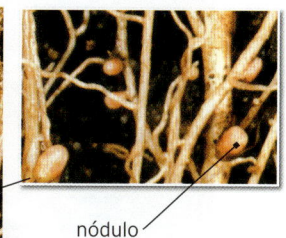

As colônias de bactérias fixadoras de nitrogênio formam nódulos nas raízes de certas espécies, como nesta planta de soja.

Adubação verde

Muitos agricultores cultivam plantas leguminosas que, depois da colheita, terão seus restos fragmentados e incorporados ao terreno de cultivo como um meio de proteger e adubar o solo.

Os restos vegetais servem como cobertura, protegendo o solo da exposição direta ao Sol e da perda de umidade.

Além disso, esses restos serão decompostos e vão enriquecer o solo com seus nutrientes.

Como as raízes das leguminosas contêm bactérias fixadoras de nitrogênio, o solo se torna muito mais fértil.

Além de proporcionar economia de água e de fertilizantes, a adubação verde contribui para o controle de pragas e ervas daninhas, diminuindo o uso de agrotóxicos na lavoura.

••• Bactérias em ambientes extremos

A Terra apresenta, atualmente, condições ambientais adequadas para a existência de vida. Condições muito diferentes daquelas existentes na Terra primitiva, onde a maioria dos seres atuais não sobreviveria. No entanto, muitas bactérias atuais habitam ambientes inóspitos, onde as condições são extremas – e, talvez, semelhantes às da Terra primitiva – e impróprias para qualquer outro ser vivo.

É o caso das bactérias da espécie *Carnobacterium pleistocenium*, encontrada em **geleiras**, na forma de esporos, e da espécie *Bacillus sphaericus*, encontrada na **estratosfera**, a mais de 20 mil metros de altitude. Veja outros exemplos a seguir.

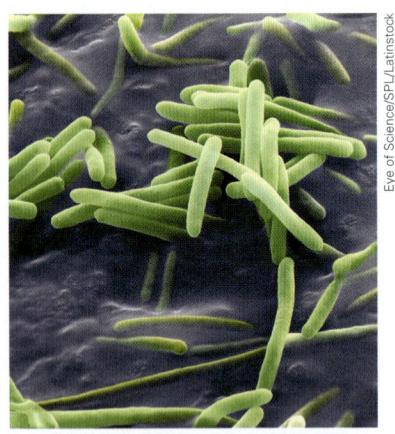

Bacillus sphaericus, bactéria encontrada nas camadas mais altas da atmosfera. (Fotomicrografia ao microscópio eletrônico; ampliação de cerca de 5 mil vezes; imagem colorizada.)

Bactérias halófilas

São as bactérias que vivem em ambientes com **alta concentração de sais**, como alguns lagos. O mar Morto, no Oriente Médio, é na verdade um lago salgado, no qual a concentração de sais é dez vezes maior do que na água do mar, e nele pode ser encontrado esse tipo de bactéria.

Algumas espécies de bactérias halófilas podem viver na superfície de alimentos preservados com sal, como o peixe seco e a carne-seca, causando alterações na cor do produto e em sua consistência.

Bactérias acidófilas

São as bactérias que vivem em ambientes **extremamente ácidos**, impróprios para outras formas de vida. A espécie *Ferroplasma acidarmanus*, por exemplo, foi encontrada vivendo em minas abandonadas em meio a ácido sulfúrico e metais tóxicos. Essa bactéria morre quando é removida para ambientes amenos.

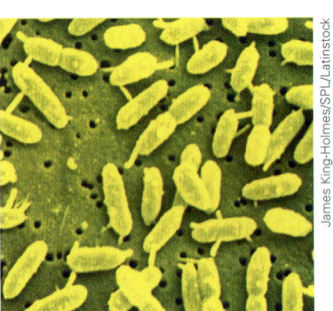

Acidiphilium sp., uma espécie acidófila. (Fotomicrografia ao microscópio eletrônico; ampliação de milhares de vezes; imagem colorizada.)

Bactérias termófilas

As bactérias termófilas são encontradas em fontes naturais de **águas quentes** ou em fendas vulcânicas localizadas no fundo do oceano. Nesses locais, a água pode atingir temperaturas superiores a 80 °C.

Bactérias que vivem em ambientes extremos são genericamente denominadas **extremófilas**.

Fonte de água quente em que a bactéria termófila *Thermus aquaticus* pode ser encontrada. Yellowstone Park, Estados Unidos.

> **Antigas ou recentes?**
>
> Muitos biólogos acreditam que as bactérias que vivem em ambientes extremos podem ser descendentes diretas dos primeiros seres vivos de nosso planeta. Afinal, na Terra primitiva, os ambientes muito quentes ou muito ácidos provavelmente eram predominantes, e evidências fósseis indicam que essas bactérias têm origem muito antiga.
>
> Na década de 1970, porém, descobriram-se semelhanças entre o material genético dessas bactérias e o de eucarióticos. Por outro lado, sabe-se que os procarióticos trocam material genético com outros organismos.
>
> Permanece assim a dúvida: as bactérias extremófilas seriam espécies muito antigas ou teriam surgido posteriormente na história da vida da Terra?

●●● Bactérias na indústria

Embora a existência das bactérias só tenha sido comprovada muito tempo depois da invenção do microscópio óptico, os seres humanos aprenderam intuitivamente a utilizá-las em proveito próprio há milhares de anos, sobretudo na produção de alimentos.

As técnicas para produção de laticínios e vinagre, por exemplo, que são muito antigas, envolvem a manipulação de bactérias.

A produção de laticínios

Alimentos como o queijo, a coalhada e o iogurte fazem parte da dieta do ser humano há milênios.

Os **lactobacilos**, como o *Lactobacillus bulgaricus*, e outras espécies de bactérias, como o *Streptococcus thermophilus*, alimentam-se do açúcar do leite, transformando-o em ácido lático.

O ácido lático, por sua vez, provoca o azedamento do leite e a formação da coalhada, que é a base para a produção de queijos e iogurtes.

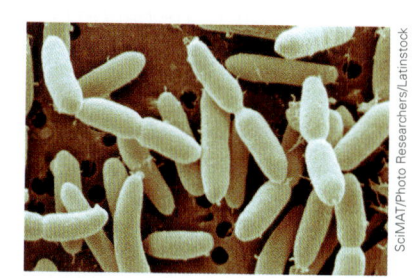

Lactobacilos, bactérias que participam da produção dos laticínios. (Fotomicrografia ao microscópio eletrônico; aumento de cerca de 15 mil vezes; imagem colorizada.)

O vinagre e o ácido acético

Bactérias do gênero *Acetobacter* são responsáveis pela transformação do álcool etílico em ácido acético. Esse processo é utilizado na produção do **vinagre**, que é, na verdade, ácido acético diluído em água.

O vinagre pode ser usado, por exemplo, como tempero de saladas ou para conservar alimentos na forma de picles.

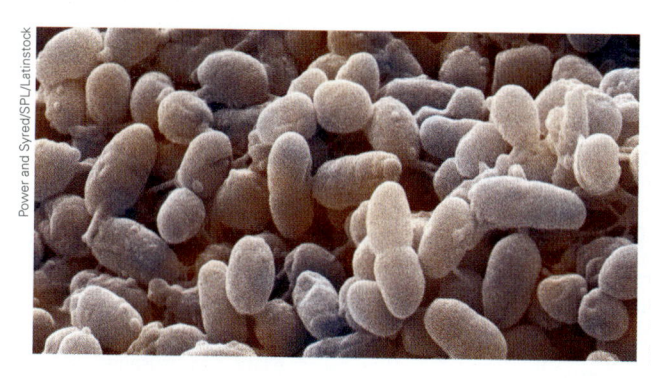

Acetobacter sp., em fotomicrografia produzida em microscópio eletrônico. (Aumento de 12,5 mil vezes; imagem colorizada.)

O **ácido acético puro** também é utilizado na produção de plásticos PET, filmes fotográficos, colas, produtos de limpeza e desinfetantes.

Os antibióticos

Muitas bactérias produzem substâncias, genericamente chamadas de **antibióticos**, que podem ser usadas como medicamento contra infecções causadas por elas.

Bactérias dos gêneros *Streptomyces* e *Bacillus*, por exemplo, são utilizadas na indústria farmacêutica para a produção dos antibióticos estreptomicina e tetraciclina, respectivamente.

Competição entre microrganismos

Muitas bactérias produzem e liberam no ambiente substâncias que podem inibir o crescimento de outros microrganismos. Essas substâncias são genericamente denominadas antibióticos.

Na imagem abaixo, nota-se que, em torno de uma colônia de *Bacillus* (círculo pequeno), não se desenvolvem colônias de outras bactérias.

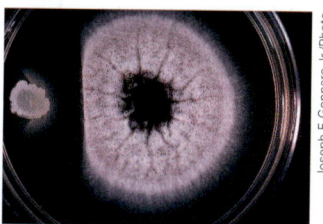

Colônias de bactérias de duas espécies diferentes em placa de Petri. A área em que não há crescimento de bactérias indica a atuação do antibiótico.

••• Bactérias e saúde humana

Há bactérias que se alimentam de substâncias presentes em organismos vivos. Essas bactérias são parasitas e, em geral, causam doenças. Em humanos, as bactérias provocam, por exemplo, a tuberculose, a pneumonia e o tétano. Mas também existem bactérias benéficas à saúde humana.

A boa saúde depende também da presença de bactérias benéficas e do controle das bactérias prejudiciais.

Microbiota intestinal

O conjunto de bactérias que vivem no intestino humano é chamado de **microbiota intestinal** ou **flora intestinal**. Ele é tão importante para o organismo que alguns cientistas chegam a comparar sua ação à de um órgão regulador da saúde. Entre as principais ações dessas bactérias estão:
- a melhora na absorção de nutrientes e sais minerais;
- a produção de vitaminas;
- a participação na digestão de fibras e carboidratos;
- o favorecimento da renovação das células intestinais;
- a inibição do desenvolvimento de microrganismos causadores de doenças.

Consumir produtos que contenham essas bactérias é benéfico à saúde. Os lactobacilos são exemplos de bactérias que fazem parte da microbiota intestinal.

Bactérias e medicamentos

As bactérias podem ser modificadas por meio de técnicas de engenharia genética para a produção de outras substâncias importantes para a saúde humana. É o caso dos antibióticos e da insulina sintética.

A insulina é uma substância naturalmente produzida no organismo (pelo pâncreas) que atua no controle da taxa de açúcar no sangue. Pessoas que, por algum motivo, não produzem insulina suficiente desenvolvem **diabetes** e, muitas vezes, dependem de insulina sintética para levar uma vida normal.

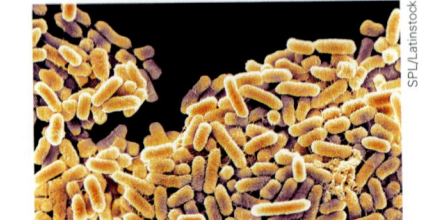

Bactérias e contaminação

Bactérias podem contaminar a água e os alimentos que consumimos e provocar o aparecimento de doenças, graves ou não. Infecções intestinais, por exemplo, em geral são causadas pela ingestão de água ou alimentos contaminados por bactérias e podem desencadear diarreia intensa, levando à desidratação.

A desidratação é muito perigosa, especialmente em idosos e crianças desnutridas. Essa é uma das principais causas da mortalidade infantil, sobretudo em áreas sem rede de esgoto e sem água tratada.

Benefício mútuo

Não é só o ser humano que depende de bactérias para manter a saúde. Animais ruminantes, como o boi, possuem diversas bactérias em seu estômago.

Essas bactérias "quebram" a celulose presente nas fibras das plantas ingeridas pelo ruminante. Isso é muito importante para esse tipo de animal, que, sem as bactérias, seria incapaz de digerir a celulose. É importante também para as bactérias, que recebem abrigo e alimento constante.

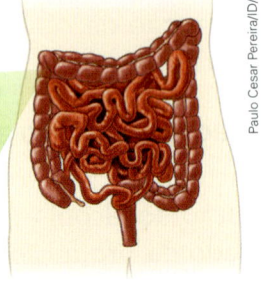

Ao lado, em verde, bactérias que vivem no intestino. (Fotomicrografia ao microscópio eletrônico; aumento de cerca de 600 vezes; imagem colorizada.)

Bactérias do gênero *Salmonella* podem contaminar alimentos como ovos, carnes e laticínios, causando intoxicação alimentar. (Fotomicrografia ao microscópio eletrônico; aumento de cerca de 5 mil vezes; imagem colorizada.)

A ausência de saneamento expõe a população a infecções bacterianas.

Bactérias causadoras de doenças

Muitas doenças humanas são causadas por bactérias. Algumas delas, se não tratadas adequadamente, podem trazer sérias consequências. Veja, na tabela a seguir, um resumo de algumas doenças bacterianas.

Doença	Causador	Contágio	Sintomas	Combate	Observações
Hanseníase	*Mycobacterium leprae*	Contato com secreções da pessoa portadora.	Perda da sensibilidade local, manchas esbranquiçadas e lesões na pele.	Tratamento à base de antibióticos.	No passado, os doentes eram isolados do convívio social. Hoje, sabe-se que a doença é completamente curável.
Tétano	*Clostridium tetani*	Através de ferimentos na pele.	Rigidez muscular, devido a danos nos nervos.	Prevenção por meio da vacinação. Tratamento com antibióticos e soro antitetânico.	Pode levar à morte por parada respiratória.
Cólera	*Vibrio cholerae*	Ingestão de água ou alimentos contaminados.	Diarreias e desidratação.	Evita-se a doença com saneamento básico e hábitos higiênicos.	A pessoa portadora elimina o vibrião ao defecar. Pode levar à morte por desidratação.
Leptospirose	*Leptospira* sp.	A bactéria, presente na urina de rato, entra pelas mucosas e por cortes na pele.	Dores de cabeça e musculares, febre e vômitos.	Evitar o contato com água contaminada.	Nas enchentes, aumenta o risco de contato com água contaminada pela urina de rato. Pode levar à morte.
Meningite	*Meningococcus* sp.	Contato com secreções do nariz ou da garganta de portadores da bactéria.	Febre alta, rigidez na nuca, inflamação das membranas que envolvem o cérebro.	Prevenção por meio da vacinação. Tratamento à base de antibióticos.	A incidência é maior no inverno, devido à aglomeração de pessoas em locais fechados. Pode levar à morte se a pessoa não for medicada a tempo.

Bactérias e higiene pessoal

A prevenção de doenças causadas por bactérias pode depender de hábitos simples, tais como:

- escovar os dentes para retirar os resíduos de alimentos – isso inibe o desenvolvimento de bactérias causadoras do mau hálito, da gengivite e das cáries (o uso do fio dental e acompanhamento regular da saúde bucal por um dentista também são atitudes muito importantes);
- lavar as mãos, um hábito importante para remover os microrganismos que se acumulam nelas – essas bactérias podem invadir o organismo com os alimentos que ingerimos ou quando levamos as mãos aos olhos, à boca ou ao nariz;
- lavar bem frutas, verduras e legumes;
- beber somente água tratada;
- **tomar banho** diariamente.

> **Chulé**
>
> Bactérias decompositoras presentes na superfície da pele dos pés alimentam-se de suor, restos de células e outros materiais presentes na epiderme. Ao decompor esses resíduos, elas produzem gases de odor desagradável – o chulé.
>
> O calor corporal e a umidade da transpiração, somados à boa oferta de alimento, tornam o ambiente muito propício para as bactérias, que se multiplicam rapidamente.
>
> O problema é agravado pela falta de higiene pessoal e pelo uso de sapatos fechados, que acumulam umidade.

Uma doença social: a tuberculose

A tuberculose é uma das doenças mais antigas de que se tem notícia. Infelizmente, porém, também é uma doença bastante atual e, em alguns casos, um problema social. Apesar de poder ser prevenida por meio da vacina BCG, cuja aplicação deve ser feita ainda nos primeiros meses de vida, sua incidência tem aumentado nos últimos tempos. É uma das doenças negligenciadas.

É causada pela bactéria *Mycobacterium tuberculosis*, também conhecida como bacilo de Koch (em homenagem a Robert Koch, o primeiro a identificar essa espécie).

A pessoa contaminada elimina o bacilo em gotículas de saliva expelidas ao falar, tossir ou espirrar. Dessa forma, o *Mycobacterium* pode atingir outras pessoas.

Os sintomas da doença incluem tosse, febre alta, suor noturno abundante, cansaço e perda de massa corporal. A tuberculose geralmente causa lesões no pulmão, mas o bacilo é transportado pela corrente sanguínea e pode se instalar em outros órgãos do corpo, como ossos e rins.

A Organização Mundial da Saúde (OMS) calcula que um terço da população mundial é portadora do bacilo de Koch. A maior parte dessas pessoas desenvolveu imunidade, mas a incidência da doença ainda é elevada. Pessoas com baixa imunidade, como os portadores de HIV, são mais vulneráveis à doença.

A desigualdade social é o principal fator que dificulta o combate à tuberculose: 80% do total mundial de casos concentra-se em países economicamente menos favorecidos da África, Ásia e América do Sul, sobretudo entre a população mais pobre. Sem uma alimentação adequada, as defesas do organismo podem ser insuficientes para impedir o desenvolvimento do bacilo. O tratamento, longo e caro, muitas vezes é interrompido antes da eliminação total das bactérias. Isso propicia o surgimento de bacilos resistentes aos antibióticos tradicionais, dificultando o combate à doença.

Doenças negligenciadas

Algumas doenças ocorrem, predominantemente, em locais onde prevalecem condições de vida precárias, que acabam contribuindo para a manutenção de um quadro de desigualdade social. Dengue, doença de Chagas, esquistossomose, malária e tuberculose são alguns exemplos de **doenças negligenciadas**.

A Organização Mundial da Saúde (OMS) estima que mais de 1 bilhão de pessoas seja infectada por pelo menos uma dessas doenças. Segundo informações de 2009 do Ministério da Saúde, ocorrem mais de 500 mil óbitos por ano em decorrência dessas doenças. Apesar disso, como são doenças associadas à pobreza, as indústrias farmacêuticas não as veem como um "mercado lucrativo".

INCIDÊNCIA DE CASOS NOVOS DE TUBERCULOSE NO BRASIL

Fonte dos dados: Ministério da Saúde/Secretaria de Vigilância em Saúde. Disponível em: <http://tabnet.datasus.gov.br/cgi/tabcgi.exe?idb2010/d0202.def>. Acesso em: 5 ago. 2014.

Incidência de tuberculose no Brasil em 2005 (mapa de cima) e 2009 (mapa de baixo). Os números representam novos casos a cada 100 mil habitantes, segundo base de dados de junho de 2011.

Verifique o que aprendeu

1. Considere a afirmação: "As bactérias não têm núcleo, portanto não têm material genético". Você concorda? Justifique.
2. Qual é a importância do formato das bactérias para o estudo dos microrganismos?
3. Qual é a importância das cianobactérias para o meio ambiente?
4. "Existem bactérias que trazem benefícios ao ser humano." Cite exemplos que justifiquem essa afirmação.

ATIVIDADES

1. As bactérias são abundantes em todos os tipos de ambiente. Um dos motivos para que isso ocorra é seu eficaz modo de reprodução. Explique brevemente o processo de reprodução das bactérias.

2. As imagens abaixo, obtidas por meio de um microscópio eletrônico de transmissão (todas colorizadas artificialmente e ampliadas milhares de vezes) mostram bactérias de vários tipos. Classifique as bactérias de acordo com o formato.

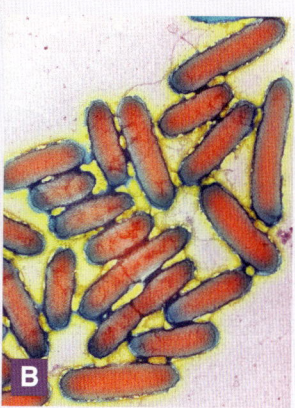

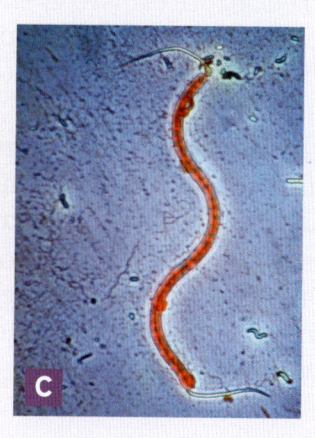

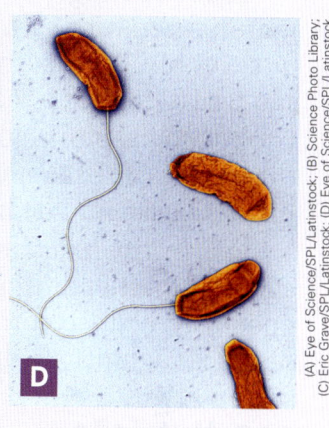

(A) Eye of Science/SPL/Latinstock; (B) Science Photo Library; (C) Eric Grave/SPL/Latinstock; (D) Eye of Science/SPL/Latinstock

3. Qual a relação entre as bactérias e o reaproveitamento dos nutrientes na natureza?

4. A figura abaixo (em cores-fantasia) representa esquematicamente uma bactéria. Nomeie as estruturas indicadas pelas letras.

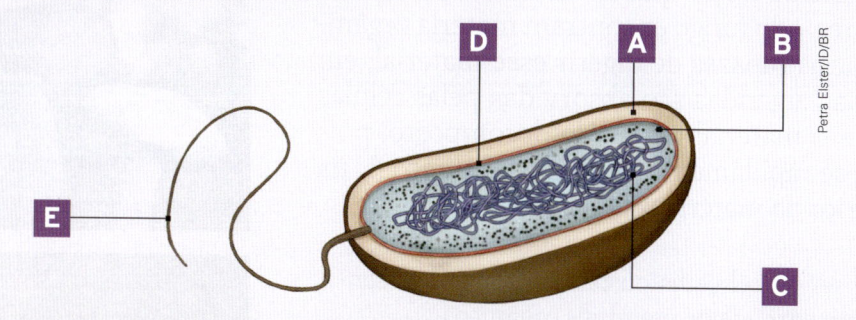

Petra Elster/ID/BR

5. Em uma aula de Ciências, o professor utilizou uma pequena quantidade de leite fervido, mas o restante ficou esquecido na panela, sobre a pia do laboratório. No dia seguinte, o leite estava azedo.
   a) Por que o leite azedou?
   b) O leite azedado poderia ser consumido?

6. O cientista John Needham realizou, em 1745, um famoso experimento: aqueceu, sem deixar ferver, vários frascos contendo caldo de carne e de legumes e depois fechou-os. Após alguns dias, o caldo nos frascos encontrava-se turvo e cheio de microrganismos. Needham supôs que os "micróbios" – que hoje são denominados bactérias – haviam se formado por geração espontânea. Atualmente, sabemos que a geração espontânea não é possível. Conhecendo os modos de reprodução das bactérias, elabore uma explicação alternativa para os resultados desse experimento.

7. Roer as unhas não é um hábito saudável, porque, além de danificar as unhas e machucar os dedos, pode favorecer o aparecimento de determinadas doenças. Que relação pode haver entre esse hábito e o desenvolvimento de doenças?

MÓDULO 2

Reino dos Fungos

Os fungos são facilmente encontrados sobre o solo, a madeira, as paredes e em qualquer ambiente escuro e úmido, longe da incidência direta da luz do Sol.

••• Organização corporal

Todos os fungos são eucarióticos, isto é, em suas células o material genético está isolado do citoplasma pela membrana nuclear. Muitos são unicelulares e microscópicos, mas outros são pluricelulares e macroscópicos.

Os fungos pluricelulares apresentam o corpo formado por filamentos, que são muito finos e se ramificam, denominados **hifas**. O conjunto de hifas recebe o nome de **micélio**.

Em geral, as hifas crescem abaixo do substrato (que pode ser o solo ou o interior de um tronco de árvore, por exemplo), mas elas podem agrupar-se, formando estruturas que saem à superfície, caso dos cogumelos e das orelhas-de-pau.

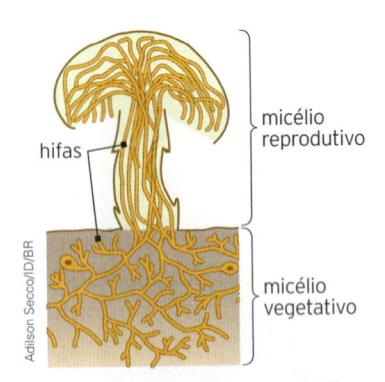

Esquema mostrando como as hifas formam o cogumelo. (Representação sem proporção de tamanhos; cores-fantasia.)

Fonte de pesquisa: P. H. Raven; R. F. Evert, S. E. Eichhorn. *Biologia vegetal*. 7. ed. Rio de Janeiro: Guanabara Koogan, 2007. p. 290.

••• Nutrição

Todos os fungos são heterótrofos, isto é, alimentam-se de matéria orgânica que encontram no ambiente.

A digestão ocorre fora do corpo: quando as hifas – ou células, no caso dos unicelulares – do fungo encontram matéria orgânica, eliminam substâncias capazes de digerir esse material; em seguida, as substâncias digeridas são absorvidas pelas células do fungo. Aos poucos o material vai sendo decomposto, pois as células proliferam-se rapidamente em todas as direções, na superfície ou no interior da matéria orgânica.

> Os **fungos** podem ser unicelulares ou pluricelulares e desenvolver-se sobre uma diversidade de materiais orgânicos.

••• Reprodução

Os fungos unicelulares reproduzem-se principalmente de modo assexuado, pelo processo denominado **brotamento**: uma célula dá origem a outras, menores, que se separam da célula-mãe e crescem.

Os pluricelulares produzem **esporos**, células extremamente resistentes a condições desfavoráveis, que podem permanecer inertes por longos períodos. Essa forma de reprodução é uma importante adaptação dos fungos para colonizar novos ambientes e sobreviver sob condições ambientais adversas. Quando em local adequado, os esporos germinam originando hifas que se espalham. Em alguns grupos de fungo, as hifas agrupam-se, formando uma estrutura chamada **corpo de frutificação**, onde são produzidos os esporos. Cogumelos e orelhas-de-pau são exemplos de corpos de frutificação.

Cogumelos, orelhas-de-pau e bolores são exemplos de fungos. Na foto inferior, bolores do gênero *Aspergillus* (microscópio eletrônico; ampliação de 180 vezes; imagens colorizadas).

••• Diversidade de fungos

São conhecidas mais de 100 mil espécies de fungos, classificadas em vários grupos. Neste livro, os fungos serão apresentados em três grupos: os **bolores**, as **leveduras** e os **cogumelos e orelhas-de-pau**.

Bolores

Também chamados de **mofos**, esses fungos podem ser unicelulares ou pluricelulares, com hifas filamentosas. Ambos os tipos, porém, podem formar extensas colônias, visíveis a olho nu.

Diversos alimentos, papéis e roupas, objetos de couro e até filmes e lentes fotográficas podem sofrer o ataque desses organismos. As colônias de fungos cobrem a superfície do material e muitas vezes apresentam um aspecto aveludado ou esfiapado ou, ainda, surgem como manchas de cores variadas, dependendo da espécie de fungo.

Leveduras

São fungos unicelulares que, em geral, não realizam respiração aeróbia: eles retiram energia do alimento por meio de um processo denominado **fermentação**. Nesse processo, carboidratos são convertidos em outros produtos, como o álcool etílico ou o ácido acético, e também é produzido gás carbônico.

As leveduras estão presentes no fermento usado para fazer pão.

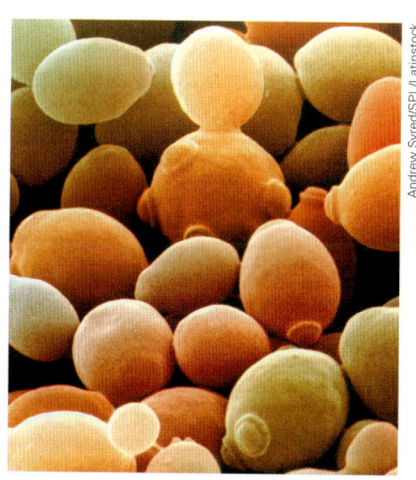

Saccharomyces cerevisae, uma levedura. (Fotomicrografia ao microscópio eletrônico de varredura; aumento de cerca de 2 800 vezes; imagem colorizada.)

Cogumelos e orelhas-de-pau

A principal característica desses fungos é a formação de uma estrutura reprodutora, o corpo de frutificação, que corresponde à porção visível do fungo: o próprio cogumelo ou orelha-de-pau. As demais hifas permanecem entranhadas no solo ou na matéria orgânica que serve de alimento ao fungo.

Existem muitas espécies de cogumelos comestíveis, porém outras tantas são tóxicas para o ser humano, podendo causar intoxicações severas e até mesmo a morte.

Amanita muscaria, um fungo venenoso.

Fungos nos alimentos

Mofos e bolores desenvolvem-se sobre alimentos armazenados em casa. É comum as pessoas cortarem do alimento o pedaço em que o bolor aparece e consumirem o restante.

I. Você acha que esse procedimento garante a ingestão de um alimento livre de fungos? Explique.

Pão com bolor.

Morangos mofados.

●●● Os fungos na natureza

Os fungos, como vimos, estão presentes em todos os ambientes. Talvez por isso apresentam tanta diversidade de relações com outros seres vivos, que vão desde as relações ecológicas positivas até o parasitismo.

Devido ao seu modo de nutrição, os fungos formam, com as bactérias, o conjunto de **seres decompositores** de matéria orgânica. Nesse processo, a matéria orgânica vai sendo lentamente decomposta, pois as células proliferam-se rapidamente em todas as direções, na superfície ou no interior do material nutritivo.

Da ação dos fungos sobre o material orgânico, resultam substâncias como gás carbônico ou substâncias que contêm nitrogênio e sais minerais, e que, lançadas no ambiente, podem ser reaproveitadas pelas plantas. A ação decompositora dos fungos é fundamental para a reciclagem de materiais nos ecossistemas.

Micorrizas

Micorrizas são associações entre fungos do solo e raízes de plantas. Nesse caso, temos um exemplo de mutualismo entre os organismos: o fungo absorve nutrientes e água do solo, compartilhando essas substâncias com a planta; esta compartilha com o fungo parte do alimento produzido na fotossíntese.

Hifas de fungo (brancas) associadas às raízes de uma planta.

Fungos parasitas

Muitas espécies de fungo são parasitas de plantas. Alguns causam doenças em plantas de grande importância econômica, como o *Phakopsora pachyrhizi*, que ataca as folhas da soja e causa redução de até 80% na produtividade da lavoura. Outro fungo que parasita plantas de importância econômica é o *Hemileia vastatrix*, conhecido popularmente como ferrugem do café, que ataca as folhas do cafeeiro e pode matar a planta. Nos anos 1970, uma epidemia dessa praga devastou cafezais inteiros no Brasil.

> As **relações ecológicas** dos fungos com outros organismos incluem a cooperação, o mutualismo e o parasitismo.

Folhas de cafeeiro (que têm 4 cm de largura) contaminadas pelo fungo *Hemileia vastatrix*.

As micorrizas e a agricultura

As micorrizas do grupo denominado fungos micorrízicos arbusculares (FMA), predominantes nos ecossistemas tropicais, formam associações com 95% das espécies de plantas, muitas das quais cultivadas pelo ser humano. Nas regiões tropicais, onde está a maior parte do território brasileiro, predominam os solos pouco férteis; neles, a ação desses fungos é fundamental para a sobrevivência e o crescimento das plantas.

Embora muito comuns na natureza, os FMAs estão ameaçados por fatores como a devastação da vegetação nativa, o uso exagerado de fertilizantes, a erosão e a perturbação do solo e o uso de fungicidas nas partes aéreas da planta.

I. Dê sua opinião: a prática de agricultura intensiva pode reduzir a fertilidade natural dos solos? Explique.

••• Fungos utilizados pelo ser humano

Na história da humanidade, os fungos têm sido utilizados com diferentes finalidades, que vão desde a alimentação até a produção de medicamentos.

Há muito tempo, o ser humano utiliza fungos em processos tecnológicos, visando obter produtos de seu interesse.

Fungos comestíveis

Muitas espécies de fungos são comestíveis: os *champignons*, o *shitake* e o *shimeji* são alguns exemplos de cogumelos com alto valor nutritivo. Alguns fungos, como as trufas, são considerados iguarias finas, fazendo parte de pratos sofisticados e muito caros.

Agaricus campestris, o *champignon*.

Fungos na panificação

O fermento biológico usado na produção de pães e outras massas é a levedura *Saccharomyces cerevisae*. O fungo retira energia dos carboidratos presentes na massa crua e produz álcool e gás carbônico durante a fermentação.

O pão é um dos alimentos mais consumidos pelo ser humano.

O gás carbônico produzido cria bolhas microscópicas na massa, fazendo-a crescer. Quando a massa é levada para assar, o gás carbônico é eliminado, restando apenas os furinhos, que deixam o pão fofo e macio.

Fungos na indústria do álcool

Fungos do tipo levedura também são utilizados na produção de álcool combustível e na indústria de bebidas alcoólicas, como o vinho e a cerveja. Ao realizar a fermentação, as leveduras convertem em álcool os carboidratos presentes no caldo da cana ou de outros vegetais.

O gás carbônico constitui as bolhas características de algumas bebidas alcoólicas, como a cerveja.

Fungos e antibióticos

O primeiro antibiótico produzido em laboratório foi a penicilina, obtida do fungo *Penicillium notatum*, em 1929, pelo médico escocês Alexander Fleming. Depois da penicilina, outros antibióticos, como as cefalosporinas, também foram isolados a partir de fungos.

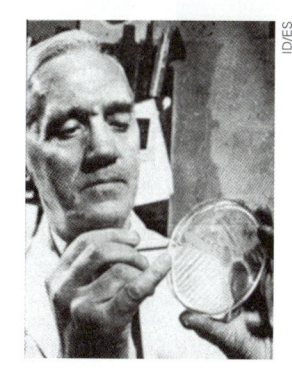

Alexander Fleming (1881-1955), o descobridor da penicilina.

Um pouco de história

A fermentação usada na panificação teria sido descoberta no Egito, há cerca de 6 mil anos. Além disso, existem registros de que os egípcios antigos também já sabiam como produzir vinho e cerveja.

Por volta de 4 mil anos atrás, o pão e a cerveja eram usados para pagar salários: um dia de trabalho valia três pães e dois cântaros de cerveja. (Cântaro é uma espécie de vaso, de barro ou de metal, usado para armazenar e transportar líquidos.)

Pinturas encontradas em tumbas de faraós, datadas de 2500 a.C., ilustram o processo de fabricação do pão. O grão de trigo era moído, e a farinha obtida era misturada à água, formando uma massa mole.

Eventualmente, esporos de fungos, especialmente *Saccharomyces*, contaminavam a massa e proliferavam, deixando o pão mais macio, graças ao processo de fermentação.

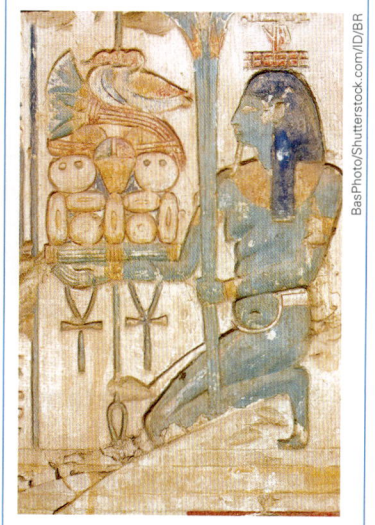

Gravura na tumba do rei Ramsés II mostra a deusa Ísis ao lado de pães e outros alimentos.

●●● Os fungos e a saúde humana

Fungos microscópicos de várias espécies podem se instalar na pele, em mucosas ou unhas e causar diversos tipos de **micoses** (do grego *mices*, fungo, e *osis*, doença), popularmente chamadas de frieira, tinha, pé de atleta, pano branco, sapinho, etc.

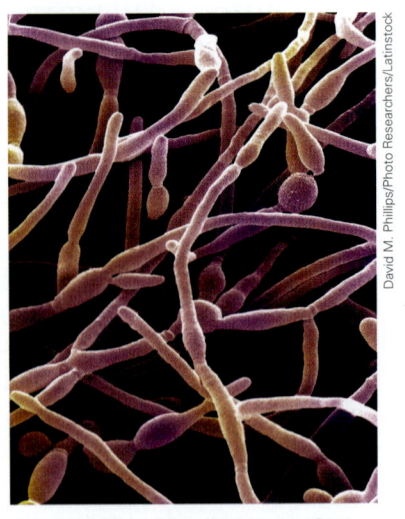

Condições que favorecem as micoses

Um ambiente adequado para o desenvolvimento de fungos deve ter nutrientes, calor e umidade. Por isso, o verão, que geralmente é a estação mais quente e úmida do ano, é a época de maior propagação de micoses.

Uma vez que o aumento da umidade da pele facilita as infecções, explica-se por que as micoses são mais comumente transmitidas em piscinas, praias e vestiários de clubes, principalmente quando se compartilham sandálias, toalhas e peças de roupas contaminadas.

Sintomas e tipos

As micoses podem ser superficiais, aparecendo principalmente em lugares que favorecem o acúmulo de umidade, como as virilhas e entre os dedos dos pés, mas também podem surgir em outras regiões do corpo. Certos tipos de micose podem atingir as unhas, o couro cabeludo ou as mucosas.

Os efeitos de uma micose são variados, pois dependem do tipo de fungo e do local da infecção: manchas brancas na pele, descamação, coceira e vermelhidão localizadas, queda dos cabelos ou das unhas são alguns dos sintomas.

Existem, também, micoses profundas e mais graves, que atacam as mucosas das vias aéreas, os pulmões ou outros órgãos internos.

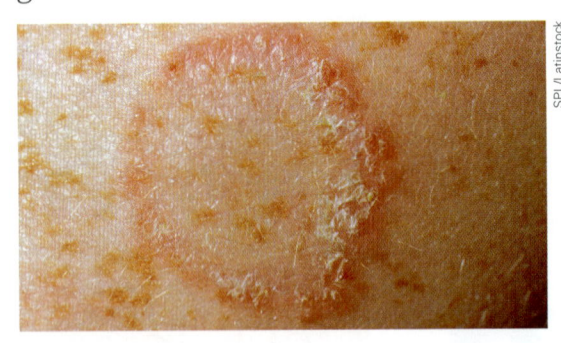

Candida albicans, fungo de importância médica. (Fotomicrografia ao microscópio eletrônico; aumento de cerca de 600 vezes; imagem colorizada.)

Lesão na axila causada por fungos.

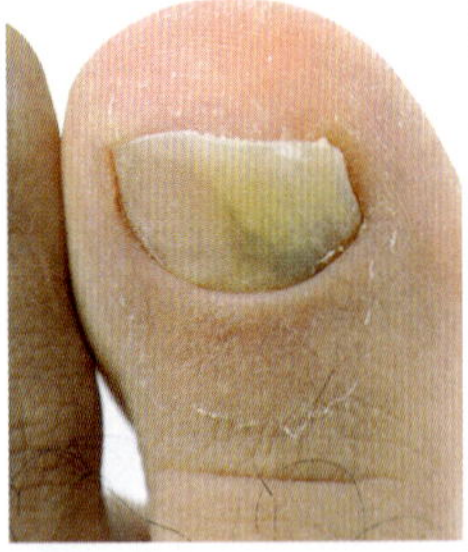

Lesão na unha causada por fungos.

Prevenção e tratamento

Cuidados com a higiene são fundamentais para evitar as micoses. O uso de roupas de algodão – que favorecem a evaporação do suor – e outros cuidados, como secar bem a pele após o banho e evitar compartilhar roupas e toalhas, colaboram para a prevenção das micoses.

Quando a micose já se instalou, deve ser tratada. Existem muitos medicamentos eficazes contra elas, mas apenas médicos podem prescrever o tratamento adequado.

Verifique o que aprendeu ●●●

1. No passado, os fungos eram incluídos no reino das Plantas, mas atualmente fungos e plantas formam grupos diferentes. Compare as características de fungos e plantas e cite uma característica que possa ter contribuído para sua inclusão no reino das Plantas e uma característica que justifique sua exclusão desse grupo. Justifique sua resposta.

2. Ao observar um cogumelo, estamos avistando o fungo em toda a sua extensão? Explique.

3. Ecologicamente falando, os fungos são denominados organismos decompositores. Qual característica dos fungos permite aos ecólogos classificá-los nessa categoria?

4. Alimentos estocados são frequentemente atacados por fungos. Para melhor conservação, recomenda-se guardar os alimentos em local seco. Por que a estocagem em local seco ajuda a conservar os alimentos por mais tempo?

ATIVIDADES

1. A figura ao lado representa de forma esquemática um fungo. Observe-a e responda às questões.

   a) Escreva o nome das partes do fungo indicadas pelas letras A e B.

   b) Todos os fungos apresentam esse tipo de estrutura corporal? Explique.

   (Representação sem proporção de tamanhos; cores-fantasia.)

2. O cogumelo *shitake* é bastante apreciado na culinária e, por esse motivo, é cultivado comercialmente. Para o cultivo do *shitake*, esporos do fungo são semeados sobre toras de madeira. Os cultivadores de cogumelos mantêm essas toras no interior de galpões escuros, porões ou minas e túneis abandonados. Responda.

   a) O que são esporos?

   b) Qual deve ser a função das toras de madeira no cultivo do *shitake*?

   c) O cultivo de cogumelos obteria bons resultados caso fosse feito ao ar livre? Explique.

   Cultivo de cogumelos *shitake*.

3. A foto ao lado mostra um conjunto de cogumelos crescendo sobre o solo. Observe-a e responda.

   a) De que se nutrem esses cogumelos?

   b) Se os cogumelos forem colhidos, é possível que outro conjunto brote no mesmo local. Como se explica esse fenômeno?

   O cogumelo maior (direita) tem 4 cm de largura.

4. Existem muitos grupos de fungos, dos quais três foram estudados neste módulo: bolores, leveduras e cogumelos e orelhas-de-pau. Preencha as lacunas da tabela abaixo com os termos relativos a cada grupo de fungo.

Fungos que representam o grupo	Bolores ou mofos	Leveduras ou fermentos	Cogumelos e orelhas-de-pau
Características			
Usos para o ser humano			
Prejuízos para o ser humano			

5. O texto a seguir descreve uma receita de pão caseiro. Leia e, depois, responda às questões.

   > Desmanche 2 tabletes de fermento biológico em 2 xícaras de água morna. Misture o fermento dissolvido aos outros ingredientes (1 kg de farinha, 3 ovos, 1 colher de açúcar, 1 xícara de óleo, sal) e deixe descansar. Quando a massa estufar, faça os pães, coloque na assadeira e leve ao forno.

   a) Qual pode ser a função do açúcar, se a receita não é de pão doce?

   b) Por que a massa estufa?

   c) Sabe-se que a fermentação também produz álcool. O pão, no entanto, não possui sabor alcoólico. Como se explica esse fato?

MÓDULO 3

Reino dos Protoctistas: protozoários

O grupo dos protoctistas reúne um vasto número de seres muito diversificados, incluindo desde unicelulares parasitas obrigatórios até algas que podem atingir vários metros de extensão. Para facilitar o estudo, abordaremos esse reino em dois módulos.

Os protozoários

Os protozoários são abundantes nos ambientes aquáticos e no solo úmido. Muitos, como as amebas, são capazes de se locomover ativamente e, por isso, no passado, foram classificados como integrantes do reino Animal.

Algumas espécies vivem como parasitas de animais, incluindo os seres humanos, e podem causar doenças graves. Algumas vivem em mutualismo com outros seres. Alguns tipos de protozoário atuam como decompositores.

Muitos biólogos acreditam que protoctistas primitivos teriam sido os ancestrais evolutivos dos seres que compõem os outros reinos de eucariontes – fungos, plantas e animais.

> **Origem incerta**
>
> A palavra "protozoário" significa "primeiro animal", revelando que os biólogos, outrora, já classificaram esses organismos como parentes próximos dos animais.
>
> Atualmente, discute-se a origem do grupo, e pesquisadores acreditam que os diferentes tipos de protozoários tiveram origens diversas.
>
> Por isso, muitos defendem que cientificamente o termo "protozoário" não é adequado, e que deve ser usado apenas como nome popular.

Estrutura

Os protozoários são unicelulares e eucarióticos. Alguns têm cílios revestindo a superfície celular, outros têm flagelos. Nos protozoários aquáticos, cílios e flagelos ajudam na locomoção. Algumas espécies emitem **pseudópodes**, que permitem o deslocamento da célula e a apreensão de alimento. Outros não têm nenhum tipo de estrutura especializada na locomoção.

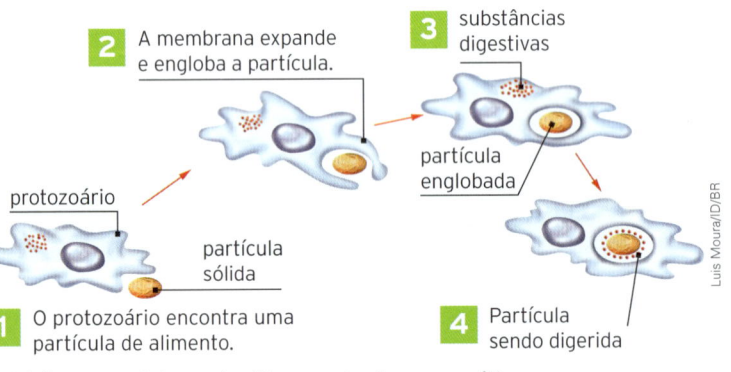

Nutrição

Os protozoários são heterótrofos, isto é, incapazes de produzir o próprio alimento. Consomem bactérias, algas unicelulares, partículas de material orgânico em decomposição e até mesmo outros protozoários.

Em geral, o alimento é **englobado** pelo protozoário e, em seguida, digerido no interior da célula.

1 O protozoário encontra uma partícula de alimento.
2 A membrana expande e engloba a partícula.
3 substâncias digestivas / partícula englobada
4 Partícula sendo digerida

Nutrição por englobamento. (Representação esquemática simplificada sem proporção de tamanhos; cores-fantasia.)

Reprodução

Geralmente os protozoários se reproduzem por divisão, em processo assexuado. Às vezes, ocorre troca de material genético entre dois indivíduos antes da divisão celular. Muitos formam **cistos** quando as condições ambientais são desfavoráveis. Nesse processo, a célula produz, em torno de si, uma membrana protetora muito resistente e diminui sua atividade metabólica.

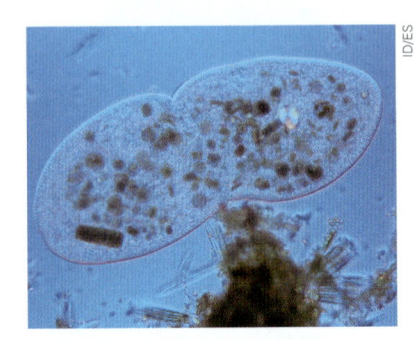

Um protozoário em etapa final de divisão. (Fotomicrografia ao microscópio de luz; aumento de cerca de 100 vezes; uso de corantes.)

Grupos de protozoários

Existem mais de 60 mil espécies descritas de protozoários. De acordo com a presença (ou a ausência) e o tipo de estrutura de locomoção, os protozoários são classificados em: **ciliados**, **flagelados**, **rizópodes** e **esporozoários**.

Ciliados são protozoários dotados de **cílios**, estruturas filamentosas finíssimas, curtas e numerosas. A movimentação conjunta dos cílios impulsiona a célula. Os ciliados alimentam-se por meio da **abertura oral**, uma região especializada da membrana. O exemplo mais comum de protozoário ciliado é o paramécio.

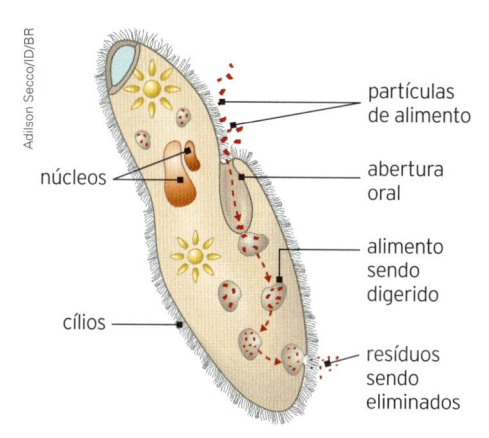

Paramécio. (Representação esquemática simplificada; cores-fantasia.)

Rizópodes (ou **sarcodíneos**) locomovem-se por meio de **pseudópodes**, que são expansões do citoplasma. Expandindo e recolhendo alternadamente os pseudópodes, a célula consegue deslocar-se sobre uma superfície. Os pseudópodes também são usados para englobar alimento. A ameba é o rizópode mais conhecido.

Flagelados são protozoários que possuem **flagelo**, filamentos longos e pouco numerosos que podem vibrar como chicotes, participando da locomoção e da captura de alimento. A maior parte é de vida livre, mas algumas espécies são parasitas de animais, entre eles os seres humanos.

Os **esporozoários** não possuem estrutura de locomoção. Todas as espécies conhecidas são parasitas de animais; algumas delas causam graves doenças no ser humano.

Ameba. (Fotomicrografia ao microscópio de luz; aumento de cerca de 100 vezes; uso de corantes.)

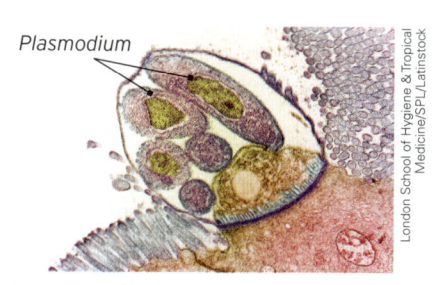

O esporozoário *Plasmodium* na superfície de intestinos. (Fotomicrografia ao microscópio eletrônico; aumento de cerca de 2 mil vezes; imagem colorizada.)

Giardia, um protozoário parasita do intestino humano. (Fotomicrografia ao microscópio eletrônico; aumento de cerca de 3 400 vezes; imagem colorizada.)

Amebas com armadura

Muitas espécies de rizópodes produzem carapaças protetoras utilizando sais minerais do ambiente. As carapaças têm perfurações, através das quais o protozoário emite os pseudópodes.

Após a morte do protozoário, as carapaças permanecem no ambiente por algum tempo e, em condições ambientais adequadas, podem ser fossilizadas.

Os fósseis de rizópodes são importante fonte de informação sobre a história da vida e dos ambientes no planeta Terra.

Carapaças de algumas espécies atuais de rizópodes. (Aumento de cerca de 100 vezes. Imagem obtida ao microscópio de luz; uso de corantes.)

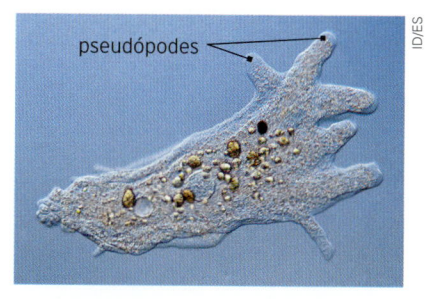

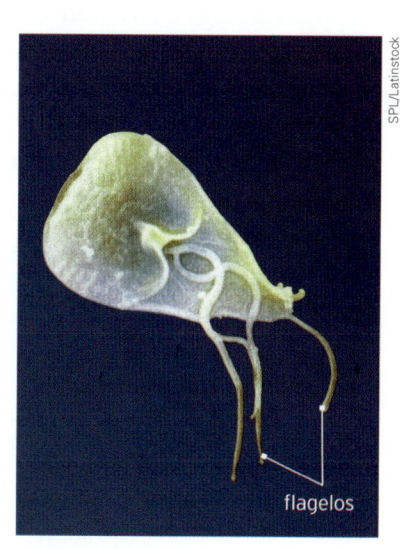

●●● Os protozoários e a saúde humana

Várias espécies de protozoário são parasitas do ser humano e responsáveis por doenças graves. Em certos casos, a infestação pelo protozoário causador da doença depende da existência de um agente transmissor, também chamado de **vetor** da doença. Esse agente transmissor pode ser um inseto hematófago portador do parasita, que transmite esse parasita para o ser humano quando o pica.

Outras vezes, o ser humano é infestado pela ingestão direta de água ou alimentos contaminados pelo protozoário. Por isso, o combate a muitas doenças está relacionado ao fornecimento de água potável para a população, ao tratamento dos esgotos domésticos e ao controle dos agentes transmissores.

> O **saneamento básico** é a melhor prevenção para muitas doenças causadas por parasitas.

GLOSSÁRIO

Hematófago: ser vivo que se alimenta de sangue.

Tratamento do esgoto: série de procedimentos que retira as impurezas presentes nos resíduos domésticos ou industriais. Após o tratamento, a água presente no esgoto pode ser devolvida aos rios ou utilizada na limpeza urbana.

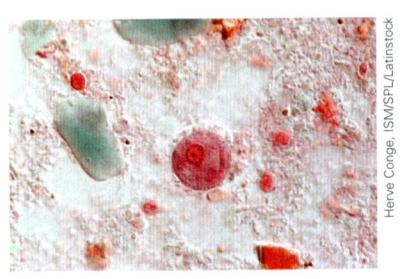

Amebíase

A amebíase, também chamada de **disenteria amebiana**, é causada pela espécie *Entamoeba histolytica*, um protozoário rizópode que habita o intestino humano e provoca diarreia, febre e, em casos mais graves, lesões na parede intestinal.

A transmissão se dá pela ingestão de cistos do protozoário, presentes na água ou em alimentos (por exemplo, verduras cruas lavadas ou irrigadas com água contaminada). Quando os cistos chegam ao intestino, retomam o desenvolvimento e se reproduzem por simples divisão. Novos cistos se formam e são eliminados com as fezes, podendo contaminar o ambiente.

A prevenção inclui hábitos simples de higiene, como lavar bem as mãos e os alimentos que serão consumidos crus e beber apenas água filtrada ou fervida. A falta de saneamento básico em muitos lugares do país expõe uma grande parcela da população brasileira ao risco de contrair doenças causadas por esses protozoários. O tratamento, que deve ser indicado por um médico, é feito com remédios específicos para a eliminação das amebas.

Intestino de um paciente com disenteria amebiana. (Fotomicrografia ao microscópio de luz; aumento de cerca de 280 vezes; uso de corantes.)

Saneamento é básico

O saneamento básico inclui, entre outras medidas, o fornecimento de água tratada (potável) para a população e a coleta e o tratamento do esgoto doméstico.

No Brasil, em grande parte dos domicílios, o tratamento de esgotos é muito precário, além de não haver fornecimento de água tratada nem coleta de esgotos. Segundo o IBGE, até o ano de 2008, mais da metade dos municípios brasileiros não dispunha de serviços de saneamento básico.

Sabe-se que o contato com esgotos – que, em muitos lugares, correm a céu aberto – e a ingestão de água contaminada são responsáveis por muitas doenças da população e internações hospitalares.

Leishmaniose

A leishmaniose, doença que pode afetar o ser humano e alguns outros animais, como o cão doméstico, é causada por várias espécies do protozoário flagelado do gênero *Leishmania*.

A transmissão desses protozoários se dá por meio da picada de mosquitos flebótomos, conhecidos popularmente como mosquito-palha, tatuquira, mosquito-pólvora e birigui, entre outros nomes.

Ao picar um hospedeiro contaminado, o mosquito ingere os protozoários, que passam a viver no seu tubo digestório. Depois, quando o inseto pica outro animal – incluindo seres humanos –, os protozoários se alojam na pele do novo hospedeiro.

No Brasil, a espécie mais comum de protozoário do gênero *Leishmania* causa a **leishmaniose cutânea**, caracterizada por lesões na pele que, em alguns casos não tratados, podem se agravar e até mesmo levar à morte.

> **GLOSSÁRIO**
>
> **Flebótomo:** mosquito hematófago, de dimensões reduzidas, vetor de doença.

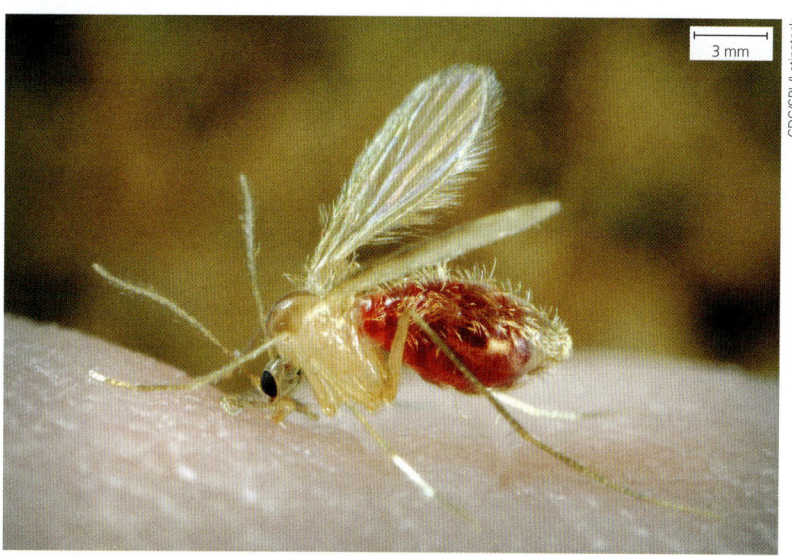

Mosquito flebótomo (*Phlebotomus* sp.) picando a pele de uma pessoa.

Outra espécie do protozoário, menos comum entre nós, causa a **leishmaniose visceral**. Esse protozoário se instala em órgãos internos, como o fígado, e causa danos muito graves.

Existe tratamento para ambas as formas da doença, com remédios específicos, indicados por um especialista. Se realizado da maneira correta, em geral o tratamento leva à cura.

Toxoplasmose

O protozoário flagelado *Toxoplasma gondii* é o agente causador dessa doença. O contágio se dá pela ingestão de alimentos contaminados, especialmente carne crua ou mal cozida, ou através do contato com fezes de animais domésticos contaminados.

Uma forma importante de transmissão é a que ocorre entre a gestante e o feto: a criança poderá sofrer danos graves, por exemplo, no sistema nervoso e nos olhos.

A toxoplasmose costuma ser caracterizada por dores musculares, febre e náuseas, entre outros sintomas. Muitas pessoas portadoras do parasita não apresentam sinais da doença. Entretanto, quando as defesas do organismo estão enfraquecidas, os sintomas podem aparecer e perdurar por várias semanas. Isso pode acontecer, por exemplo, em pessoas contaminadas pelo vírus HIV (que causa a aids).

> **A saúde dos animais**
>
> O gato doméstico, quando jovem, pode se tornar portador do protozoário *Toxoplasma gondii* ao ingerir roedores ou pássaros contaminados.
>
> No organismo do gato, o parasita forma cistos, que são eliminados com suas fezes e que, depois, podem ser acidentalmente inalados ou ingeridos pelos humanos (por exemplo, quando a pessoa limpa a caixa de areia de seu bichinho).
>
> As fezes de gatos jovens podem contaminar o solo e as fontes de água.

Mal de Chagas

O mal de Chagas, ou doença de Chagas, é causado pelo *Trypanosoma cruzi*, um protozoário flagelado que também parasita animais silvestres, como tatus, capivaras e outros.

A propagação da doença de Chagas depende de um inseto transmissor, conhecido popularmente como **barbeiro** ou **chupança**.

O barbeiro, inseto hematófago, vive em buracos de troncos de árvores e ninhos de aves, mas pode passar a viver em habitações humanas, escondendo-se em frestas das paredes das casas, de onde sai, à noite, para se alimentar.

Ao ingerir o sangue de um hospedeiro contaminado, o inseto adquire o protozoário, que se aloja em seu intestino. Se o barbeiro picar uma pessoa saudável, a transmissão poderá ocorrer. Isso porque, após se alimentar de sangue, o inseto defeca próximo ao local da picada. Em geral, a pessoa que foi picada está dormindo e coça a região ferida, colocando acidentalmente as fezes contaminadas em contato com o seu sangue.

São conhecidas outras formas de contágio, sem a participação direta do barbeiro, como a transmissão de mãe para filho, durante a gestação, ou por meio da transfusão de sangue contaminado.

No ser humano, o tripanossoma circula no sangue da pessoa infectada e se aloja em certos órgãos, como o coração, os intestinos e o esôfago, causando lesões graves nesses órgãos. Nos estágios iniciais, a doença pode ser curada. Nos demais casos, o tratamento alivia os sintomas e combate as lesões causadas pelo parasita.

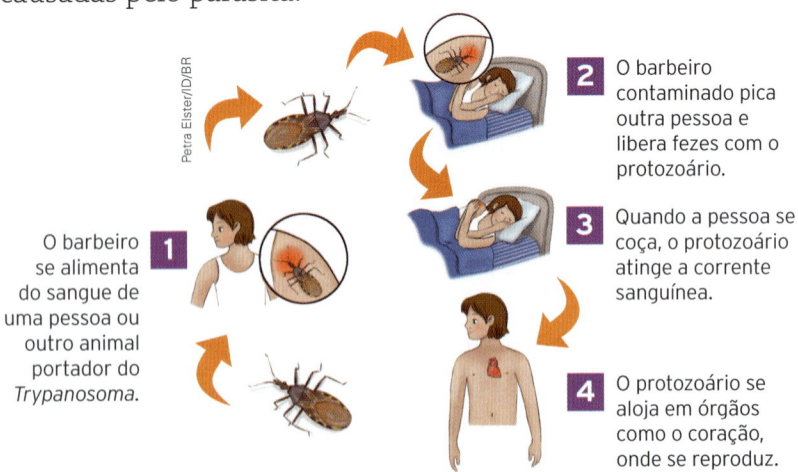

O *Triatoma infestans*, uma das cerca de trinta espécies de barbeiro conhecidas.

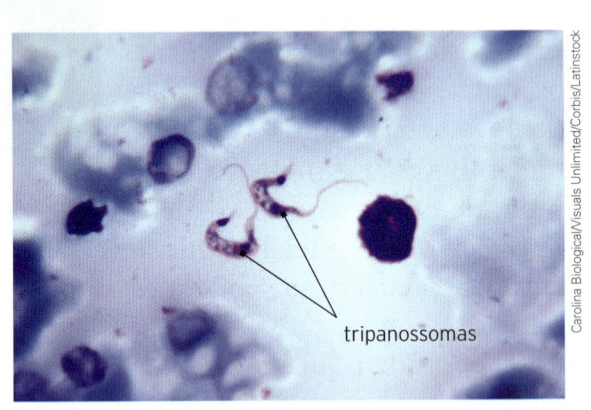

Tripanossomas em meio a células do sangue. (Fotomicrografia ao microscópio de luz; aumento de cerca de 400 vezes; uso de corantes.)

1. O barbeiro se alimenta do sangue de uma pessoa ou outro animal portador do *Trypanosoma*.
2. O barbeiro contaminado pica outra pessoa e libera fezes com o protozoário.
3. Quando a pessoa se coça, o protozoário atinge a corrente sanguínea.
4. O protozoário se aloja em órgãos como o coração, onde se reproduz.

Processo de transmissão da doença de Chagas aos seres humanos pelo barbeiro. (Representação esquemática, sem proporção de tamanhos.)

Fonte de pesquisa: D. P. Neves e outros. *Parasitologia humana*. 10. ed. São Paulo: Atheneu, 2003. p. 91.

O mal de Chagas no Brasil

Segundos dados do Ministério da Saúde, em 2011 havia cerca de 3 milhões de pessoas em estágio avançado da doença. As áreas de maior risco de contágio incluem 18 estados, de todas as regiões brasileiras, onde o barbeiro é encontrado.

Recentemente, tem aumentado o número de casos em estados da região Norte do país. Uma das causas desse aumento é o desmatamento.

O combate ao mal de Chagas inclui o tratamento das pessoas doentes e também a aplicação de inseticidas nas residências localizadas nas zonas rurais das áreas de maior risco.

A geografia do mal de Chagas

Motivados por problemas políticos e econômicos, muitos latino-americanos contaminados com o *Trypanosoma* migram para países do mundo todo.

Estima-se que milhares de migrantes na Austrália, no Canadá e na Espanha sejam portadores do tripanossoma; nos Estados Unidos, o número de portadores pode chegar a mais de 56 mil pessoas. Nesses países, o sangue usado em transfusões não é testado para o tripanossoma, o que abre a possibilidade de contágio das populações locais.

Os turistas estrangeiros que viajam para a Amazônia também são parte do problema. Muitas pessoas podem voltar a seus países portando o tripanossoma. Apenas 40% dos infectados desenvolvem a doença, mas todos são transmissores em potencial. Além disso, como a doença de Chagas se desenvolve lentamente, uma pessoa que não sabe que está contaminada pode doar sangue e transmitir o protozoário a outras pessoas.

Esses fatores podem levar uma doença silvestre de distribuição tropical a se transformar em uma epidemia global.

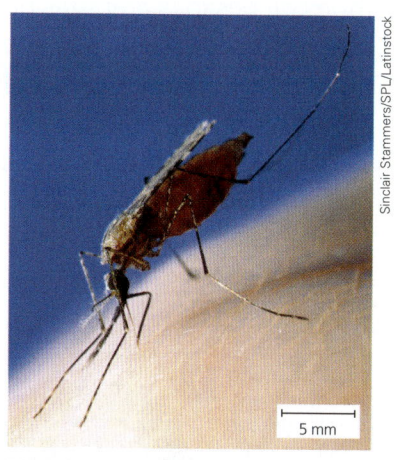

Mosquito-prego (*Anopheles* sp.) sobre a pele de uma pessoa.

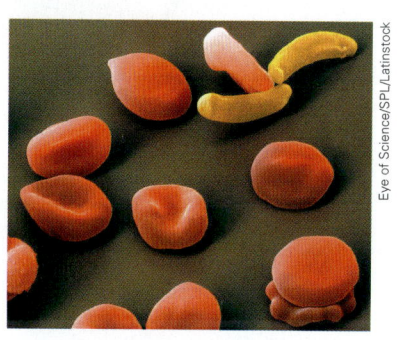

Malária

A malária é causada por algumas espécies de protozoários esporozoários do gênero *Plasmodium*. Animais silvestres, como tatus e macacos, também podem ser portadores do parasita.

A transmissão do protozoário ao ser humano se dá pela picada de mosquitos do gênero *Anopheles*, popularmente chamados de mosquitos-prego.

Só as fêmeas do mosquito alimentam-se de sangue – os machos alimentam-se de néctar. A transmissão se dá quando uma fêmea contaminada pelo protozoário pica uma pessoa sadia.

Pela circulação sanguínea, os plasmódios chegam ao fígado, onde se reproduzem assexuadamente. Os parasitas rompem as células infectadas e caem na corrente sanguínea, invadindo os glóbulos vermelhos (hemácias).

No interior das hemácias, os plasmódios se multiplicam assexuadamente formando esporos, até que essas células se rompem, o que provoca febre. Os esporos invadem outras hemácias e também se multiplicam, provocando novos rompimentos celulares. Esse ciclo se completa em 2 ou 3 dias e pode se repetir inúmeras vezes. Por isso, a malária se caracteriza pela manifestação dos sintomas – febre alta, calafrios, mal-estar, tremores – a intervalos regulares (de 2 ou 3 dias).

Uma fêmea do mosquito pode picar a pessoa doente e ingerir hemácias contaminadas.

O plasmódio se multiplica sexuadamente dentro do mosquito, gerando formas do protozoário que infectarão outra pessoa picada pelo inseto.

Plasmódios (*Plasmodium falciparum*) – em amarelo – junto de hemácias. (Fotomicrografia ao microscópio eletrônico de varredura; ampliação de cerca de 2 600 vezes; imagem colorizada.)

A OMS estima que, no mundo, existam cerca de 500 milhões de pessoas afetadas pela malária, e a cada ano 2 milhões de pessoas morrem em consequência da doença. A maioria dos casos ocorre em países tropicais.

As fêmeas do anóféles depositam os ovos em água parada. Portanto, um dos meios de controle da doença é a eliminação dos pontos de desova, para reduzir a população dos mosquitos transmissores. As pessoas doentes podem ser tratadas com remédios específicos, receitados por médicos.

Acompanhe o ciclo de desenvolvimento da doença:

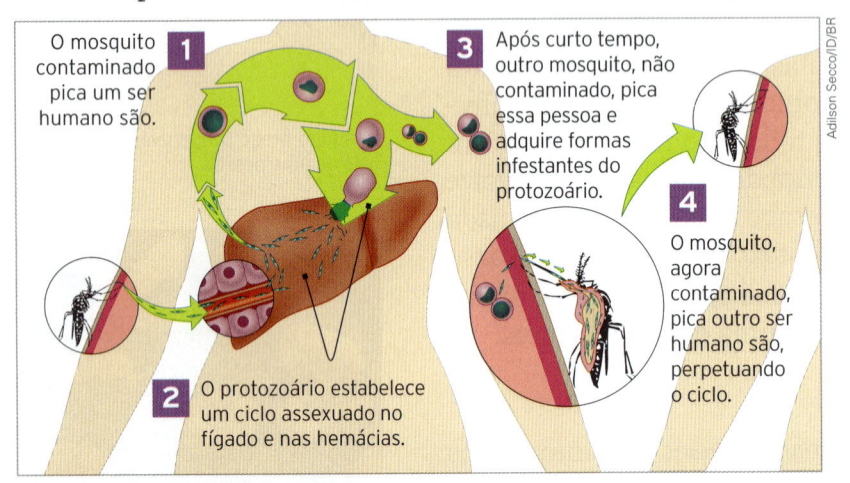

1. O mosquito contaminado pica um ser humano são.
2. O protozoário estabelece um ciclo assexuado no fígado e nas hemácias.
3. Após curto tempo, outro mosquito, não contaminado, pica essa pessoa e adquire formas infestantes do protozoário.
4. O mosquito, agora contaminado, pica outro ser humano são, perpetuando o ciclo.

Processo de transmissão da malária aos seres humanos pelo mosquito-prego. (Representação sem proporção de tamanhos; cores-fantasia.)

Fonte de pesquisa: D. P. Neves e outros. *Parasitologia humana*. 10. ed. São Paulo: Atheneu, 2003. p. 130.

••• Protozoários na natureza

Entre os protozoários de vida livre, muitos são **decompositores** de matéria orgânica ou vivem em mutualismo com animais.

Algumas espécies de protozoários habitam o intestino de baratas e cupins. Esses insetos se alimentam de madeira, papel e outros materiais ricos em celulose, substância que não conseguem digerir. Os protozoários digerem a celulose e liberam nutrientes no intestino do inseto, que os aproveita. Por outro lado, os protozoários têm a garantia de um ambiente protegido e um constante suprimento alimentar.

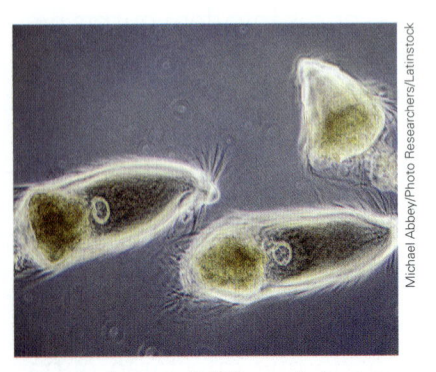

Protozoários do gênero *Tryconinpha* (à direita; aumento de cerca de 150 vezes) vivem no intestino de cupins (à esquerda).

Saúde pública e saúde ambiental

Estudos publicados em 2010 indicam que o aumento no número de casos de malária na Amazônia pode estar diretamente relacionado à aceleração do desmatamento na região.

Em alguns municípios, um acréscimo de apenas 4% na área desmatada, entre 1997 e 2001, pode ser responsável pelo aumento de 48% nos casos de malária no mesmo período. Isso talvez porque o desmatamento favorece a formação de novos locais de desova: valas em estradas, represas, pesqueiros, etc.

I. Pense e responda: Acredita-se que uma maneira de acabar com o problema seja aplicar inseticidas sobre esses locais de desova. Você acha que essa é uma medida adequada? Que providência pode ser uma alternativa aos inseticidas? Explique.

Verifique o que aprendeu •••

1. Um biólogo faz a seguinte descrição de um organismo: "Trata-se de um ser unicelular, que se locomove ativamente no meio líquido por meio de batimentos de um flagelo. Não são visíveis, no interior da célula, sinais de clorofila ou outro pigmento fotossintetizante". Classifique o organismo, justificando sua resposta.

2. É importante, para os especialistas em protozoários, observar o meio de locomoção dos organismos que estuda? Por quê?

3. Os biólogos consideram a capacidade de formar cistos uma importante adaptação dos protozoários. Você concorda? Justifique.

ATIVIDADES

1. A figura abaixo ilustra, de forma esquemática, três protozoários. A qual grupo de protozoários cada um deles pertence? Justifique sua resposta.

A **B** **C**

(Representações sem proporção de tamanho entre si; cores-fantasia.)

2. No passado, os protozoários eram incluídos no reino Animal. Compare as características dos integrantes dos dois grupos – Animais e Protozoários – e responda às questões abaixo.

    a) Cite características dos protozoários que são comuns aos animais.

    b) Que característica exclui esses seres do reino Animal?

3. Escolha uma das doenças estudadas neste módulo e identifique quem é o agente transmissor e quem é o agente causador dessa doença. Depois, explique a diferença entre os dois tipos de agente.

4. Os esporozoários compõem um grupo de protozoários parasitas que apresentam a característica de se reproduzir assexuadamente por esporos. Qual é a vantagem desse tipo de reprodução para os protozoários, especialmente os parasitas? Explique.

5. Acredita-se que medidas de saneamento básico seriam capazes de evitar muitas doenças que acometem a população. Cite um exemplo de doença causada por protozoários que poderia ter sua incidência reduzida por esse tipo de providência e explique por quê.

6. Preencha as lacunas desta tabela com os termos corretos.

Doença	Sintomas			Combate
Malária				
		Entamoeba histolytica		
				Eliminação dos focos do barbeiro e melhora nas condições de moradia da população
			Picada de mosquitos flebótomos	

7. O termo "malária" vem da expressão italiana *mala aria*, que significa "mau ar". Isso porque, no passado, acreditava-se que a doença fosse causada pela inalação de emanações de "ar impuro" nas proximidades de pântanos. Responda.

    a) Que associação pode ser estabelecida entre áreas alagadas e malária?

    b) Atualmente, existem populações de mosquitos anófeles resistentes aos inseticidas. Como o combate à malária poderia ser realizado sem o uso de inseticidas?

MÓDULO 4

Reino dos Protoctistas: algas

O termo "alga" é utilizado para denominar os protoctistas autótrofos fotossintetizantes, sejam eles unicelulares ou pluricelulares.

As algas

As algas são muito diversas entre si na aparência, no tamanho – sobretudo no caso das pluricelulares – e nas cores. Elas apresentam grande importância ecológica e econômica.

Algas unicelulares

As algas unicelulares podem ser encontradas nos ambientes terrestres úmidos, mas são mais comuns em mares, rios e lagoas. Esses organismos microscópicos fazem parte do fitoplâncton, com outros seres fotossintetizantes microscópicos. Embora algumas espécies possuam estruturas relacionadas à locomoção, sua capacidade de deslocamento é reduzida, e essas algas são facilmente levadas pelo movimento das ondas e pela correnteza.

Grupos de algas unicelulares

Entre outras características, a classificação das algas é feita com base no tipo de pigmento fotossintetizante que suas células apresentam.

As **euglenófitas** possuem apenas clorofila (pigmento verde) e suas células não apresentam parede celular. Uma euglenófita pode ter um ou dois flagelos, dependendo da espécie. São mais abundantes nos ambientes de água doce, mas também existem espécies marinhas.

As **crisófitas**, também conhecidas como algas douradas, possuem, além da clorofila, o **caroteno**, um pigmento amarelo que lhes dá a coloração dourada característica. Muito abundantes no ambiente marinho, são encontradas também na água doce, no solo úmido ou cobrindo rochas e troncos de árvores, desde que haja umidade suficiente. As crisófitas mais abundantes são as diatomáceas, algas que se caracterizam pela parede celular impregnada de minerais, dividida em duas metades que se encaixam uma na outra.

As **pirrófitas**, além da clorofila e do caroteno, possuem também **xantofilas**, o que lhes dá uma coloração avermelhada. Por isso são também chamadas de "algas cor de fogo" (daí o nome do grupo, *pirro*, "da cor do fogo").

A maioria das espécies de pirrófitas possui dois flagelos e parede celular de celulose. Os dinoflagelados são os representantes mais conhecidos desse grupo.

O termo "alga" refere-se a um grande número de organismos fotossintetizantes, muito diversos quanto à forma e aos tipos de pigmento.

GLOSSÁRIO

Fitoplâncton: conjunto de organismos microscópicos fotossintetizantes que flutuam na superfície de ambientes aquáticos.

Algas

A palavra "alga" vem do latim e pode ser traduzida como "planta marinha". Apesar do nome, as algas não fazem parte do grupo das plantas, mas do grupo dos protoctistas. Também não são exclusivamente marinhas, pois existem espécies que vivem na água doce e até em ambientes terrestres úmidos.

Embora no passado tenham sido classificadas no reino das Plantas, apenas o grupo das **algas verdes** guarda parentesco evolutivo com as plantas.

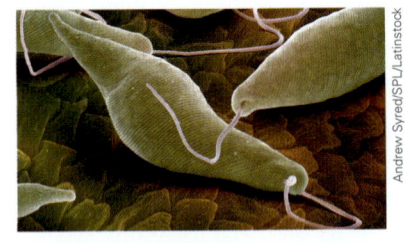

Euglena gracilis. (Fotomicrografia ao microscópio eletrônico de varredura; ampliação de cerca de mil vezes; imagem colorizada.)

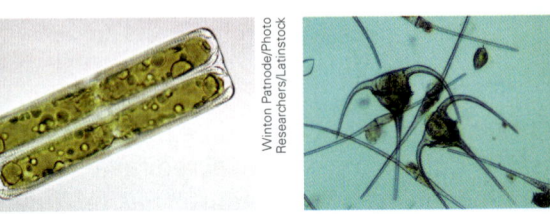

Pinnularia, uma diatomácea. (Fotomicrografia ao microscópio de luz; ampliação de cerca de 100 vezes; uso de corantes.)

Ceratium tripos, um dinoflagelado. (Fotomicrografia ao microscópio de luz; ampliação de cerca de 35 vezes; uso de corantes.)

Importância das algas unicelulares

As algas unicelulares são muito abundantes e estão na base das cadeias alimentares marinhas e de água doce. Além disso, estima-se que a maior parte do gás oxigênio da atmosfera terrestre seja produzida por algas unicelulares e cianobactérias. A importância das algas também está relacionada a fatores de desequilíbrio ambiental e à exploração econômica.

Maré vermelha

O fenômeno conhecido como **maré vermelha** corresponde à explosão populacional de algas pirrófitas, especialmente dinoflagelados.

Maré vermelha na praia do Leblon (RJ), 2008.

Essas algas liberam na água certas toxinas que matam peixes, moluscos e crustáceos. Animais que se alimentam desses organismos, como as aves, também podem ser afetados.

> A **maré vermelha** é resultado do desequilíbrio populacional de algas. Esse desequilíbrio pode ser um fenômeno natural ou ser causado por agentes poluidores, como o excesso de matéria orgânica.

Terra de diatomáceas

O **diatomito** é um tipo de rocha formado pelo acúmulo de carapaças de algas diatomáceas no fundo oceânico. Por isso, ele também é chamado de "terra de diatomáceas". Trata-se de um material poroso e leve, que apresenta grande capacidade de absorção.

O diatomito já era usado pelos gregos da Antiguidade na produção de cerâmica. Atualmente, é empregado na indústria, como filtro natural, na produção de pomadas e cremes dentais, na fabricação de tintas e vernizes, no polimento de metais e vidros, entre outros usos.

O Brasil conta com importantes reservas desse tipo de rocha, especialmente nos estados do Nordeste e do Norte.

Amostras de diatomito.

Liquens

Os liquens são formados pela associação simbiótica entre certas espécies de fungos e algas unicelulares, ou cianobactérias.

As algas – ou cianobactérias – fazem fotossíntese e fornecem ao fungo os açúcares produzidos nesse processo; o fungo, por sua vez, fornece umidade e sais minerais às algas.

Os liquens são muito sensíveis à poluição atmosférica e podem ser usados como bioindicadores, ou seja, são *seres vivos* (*bio* = vida) cuja presença *indica* que o ar no entorno apresenta boa qualidade.

Os liquens se desenvolvem sobre rochas, troncos de árvore ou mourões de cerca.

●●● Algas pluricelulares

Esse grupo de algas reúne principalmente espécies marinhas, mas também existem espécies de água doce e até algumas terrestres.

O corpo desses organismos é formado por um talo, semelhante a uma lâmina (fina e achatada), que pode apresentar ramificações. Muito abundantes, além de realizarem fotossíntese – contribuindo para a renovação do gás oxigênio atmosférico – essas algas são fonte de alimento para vários animais.

Assim como as unicelulares, as algas pluricelulares são classificadas com base no tipo de pigmento fotossintetizante, entre outras características. Os principais grupos são: **algas verdes**, **algas pardas** e **algas vermelhas**.

Aspecto de *Ulva*, uma clorófita.

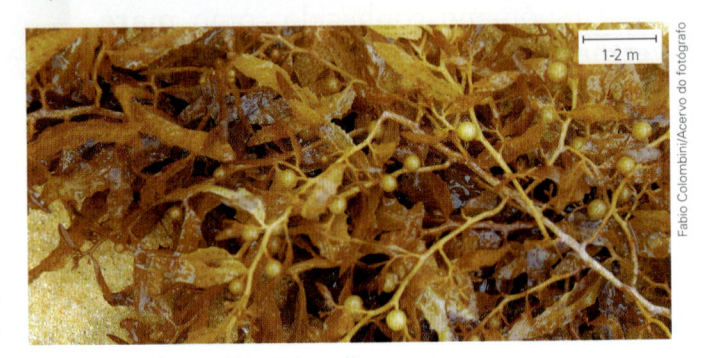

Algas verdes

Também denominadas **clorófitas**, têm a clorofila como principal pigmento. São as algas mais comuns e importantes fornecedoras de oxigênio atmosférico.

Existem espécies unicelulares e pluricelulares.

O *Sargassum* é uma alga parda muito comum.

Algas pardas

As **feófitas**, ou algas pardas, apresentam essa coloração devido à presença, em suas células, de carotenos, além da clorofila. Os talos muito ramificados podem atingir grandes dimensões (vários metros de comprimento).

As algas pardas produzem **algina**, uma substância gelatinosa muito empregada na indústria de sorvetes e na produção de medicamentos. Algumas espécies são usadas na culinária oriental.

Exemplar de *Chondrus*, um gênero de rodófita.

Algas vermelhas

Também chamadas de **rodófitas**, essas algas possuem o pigmento vermelho denominado ficoeritrina, além da clorofila. São muito abundantes em águas rasas, onde vivem presas a rochas.

Muitas espécies incluem calcário nas paredes celulares, o que as ajuda a resistir ao movimento das ondas.

Dessas algas se extrai o **ágar** e a **carragenina**, substâncias gelatinosas muito usadas nas indústrias alimentícia e farmacêutica.

Verifique o que aprendeu ●●●

1. A cor é um importante critério para classificar as algas. O que provoca o colorido variado das algas?

2. "As algas são verdadeiramente importantes para o meio ambiente, e essa importância pode representar benefício, com a manutenção do equilíbrio ecológico, ou não." Você concorda com essa afirmação? Justifique sua resposta com exemplos.

ATIVIDADES

1. Leia as frases abaixo e identifique a qual grupo de algas cada uma delas se refere.
   a) Apresentam coloração avermelhada, são unicelulares e dotadas de flagelos.
   b) São pluricelulares e têm a clorofila como principal pigmento.
   c) Unicelulares, com pigmentos clorofila e caroteno, possuem parede celular formada por duas placas que se encaixam.
   d) Pluricelulares, têm o corpo em forma de talos ramificados. De coloração parda, produzem algina.
   e) Unicelulares, não têm parede celular, possuem clorofila. Podem ter um ou dois flagelos.
   f) Pluricelulares, de coloração avermelhada, possuem o pigmento ficoeritrina e são produtoras de ágar e de carragenina.

2. Observe a foto ao lado e responda à pergunta seguinte.
   Entre as algas que estudamos no capítulo, quais estão presentes na foto? Justifique sua resposta.

   Alguns tipos de alga macroscópica encontrados na praia de Cumuruxatiba (BA).

3. A foto ao lado mostra uma carapaça de alga unicelular. O acúmulo de carapaças dessas algas forma grandes depósitos no fundo oceânico. Observe a foto e responda.
   a) A qual grupo de algas pertence o ser vivo da fotografia?
   b) Como se denominam os depósitos formados pelo acúmulo dessas carapaças no fundo oceânico?

   (Fotomicrografia ao microscópio eletrônico; ampliação de mais de 3,5 mil vezes; imagem colorizada)

4. O texto abaixo descreve um fenômeno relacionado à poluição das águas. Complete as lacunas com os termos corretos.
   O fenômeno conhecido por _____ ocorre devido à _____ descontrolada de algas pirrófitas, especialmente _____, modificando a coloração da água. O problema é agravado porque as algas liberam _____, o que resulta na _____ de muitos organismos.

5. O fitoplâncton pode ser definido como um conjunto de organismos microscópicos e autótrofos que vivem próximo à superfície das águas. Sobre o fitoplâncton, responda.
   a) Quais são seus principais componentes?
   b) Qual é a importância ecológica desses organismos?
   c) Por que o fitoplâncton é encontrado próximo à superfície e não em grandes profundidades?

CIÊNCIA À MÃO

Cultivando bolores

Para começar

Os bolores podem formar extensas colônias, visíveis a olho nu.
- Você já viu algum bolor?
- Faça uma lista de materiais em que você observou o desenvolvimento de bolores.

Material (por grupo de até 4 alunos)

- alimentos variados: fatia de pão amanhecido, fatia de pão torrado, fatia de queijo, rodela de tomate, pedaço de banana ou de outra fruta
- sacos plásticos transparentes
- lupa de mão
- uma caixa de papelão (grande o suficiente para colocar as amostras)
- alguns pregadores de roupa
- prato pequeno de louça ou vidro

Procedimentos

1. Cada tipo de alimento deve ser embalado em um saco plástico, de maneira a ficar isolado.
2. Use os pregadores de roupa para fechar os sacos plásticos.
3. Coloque na caixa os alimentos embalados; mantenha a caixa fechada.
4. As observações podem ser feitas a cada aula ou a cada dois ou três dias.
5. Use o modelo abaixo para elaborar uma tabela no caderno, onde você deverá anotar a data em que o experimento foi montado, as datas das observações e as transformações observadas – o surgimento de bolor, a cor e o aspecto (aveludado, esfiapado) dessa formação, o tamanho da área ocupada pelo bolor, o surgimento de esporângios (têm o aspecto de pequenas bolinhas escuras), etc.
6. Acrescente mais linhas e colunas à tabela, se necessário.
7. Quando o bolor estiver bem desenvolvido, coloque o saco plástico sobre o prato: sem abrir a embalagem, observe o bolor com a lupa e descreva suas observações. Você também pode fazer um desenho do que observou com a lupa.
8. Após terminar a atividade, descarte as amostras na lixeira e lave bem as mãos.

Fotografia ampliada de bolor no pão. As bolinhas escuras são esporângios.

Alimento	Pão amanhecido	Pão torrado	Banana	Tomate	Queijo	Outros alimentos
Data						
Data						

Questões para discussão e avaliação

1. Todas as amostras desenvolveram bolor?
2. O pão torrado apresentou o mesmo resultado que o pão amanhecido?
3. Como pode ser explicado o surgimento de bolor nas amostras mantidas em sacos fechados?
4. Os bolores eram os mesmos, em todas as amostras? Explique.

Comunicação dos resultados

Escreva um texto informando os resultados do experimento. Caso tenham surgido resultados diferentes na classe, procure explicar o motivo.

LENDO CIÊNCIAS

ANTES DE LER

- Você sabe o que é e como surge uma superbactéria?

KPC não é mais mortífera que outras superbactérias

[...]

A KPC é a abreviatura de *Klebsiella pneumoniae* produtora de carbapenemase. A KPC ganhou este nome porque a *Klebsiella*, uma bactéria antes comum, passou a produzir uma enzima (carbapenemase) capaz de anular medicamentos como penicilina, cefalosporinas e as carbapenemas.

Isso acontece porque toda bactéria possui uma estrutura genética móvel, chamada plasmídeo, que é capaz de se transferir de uma bactéria para outra. Depois de receber este código genético, a antes inofensiva bactéria *Klebsiella* passou a resistir aos remédios, por mais poderosos que fossem. [...]

Histórico – Embora este ano esteja fazendo mais vítimas no Brasil, a KPC, pode-se dizer, é uma velha conhecida. Foi descrita e isolada pela primeira vez em um hospital da Carolina do Norte, nos Estados Unidos, em 2001. O primeiro surto aconteceu em agosto de 2003, em Nova York. No total, 47% dos pacientes afetados morreram.

De Nova York, a bactéria foi registrada em outros sete estados [norte-]americanos e em pouco tempo já estava circulando por Israel, China e França. Em 2005, foi registrado o primeiro caso no Brasil. A esta altura, o gene capaz de dar resistência à bactéria já havia sido transmitido para outras bactérias antes inofensivas, como as pseudomonas, a *Enterobacter* e a *Escherichia coli*. Estes tipos de bactérias são tão ou mais prevalentes no Brasil e no mundo que a própria KPC. E matam mais, também. [...]

Precauções – As superbactérias serão atacadas no Brasil principalmente em duas frentes. A primeira é tentar diminuir a comercialização indiscriminada de antibióticos. A Agência Nacional de Vigilância Sanitária (Anvisa) vai estabelecer uma nova norma obrigando as farmácias a reterem uma cópia da receita médica quando vender antibióticos. [...]

A segunda é tentar acabar com a disseminação dentro dos hospitais, principais focos das infecções. Os hospitais serão obrigados a colocar álcool em gel em salas onde há pacientes e em cada quarto. [...]

Jones Rossi, Luciana Marques e Natalia Cuminale. Revista *Veja*, 23 out. 2010. Disponível em: <http://veja.abril.com.br/noticia/saude/kpc-nao-e-mais-mortifera-que-outras-superbacterias>. Acesso em: 5 ago. 2014.

Cultura de bactéria *Klebsiella pneumoniae* em uma placa de Petri.

De olho no texto

1. Qual é a relação entre os plasmídios e a resistência aos antibióticos?
2. Por que se espera combater as superbactérias colocando álcool em gel nos quartos e nas salas de hospitais?

QUESTÕES GLOBAIS

1. Bactérias decompositoras vivem no estômago de ruminantes e digerem a celulose ingerida por esses animais. A atividade dos microrganismos resulta em açúcares e metano, um gás relacionado ao efeito estufa. Observe a charge e responda.
   a) Os ruminantes se beneficiam com a presença das bactérias no seu estômago? Explique.
   b) Qual é a "reivindicação", feita pelo urso e pelo pinguim, à qual a vaca da figura não pode atender? Explique.

2. As cianobactérias já foram denominadas "cianofíceas", termo que significa "algas azuis". Essa denominação não é mais utilizada atualmente, pois é considerada inadequada. Compare as características de cianobactérias com as características das algas e procure justificar, com base nas diferenças encontradas entre esses dois grupos de organismos, a nova denominação adotada pelos cientistas.

3. As formigas saúvas são chamadas de "cortadeiras", devido ao hábito de cortar folhas, que são transportadas e armazenadas nos ninhos. No entanto, essas formigas não se alimentam das folhas, e sim de fungos que são cultivados no interior dos formigueiros. Sem as folhas, os fungos morrem e, consequentemente, as formigas também. Responda.
   a) Se as formigas se alimentam dos fungos, qual deve ser a função das folhas?
   b) Os ninhos de saúvas são subterrâneos. As saúvas poderiam fazer ninhos aéreos, expostos ao Sol? Justifique.

4. O gráfico abaixo mostra os casos de malária que ocorreram no ano de 2007 em 47 municípios da região amazônica. Um projeto que visa diminuir a incidência de malária na região promoveu a distribuição de mosquiteiros impregnados com inseticida para as populações dessas localidades. O gráfico mostra também os resultados esperados pelos organizadores do projeto. Responda.
   a) Quantos casos de malária ocorreram na região do projeto em 2007?
   b) De acordo com o gráfico, espera-se redução ou aumento no número de casos de malária até o ano de 2014? Explique.
   c) Por que a distribuição de mosquiteiros pode levar à redução do número de casos de malária?

Casos de malária em 2007 e projeções para cinco anos – municípios do projeto

Ano	Casos
2007	311 279
2010	280 151
2011	252 136
2012	214 316
2013	182 168
2014	154 843

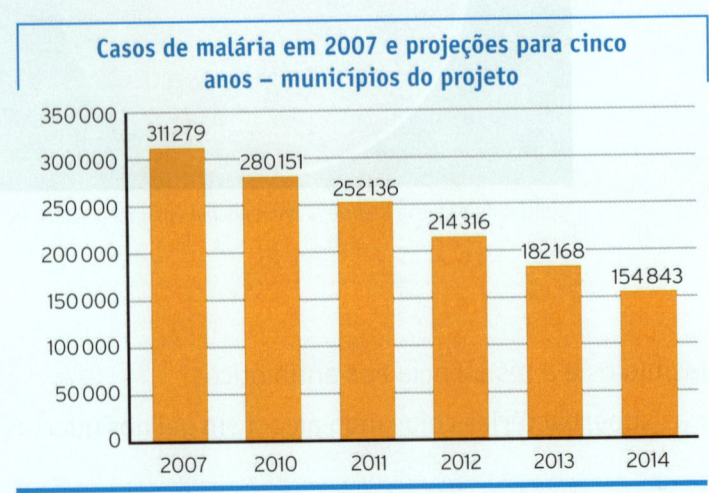

Fonte de pesquisa: Portal da Saúde. Disponível em: http://portal.saude.gov.br. Acesso em: 5 ago. 2014.

Autoavaliação ●●●

Na abertura deste capítulo, você foi convidado a responder a algumas questões. Três delas estão reproduzidas abaixo. Responda novamente a cada uma destas questões.

I. A placa de Petri é usada em laboratório para o cultivo de organismos microscópicos. Mas eles não podem ser cultivados diretamente sobre o vidro. É preciso colocar sobre a placa um material, que pode ser sólido ou líquido, e, então, "semear" as bactérias que se pretende cultivar. Qual é a função desse material?

II. Por que se cultivam bactérias e fungos em laboratório?

III. Em quais ambientes naturais você esperaria encontrar bactérias e fungos?

Agora, compare as respostas atuais com as que você elaborou inicialmente, antes do estudo deste capítulo. Há diferença entre as respostas? Quais? Como são explicadas essas diferenças?

PARA SABER MAIS

Livros

Pai, o que é micróbio?, de Flavio Alterthum e Telma Alves Monezi. Rio de Janeiro: Atheneu, 2010 (Coleção Você Sabia?).
Um livro sobre bactérias, fungos e vírus e suas relações com os demais seres e com a própria natureza.

Pasteur e os microrganismos, de Steven Parker. São Paulo: Scipione, 2005 (Coleção Caminhos da Ciência).
Louis Pasteur foi o químico francês que fundou a microbiologia, estudo de seres vivos tão minúsculos que só podem ser visualizados com o auxílio de um microscópio. Seu trabalho possibilitou inúmeros avanços em medicina, saúde pública e higiene. Esse livro contém sua biografia e suas descobertas mais importantes.

Pequenos seres vivos, de Gilberto Rodrigues Martho. São Paulo: Ática, 2005 (Coleção De Olho na Ciência).
O que são bactérias, protozoários, algas, fungos e vírus? Os microrganismos apenas prejudicam nossa saúde ou podem nos auxiliar a viver melhor? Como funcionam os antibióticos? Essas e outras perguntas são respondidas e esclarecidas nesse livro sobre os fantásticos seres microscópicos, invisíveis a olho nu, mas presentes em qualquer canto do planeta.

Sites

<http://www.invivo.fiocruz.br>
No *site* da Fundação Oswaldo Cruz, o leitor encontra os textos "Eca! O fermento é um fungo", que trata dos fungos em nosso cotidiano; "Espionando: os protozoários", "Espionando: as bactérias" e "Espionando: amebas"; "Amebíase" e "Babesiose", sobre doenças transmitidas por protozoários; "Vassoura-de-bruxa", sobre a praga que ataca as plantações de cacau e é causada por um fungo; e "É um milagre!", sobre a descoberta da penicilina.

<http://www.microbiologia.ufrj.br/informativo/micromundo/256-fungos-e-a-extincao-de-especies>
Site do Instituto de Microbiologia da Universidade Federal do Rio de Janeiro. Este *link* leva a um texto que relaciona a extinção dos dinossauros a uma incrível proliferação de fungos.
Acessos em: 5 ago. 2014.

A flora atual é resultado de milhões de anos de evolução. Ao longo desse tempo, as paisagens da superfície da Terra têm passado por contínuas transformações, de acordo com o surgimento de grupos de plantas e a predominância de alguns desses grupos.

Neste capítulo, você vai aprender sobre as primeiras plantas que conquistaram o ambiente terrestre e que ainda possuem representantes.

Representação artística de um ambiente típico do período Carbonífero (entre 355 milhões e 290 milhões de anos atrás), quando alguns grupos atuais de plantas ainda não haviam surgido.

Reino das Plantas I

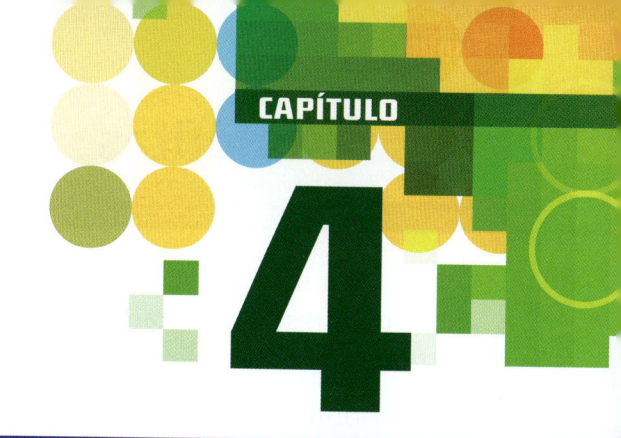

CAPÍTULO 4

O QUE VOCÊ VAI APRENDER

- Grupos de plantas que não produzem flores nem frutos: briófitas, pteridófitas e gimnospermas
- A organização corporal de briófitas, pteridófitas e gimnospermas
- A reprodução e os hábitats desses grupos de plantas

CONVERSE COM OS COLEGAS

A vegetação é o principal componente usado para a descrição dos ambientes naturais. Acredita-se que as primeiras plantas terrestres tenham se originado de algas verdes ancestrais.

Com o tempo, as plantas evoluíram e se diversificaram, até constituir a flora atual.

1. Como deviam ser as paisagens do planeta Terra antes do surgimento das plantas terrestres?

2. Você reconhece algumas das plantas que estão representadas na figura? Quais?

3. Com base na ilustração ao lado e em seu conhecimento, responda: quais são as principais características das plantas?

4. Também há animais nessa figura. Os animais poderiam ter habitado os ambientes terrestres antes que as plantas conquistassem esse novo ambiente?

MÓDULO 1
Briófitas

Derivadas de algas ancestrais, as briófitas foram as primeiras plantas a conquistar o ambiente terrestre. Mais tarde, surgiram outros grupos vegetais que, com as briófitas, constituem a flora atual.

As briófitas mais comuns são os musgos, mas o grupo conta também com outros representantes, conhecidos como hepáticas e antóceros.

Nesse grupo, encontramos plantas de pequeno porte, isto é, que não ultrapassam alguns centímetros de altura ou de comprimento, e que, em geral, ocupam ambientes úmidos e sombreados. Algumas espécies suportam ambientes mais secos e podem crescer expostas ao sol.

Musgos crescendo sobre rocha. Urubici (SC).

••• Organização corporal das briófitas

As briófitas são plantas de organização corporal simples, desprovidas de órgãos verdadeiros.

Os representantes desse grupo não possuem vasos condutores de seiva, por isso são chamados de **plantas avasculares**. Não há, portanto, um sistema que conduz a água e sais minerais a todas as partes da planta. A absorção de água e sais minerais pode ser realizada por qualquer parte do organismo, e a distribuição ocorre diretamente de uma célula a outra. Com isso, o transporte dos nutrientes é lento. Esse é um dos fatores que limitam o crescimento corporal das briófitas.

As briófitas fixam-se direto sobre o solo, sobre rochas ou sobre o caule de árvores por meio de estruturas filamentosas denominadas **rizoides**. A principal função dos rizoides é a fixação da planta.

Em muitas espécies, os rizoides reúnem-se formando o **cauloide**, de onde saem lâminas esverdeadas parecidas com folhas, denominadas **filoides**.

Rizoides, cauloides e filoides, por não apresentarem vasos condutores, não são considerados, respectivamente, raízes, caules e folhas verdadeiros.

Estrutura corporal de um musgo. (Representação esquemática sem proporção de tamanhos.)

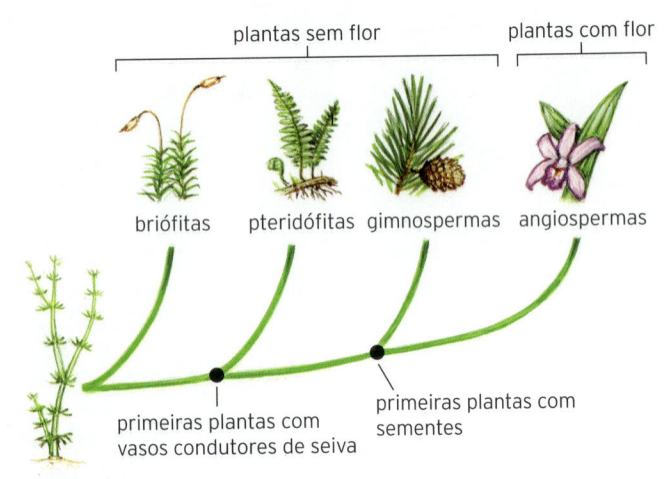

Esquema simplificado da evolução das plantas. (Representação sem proporção de tamanhos.)

> As **briófitas** não têm vasos condutores de seiva, não apresentam estruturas de sustentação – caules verdadeiros – nem proteção contra a perda de água por evaporação. Esses fatores limitam o crescimento corporal dessas plantas e impossibilitam sua sobrevivência em ambientes em que há escassez de água.

Fonte de pesquisa: Peter H. Raven; Ray F. Evert; Susan E. Eichhorn. *Biologia vegetal*. Rio de Janeiro: Guanabara Koogan, 2007.

••• Ciclo de vida das briófitas

Nas briófitas, assim como em todas as outras plantas, o ciclo de vida apresenta duas fases: em uma dessas fases, a reprodução ocorre de modo assexuado; na fase seguinte, a reprodução é sexuada. Esse tipo de ciclo de vida é denominado **alternância de gerações**, ou, simplesmente, **ciclo alternante**.

No ciclo alternante, a fase da planta que se reproduz sexuadamente é chamada de **gametófito**, pois produz gametas. **Gametas** são as células reprodutivas, que podem ser femininas ou masculinas. A fusão dos gametas (fecundação) dá origem a uma célula, o **zigoto**. Desse processo surgem indivíduos que se reproduzem assexuadamente, por meio de **esporos**, e que, por isso, são denominados **esporófitos**. Da germinação dos esporos surgem novos gametófitos, que reiniciam o ciclo.

Na fase sexuada das briófitas (gametófito), é necessária a presença de água para que a fecundação dos gametas ocorra – o gameta masculino, dotado de flagelo, precisa de um ambiente com água para se deslocar até o gameta feminino. A fecundação ocorre sobre o gametófito que contém o gameta feminino, originando o zigoto. O zigoto se desenvolve em um esporófito, que cresce apoiado sobre esse gametófito.

Ao amadurecer, o esporófito (fase assexuada) produz esporos, que são liberados no ambiente. Se caírem em local favorável, germinam e se desenvolvem em novos gametófitos.

Nas briófitas, o gametófito é duradouro, podendo originar vários esporófitos sucessivamente. Os esporófitos, por sua vez, vivem pouco tempo, morrendo logo após a liberação dos esporos.

Ciclos de vida

Todo ser vivo tem um **ciclo de vida**: nasce, desenvolve-se, adquire a capacidade de originar descendentes e, após um período variável, morre.

Em muitas espécies, como no caso do ser humano, a reprodução ocorre durante a fase adulta, apenas de modo sexuado: são necessários gametas de dois indivíduos, de sexos diferentes, para originar os descendentes.

Em outras espécies, como nas plantas em geral, o ciclo de vida completo envolve duas formas de reprodução: a reprodução sexuada origina novos indivíduos, que, ao se desenvolverem, se reproduzem assexuadamente. Os indivíduos originados assexuadamente também se desenvolvem e adquirem a capacidade de se reproduzir sexuadamente, fechando o ciclo.

Esse tipo de ciclo de vida é compartilhado entre as plantas e algumas algas.

Nas briófitas, a **fase esporofítica** (fase assexuada do ciclo de vida) apresenta duração reduzida, e a **fase gametofítica** (fase sexuada) é duradoura.

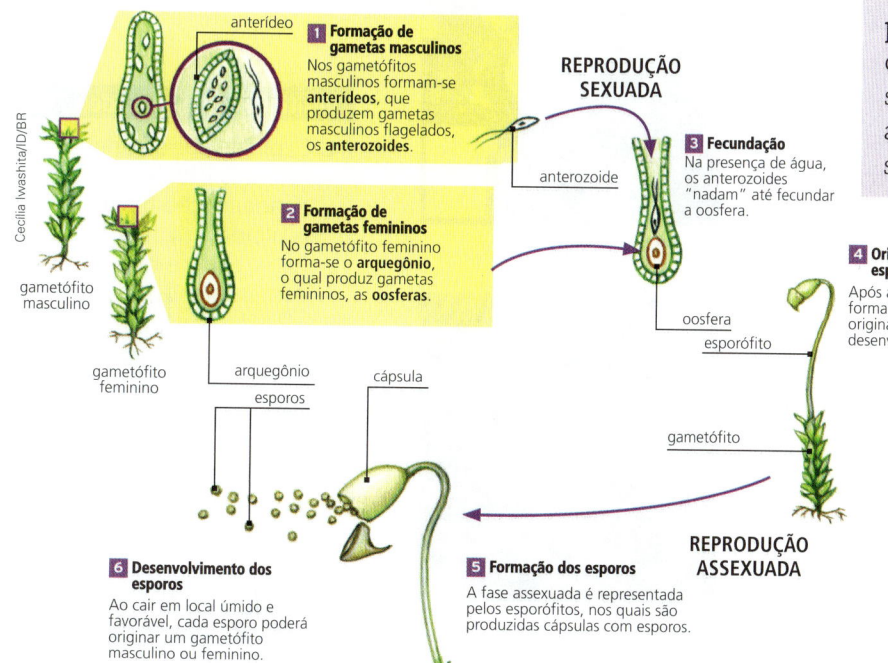

---

1 Formação de gametas masculinos
Nos gametófitos masculinos formam-se anterídeos, que produzem gametas masculinos flagelados, os anterozoides.

2 Formação de gametas femininos
No gametófito feminino forma-se o arquegônio, o qual produz gametas femininos, as oosferas.

3 Fecundação
Na presença de água, os anterozoides "nadam" até fecundar a oosfera.

4 Origem do esporófito
Após a fecundação será formado o zigoto, que originará o esporófito que se desenvolve sobre o gametófito.

5 Formação dos esporos
A fase assexuada é representada pelos esporófitos, nos quais são produzidas cápsulas com esporos.

6 Desenvolvimento dos esporos
Ao cair em local úmido e favorável, cada esporo poderá originar um gametófito masculino ou feminino.

Ciclo de vida alternante de um musgo. (Representação esquemática simplificada e sem proporção de tamanhos.)

Fonte de pesquisa: Peter H. Raven; Ray F. Evert; Susan E. Eichhorn. *Biologia vegetal*. 7. ed. Rio de Janeiro: Guanabara Koogan, 2007.

●●● Diversidade e classificação das briófitas

As briófitas podem ser reunidas em três grupos, conforme as características que apresentam. O mais diversificado é o grupo dos **musgos**, com pouco mais de 9 mil espécies. Em segundo lugar está o grupo das **hepáticas**, com aproximadamente 6 mil espécies. E, em terceiro, o grupo dos **antóceros**, que tem apenas cerca de cem espécies conhecidas.

Musgos

Os musgos são muito comuns nos ambientes naturais e urbanos do Brasil. Crescem no solo sombreado, em barrancos úmidos, sobre troncos de árvores e até sobre rochas, muros e paredes.

Cada gametófito é uma planta de porte ereto, com altura entre 1 cm e 5 cm. Em geral, muitos gametófitos crescem lado a lado, formando extensos "tapetes" verde-escuros. Uma observação mais cuidadosa (com a ajuda de uma lupa, por exemplo) pode revelar a presença de delicadas hastes da cor de ferrugem, dotadas de cápsulas em suas extremidades: são os esporófitos.

Indivíduos de *Polytrichum*, um musgo comum. Observe os esporófitos (filamento e cápsula) sobre os gametófitos (planta verde).

Hepáticas

As hepáticas em geral crescem em ambiente terrestre, em locais muito úmidos ou sombreados, mas há espécies de água doce. Os gametófitos dessas plantas possuem forma laminar e crescem alastrando-se rente à superfície do substrato. Os esporófitos apresentam forma variada de acordo com a espécie, às vezes com o aspecto de grãos incrustados no gametófito, outras vezes assemelhando-se a minúsculos guarda-chuvas.

Marchantia, uma hepática típica.

Antóceros

Os antóceros apresentam gametófito que crescem de modo rasteiro em solo úmido ou sobre rochas nas margens de rios. São as briófitas menos diversificadas e, talvez por isso, menos conhecidas que as demais.

Indivíduos de *Anthoceros* têm o gametófito rasteiro e os esporófitos eretos.

Viver no frio

Nos ambientes tropicais, as briófitas vivem à sombra das plantas de maior porte.

Existem lugares, porém, onde as briófitas constituem a vegetação dominante. É o caso da **tundra**, bioma típico das regiões árticas.

Na tundra, os musgos podem ser tão abundantes a ponto de constituir um item importante na dieta de alguns animais.

Paisagem de tundra no Parque Nacional de Denali, Alasca, Estados Unidos.

Verifique o que aprendeu ●●●

1. Explique por que nas briófitas usa-se a denominação filoide, cauloide e rizoide, e não folha, caule e raiz, como nas demais plantas.
2. Embora as briófitas sejam os primeiros vegetais a viver no ambiente terrestre, muitos biólogos afirmam que elas não estão verdadeiramente adaptadas a esse ambiente. Como se justifica essa afirmação?
3. Em quais tipos de ambiente é mais provável encontrar representantes das briófitas?

ATIVIDADES

1. No capítulo 2, você viu que a biodiversidade da Terra pode ser classificada em cinco reinos. Neste capítulo, iniciamos o estudo de um deles, o reino das Plantas. Compare os dois organismos, descritos abaixo, e indique qual deles pode pertencer ao reino das Plantas e qual não pode, justificando sua resposta.

   Organismo A: corpo formado por células dotadas de núcleo; no interior das células são visíveis estruturas de cor verde; possui metabolismo aeróbio.

   Organismo B: corpo formado por células dotadas de núcleo; no interior das células não são visíveis estruturas pigmentadas; elimina substâncias que digerem material orgânico do ambiente, e esse material digerido é posteriormente absorvido.

2. A figura ao lado mostra um representante das briófitas. Observe a figura e responda:
   a) A qual grupo das briófitas pertence a planta representada? Justifique.
   b) Identifique as estruturas apontadas pelos fios numerados de I a VI e escreva-as no caderno.
   c) Onde se formam os esporos?
   d) Onde se formam os gametas?

3. O texto abaixo descreve as etapas do ciclo de vida de um musgo, mas apresenta algumas lacunas, o que dificulta sua compreensão. Complete as lacunas com os termos corretos.

   (Representação sem proporção de tamanhos.)

   Nos musgos, na etapa sexuada da reprodução, após a _____, forma-se o _____, que pode ser descrito como um filamento alongado com uma cápsula em sua extremidade. Quando a cápsula se abre, são liberados os _____. Estes podem cair em solo úmido, germinar e originar uma estrutura verde – o _____ –, que se desenvolve em um novo musgo. Na parte superior desse novo musgo, formam-se os _____ masculinos e femininos. O gameta masculino se desloca através da _____ até o gameta feminino, fecundando-o.

4. A tabela a seguir apresenta uma comparação entre os diferentes grupos de briófitas e suas características, mas está incompleta. Complete as lacunas com os termos corretos.

Grupo/característica	Musgos		
Hábitat			solo úmido ou em rochas nas margens de rios
Porte do gametófito		rasteiro e laminar	
Aspecto do esporófito	haste ereta com cápsula		
Exemplo			*Anthoceros*

MÓDULO 2

Pteridófitas

As pteridófitas, como as briófitas, são plantas desprovidas de sementes e flores. No passado, chegavam a formar extensas florestas; hoje são encontradas principalmente à sombra de plantas de maior porte, nas regiões tropicais e subtropicais do planeta.

As pteridófitas atuais mais conhecidas são as samambaias, mas o grupo inclui também avencas, cavalinhas e licopódios, entre outras. Em geral, são plantas pequenas ou de médio porte, mas algumas espécies podem atingir vários metros de altura.

A maioria das espécies é terrestre e cresce diretamente sobre o solo ou apoiadas no tronco de árvores (plantas epífitas). Algumas espécies suportam locais mais secos e ensolarados, mas a maioria das pteridófitas está mais adaptada a ambientes sombreados e úmidos. Por esse motivo, são mais abundantes e diversificadas nas florestas tropicais do planeta, como a Mata Atlântica e a floresta Amazônica.

As pteridófitas mais conhecidas são as samambaias. Mata Atlântica em Ribeirão Grande (SP).

Como as briófitas, as pteridófitas também não produzem flores nem sementes e dependem da água para a reprodução. Ao contrário das briófitas, porém, as pteridófitas apresentam vasos condutores de seiva e, por isso, estão mais adaptadas à vida no ambiente terrestre.

••• Organização corporal das pteridófitas

As pteridófitas são chamadas de **plantas vasculares**, pois apresentam um sistema interno de vasos condutores que transportam seiva entre as várias partes da planta, o que permite que essas plantas atinjam tamanhos maiores do que as briófitas. Além disso, devido à presença de vasos condutores, os biólogos reconhecem a existência de órgãos verdadeiros nessas plantas, isto é, raízes, caule e folhas.

Nessas plantas, as **raízes** têm a função de fixar a planta ao substrato e absorver água e nutrientes.

O caule pode ser do tipo **rizoma** – que cresce sob ou sobre o solo, paralelamente à superfície –, ou pode ser aéreo, que cresce de forma ereta.

As **folhas** podem ser simples ou compostas (divididas em folíolos). Na superfície inferior de algumas folhas desenvolvem-se os **soros**, onde se formarão os esporos, estruturas que participam da reprodução da planta.

Estrutura corporal do esporófito de uma samambaia. As folhas jovens, ainda enroladas, são chamadas de báculos. No detalhe, ampliação de um soro. (Representação esquemática sem proporção de tamanhos.)

Fonte de pesquisa: Peter H. Raven; Ray F. Evert; Susan E. Eichhorn. *Biologia vegetal*. Rio de Janeiro: Guanabara Koogan, 2007.

A presença de **vasos condutores de seiva** permite às pteridófitas alcançar porte maior que o das briófitas.

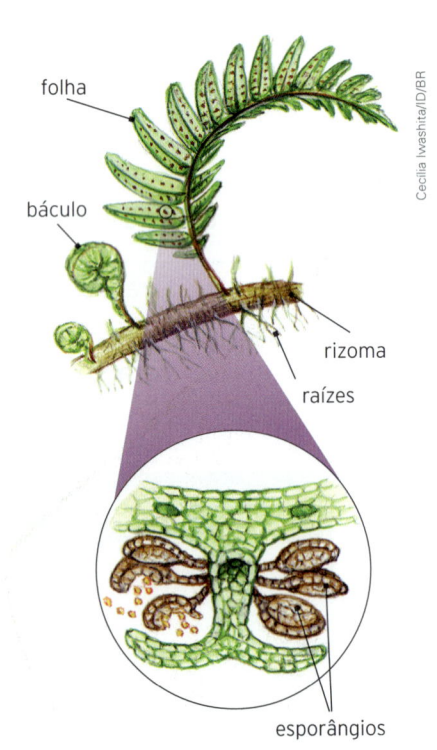

●●● Ciclo de vida das pteridófitas

O ciclo de vida das pteridófitas, como o das outras plantas, inclui alternância entre as **fases** sexuada (ou **gametofítica**) e assexuada (ou **esporofítica**).

Nas pteridófitas (ao contrário das briófitas), a **fase** duradoura do ciclo é o **esporófito**. No caso das samambaias, por exemplo, o **esporófito** é a **planta** que cultivamos no vaso. O **gametófito** é uma **planta** bastante pequena – também chamada de **protalo** –, que tem vida muito curta e morre logo após a fecundação.

No esporófito, os esporos são produzidos nos **esporângios**, estruturas localizadas no interior dos **soros**, pontinhos que podem ser vistos na parte inferior de algumas folhas. Quando os soros ficam mais escuros, significa que os esporos estão maduros e serão liberados no ambiente. Se caem em local apropriado, os esporos germinam e se desenvolvem em protalos.

Cada protalo contém estruturas onde se formam as **oosferas** (gametas femininos) e os **anterozoides** (gametas masculinos). Na presença de água, o anterozoide se desloca até o arquegônio e fecunda uma oosfera. Após a fecundação, forma-se o zigoto, que se desenvolve em um novo esporófito, e o ciclo se reinicia.

Nas pteridófitas, a fase duradoura – o esporófito – se reproduz por esporos, que são facilmente transportados pelo vento ou água e germinam originando gametófitos – os protalos – independentes da planta que os originou. Essa facilidade em se dispersar representa uma grande vantagem adaptativa em relação às briófitas e deve ter contribuído para que as pteridófitas fossem consideradas o grupo dominante no passado.

> No ciclo de vida das pteridófitas, a **fase esporofítica** é a duradoura, e a **fase gametofítica** apresenta duração reduzida.

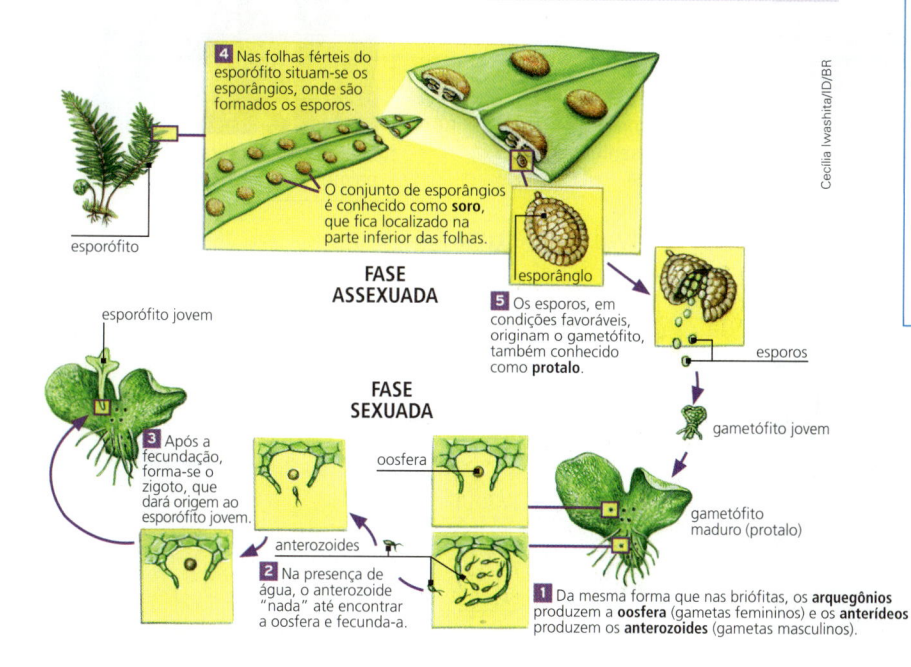

Briófitas, pteridófitas e a dependência de água

Todo ser vivo necessita de água, e as plantas não são exceção. Não é suficiente, porém, apenas retirar água do ambiente; é necessário também reter a água no organismo. Em geral, a impermeabilização do caule e das folhas por ceras ou outros materiais protege as plantas da transpiração excessiva, que as faria perder muita água.

I. Será que essas adaptações estão presentes nas briófitas e nas pteridófitas?

Para responder a essa pergunta, faça uma rápida investigação: observe folhas de samambaias e de outras pteridófitas e filoides de musgos. Examine a superfície das folhas ou dos filoides com uma lente de aumento e, se possível, sinta a textura das folhas com a ponta dos dedos. Descreva o que observou: A textura é lisa ou áspera? O aspecto da folha é fosco ou brilhante? Nota-se a presença de estruturas semelhantes a pelos na superfície da folha? Que outros detalhes e estruturas você percebe?

Em seguida, compare as folhas e os filoides analisados com a superfície de folhas de plantas que crescem expostas ao sol, como arbustos ou pequenas árvores. Que diferenças você nota? Escreva um pequeno texto descrevendo suas observações e conclusões.

Ciclo de vida de uma pteridófita. (Representação esquemática simplificada e sem proporção de tamanhos.)

Fonte de pesquisa: Peter H. Raven; Ray F. Evert; Susan E. Eichhorn. *Biologia vegetal*. Rio de Janeiro: Guanabara Koogan, 2007.

●●● Diversidade e classificação das pteridófitas

São conhecidas aproximadamente 12 mil espécies de pteridófitas atuais. Os principais grupos são:

- **filicíneas**, pteridófitas mais comuns, com cerca de 11 mil espécies, muitas delas epífitas, incluindo as samambaias, avencas, rendas-portuguesas, chifres-de-veado e a samambaiaçu (xaxim);

Avenca (*Adiantum* sp) com soros na borda dos folíolos. Rio de Janeiro (RJ).

Samambaias gigantes (*Cyathea delgadii*). Ilha da Trindade (ES).

Renda-portuguesa (*Davallia fejeensis*).

- **licopodíneas**, com cerca de mil espécies de plantas, popularmente conhecidas como selaginelas e licopódios;

Lycopodium, um gênero representativo de licopodínea.

- **equissetinas**, com apenas oito espécies. A cavalinha é um exemplo de equissetina.

A cavalinha é uma equissetina típica.

Plantas epífitas

Muitas espécies vegetais crescem apoiadas sobre outras plantas e, por isso, recebem dos botânicos o nome de "epífitas" (do grego *epi*, "sobre"; *fito*, "planta"). Ao utilizarem outra planta como suporte, ficam mais expostas à luz do que se estivessem no chão.

As plantas epífitas absorvem a água e os nutrientes do ambiente diretamente pelas folhas, pois suas raízes não alcançam o solo. As raízes, portanto, servem principalmente para fixar a epífita sobre a outra planta, mas também podem absorver nutrientes que chegam até elas e a água da chuva que escorre sobre os galhos da planta em que se apoiam.

As epífitas não são parasitas, pois não retiram nutrientes da planta em que se apoiam.

Samambaias epífitas em tronco de palmeira. São Paulo (SP).

●●● As pteridófitas do passado

Os registros fósseis indicam que as primeiras pteridófitas, que eram semelhantes às atuais licopodíneas, surgiram há aproximadamente 400 milhões de anos.

Os licopódios e as selaginelas atuais são de pequeno porte, mas seus ancestrais eram as maiores plantas de sua época, atingindo até 50 m de altura. No período Carbonífero, ocupavam extensas áreas pantanosas. Essa característica persiste até hoje: embora de tamanho reduzido, as atuais licopodíneas são encontradas apenas em locais úmidos.

Representação artística de uma floresta do período Carbonífero, com pteridófitas gigantescas.

As cavalinhas também têm ancestrais gigantescos, que atingiam até 30 m de altura. No entanto, ao contrário das licopodíneas, as ancestrais das cavalinhas ocorriam em locais com menor umidade e, por isso, podiam colonizar maior variedade de ambientes.

Desde o Carbonífero, as filicíneas já eram o grupo mais abundante e diversificado de pteridófitas e também apresentavam espécies de porte arbóreo. Atualmente, a maioria das filicíneas é de pequeno porte, mas algumas espécies podem alcançar vários metros de altura, como a samambaiaçu.

As filicíneas são as pteridófitas que conseguiram melhor adaptação ao meio terrestre. Certas variedades sobrevivem até no semiárido.

GLOSSÁRIO

Carbonífero: período compreendido entre 355 milhões e 290 milhões de anos atrás, aproximadamente; seu nome deve-se à grande quantidade de carvão mineral encontrada nas formações rochosas do período. Acredita-se que esse carvão tenha se originado de grandes florestas e pântanos existentes na época.

A samambaiaçu

A samambaiaçu é nativa da Mata Atlântica. Ela tem uma espécie de "tronco" espesso, formado por **fibras do rizoma** (diferentemente do tronco verdadeiro de outras plantas, formado por madeira), que permite à planta alcançar mais de 4 m de altura.

A samambaiaçu, também conhecida como xaxim, era usada na fabricação de vasos. Serra do Rio do Rastro (SC).

A extração indiscriminada para utilização do xaxim e a redução da Mata Atlântica fizeram com que as populações de samambaiaçu reduzissem drasticamente. Hoje a extração e a comercialização do xaxim são proibidas por lei, e a espécie faz parte da Lista Oficial de Flora Ameaçada de Extinção.

Verifique o que aprendeu ●●●

1. Nas briófitas, o esporófito depende do gametófito para sobreviver; o mesmo não se verifica entre as pteridófitas. Você concorda com essa afirmação? Justifique.

2. Embora mais adaptadas ao ambiente terrestre do que as briófitas, as pteridófitas ainda encontram limitação à ocupação de ambientes mais secos. Explique.

3. Algumas pessoas eliminam as samambaias que crescem sobre o tronco das árvores temendo que essas pteridófitas sufoquem ou debilitem as árvores. Esse temor é justificado? Explique.

ATIVIDADES

1. Qual é a importância do sistema vascular nas pteridófitas? Para responder, compare-as com as briófitas.

2. Na foto ao lado vemos folhas de uma avenca, uma pteridófita filicínea. Observe-a e responda.
   a) A avenca da foto corresponde a qual etapa do ciclo de vida de uma pteridófita?
   b) A avenca da foto já atingiu o estágio reprodutivo? Justifique sua resposta.

   Avenca.

3. O esquema a seguir representa o ciclo de vida de uma pteridófita, mas está incompleto. Complete o esquema com os termos corretos.

   gametófito ou _____ →desenvolvimento→ planta adulta ou _____

   onde ocorre a _____ ←desenvolvimento← produz esporos nos _____

4. Os esquemas a seguir representam diferentes etapas do ciclo de vida de uma samambaia.

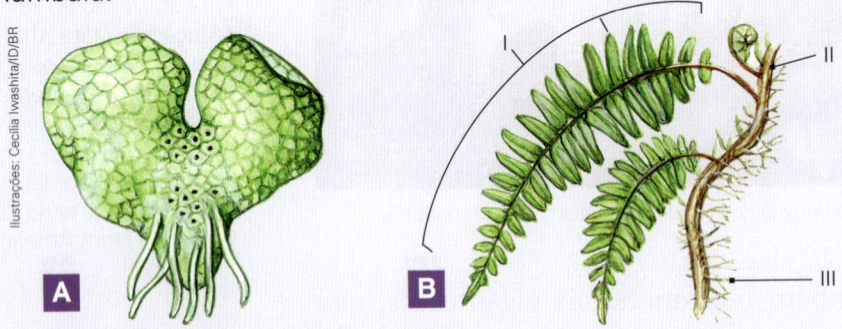

   A   B

   (Representações sem proporção de tamanhos.)

   a) Qual figura representa o gametófito e qual representa o esporófito?
   b) Como se chamam as estruturas indicadas com números?

5. Em relação ao ciclo de vida, afirma-se que as pteridófitas são dependentes da água para reprodução. Responda.
   a) Em qual etapa do ciclo de vida dessas plantas a água é fundamental para a reprodução?
   b) Por que isso acontece?

6. A frase a seguir foi lida em uma floricultura: "As samambaias são ideais para quem deseja cultivar plantas dentro de casa. Pequenas e delicadas, preferem a sombra e necessitam de regas constantes". Você concorda com todas as afirmações feitas nessa frase? Explique.

7. Em filmes de ficção que retratam a vida da Terra em períodos geológicos passados, é comum aparecerem dinossauros, répteis gigantescos que viveram na Terra entre 230 milhões e 65 milhões de anos, em meio a florestas com plantas de grande porte, que se assemelham a enormes samambaias. Comente essa paisagem, explicando se ela é fictícia ou se existe base científica para esse retrato da vida no passado de nosso planeta.

MÓDULO 3

Gimnospermas

Algumas das maiores árvores atualmente conhecidas pertencem ao grupo das gimnospermas, plantas vasculares que apresentam uma grande novidade em relação às pteridófitas: a produção de sementes.

Os ciprestes, os pinheiros, as cicas, as tuias e as sequoias são exemplos de gimnospermas, plantas típicas das regiões temperadas e frias do planeta. Muitas dessas espécies foram introduzidas no Brasil como plantas ornamentais ou devido a seu valor econômico.

O grupo também tem representantes na América do Sul, como o pinheiro-do-paraná ou araucária, espécie nativa do Brasil. A araucária ocorre nas áreas mais elevadas da Mata Atlântica das regiões Sul e Sudeste do país, formando a Mata de Araucárias.

Outro exemplo de gimnosperma sul-americana é o podocarpo ou pinherinho-bravo, que pode ser encontrado naturalmente entre os pinheiros-do-paraná, na Mata de Araucárias.

Um pinheiro-do-paraná (*Araucaria angustifolia*), árvore típica da Mata de Araucárias.

Podocarpo ou pinheirinho-bravo. (*Podocarpus* sp.).

No Brasil, os ciprestes (*Cupressus* sp.) são usados como plantas ornamentais.

Vantagens mútuas

A gralha-azul (*Cyanocorax caeruleus*) é uma ave que vive na Mata Atlântica e se alimenta de insetos, frutos e sementes.

Essa ave apresenta o curioso hábito de enterrar alguns dos pinhões que recolhe do ambiente – provavelmente para comê-los depois. Às vezes, porém, ela não volta aos locais onde enterrou as sementes, que podem então germinar. Assim, a gralha contribui para o plantio das araucárias e colabora para a preservação dessa espécie.

A gralha-azul, ave que vive na Mata de Araucárias e se alimenta de pinhões.

••• A semente

A semente é uma estrutura reprodutiva típica das plantas que aparece pela primeira vez, na história evolutiva vegetal, com as gimnospermas. Uma semente contém um embrião e uma reserva nutritiva, que sustenta a planta jovem no início de seu desenvolvimento, antes que ela comece a realizar fotossíntese. Os pinhões, muito populares nos estados do Sul do país, são as sementes do pinheiro-do-paraná.

Um pinhão, semente do pinheiro-do-paraná (ou araucária), com a casca (marrom) parcialmente cortada, mostrando a reserva nutritiva (parte branca) e o embrião em desenvolvimento (amarelado).

●●● Organização corporal das gimnospermas

As gimnospermas são plantas vasculares, portanto, possuem raízes, caule e folhas verdadeiros. A presença dos vasos condutores de seiva e o **caule lenhoso** bastante desenvolvido em muitas espécies de gimnospermas contribuem para que atinjam dezenas de metros de altura. Algumas chegam a tamanhos gigantescos, como as sequoias (veja fotografia na página 154) e algumas espécies de pinheiros, que estão entre os maiores organismos vivos do planeta.

O caule lenhoso é característico de certas plantas vasculares, que produzem madeira como tecido de sustentação. Por isso, muitas espécies possuem valor econômico, sendo usadas na produção de lenha, móveis, casas, etc. Muitas vezes, uma nova camada de madeira é produzida a cada ano, fazendo o caule aumentar sua espessura e formando anéis que podem ser vistos a olho nu. Em alguns casos, esses anéis permitem calcular a idade da árvore.

Corte de caule de gimnosperma lenhosa mostrando os anéis de crescimento.

A sustentação de plantas tão grandes é garantida pelas **raízes**, que se fixam profundamente no solo e absorvem a água e os sais minerais necessários à manutenção do organismo.

As folhas podem ser alongadas, em forma de agulha, ou achatadas, mas sempre são espessas e têm consistência firme, semelhante à do couro.

Nas extremidades dos ramos das gimnospermas formam-se os **estróbilos**, estruturas reprodutoras características desse grupo de plantas. Na maioria das espécies atuais, os **estróbilos** apresentam a forma de um cone, sendo chamados popularmente de pinhas. Os estróbilos podem ser masculinos ou femininos.

As **sementes** se formam no interior das pinhas femininas. Essas **sementes** são "nuas", ou seja, não são envolvidas por frutos, e esse é o significado do termo **gimnosperma**: *gymnos*, "nu"; *sperma*, "semente".

Por apresentarem essas características – raízes profundas, que podem atingir o lençol freático; folhas espessas, mais resistentes à perda de água; e caule lenhoso, dando firme sustentação – associadas a alguns aspectos da reprodução, pode-se afirmar que as gimnospermas são plantas muito bem adaptadas aos ambientes terrestres.

Estróbilo masculino de pinheiro. Note as folhas da planta em forma de agulha.

Estróbilo feminino de pinheiro.

Plantas sempre verdes

Embora muitas espécies de gimnospermas vivam em ambientes caracterizados por invernos rigorosos, com temperaturas abaixo de 0 °C, essas são plantas tipicamente sempre verdes, isto é, elas não perdem as folhas durante o inverno, ao contrário de outras árvores.

Como as plantas perdem água pelas folhas, a queda dessas estruturas diminui essa perda. Entretanto, no caso das gimnospermas, as folhas, devido a seu formato e a sua consistência, perdem pouca água e são mantidas mesmo durante invernos rigorosos.

O formato da folha também dificulta o acúmulo de neve sobre a planta, o que poderia sobrecarregar os galhos e quebrá-los.

Ao contrário de outras plantas, as gimnospermas mantêm suas folhas mesmo sob inverno rigoroso. Washington, D.C., Estados Unidos.

●●● Ciclo de vida das gimnospermas

Nas gimnospermas, a fase duradoura do ciclo de vida alternante é a **esporofítica** (corresponde à planta que vemos; por exemplo, um pinheiro). A fase gametofítica é extremamente reduzida (microscópica) e ocorre no interior dos estróbilos.

Nos estróbilos masculinos formam-se milhões de **grãos de pólen**, estruturas microscópicas facilmente carregadas pelo vento. No interior do grão de pólen forma-se um gameta masculino: o anterozoide. Cada grão de pólen corresponde a um **gametófito masculino** imaturo.

Nos estróbilos femininos desenvolvem-se estruturas chamadas **óvulos** (note que, apesar de receber o mesmo nome do gameta feminino dos animais, o óvulo das plantas não é um gameta). No interior de cada óvulo forma-se uma oosfera, ou gameta feminino. Os **gametófitos femininos** das gimnospermas, portanto, estão localizados no interior dos óvulos.

Ocorre, então, a polinização, isto é, o grão de pólen levado pelo vento pode atingir um óvulo da mesma espécie. Nesse caso será formada uma estrutura denominada **tubo polínico**, através da qual o gameta masculino migrará até atingir o gameta feminino (oosfera). (Note que a fecundação não depende de água do meio ambiente para ocorrer.). Após a fecundação forma-se o zigoto, que se desenvolve em um embrião. Outras partes do óvulo se desenvolvem em torno do embrião, formando a **semente**, dotada de reserva nutritiva.

As pinhas que amadurecem se abrem, espalhando as sementes. Algumas sementes germinam, gerando esporófitos, que crescem e atingem a idade reprodutiva. Esses indivíduos formarão estróbilos, fechando-se assim o ciclo reprodutivo. Outras sementes podem permanecer em estado dormente, isto é, inativas e sem germinar, até que condições adequadas prevaleçam.

A semente representa, portanto, uma importante adaptação ao ambiente terrestre!

GLOSSÁRIO

Polinização: transporte dos grãos de pólen até as estruturas reprodutivas femininas. Nas gimnospermas, a polinização geralmente é feita pelo vento, mas pode ser realizada por insetos que, ao visitar as plantas em busca de alimento, transportam os grãos de pólen. A fecundação, ou união dos gametas, só pode acontecer após a polinização.

Semente de araucária (pinhão) germinando. O pinheirinho já tem cerca de 4 cm de altura. São Paulo (SP), 2008.

Ciclo de vida de uma gimnosperma. (Representação esquemática simplificada e sem proporção de tamanho.)

Fonte de pesquisa: Peter H. Raven; Ray F. Evert; Susan E. Eichhorn. *Biologia vegetal*. Rio de Janeiro: Guanabara Koogan, 2007.

●●● Diversidade e classificação das gimnospermas

O principal grupo de gimnospermas atuais é o grupo das **coníferas**, assim denominadas porque produzem estróbilos em forma de cone.

Existem cerca de 550 espécies de coníferas, como as araucárias, típicas do território nacional, certas coníferas introduzidas no país – como os pinheiros do gênero *Pinus*, as tuias e os ciprestes – e outras, como as sequoias e os cedros-do-líbano.

As sequoias são árvores gigantescas. Compare a altura de uma pessoa nas proximidades do tronco de um exemplar. Parque Nacional Sequoia, California, Estados Unidos.

As folhas das coníferas em geral são finas e alongadas (lembram agulhas bem grossas) ou achatadas e espessas. Essas características, como vimos, evitam que as plantas percam suas folhas, mesmo nos invernos rigorosos.

Cycas é outro grupo de gimnospermas, com cerca de 50 espécies atuais. São plantas de aspecto semelhante ao de palmeiras de pequeno porte e são muito utilizadas na ornamentação de jardins e parques públicos.

As cicas (*Cycas* sp.) se assemelham às palmeiras. Ilhabela (SP), 2007.

A Matemática da natureza

O matemático Fibonacci criou, no século XIII, uma série de números em que cada um deles é resultado da soma dos dois anteriores. Assim, começando pelo número 1, temos: 1, 1, 2, 3, 5, 8... e assim por diante. Veja a tabela a seguir:

Cálculo da série
(1 + 1) = 2
(1 + 2) = 3
(2 + 3) = 5
(3 + 5) = 8

A chamada "série de Fibonacci" é bastante conhecida na Matemática, mas também está presente na natureza. Os números dessa série podem ser encontrados, por exemplo, no padrão de crescimento das coníferas.

Os galhos brotam do caule, e as sementes formam-se no estróbilo segundo uma espiral que segue esse padrão. E qual seria a explicação para isso? Os biólogos acreditam que esse arranjo favorece a exposição das folhas ao sol e também permite que o espaço do estróbilo seja mais bem aproveitado, aumentando o número de sementes que podem se desenvolver nele.

Fósseis aprisionados na resina

Muitas gimnospermas produzem uma seiva resinosa e aromática que, ao escorrer pela casca da árvore, pode envolver acidentalmente insetos e outros animais pequenos. Em contato com o ar, a resina endurece e fica translúcida, sendo chamada de **âmbar**.

Devido a suas características, o âmbar pode permanecer inalterado por milhões de anos. Os corpos de animais presos no interior desse material ficam conservados, constituindo importante fonte de informação sobre a vida em tempos remotos.

Insetos fossilizados em âmbar.

●●● Gimnospermas utilizadas pelo ser humano

Muitas espécies de gimnospermas são exploradas pelo ser humano para a retirada de produtos utilizados como matéria-prima na indústria.

O **pinheiro comum** (*Pinus elliottii*) fornece madeira e celulose, empregada na produção de móveis e papel. De suas folhas é extraído um óleo essencial, de odor agradável e forte poder bactericida, utilizado como desinfetante e aromatizante. Do tronco se extrai uma resina para a produção de solventes, colas, borrachas, esmaltes e chicletes.

Área de reflorestamento com *Pinus*. Monte Verde (MG), 2004.

A resina que escorre de incisões feitas na lateral do tronco de *Pinus* é usada no preparo de muitos produtos. Estação Ecológica de Angatuba (SP), 2010.

A resina do **cedro-do-líbano** (*Cedrus libani*) era utilizada pelos antigos egípcios na produção de incensos e no processo de embalsamamento de seus mortos. Atualmente, serve para a fabricação de colônias e loções, como aromatizante de armários e repelente de traças.

A **tuia** (*Thuja occidentalis*) é uma árvore frondosa muito comum na ornamentação de parques e jardins. Sua resina era usada pelos gregos como incenso, e os indígenas da América do Norte aproveitavam os troncos para fabricar totens e canoas. Atualmente, o extrato das folhas de tuia é usado na indústria farmacêutica.

A **semente** de muitas espécies é comestível. O pinhão corresponde à semente da *Araucaria angustifolia*, que era largamente consumida pelos guaranis, e ainda hoje é bastante apreciado na culinária dos estados do Sul e Sudeste do Brasil. O *pinoli*, ou *snoubar*, é a semente do pinheiro *Pinus pinea*, muito utilizada na culinária de países do Mediterrâneo e Oriente Médio.

Pinha de araucária com pinhões.

Consumo e conservação

O pinhão está muito presente na culinária dos estados do Sul e do Sudeste brasileiros. Em alguns lugares, há até mesmo festas do pinhão.

Os pinhões consumidos são, na maioria das vezes, coletados em ambientes naturais, uma vez que a árvore, além de ser pouco cultivada, leva muito tempo para começar a produzir sementes. E sabe-se que espécies silvestres, como o serelepe e a gralha-azul, alimentam-se de pinhões.

I. Qual impacto o grande consumo humano de pinhões pode provocar sobre a fauna silvestre e a própria população de araucárias? Como minimizar esse impacto?

Verifique o que aprendeu ●●●

1. As gimnospermas encontram-se mais bem adaptadas ao ambiente terrestre do que as pteridófitas, embora ambos os grupos sejam vasculares. Qual característica, associada ao ciclo de vida, torna a afirmação acima correta? Justifique.
2. O pinhão contém um embrião de araucária. Qual etapa do ciclo – gametófito ou esporófito – é representada pelo pinhão?
3. Muitas sementes de gimnospermas, como pinhões e *pinoli*, são usadas na alimentação humana. Qual característica das sementes permite sua utilização como alimento?
4. Nas gimnospermas pode haver fecundação sem polinização? Explique.
5. Quais características das gimnospermas estão associadas ao grande porte que essas plantas podem apresentar? Explique.

ATIVIDADES

1. Como vimos anteriormente, as pteridófitas e as gimnospermas apresentam vasos condutores de seiva, o que permite a essas plantas alcançar maior tamanho. Mas as gimnospermas desenvolveram também caule lenhoso, e assim podem atingir porte superior ao das pteridófitas. Qual é a vantagem em uma planta desenvolver maior porte que outras?

2. As gimnospermas são consideradas plantas de climas frios, com invernos rigorosos. Cite uma adaptação dessas plantas para a vida nesse tipo de clima.

3. O que significa dizer que muitas espécies de gimnospermas têm caule lenhoso?

4. A fotografia abaixo representa um aspecto dos ramos de uma árvore. A qual grupo de plantas ela pertence? Justifique sua resposta.

10 cm

Jacek/Kino.com.br

5. A figura abaixo representa, de modo esquemático, uma semente de araucária em corte. Observe o esquema e nomeie as estruturas numeradas.

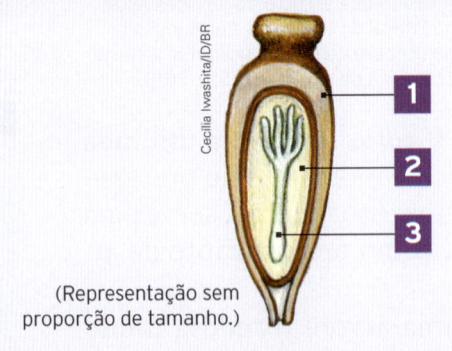

Cecília Iwashita/ID/BR

(Representação sem proporção de tamanho.)

6. Está correto dizer que o vento tem um papel muito importante na reprodução das gimnospermas? Explique.

7. As gimnospermas são plantas bastante exploradas pelo ser humano. Quais características são responsáveis por seu grande valor econômico?

8. O texto a seguir descreve o ciclo reprodutivo de uma gimnosperma. Complete as lacunas com os termos corretos.
   As gimnospermas, como as demais plantas, apresentam um ciclo de vida do tipo _____. A fase duradoura do ciclo é o _____, e as estruturas reprodutoras deste são chamadas _____: os masculinos produzem _____, e os femininos produzem _____. Os grãos de pólen que atingem os óvulos germinam, formando o _____, por onde o gameta masculino migra até a _____, para fecundá-la. Com a fecundação, o óvulo se desenvolve, formando a _____, que contém um _____ e uma _____, que será consumida pela planta jovem.

9. As frases a seguir relacionam a polinização e a fecundação, duas etapas da reprodução das gimnospermas. Leia as frases e decida qual é a correta, justificando sua opinião.
   A – A polinização ocorre após a fecundação.
   B – A fecundação ocorre após a polinização.

CIÊNCIA À MÃO

Cultivando esporos de samambaia

Para começar

É possível observar o ciclo de vida de uma samambaia a partir de uma folha da planta?

Material

- folha fértil de samambaia (com soros maduros), que o professor vai distribuir
- 1 garrafa PET transparente de 2 L (ou maior), vazia e limpa, com a tampa
- terra vegetal (o suficiente para encher 1/4 da garrafa)
- areia ou cascalho (o suficiente para fazer uma camada de 5 cm de altura)
- folha de papel avulsa; lápis para as anotações; tesoura; etiqueta autoadesiva
- 1 rolo de fita adesiva
- 1 recipiente com aproximadamente 0,5 L de água limpa

Procedimentos

1. Mantenha a folha fértil de samambaia em local seco e quente (pode ser o interior de um armário fechado) por 24 horas.
2. Um adulto deverá cortar a parte superior da garrafa (a cerca de 25 cm da base). Guarde a parte cortada e a tampa.
3. Coloque a areia (ou o cascalho) no fundo da garrafa e, sobre ela, a terra vegetal.
4. Despeje água em quantidade suficiente para encharcar a areia (ou o cascalho) do fundo, mas tome cuidado para não encharcar a terra vegetal.
5. Sacuda a folha fértil e seca sobre a folha de papel para coletar os esporos (da folha de samambaia, deve cair um pó amarronzado, que são os esporos).
6. Espalhe os esporos sobre a terra, e não os cubra com a terra.
7. Tampe o "vaso" com a parte cortada da garrafa. Passe fita adesiva em torno da emenda, para vedar bem.
8. Cole a etiqueta, com nome e data da montagem, na lateral da garrafa.
9. Deixe o "vaso" em um lugar quente e iluminado, mas que não receba luz solar diretamente.
10. Faça um diário, onde você deverá anotar as mudanças observadas.

Questões para discussão e avaliação

1. Por que se coloca uma camada de areia ou cascalho no fundo da garrafa?
2. Por que é importante vedar a garrafa e manter a tampinha atarraxada?
3. Por que, desde o início, a garrafa deve ficar em local iluminado?
4. Após o surgimento do esporófito (samambaia), o "vaso" pode ser transferido para um local mais iluminado. Por que isso acontece?

Comunicação dos resultados

Em grupos de 5 pessoas, conversem sobre o que vocês observaram durante o experimento. Em seguida, em uma folha de cartolina, façam desenhos dessas observações. Todos os grupos devem expor os cartazes e explicar os desenhos.

LENDO CIÊNCIAS

ANTES DE LER
- Existem muitas araucárias na natureza?

Mata de Araucárias

Como o próprio nome indica, a árvore predominante na paisagem é a gimnosperma *Araucaria angustifolia*, o pinheiro-do-paraná [...]. Somada a este, a vegetação é constituída também por arbustos, como samambaias e xaxim, e gramíneas. [...]

Araucária ou pinheiro-do-paraná. Campos do Jordão (SP), 2010.

O clima da região é temperado; as estações são bem delimitadas: verões razoavelmente quentes e invernos bastante frios, com geadas frequentes. As precipitações atmosféricas são regulares e abundantes. As copas das árvores não formam uma camada contínua, como ocorre na floresta Amazônica e na Mata Atlântica. E, por serem mais abertas, são menos úmidas do que as florestas pluviais tropicais [...].

Os pinheiros podem ter troncos com um metro de diâmetro e atingirem de 25 a 30 metros de altura. Só se [veem] ramificações no topo da árvore, o que lhe dá um aspecto de guarda-sol. Isso ocorre pelo fato de os ramos mais baixos, que ficam na sombra, serem eliminados, pois a araucária é heliófila, ou seja, uma planta de sol. Suas sementes, os pinhões, são um rico alimento para muitos animais e para o homem [...].

Localiza-se no sul do Brasil, estendendo-se pelos estados do Paraná, Santa Catarina e Rio Grande do Sul. Esse bioma foi intensamente devastado, de modo que, atualmente, a porcentagem de mata preservada não chega a 2% [...]. Deste pouco que restou das matas de araucárias, apenas 40 774 hectares se encontram legalmente protegidos em 17 Unidades de Conservação, perfazendo um total de 0,22% da área original [...].

Disponível em: <http://www.uff.br/espacouffciencias/araucarias.htm>. Acesso em: 5 ago. 2014.

De olho no texto

1. A araucária geralmente cresce mais do que as outras árvores, e sua copa ultrapassa as demais. Como pode ser explicado esse tipo de crescimento?
2. Qual é a importância da semente da araucária para esse ecossistema?
3. Da leitura do texto pode-se deduzir que as araucárias estão ameaçadas de extinção? Justifique com base no que você leu e também no que aprendeu neste capítulo.

QUESTÕES GLOBAIS

1. Os esquemas abaixo mostram etapas do ciclo de vida de musgos (**A**) e samambaias (**B**). Considerando o papel desempenhado no ciclo de vida, estabeleça uma correspondência entre as estruturas identificadas pelos números **I** e **II**, no musgo, com as estruturas representadas pelos números **III** e **IV**, na samambaia. Justifique.

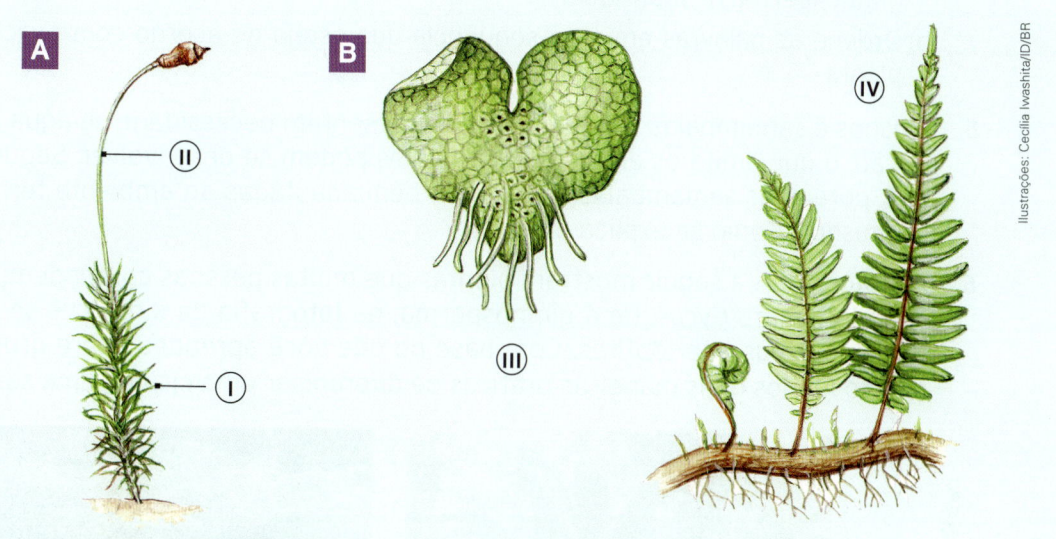

A — II, I

B — III, IV

(Representações sem proporção de tamanhos.)

2. A tabela a seguir apresenta, de modo comparativo, algumas características de briófitas, pteridófitas e gimnospermas.
   a) Preencha os espaços em branco com os termos corretos.

Grupo/característica	Briófitas	Pteridófitas	Gimnospermas
Tipo de ciclo de vida	alternante		
Fase duradoura do ciclo		esporófito	
Depende de água para a fecundação?	sim		
Possui vasos condutores de seiva?			sim

b) Agora, usando os dados da tabela já preenchida, explique por que as gimnospermas são mais bem adaptadas ao meio terrestre do que as briófitas e as pteridófitas.

3. Maria recebeu um vaso com uma linda samambaia no dia de seu aniversário. Semanas depois, perguntaram a Maria como estava a planta. Ela, triste, respondeu: "Acho que minha samambaia está doente, morrendo. Apareceram umas pelotas de cor escura na parte de baixo das folhas e eu achei que fosse alguma doença. Então, arranquei todas as folhas. Em seguida, começaram a nascer folhas novas, mas estavam todas enroladas, e eu também arranquei, com medo de que ela estivesse com alguma praga que passasse para as outras plantas do meu quintal".
Com base no que você aprendeu sobre pteridófitas, que conselhos você pode dar a Maria?

159

QUESTÕES GLOBAIS

4. As palavras listadas a seguir estão relacionadas ao ciclo de vida de um grupo de plantas: **esporófito, gametófitos, gameta masculino, gameta feminino, semente, fecundação, polinização, germinação, estróbilos** (**masculino** e **feminino**).

    a) Uma planta com esse tipo de ciclo de vida é do grupo das briófitas, pteridófitas ou gimnospermas? Justifique.

    b) Ordene as palavras em uma sequência que esteja de acordo com o ciclo de vida da planta.

5. Musgos e samambaias são plantas que apresentam necessidade de água para a reprodução, o que limita os ambientes onde eles podem se desenvolver. Segundo os biólogos, porém, as samambaias estão mais bem adaptadas ao ambiente terrestre do que os musgos. Como se explica esse fato?

6. As fotografias a seguir mostram plantas que muitas pessoas confundem: a da esquerda é do gênero *Cycas*, uma gimnosperma; na fotografia da direita vê-se um grupo de samambaiaçus, pteridófitas. Com base no que você aprendeu sobre grupos vegetais, cite ao menos duas maneiras práticas de diferenciar uma cica de uma samambaiaçu.

Cycas revoluta, uma gimnosperma. Rio de Janeiro (RJ). 3 m

Dicksonia sellowiana, a samambaiaçu. Urubici (SC). 10 m

7. A gralha-azul (fotografia ao lado), espécie típica da Mata Atlântica, alimenta-se de insetos, frutos e sementes, inclusive pinhões. Essa ave tem o hábito de enterrar os pinhões que encontra e não os come imediatamente. Muitos pinhões enterrados pela gralha-azul germinam e formam novas árvores.

    a) Que benefício cada uma das espécies citadas obtém dessa relação?

    b) Qual das duas espécies seria mais prejudicada se a outra entrasse em extinção?

Gralha-azul segurando um pinhão com os pés. Parque das Aves, Foz do Iguaçu (PR), 2011.

Autoavaliação

Com este capítulo demos início ao estudo do reino das Plantas. Você deve ter atingido alguns objetivos preestabelecidos. Relembre esses objetivos (reveja a seção **O que você vai aprender**, na página 141) e responda novamente às questões do item **Converse com os colegas**.

I. Houve mudanças no modo como você respondeu às perguntas?

II. Em sua opinião, os objetivos do capítulo foram alcançados? Por quê?

PARA SABER MAIS

Livros

Araucária: a floresta do Brasil Meridional, de Zig Koch e Maria Celeste Correa. 2. ed. São Paulo: Olhar Brasileiro, 2010.

A obra, repleta de imagens, aborda a formação dos pinheirais desde o surgimento do primeiro antepassado da araucária, há milhões de anos. Revela a flora e a fauna, mostra o modo de vida dos primeiros habitantes da floresta e a ocupação do território pelos colonizadores, bem como a exploração comercial da madeira, fator determinante para seu quase extermínio.

O reino das plantas, de Ricardo Pirozzi. São Paulo: Ibep, 2007 (Coleção Viagem pelo Conhecimento).

Em uma vila no meio do Cerrado, um jovem comerciante chamado Tião conhece dois pesquisadores da flora brasileira. Este encontro frutificará descobertas para eles. Tião aprenderá muito sobre o estudo de flores e frutos. Já os pesquisadores conhecerão um reino mágico, cheio de mistérios e seres fantásticos. Todos entrarão em contato com o maravilhoso reino das plantas.

Tudo o que você queria saber sobre plantas, de Sueli Ângelo Furlan. São Paulo: Oficina de Textos, 2007.

Esta obra esclarece o que são esses nomes ouvidos e repetidos frequentemente: plantas exóticas e nativas; plantas endêmicas e plantas sob risco de extinção. O leitor conhecerá fatos e curiosidades da história das plantas.

Sites

<http://www.jbrj.gov.br/>

Site do Jardim Botânico do Rio de Janeiro, que dispõe de uma vasta coleção de plantas. As atividades de educação ambiental têm como objetivo disseminar os conhecimentos da ciência. O *site* permite uma visita virtual e acesso à lista de espécies da flora do Brasil.

<http://www.algosobre.com.br/biologia/gimnospermas.html>

Textos complementares sobre gimnospermas e a mata de araucária. No campo de busca, digitando "briófita" e "pteridófita", por exemplo, abrem-se outras opções de textos sobre essas plantas.

<http://www.fzb.rs.gov.br/museu/biocuriosidades/>

Site da Fundação Zoobotânica (FZB), órgão responsável pela promoção e conservação da biodiversidade no Rio Grande do Sul. Vale a pena navegar na página para conhecer o Jardim Botânico, o Museu de Ciências Naturais e o Parque Zoológico, todos ligados à FZB.

<http://www.qualibio.ufba.br/014.html>

<http://www.qualibio.ufba.br/015.html>

Textos complementares sobre briófitas e pteridófitas, com imagens de microscópio. As informações são um pouco mais avançadas (o *site* é de um projeto da Universidade Federal da Bahia), mas a visita à página pode valer pelos detalhes das imagens.

Acessos em: 5 ago. 2014.

Existe uma diversidade de flores e frutos, com as mais variadas formas e cores. As plantas que apresentam flores e frutos são as angiospermas. Elas podem ser encontradas nos mais diferentes ambientes e constituem o grupo vegetal mais abundante atualmente.

As flores e os frutos estão presentes na planta apenas em certas épocas do ano. Na foto, tanto as flores quanto os frutos estão representados em seu tamanho real.

Reino das Plantas II

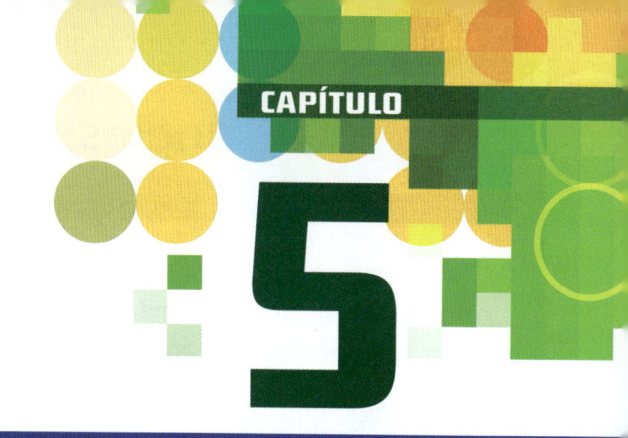

CAPÍTULO 5

O QUE VOCÊ VAI APRENDER

- Características das plantas angiospermas
- Classificação das plantas angiospermas
- Fotossíntese, respiração e transpiração nas plantas
- Reprodução nas angiospermas

CONVERSE COM OS COLEGAS

Os frutos da planta dessa foto são suculentos e, pelo seu colorido, destacam-se da folhagem. As flores dessa espécie têm cor discreta, amarelo-clara, e perfume muito intenso.

1. Você sabe reconhecer a planta mostrada na fotografia? Qual é? Como você a identificou?
2. Você conhece outras flores de perfume intenso ou de colorido vistoso? Quais?
3. Abelhas, borboletas, beija-flores e outros animais frequentemente são vistos sobre flores coloridas e perfumadas. Por que esses animais visitam flores desse tipo?
4. O fruto da planta mostrada na fotografia é suculento e nutritivo. Além do caldo nutritivo, o que mais é encontrado no interior do fruto?
5. Você aprendeu, no capítulo anterior, que as sementes contêm uma reserva nutritiva destinada ao embrião da planta. Qual poderia ser a função do material nutritivo encontrado no fruto?

MÓDULO 1

As angiospermas

As angiospermas constituem o grupo de plantas mais diversificado no mundo. São conhecidas mais de 250 mil espécies, o que corresponde a aproximadamente 90% de todas as espécies de plantas atuais.

As angiospermas são muito diversificadas, o que possibilita a essas plantas colonizarem diversos hábitats, desde as florestas tropicais até as regiões geladas do planeta. Também há muitas espécies aquáticas, que vivem imersas ou flutuando na superfície da água.

A importância econômica desse grupo também é enorme. Aproximadamente 3 mil espécies são utilizadas pelo ser humano como fornecedoras de alimentos e de outros produtos. Milho, arroz, feijão, soja, cana-de-açúcar, algodão, trigo e café são alguns exemplos de angiospermas.

Idade incerta

Os fósseis mais antigos de angiospermas mostram plantas de pequeno porte, frágeis e que cresciam em ambientes alagadiços. Essas características dificultam a formação de fósseis, o que pode indicar que as angiospermas são muito mais antigas do que se supõe atualmente.

••• Origem das angiospermas

Assim como as gimnospermas, as angiospermas apresentam órgãos verdadeiros – raízes, caule e folhas –, mas caracterizam-se por apresentar **flores** e **frutos**, estruturas ausentes nas gimnospermas. Os biólogos acreditam que as angiospermas tenham evoluído de plantas ancestrais gimnospermas.

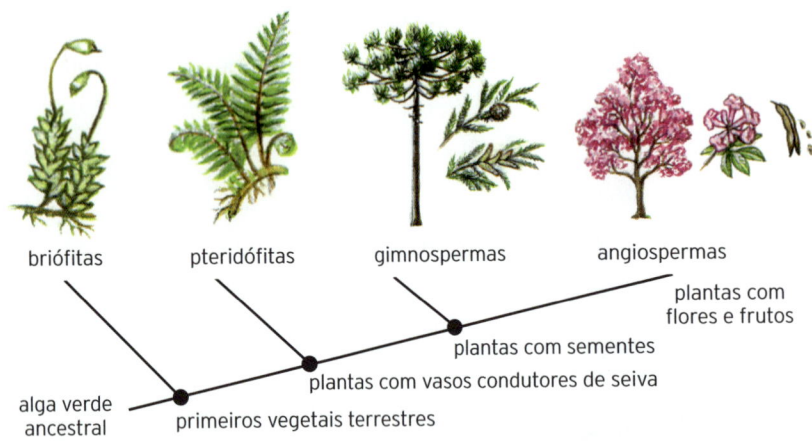

A evolução das plantas. (Representações sem proporção de tamanhos.)
Fonte de pesquisa: P. H. Raven; R. F. Evert; S. E. Eichhorn. *Biologia vegetal.* 7. ed. Rio de Janeiro: Guanabara Koogan, 2007. p. 241.

Fósseis de ramos com flores e de grãos de pólen típicos de angiospermas indicam que esse grupo existe há mais de 120 milhões de anos.

Os vestígios mais antigos conhecidos de plantas desse grupo são fósseis de estruturas semelhantes a flores encontrados na província de Liaoning, na China. Nas plantas fossilizadas pertencentes ao gênero *Archaefructus* não existem pétalas, mas as sementes encontram-se protegidas no interior de frutos, característica típica das angiospermas.

Fóssil (no alto) e reconstituição artística (acima) de *Archaefructus*, uma angiosperma muito antiga, já extinta. A planta atingia aproximadamente 50 cm de altura.

••• Estrutura das angiospermas: flores e frutos

Flores e frutos são órgãos exclusivos das angiospermas. A evolução do grupo está relacionada à presença dessas estruturas, fundamentais para a formação e dispersão das sementes.

Flor

As flores são os **órgãos de reprodução** das angiospermas. Em seu interior, formam-se óvulos e grãos de pólen, e, portanto, é nelas que ocorre a fecundação.

As flores podem ter tamanhos e formatos variados. Muitas flores possuem características que atraem animais, como cores chamativas, perfume e néctar. Os animais coletam o néctar e o pólen, dos quais se alimentam, e colaboram com o transporte dos grãos de pólen de uma flor para outra. Embora existam flores polinizadas pelo vento, acredita-se que a polinização realizada por animais seja um fator importante na evolução das angiospermas.

Fruto

Os frutos se formam a partir do desenvolvimento das flores fecundadas e geralmente contêm sementes. O nome "angiosperma" é formado por duas palavras gregas: *angeion*, bolsa, e *sperma*, semente, referência à presença de frutos.

A **proteção da semente** deve ter sido a principal função dos frutos nas angiospermas mais antigas. Porém, assim como as flores, os frutos possuem variedade de formas e tamanhos. Muitas vezes, as características dos frutos colaboram para que os animais, o vento ou a água **transportem as sementes** para longe da planta-mãe, onde germinarão.

Muitos frutos são comestíveis, compondo um importante item na dieta de animais.

> **GLOSSÁRIO**
>
> **Néctar:** líquido açucarado produzido pelas plantas em estruturas especiais, denominadas nectários, geralmente localizadas nas flores. O néctar serve de alimento para diversos animais, como aves e insetos.

Abelhas pousadas sobre uma margarida. As abelhas da foto medem cerca de 1 cm.

Fruto da castanheira-do-pará aberto, mostrando as sementes da planta.

Semeando...

Existem fatores que contribuem para que as plantas possam dar origem a outros indivíduos da mesma espécie em ambientes distantes da planta-mãe: a estrutura da semente e as condições que ela estabelece com o local para onde é transportada, além das condições climáticas, são alguns desses fatores.

Animais podem dispersar as sementes carregando-as pela boca, bico, pelo, pena ou liberando-as nas fezes. Dessa forma, plantas das sementes transportadas surgem em outros locais.

Assim, há uma interação entre fauna e flora no processo de dispersão das sementes. Entretanto, ações humanas (como a queimada e o desmatamento, entre tantas outras) podem não apenas comprometer seriamente essa interação, como também contribuir para a extinção de espécies.

De um lado, os animais perdem o alimento e têm o hábitat ameaçado. De outro lado, as plantas perdem tanto o local onde vivem quanto os animais que dispersam suas sementes para outros ambientes.

Vista aérea de área desmatada e de área de vegetação natural de Cerrado. Querência (MT), 2011.

••• Estrutura das angiospermas: raiz e caule

As angiospermas são plantas que possuem órgãos verdadeiros. A raiz e o caule são, respectivamente, órgãos de fixação e sustentação, mas também podem desempenhar outras funções.

Raiz

A raiz é o órgão que **fixa** a planta no solo ou em outro substrato. Em geral, as raízes das angiospermas são subterrâneas, mas algumas espécies possuem raízes aéreas ou aquáticas.

Outra função da raiz é absorver água e nutrientes para a planta.

Na ponta dos ramos das raízes encontra-se a **coifa**, que protege a extremidade da raiz e permite que ela penetre no solo. Próximo às extremidades das raízes, podem ser vistos inúmeros **pelos absorventes**, que retiram água e sais minerais do solo.

Quando, ao observarmos o conjunto de raízes de uma planta, identificamos um **ramo principal**, ou eixo, a partir do qual se originam diversos **ramos laterais**, mais finos, essas raízes são do tipo **axial**, ou **pivotante**. Quando várias raízes se originam de uma mesma região do caule e todas elas têm espessura semelhante, de modo que não seja possível identificar um ramo principal, essas raízes são do tipo **fasciculado**, ou **em cabeleira**.

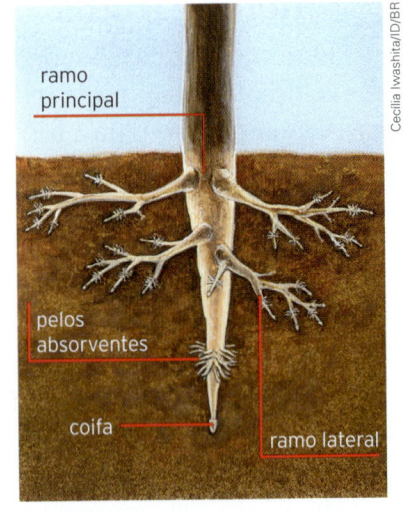

As regiões de uma raiz de angiosperma. (Representação esquemática sem proporção de tamanhos.)

Fonte de pesquisa: P. H. Raven; R. F. Evert; S. E. Eichhorn. *Biologia vegetal*. 7. ed. Rio de Janeiro: Guanabara Koogan, 2007. p. 548.

Nas raízes do tipo **axial** (à esquerda), nota-se um ramo principal, a partir do qual se originam ramos laterais. Nas raízes do tipo **fasciculado** (à direita), não há um ramo principal. (As medidas apresentadas referem-se às raízes.)

Diversidade de raízes de angiospermas

De modo geral, a maioria das angiospermas tem **raízes subterrâneas**.

As raízes podem apresentar adaptações que contribuem para que as plantas sobrevivam em ambientes variados.

Há raízes que crescem no caule, nos ramos ou nas folhas da planta. São as **raízes aéreas**, que podem desempenhar diferentes funções. Algumas delas são: auxiliar a planta a obter gás oxigênio (raízes respiratórias) e absorver água e nutrientes de outra planta (raízes sugadoras).

Existem, ainda, as **raízes aquáticas**, que ficam completamente submersas em água. Elas têm a coifa bem desenvolvida, auxiliando a planta na flutuação e na respiração.

Raízes tuberosas armazenam nutrientes, são reservas nutritivas que podem ser usadas pela própria planta. Essa reserva é utilizada em épocas secas ou muito frias. Exemplos: plantas de mandioca, batata-doce, cenoura e nabo.

Mandioca (*Manihot esculenta*).

Raízes-escora ou **raízes-suporte** aumentam a base de apoio da planta e crescem na direção oposta ao solo, onde se fixam e se aprofundam. Exemplo: milho.

Milho (*Zea mays*).

Raízes respiratórias crescem em solo alagado pobre em gás oxigênio. São típicas de plantas de manguezal. Esse tipo de raiz apresenta pequenos furos, pelos quais absorvem gás oxigênio da atmosfera. Exemplos: o mangue-preto e a siriúba.

Mangue-preto (*Avicennia germinans*).

Raízes sugadoras são típicas de plantas parasitas, pois vivem à custa de outras plantas, das quais retiram os nutrientes de que necessitam. Exemplos: cipó-chumbo e erva-de-passarinho.

O cipó-chumbo (*Cuscuta* sp.) pode se estender por vários metros.

Raízes tabulares lembram uma série de tábuas perpendiculares ao solo, que aumentam a base da planta e ajudam na sustentação de árvores grandes. Exemplo: figueira.

Figueira (*Ficus* sp.).

Raízes aquáticas presente em plantas aquáticas. Em algumas plantas, essas raízes possibilitam o armazenamento de gás oxigênio. Exemplos: aguapé, vitória-régia.

Aguapé (*Eichhornia crassipes*).

Caule

O caule é a parte da planta onde se apoiam e se desenvolvem as folhas e os ramos. É responsável pela condução da seiva entre raízes e folhas, mas também desempenha funções como armazenar água e substâncias nutritivas. Na maioria das plantas, o caule é aéreo, ou seja, fica localizado acima do solo.

Estrutura do caule

Os caules possuem regiões especializadas denominadas **gemas**. As gemas são as regiões de crescimento da planta e são capazes de originar novos ramos, folhas e flores.

As gemas podem estar localizadas nas extremidades dos ramos (**gemas apicais**) ou em regiões intermediárias (**gemas laterais**). A região onde existe uma ou mais gemas laterais é chamada de **nó**. Frequentemente o caule é um pouco mais largo na região do nó. A região localizada entre dois nós (entrenó) não apresenta gemas.

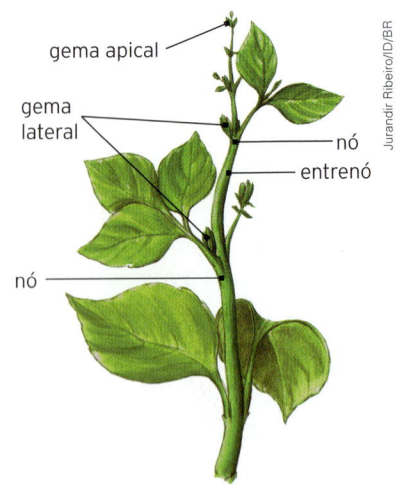

Estrutura de um caule de angiosperma.

A condução da seiva

Seiva é o nome dado aos líquidos presentes no interior dos vasos condutores das plantas. A **seiva mineral**, ou **seiva bruta**, é uma mistura de água e sais minerais absorvida do ambiente pelas raízes.

A seiva mineral é transportada por um conjunto de vasos condutores desde as raízes até as outras partes da planta. Ela é utilizada na fotossíntese, processo que origina açúcares e outras substâncias.

O açúcar produzido pela fotossíntese é transportado, juntamente com água, para todas as partes da planta. Essa mistura, rica em água e açúcares, é chamada de **seiva orgânica**, ou **seiva elaborada**.

O conjunto de vasos que conduzem água e sais minerais (seiva mineral) é denominado **xilema**, e o conjunto de vasos que transporta água e açúcar produzido pela fotossíntese (seiva orgânica) recebe o nome de **floema**.

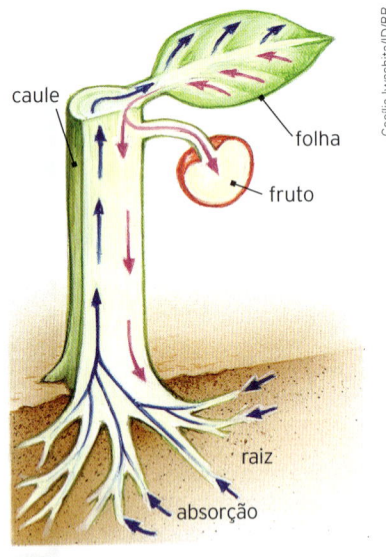

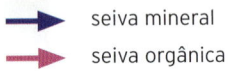

→ seiva mineral
→ seiva orgânica

Esquema do percurso da seiva em uma angiosperma. (Representação sem proporção de tamanhos; cores-fantasia.)

Fonte de pesquisa das imagens da página: P. H. Raven; R. F. Evert; S. E. Eichhorn. *Biologia vegetal*. 7. ed. Rio de Janeiro: Guanabara Koogan, 2007. p. 565, 698-701.

Palmito em extinção

O palmito é a parte mais interna e macia da região superior do tronco de algumas espécies de palmeiras. Esse alimento é constituído por folhas jovens, ainda em formação, e pela gema que origina as novas folhas da planta. Para obter palmito, é preciso remover todas as folhas do caule.

Em algumas palmeiras, como a juçara (*Euterpe edulis*), nativa da Mata Atlântica e ameaçada de extinção, a extração do palmito leva a planta à morte.

I. Sabendo que o caule da palmeira juçara não apresenta nós e ramificações, explique por que a árvore morre após a remoção do palmito.

Palmeiras juçara no Parque Estadual de Vila Rica, Fênix (PR), 2012.

Diversidade de caules de angiospermas

A maioria dos caules é aéreo, mas existem, ainda, caules aquáticos e subterrâneos.

Os caules podem desempenhar outras funções, além da sustentação da planta e do transporte de seiva. Eles podem apresentar diferentes aspectos, dependendo das adaptações ambientais específicas.

Caules aéreos

Os **caules aéreos** são os que ficam acima da superfície do solo. Podem ser **eretos**, **rastejantes**, **trepadores** ou **cladódios**.

Caules eretos

Troncos são caules resistentes e apresentam muitos ramos. As árvores frutíferas e as madeireiras, de modo geral, têm tronco. Exemplos: ipê, jacarandá, abacateiro.

Pau-brasil (*Caesalpinia echinata*).

Colmos são caules cilíndricos, que apresentam os nós muito salientes. Exemplos: bambu (colmo oco) e cana-de-açúcar (colmos cheios).

Cana-de-açúcar (*Saccharum officinarum*).

Hastes são caules finos e frágeis, geralmente de cor verde; ocorrem em plantas pequenas. Exemplos: pé de couve, pé de soja, pé de agrião.

Pé de couve (*Brassica oleracea*).

Estipes são caules bastante resistentes e não ramificados. Exemplos: coqueiros e palmeiras.

Coqueiro (*Cocos nucifera*).

Caules rastejantes crescem paralelamente à superfície do solo. Exemplos: aboboreira e grama.

Aboboreira (*Cucurbita* sp.). A abóbora da foto tem cerca de 25 cm de diâmetro.

Caules trepadores crescem apoiados em um suporte, como cercas e muros. Exemplos: maracujá, chuchu.

Maracujazeiro (*Passiflora* sp.). Os maracujás da foto têm, em média, 8 cm de largura.

Cladódios podem armazenar água e fazer fotossíntese. São encontrados em cactos e outras plantas de regiões áridas.

Cacto (*Opuntia* sp.).

Caules aquáticos

Os **caules aquáticos** podem permanecer parcial ou totalmente cobertos por água. Em algumas espécies, como no aguapé (foto ao lado), o caule tem consistência esponjosa e armazena ar, fazendo com que a planta flutue.

O aguapé tem caule aquático.

Caules subterrâneos

Os **caules subterrâneos** crescem no interior do solo e, em geral, acumulam nutrientes. Sob o solo, esses nutrientes ficam protegidos dos animais herbívoros. Assim, as plantas podem fazer uso dessa reserva nas épocas secas ou muito frias, quando a fotossíntese é reduzida.

De modo geral, os caules subterrâneos podem ser classificados como **tubérculos**, **rizomas** e **bulbos**.

A bananeira tem caule subterrâneo do tipo rizoma. (Representação simplificada sem proporção de tamanhos.)

Tubérculos são caules subterrâneos que armazenam substâncias em seu interior. Muitos tubérculos são utilizados na alimentação humana. Exemplos: batata-inglesa, cará e inhame.

Batata-inglesa (*Solanum tuberosum*).

Rizomas são caules que se desenvolvem no interior do solo. O caule da espada-de-são-jorge e o da bananeira são do tipo rizoma. A parte que fica acima do solo é formada por folhas.

Bananeira (*Musa paradisiaca*).

Bulbos são estruturas vegetais formadas por um pequeno caule subterrâneo, de onde surgem diversas folhas espessas que armazenam nutrientes. Exemplos de plantas que apresentam bulbo: lírio, alho, cebola e copo-de-leite.

Cebola (*Allium cepa*).

Verifique o que aprendeu

1. Existem flores com variadas formas, tamanhos, perfumes e colorações. Você acredita que essa variação traz algum benefício? Justifique sua resposta.
2. Qual é a importância das angiospermas para o ser humano?
3. Explique a diferença entre a seiva mineral e a seiva orgânica.
4. Um aluno descreve uma planta como "um ser vivo autótrofo que possui raízes enterradas no chão e caule apontando para o céu". Você concorda com essa afirmação? Explique.

ATIVIDADES

1. Insetos e outros animais são frequentemente vistos pousados em flores.
   a) Esse pouso traz algum benefício para a planta? E para o animal?
   b) Com base na resposta acima, classifique a relação ecológica que pode existir entre a planta e o animal.

2. As imagens ao lado mostram o sistema radicular de um pé de milho. A fotografia A mostra a parte que fica abaixo do solo, e a fotografia B, a parte que fica acima dele. Observe as fotografias e responda às questões.

   a) Qual é o tipo de raiz do pé de milho (fotografia A): axial ou fasciculado? Justifique.

   b) O que são as estruturas apontadas pela seta vermelha (fotografia B) e qual é a possível função delas?

3. Ao transplantar uma planta já desenvolvida em um novo local, pode-se simplesmente arrancar a planta do solo, puxando-a pelo caule até liberar as raízes, e depois replantá-la. Ou, então, pode-se cavar cuidadosamente em volta da planta, preservando um torrão de terra em torno das raízes, e proceder ao replantio, mantendo esse torrão integralmente.
   Em qual dos dois métodos de transplante a planta terá mais chances de se desenvolver após o replantio? Explique, citando o que você aprendeu sobre raízes.

4. Algumas plantas possuem raízes aéreas e outras possuem caule subterrâneo. Portanto, a posição em relação ao solo não é critério seguro para diferenciarmos esses dois órgãos da planta. Qual característica poderia ser usada para diferenciarmos raiz de caule?

5. Se colocarmos uma batata em um copo, parcialmente imersa na água, em pouco tempo deverão surgir raízes e folhas (foto ao lado). Sabendo que a batata é um tipo de caule, responda:
   a) De quais partes da batata surgem as folhas?
   b) Em muitas plantas o caule é verde e faz fotossíntese, mas esse não é o caso da batata. Como a batata permanece viva e capaz de gerar folhas, se não faz fotossíntese?

MÓDULO 2 — A folha

As principais funções da folha incluem a fotossíntese, a respiração e a transpiração. As folhas são estruturas que saem lateralmente do caule, em geral com formato de lâmina. Ao longo da evolução, as plantas desenvolveram folhas com formas diversificadas, adaptadas a condições ambientais diversas.

Estrutura da folha

Uma folha apresenta, tipicamente, os seguintes componentes: pecíolo, limbo e nervuras. Observe na figura ao lado.

O **pecíolo** geralmente possui a forma de uma haste, e é a parte da folha que a mantém unida ao caule. Em algumas plantas, como a cana-de-açúcar e o milho, a região de união com o caule é larga e envolvente, formando uma **bainha**.

A folha do milho não possui pecíolo e se une ao caule por meio de uma bainha. Note que as nervuras são paralelas umas às outras.

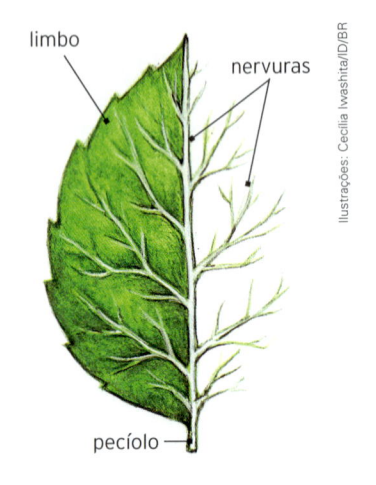

Representação esquemática das partes de uma folha com nervuras ramificadas.

Fonte de pesquisa das imagens da página: P. H. Raven; R. F. Evert; S. E. Eichhorn. *Biologia vegetal*. 7. ed. Rio de Janeiro: Guanabara Koogan, 2007. p. 578-584.

O **limbo** geralmente é alargado e achatado, e corresponde à maior parte da folha. No limbo são observadas as **nervuras**, onde estão os vasos condutores de seiva. Em algumas plantas, as nervuras são ramificadas, formando uma rede, e em outras as nervuras são paralelas.

No limbo existem os **estômatos**, poros microscópicos que permitem as trocas gasosas entre a planta e o ambiente. Através dos estômatos também pode haver passagem de água na forma de vapor, fenômeno conhecido como **transpiração**.

Os estômatos em uma folha podem estar abertos ou fechados, dependendo das condições ambientais. Os estômatos só podem ser vistos com o auxílio de microscópio.

●●● Fotossíntese

As plantas e outros seres autótrofos produzem seu alimento por **fotossíntese**. O alimento pode ser utilizado pela planta ou armazenado e transferido para os seres que a ingerem. Assim, os seres autótrofos – também denominados produtores – são componentes fundamentais das teias alimentares do planeta, sendo essenciais para a manutenção da vida na Terra.

A energia utilizada para a fotossíntese vem da **luz**, absorvida pela **clorofila**, pigmento de cor verde encontrado nas células das folhas e de outros órgãos da planta, como caules e frutos jovens.

Para que a fotossíntese aconteça, são necessários também **gás carbônico** e **água**. Em geral, o gás carbônico é absorvido pelas folhas através dos estômatos, e a água e os sais minerais chegam a elas pelos vasos condutores de seiva mineral.

Durante a fotossíntese, água e gás carbônico são transformados em **glicose** (um tipo de açúcar) e **gás oxigênio**. A glicose vai fazer parte da seiva orgânica e será conduzida a outros órgãos da planta pelo floema. O esquema abaixo resume o processo da fotossíntese:

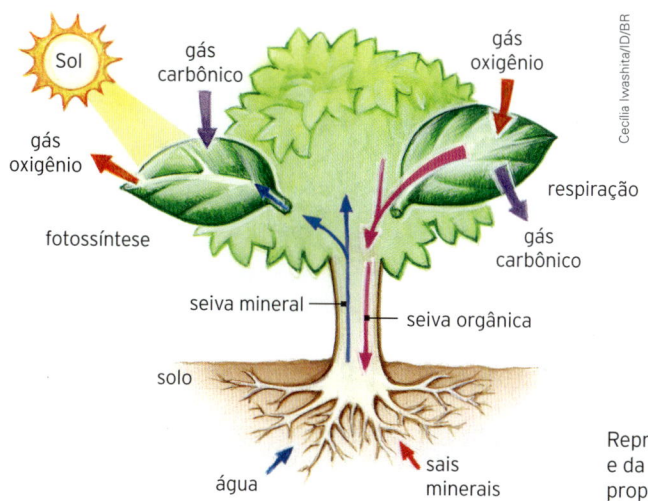

$$\text{GÁS CARBÔNICO} + \text{ÁGUA} \xrightarrow{\text{Luz}} \text{GLICOSE} + \text{GÁS OXIGÊNIO}$$

Representação simplificada da fotossíntese (à esquerda) e da respiração aeróbia (à direita). (Representação sem proporção de tamanhos; cores-fantasia.)

A glicose produzida na fotossíntese pode ser armazenada, transformada em outras substâncias, ou utilizada na **respiração aeróbia**. Nesse processo, a glicose combina-se com o gás oxigênio e gera água e gás carbônico. A respiração aeróbia libera energia, necessária à sobrevivência, ao crescimento e à reprodução da planta.

Nem sempre a planta consome na respiração todo o gás oxigênio produzido durante a fotossíntese. Assim, o gás oxigênio excedente é eliminado na atmosfera.

Uma vez que a planta necessita de luz para iniciar a fotossíntese, a liberação do gás oxigênio só ocorre durante o dia, ao passo que a respiração ocorre o tempo todo.

Créditos de carbono

Uma das resoluções do protocolo de Kyoto refere-se à limitação das emissões de gases estufa. Essa limitação atinge principalmente os países desenvolvidos. Estima-se que $\frac{2}{3}$ das emissões de carbono tenham origem nas indústrias.

Para atingir as metas estabelecidas, em vez de reduzir a atividade industrial, os países desenvolvidos podem comprar créditos de carbono: uma empresa (de um país em desenvolvimento) cria um projeto para reduzir suas emissões de gases estufa.

Para cada tonelada de gás carbônico que a empresa deixa emitir, ela é reembolsada em dinheiro. Outra forma de reembolso é o efetuado por meio do "sequestro de carbono": a absorção de gás carbônico atmosférico pelas plantas.

Calcula-se que 1 hectare de floresta em desenvolvimento absorve de 150 a 200 toneladas de carbono. Assim, projetos de reflorestamento e a própria preservação de áreas florestadas podem ser lucrativos.

●●● Transpiração

A **transpiração** consiste na perda de vapor de água, que ocorre pela superfície do corpo da planta. Aproximadamente 90% da transpiração de uma planta ocorre através dos estômatos. O restante se dá pelas células da superfície da folha, do caule ou outros órgãos da planta.

Os estômatos podem abrir ou fechar, dependendo da disponibilidade de água e de outros fatores do ambiente. Quando a água é escassa, os estômatos permanecem fechados, e a planta retém a água em seu corpo. Se a planta dispõe de água, os estômatos se abrem, e a planta transpira. A absorção de água pelas raízes compensa a perda de água pela transpiração.

A transpiração vegetal promove a ascensão da seiva mineral pelo xilema, desde as raízes até as folhas, pois a evaporação da água nas folhas faz com que a água suba das partes mais baixas da planta em direção às partes mais elevadas.

Em geral, a luminosidade provoca a abertura dos estômatos. Assim, durante o dia, a planta absorve o gás carbônico que será usado na fotossíntese. À noite, os estômatos permanecem fechados, e a planta evita perda desnecessária de água por transpiração.

As folhas expostas ao Sol podem sofrer com o aquecimento excessivo. Em dias muito quentes ou secos, a transpiração é mais intensa. A água no interior das células das folhas está no estado líquido e, ao evaporar, retira calor da planta. Assim, a transpiração ajuda a folha a manter uma temperatura adequada para a sobrevivência das células.

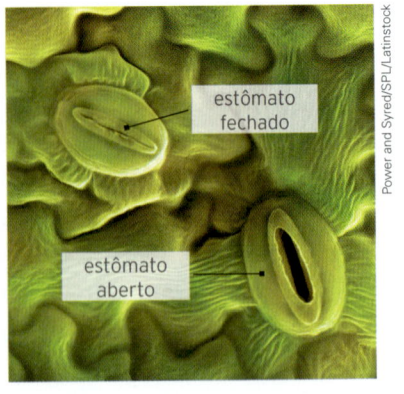

Superfície de uma folha, na qual se vê um estômato aberto e outro fechado. (Fotomicrografia ao microscópio eletrônico de varredura; aumento aproximado de 800 vezes; imagem colorizada.)

●●● Gutação

Quando o ar está muito úmido e o solo fica encharcado, a planta pode eliminar o excesso de água na forma líquida, fenômeno conhecido como **gutação**. Esse fenômeno é mais comum em plantas de pequeno porte, como o morangueiro.

Gutação em folha de morangueiro. Note as gotas de água na margem das folhas.

Árvores e clima urbano

O parque do Ibirapuera ocupa uma área central da cidade de São Paulo. A região do parque era alagadiça – Ibirapuera (*ypi-ra-ouêra*) significa "árvore apodrecida", em tupi –, o que impedia seu uso como parque público. Em 1927, a Prefeitura iniciou o plantio de eucaliptos no local.

Os eucaliptos são conhecidos por suas profundas raízes. A transpiração combinada de centenas de árvores plantadas no local eliminou o excesso de umidade do solo, e em 1954 o parque foi entregue à população.

As árvores transportam água do solo em direção à atmosfera, contribuindo para a manutenção da qualidade de vida nos grandes centros urbanos, cujas populações sofrem com a baixa umidade do ar.

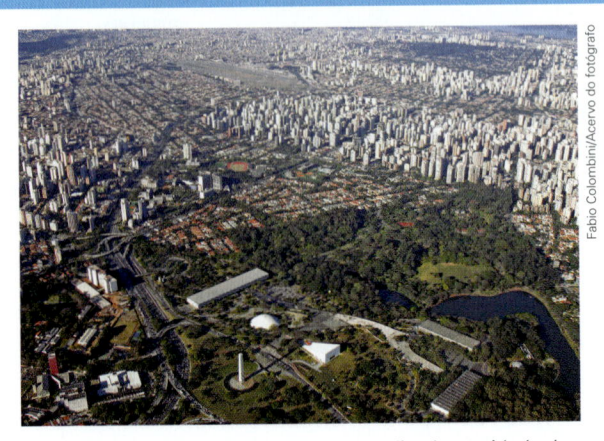

Vista aérea do parque do Ibirapuera, localizado na cidade de São Paulo, 2011.

●●● Diversidade das folhas

As folhas de angiospermas apresentam grande variedade de formas. Essa diversidade se relaciona ao ambiente onde a planta se desenvolve. Por exemplo, uma superfície ampla capta mais luz do Sol, mas também transpira mais. Esse tipo de folha é observado em plantas de ambientes tropicais, onde a água é abundante.

As folhas podem ser classificadas pelo formato ou consistência do limbo, entre outras características.

lanceolada   aciculares   sagitada   assimétrica   partida   trifoliada   digitada   imparipenada   paripenada

Alguns tipos de folhas, classificadas quanto ao formato do limbo. (Representações simplificadas sem proporção de tamanhos.)

Folhas simples e compostas

Nas **folhas simples**, o limbo é inteiriço, ou seja, não apresenta divisões. Nas **folhas compostas**, o limbo é subdividido em unidades menores – os folíolos.

Folhas simples.

Folhas compostas.

Folhas coriáceas e membranáceas

As **folhas coriáceas** possuem consistência enrijecida. As camadas superficiais são formadas por células com parede celular muito espessa, e o limbo pode ser coberto por ceras. Essas características contribuem para a redução da transpiração e estão presentes em plantas que vivem em ambientes onde a água é escassa.

As **folhas membranáceas** são finas e delicadas, típicas de plantas que crescem em ambientes mais úmidos.

Heterofilia

A **heterofilia** consiste na presença de dois ou mais tipos de folha, com forma e função diversas, em regiões diferentes de uma mesma planta

Algumas espécies apresentam heterofilia. Na espécie aquática *Sagittaria* sp., a mesma planta apresenta folhas submersas delgadas e flexíveis, que acompanham o movimento da água sem se romper; folhas superficiais largas, que participam da flutuação; e folhas aéreas, com formato de ponta de lança.

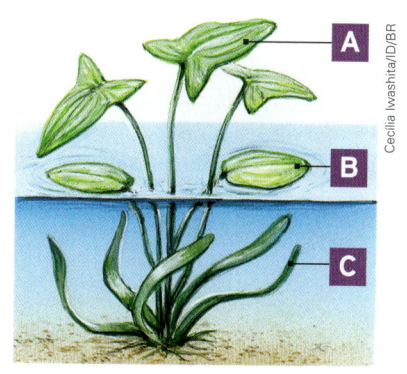

Três tipos de folha em *Sagittaria* sp.: (A) aéreas; (B) flutuantes; (C) submersas.

●●● Folhas modificadas

Certas espécies de plantas apresentam folhas modificadas. Alguns exemplos de folhas modificadas são espinhos, gavinhas, brácteas, espatas, catáfilos e folhas especializadas na captura de presas.

Espinhos

Os cactos, plantas típicas de regiões áridas, apresentam as folhas modificadas em **espinhos**, estruturas rígidas e pontiagudas. Os espinhos possuem pequena superfície de contato com o ar, o que contribui, de um lado, para a redução da transpiração da planta e, de outro, para o aumento da reserva de água.

Os espinhos também protegem a planta de ataques de herbívoros (animais que se alimentam de plantas).

Cactus xique-xique (*Pilosocereus gounellei*), em detalhe os espinhos.
até 4 m

Gavinhas

Gavinhas são modificações das folhas ou do caule. Elas têm o aspecto de fios enrolados e possibilitam que a planta se apoie sobre outra ou sobre um suporte, como cercas e estacas.

Muitas plantas trepadeiras, como o maracujazeiro, possuem gavinhas.

O maracujazeiro usa gavinhas como suporte e pode atingir, em média, 10 m de comprimento.

Onde ocorre a fotossíntese?

As plantas são autótrofas, ou seja, produzem o próprio alimento por meio da fotossíntese. Para realizar a fotossíntese, a planta necessita de luz, que é absorvida pela clorofila e por outros pigmentos.

Em muitas plantas, as folhas são modificadas em espinhos, que não são capazes de realizar a fotossíntese. Observe, nesta página, a imagem do cacto e responda às questões a seguir.

I. Por que os espinhos dessa planta não são capazes de realizar a fotossíntese?

II. Que órgão é clorofilado nessa planta? Justifique.

Acúleos não são espinhos

Os **acúleos** são estruturas pontiagudas presentes no caule de certas plantas e que também oferecem proteção contra animais herbívoros. Erroneamente denominados espinhos, são originados da superfície do caule e não são folhas modificadas.

Os espinhos verdadeiros são folhas modificadas e possuem ligação com os vasos condutores de seiva e outros tecidos internos da planta, o que não ocorre nos acúleos.

As estruturas pontiagudas da roseira são acúleos, e não espinhos.

Folhas "armadilhas"

As plantas carnívoras apresentam folhas modificadas, capazes de atrair, aprisionar e digerir animais de pequeno porte, como moscas e aranhas. Os animais são atraídos pelo odor ou pelo colorido característico dessas armadilhas e ficam presos em estruturas pegajosas ou que se fecham sobre eles.

Essas plantas obtêm seu alimento da fotossíntese. As presas fornecem nutrientes que essas plantas não encontram no solo, em geral pouco fértil, sobre o qual se desenvolvem.

Brácteas e espatas

As brácteas, localizadas na base de algumas flores, são folhas modificadas que podem apresentar colorido vistoso, atraindo polinizadores. A primavera ou três-marias (*Bougainvillea*) é um exemplo de planta com brácteas.

Espatas são um tipo de bráctea que protege as flores, encontradas no copo-de-leite e no antúrio, por exemplo.

Quando o animal pousa, as folhas-armadilha da *Dionaea* se fecham e capturam a presa: uma mosca, no caso destas fotos. As folhas dessa planta têm cerca de 3 cm.

As flores da primavera (*Bougainvillea glabra*) são brancas, pequenas e pouco vistosas. As estruturas coloridas ao seu redor são brácteas, ou seja, folhas modificadas.

As flores do antúrio (*Anthurium andraeanum*) são muito pequenas e estão agrupadas na haste central, amarela. Elas são protegidas por uma espata, que nessa variedade é vermelha.

Catafilos

Catafilos são folhas subterrâneas que acumulam nutrientes e fazem parte dos bulbos. A parte comestível da cebola e do alho são catafilos.

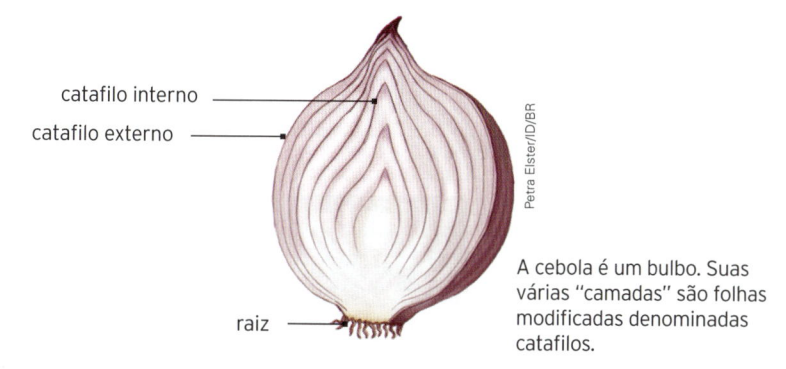

catafilo interno
catafilo externo
raiz

A cebola é um bulbo. Suas várias "camadas" são folhas modificadas denominadas catafilos.

Cotilédone

Os cotilédones são folhas modificadas presentes nas sementes que estão relacionadas à nutrição do embrião. De acordo com a espécie, as angiospermas podem ter um ou dois cotilédones em cada semente.

Verifique o que aprendeu

1. Por que existem tantos formatos de folha?
2. Qual é a importância dos estômatos para a vida da planta?
3. Por que a transpiração da planta é mais intensa nos dias quentes?
4. Plantas com "armadilhas" especializadas na captura de pequenos animais podem ser consideradas autótrofas? Justifique.

ATIVIDADES

1. Você concorda com a afirmação: "Nas plantas, as folhas são as estruturas responsáveis pela fotossíntese"? Escreva um comentário sobre a frase, corrigindo o que for necessário.

2. A cor verde não é encontrada nas partes subterrâneas da planta. Responda:
   a) A que se deve a coloração verde nas plantas?
   b) As partes verdes realizam uma função importante para a planta. Relacione essa função à ausência da cor verde nas partes subterrâneas.

3. Muitas pessoas dizem que a fotossíntese é a respiração da planta. Você concorda com essa afirmação? Justifique.

4. Complete as lacunas com os termos corretos.
   As folhas podem ter várias formas e cores diferentes, mas, em geral, elas apresentam as mesmas partes: o _____, que quase sempre é a maior parte da folha, e onde são vistas as _____, que transportam a seiva; e o pecíolo, que _____. Em algumas folhas, o pecíolo é ausente, e a folha se une ao caule por uma _____.
   No limbo ficam pequenas aberturas microscópicas, os _____. Por essas aberturas ocorrem as trocas gasosas da _____ e da _____. A _____ também ocorre por essas aberturas. Se a planta está com pouca água, as aberturas se _____, e, quando há água suficiente, elas se _____. A _____ de água pela raiz compensa a perda de água da _____.

5. O esquema abaixo representa o fenômeno da fotossíntese. Complete as lacunas com os termos que tornam o esquema correto.
   _____ + ÁGUA → _____ + GÁS OXIGÊNIO

6. A planta realiza não apenas fotossíntese, mas também respiração aeróbica. Usando como base o esquema da questão anterior, faça em seu caderno um esquema que represente a respiração aeróbica.

7. Um estudante coletou várias folhas de plantas caídas no jardim da escola e pesou-as na balança do laboratório. Assim verificou que a massa das folhas era de 43 g. As folhas foram deixadas em uma bandeja, sobre a bancada do laboratório. Passaram-se três dias, e outro estudante pesou as mesmas folhas, obtendo como resultado uma massa de 35 g. Os dois alunos debateram, cada um dizendo que o outro estava errado. Quem está com a razão? Existe outra explicação para os diferentes resultados das pesagens?

8. Leia as informações a seguir, obtidas no *site* da Fundação Oswaldo Cruz.

   URTIGA
   Família: Urticaceae.
   Nome científico: *Fleurya aestuans L.*
   Nomes populares: urtiga-brava, urtigão, cansanção.
   Parte tóxica: pelos do caule e folhas.
   Sintomas: o contato causa dor imediata devido ao efeito irritativo, com inflamação, vermelhidão cutânea, bolhas e coceira.

   A urtiga é uma planta que tem partes tóxicas. Pesquise na internet que cuidados é preciso ter quando nos deparamos com essa planta.

MÓDULO 3

Flor, fruto e semente

As flores são os órgãos reprodutivos das angiospermas. O processo reprodutivo se inicia com a polinização, seguida da fecundação. Os frutos, que se desenvolvem a partir das flores fecundadas, alojam as sementes. Estas contêm um embrião, que pode dar origem a um novo indivíduo.

Flor

As flores apresentam partes férteis (diretamente relacionadas à reprodução) e partes estéreis (que protegem as partes férteis). Tanto a parte fértil quanto a parte estéril se originam de folhas modificadas.

As estruturas envolvidas na reprodução são o **androceu** e o **gineceu**. O **cálice** e a **corola** constituem as partes estéreis e, em muitas flores, atraem os animais polinizadores. Uma flor completa apresenta esses quatro elementos, mas existem muitas espécies que não apresentam um ou mais desses elementos.

Nas angiospermas, os agentes da polinização podem ser o vento, a água ou animais como aves, moscas, abelhas, borboletas e morcegos. Características florais como cor, odor e presença de néctar atraem os animais polinizadores. Acredita-se que a relação com os polinizadores tenha sido um importante fator na evolução das angiospermas, resultando na enorme diversidade de flores existente hoje.

Cálice e corola

O cálice é formado por um conjunto de folhas modificadas denominadas **sépalas**. A corola é formada por um conjunto de folhas modificadas denominadas **pétalas**.

Em geral, as sépalas são menores que as pétalas e possuem cor discreta. Sua principal função é proteger o botão floral. As pétalas, em geral, são maiores e coloridas. Além de proteger os elementos férteis da flor, atraem polinizadores. Porém, em diversas flores as sépalas e as pétalas são muito semelhantes, e pode ser difícil diferenciá-las.

Na flor da roseira, as sépalas e as pétalas possuem aspecto distinto.

Na flor do lírio, as pétalas são semelhantes às sépalas.

Flores e inflorescências

Em muitas angiospermas, as flores ocorrem isoladas, mas em outras elas formam agrupamentos denominados **inflorescências**.

Há diversos tipos de inflorescências, e algumas vezes as flores estão tão próximas umas das outras que parecem ser uma única flor. Veja dois exemplos de inflorescências nas fotos a seguir.

A sibipiruna (em A) apresenta inflorescências em forma de cacho. O girassol (em B) é uma inflorescência formada de flores de dois tipos: flores que não têm pétalas e estão concentradas no miolo da inflorescência e flores associadas às grandes pétalas amarelas que circundam o miolo.

GLOSSÁRIO

Botão floral: flor que não atingiu o completo desenvolvimento e que ainda não se abriu, permanecendo envolta pelo cálice.

Androceu e gineceu

A porção fértil feminina da flor é denominada **gineceu** (do grego *gunaikeîos*, harém, ou aposento das mulheres), e a porção fértil masculina da flor é denominada **androceu** (do grego *andrós*, masculino).

A maioria das flores de angiospermas é hermafrodita, ou seja, as flores apresentam tanto androceu quanto gineceu. Mas existem exemplos de flores que possuem apenas a parte masculina ou apenas a parte feminina. Nesse caso, as flores são unissexuadas.

O esquema abaixo representa uma flor completa, que possui cálice, corola, androceu e gineceu.

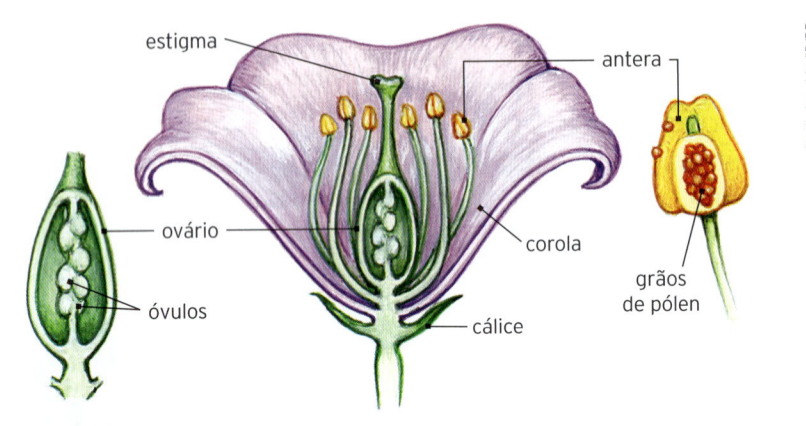

Representação esquemática de uma flor completa vista em corte.
Fonte de pesquisa das imagens da página: P. H. Raven; R. F. Evert; S. E. Eichhorn. *Biologia vegetal*. 7. ed. Rio de Janeiro: Guanabara Koogan, 2007. p. 454-460, 478.

Flores unissexuadas

Nas angiospermas, as flores unissexuadas (masculinas ou femininas) podem estar localizadas na mesma planta, como acontece no milho.

Em outras espécies, as flores unissexuadas estão localizadas em indivíduos separados, como é o caso do salgueiro (ou chorão).

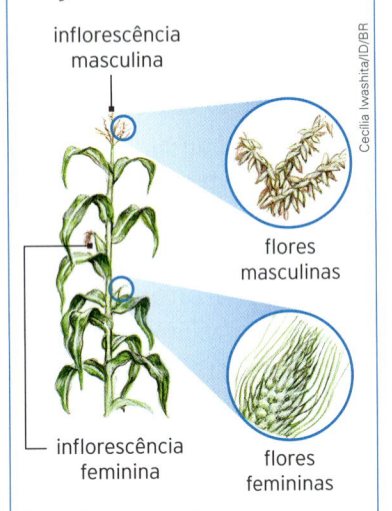

No milho, há uma única inflorescência masculina (formada de flores masculinas), localizada na extremidade superior da planta, e diversas inflorescências femininas (formadas de flores femininas), que darão origem às espigas.

As **anteras** fazem parte do androceu. Cada antera se apoia na extremidade de uma delicada haste. No interior das anteras formam-se os grãos de pólen, estruturas microscópicas dentro das quais se formarão gametas masculinos.

O **ovário** faz parte do gineceu. No ovário formam-se os óvulos, estruturas pluricelulares. No interior de cada óvulo encontra-se um gameta feminino.

O ovário possui uma haste que termina no **estigma**, local que recebe os grãos de pólen liberados pelas anteras. Milhares de grãos de pólen são liberados pelas anteras, o que possibilita a polinização.

O lírio possui flores completas.

O **androceu** e o **gineceu** são os elementos férteis da flor.

Polinização e agentes polinizadores

Nas angiospermas, a **polinização** é a transferência dos grãos de pólen das anteras para o estigma da flor. A polinização pode ocorrer pela ação de agentes como o vento, a água ou os animais.

A polinização pelo vento ou pela água depende muito do acaso, uma vez que esses fatores não estão direcionados para as flores, necessariamente. Algumas adaptações podem aumentar as chances de o pólen alcançar a parte feminina da flor: estigmas grandes, com ampla superfície para receber os grãos de pólen; anteras apoiadas sobre hastes compridas e flexíveis, que balançam com o vento e favorecem sua dispersão; a produção de uma grande quantidade de pólen, por um período relativamente longo; o formato dos grãos de pólen, que facilita a flutuação. As flores polinizadas pelo vento são em geral pequenas, de colorido pálido, não emitem odores e não produzem néctar.

Quando o agente da polinização é um animal, este se sente atraído pela cor ou pelo perfume da flor, e lá encontra alimento: o néctar, que é um líquido açucarado, ou mesmo os grãos de pólen, que são ricos em substâncias nutritivas. Quando o animal toca a flor, provavelmente alguns grãos de pólen ficarão aderidos à superfície de seu corpo e serão transportados para outras flores que forem visitadas por esse animal. Dessa forma ocorre a polinização.

É comum que as características das flores estejam relacionadas ao tipo de **agente polinizador**. Flores polinizadas por abelhas e borboletas, animais de hábitos diurnos, geralmente são coloridas, aromáticas e possuem formatos peculiares.

Flores polinizadas por animais noturnos, como mariposas ou morcegos, são brancas ou exibem cores pálidas, mas emitem fortes aromas, geralmente após o entardecer.

Existem flores cuja aparência se assemelha à do polinizador. Algumas orquídeas imitam o aspecto de abelhas fêmeas e atraem os machos, que, ao tentar copular com a flor, realizam a transferência de pólen.

> **Estratégia adequada**
>
> As angiospermas polinizadas pelo vento são mais comuns nas regiões temperadas, onde plantas da mesma espécie geralmente se encontram próximas umas das outras. A proximidade aumenta o sucesso da polinização pelo vento, e as plantas não gastam energia produzindo néctar e perfumes.
>
> As angiospermas polinizadas por animais são mais comuns nas florestas tropicais. Por causa do grande número de espécies, a distância entre dois indivíduos da mesma espécie é maior. Além disso, como as árvores não perdem as folhas no inverno, a polinização por animais é muito mais eficiente do que a polinização pelo vento.

Uma abelha se alimentando em uma flor. Note a grande quantidade de grãos de pólen aderidos no corpo do animal.

Morcego visitando a flor de um cacto. Esse animal mede cerca de 40 cm de envergadura.

A orquídea *Ophrys speculum* imita o aspecto de uma abelha.

Polinização e fecundação

Após a polinização, inicia-se uma série de transformações.

Os grãos de pólen que chegaram ao estigma de uma flor da mesma espécie germinam, originando um **tubo** que se prolonga desde o estigma até o ovário da flor. No interior dos grãos de pólen formam-se os **gametas masculinos**, que migram pelo tubo até atingir os óvulos.

Polinização e formação do tubo por onde migram os gametas masculinos. (Representação esquemática simplificada sem proporção de tamanho; cores-fantasia.)

No ovário de uma flor pode haver um ou vários óvulos, número que varia de acordo com a espécie de planta. Cada **óvulo** é formado por várias camadas e em geral fica preso ao ovário por uma haste.

No interior dos óvulos formam-se os **gametas femininos**. Quando o óvulo é alcançado por um gameta masculino, ocorre a **fecundação** – união dos gametas – e a formação do zigoto.

Informação valiosa

O formato dos grãos de pólen varia de uma espécie de planta para outra. Assim, grãos de pólen são usados para identificar plantas.

Grãos de pólen fossilizados, encontrados em minas e poços profundos, possibilitam saber quais espécies de plantas viviam no passado.

Essas informações podem contribuir para reconstituir ambientes e o clima de outras eras geológicas.

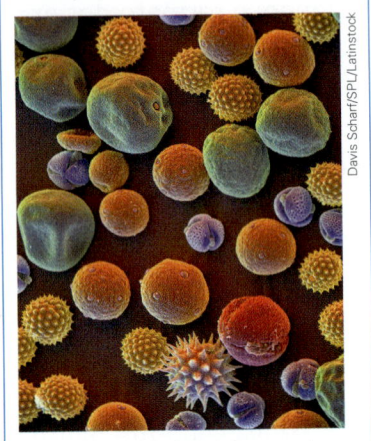

Micrografia eletrônica de varredura mostrando grãos de pólen de diferentes espécies. (Ampliação de aproximadamente 600 vezes; imagem colorizada.)

Interações mutualísticas entre formigas e plantas

[...] Muitas evidências indicam que o mutualismo entre insetos e plantas evoluiu em função de vantagens oferecidas às plantas pelos insetos que forrageavam [vasculhavam em busca de alimento] naturalmente em sua superfície [...]

A associação formiga-planta tem sido documentada, principalmente, em uma relação [...], onde plantas com nectários extraflorais [que não estão nas flores] produzem corpúsculos nutritivos para atrair as formigas, sendo uma fonte rica de carboidratos, aminoácidos, vitaminas, água e outros compostos orgânicos [...] Nos trópicos, mais de 150 espécies de plantas apresentam troncos, espinhos modificados, bolsas foliares e outras estruturas [...], onde espécies de formigas extremamente especializadas estabelecem suas colônias [...] As formigas, em troca de alimento e abrigo, podem:

- agir [...] impedindo o crescimento de plantas trepadeiras e evitando a competição por luz [...];
- acumular matéria orgânica no interior das domáceas, [tipos de estruturas na face inferior das folhas], que pode ser absorvida na forma de nutrientes pela planta [...];
- diminuir o impacto da herbivoria por insetos [...] e/ou mamíferos [...]

Wesley Dáttilo et al. Interações mutualísticas entre formigas e plantas. Publicação do Projeto Entomologistas do Brasil. Disponível em: <http://www.periodico.ebras.bio.br/ojs/index.php/ebras/article/viewFile/44/72>. Acesso em: 5 ago. 2014.

À esquerda, formigas em nectário extrafloral de *Acacia* sp. À direita, operárias da espécie *Azteca* sp. entrando em colônia instalada em embaúba (*Cecropia* sp.).

●●● O ciclo alternante das angiospermas

Nas angiospermas, assim como nas outras plantas, o ciclo de vida da espécie apresenta duas gerações que se alternam. O **esporófito** é a planta que, quando adulta, produz flores.

Os esporos masculinos são produzidos no interior das anteras e, quando se desenvolvem, formam os grãos de pólen. Estes correspondem aos **gametófitos masculinos imaturos**, que se desenvolvem e produzem gametas masculinos.

Os esporos femininos são produzidos no interior dos óvulos. O esporo dá origem ao gametófito feminino, que produz o gameta feminino. O **gametófito feminino**, portanto, encontra-se no interior dos óvulos.

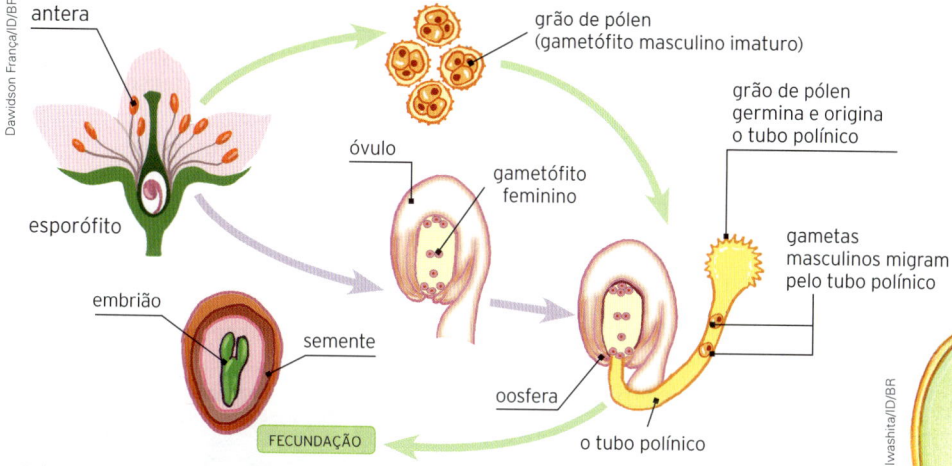

Este esquema mostra as principais etapas do desenvolvimento de uma angiosperma, desde o esporófito até a fecundação, que dá origem a uma semente que contém o embrião, o qual dará origem a uma nova planta, da mesma espécie. (Representações sem proporção de tamanhos; cores-fantasia.)

> Nas angiospermas, a fase **gametofítica** é reduzida e ocorre no interior das flores. A fase **esporofítica** é duradoura: são as plantas à nossa volta e que compõem as paisagens.

●●● A formação da semente

A **semente** é o resultado do desenvolvimento do óvulo. Após a fecundação, o zigoto inicia seu desenvolvimento, originando um embrião. Outras partes do óvulo também se desenvolvem, originando a casca da semente e tecidos que acumulam reservas nutritivas.

A casca é a parte mais externa e protege a semente enquanto esta não germina. Durante a germinação, o embrião se desenvolve, dando origem a uma planta jovem. As reservas nutritivas garantem a energia necessária para esse processo.

> A **semente** é formada pelo embrião, pela reserva nutritiva e pela casca.

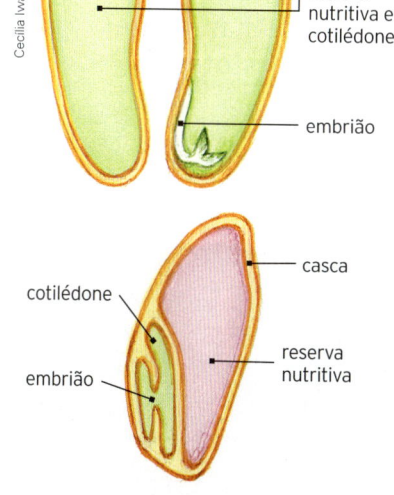

Nas sementes de angiospermas com dois cotilédones (no alto), como as do feijão e da soja, a reserva nutritiva está armazenada nos cotilédones. Nas sementes com apenas um cotilédone (acima), como as do arroz e do milho, a reserva nutritiva é transferida ao embrião através do cotilédone. (Representações sem proporção de tamanhos; cores-fantasia.)

Fonte de pesquisa das imagens da página: P. H. Raven; R. F. Evert; S. E. Eichhorn. *Biologia vegetal*. 7. ed. Rio de Janeiro: Guanabara Koogan, 2007. p. 466-468, 521.

A germinação

A **germinação** das sementes depende da existência de condições ambientais favoráveis. A temperatura, a luminosidade, a disponibilidade de água e de gás oxigênio são fatores que podem desencadear a germinação.

A maioria das sementes contém pouca umidade em seus tecidos, o que impede qualquer atividade celular. Por isso, a semente não germina até que absorva do ambiente certa quantidade de água. Porém, sementes que estejam totalmente submersas podem não germinar, por causa da dificuldade em absorver gás oxigênio nessa condição.

A resposta das sementes à luminosidade é variável. Algumas espécies, como a alface e diversas ervas daninhas, germinam apenas se estiverem expostas à luz. Em outras espécies, a luz não interfere na germinação.

Temperaturas abaixo de 5 °C ou acima de 45 °C impedem a germinação das sementes da maioria das espécies. A faixa ideal situa-se entre 25 °C e 30 °C.

Existem sementes que, mesmo sob condições favoráveis, não germinam: são sementes que se encontram **dormentes** e podem permanecer nesse estado por muitos anos. Em algumas espécies, a dormência é interrompida quando a semente é lavada ou tem sua superfície raspada.

Durante a germinação, a planta jovem utiliza as reservas nutritivas da semente para crescer, desenvolver raízes, caule e folhas, até ser capaz de produzir o próprio alimento pela fotossíntese.

Dormência e banco de sementes

Pelo fenômeno da dormência, muitas sementes depositadas no solo não germinam imediatamente.

Algumas sementes podem permanecer viáveis, isto é, capazes de germinar, durante muito tempo. Em condições naturais, esses depósitos de sementes (chamados bancos de sementes do solo) podem garantir que populações inteiras sejam recompostas após desastres, como queimadas ou secas prolongadas.

Muitos institutos de pesquisa armazenam sementes de espécies ameaçadas de extinção e das variedades silvestres de plantas cultivadas, viabilizando seu uso futuro em pesquisa ou replantio.

As sementes de *Erythrina* podem ficar vários anos dormentes.

Estágios da germinação e do desenvolvimento inicial da soja (*Glycine max*) até a formação de uma planta jovem, capaz de fazer fotossíntese. As sementes de soja têm cerca de 5 mm de diâmetro.

Sequência de fotomicrografias de microscópio eletrônico de varredura mostrando as etapas da germinação de uma semente de canola (*Brassica napus*). As sementes de canola têm cerca de 2 mm de diâmetro.

A formação do fruto

O **fruto** resulta do desenvolvimento do ovário. Por isso, além da semente, o fruto contém uma ou mais partes envoltórias.

Após a fecundação, e ao mesmo tempo que ocorre o desenvolvimento do óvulo e a formação da semente, a parede do ovário – e, em alguns casos, outras partes da flor – torna-se mais espessa. Esse espessamento pode ser acompanhado pelo acúmulo de substâncias nutritivas ou pela formação de um envoltório rígido e resistente.

As principais funções do fruto são proteger a semente e promover sua dispersão, ou seja, transportar a semente para longe da planta-mãe.

Tipos de fruto

Os frutos apresentam enorme variedade de formas e tipos. De modo geral, podem ser classificados em duas grandes categorias: os frutos carnosos e os frutos secos.

Os **frutos carnosos** apresentam polpa macia e suculenta, e em geral são nutritivos e saborosos. Manga, melancia, goiaba, abacate e laranja são exemplos de frutos carnosos.

Os **frutos secos** não apresentam polpa e não são macios nem suculentos. Seus envoltórios são enrijecidos e fibrosos, e em geral não são comestíveis. A vagem do feijão e do amendoim e o fruto da castanheira-do-pará são exemplos de frutos secos.

Frutos falsos

Muitas vezes, além do ovário, outras partes da flor se desenvolvem e tornam-se carnosas, formando um **pseudofruto**, ou fruto falso.

No caju, por exemplo, o fruto verdadeiro é a parte enrijecida, de formato recurvado e que contém a semente (no caso, a castanha). A parte amarelada e suculenta é um pseudofruto, pois não se formou a partir do ovário. Maçã, pera e morango também são exemplos de pseudofrutos.

Frutos sem semente

Algumas vezes, os frutos se formam de flores que não foram fecundadas. Como consequência, o fruto não contém sementes em seu interior. É o caso da banana e da laranja-baía, por exemplo.

Frutas e legumes

Na linguagem cotidiana, chamamos de **frutas** os frutos e pseudofrutos suculentos e adocicados, geralmente consumidos ao natural ou na forma de sucos, geleias, doces e sorvetes.

Outros frutos, como o tomate e o chuchu, são consumidos na forma de saladas ou pratos salgados e são popularmente conhecidos como legumes.

Em botânica, o termo **legume** denomina o fruto das leguminosas, um grupo de plantas. Por essa definição, as vagens do feijão e da soja são exemplos de legumes.

A vagem-macarrão é um exemplo de fruto comestível, chamado de legume tanto por botânicos quanto por feirantes.

A melancia (*Citrullus lanatus*) e o melão (*Cucumis melo*) são exemplos de frutos carnosos.

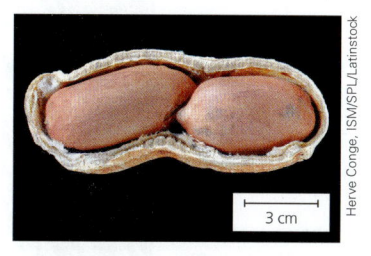

A planta do amendoim (*Arachis hypogaea*) produz frutos secos.

Vagem-macarrão (*Phaseolus vulgaris*).

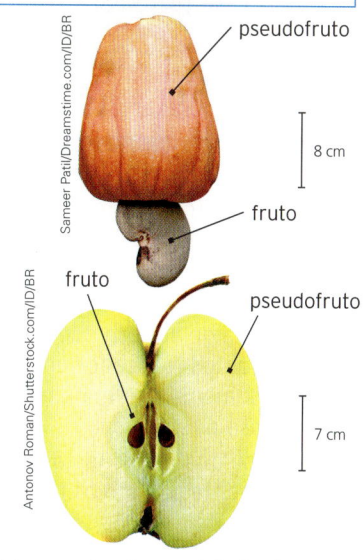

Dois exemplos de pseudofrutos (ou frutos falsos): o caju (*Anacardium occidentale*) e a maçã (*Malus domesticas*).

●●● Dispersão das sementes

Você viu que uma das principais funções do fruto é promover a dispersão das sementes. Ao se espalharem, as sementes podem chegar a locais favoráveis e germinar, originando novos indivíduos. A dispersão evita que as novas plantas disputem os recursos disponíveis com a planta-mãe, aumentando a chance de sobrevivência da espécie.

Os frutos podem ser dispersos pelo **vento**, pela **água** ou por **animais**. Certas características facilitam esse transporte, por exemplo: alguns frutos têm apêndices em forma de asa ou estruturas fibrosas semelhantes a fiapos de algodão, o que facilita sua dispersão pelo vento; outros frutos, como o coco-da-baía, têm estrutura fibrosa, que facilita seu transporte pela água de rios e mares.

O amadurecimento do fruto e da semente ocorre ao mesmo tempo: nos frutos ainda imaturos, verdes, duros e de sabor desagradável, a semente não está pronta para germinar.

Geralmente, quando a semente amadurece, as substâncias que "amarram" a boca transformam-se em açúcares, e o fruto torna-se suculento e colorido, destacando-se da folhagem. Os frutos coloridos e perfumados atraem a atenção de animais, que os consomem e expelem as sementes, muitas vezes longe da planta-mãe.

Os animais, às vezes, transportam frutos sem obter nenhuma recompensa por isso. É o que acontece com os diversos tipos de carrapicho, frutos que possuem espinhos ou produzem uma substância pegajosa e, assim, aderem aos pelos ou às penas de animais, sendo por eles transportados.

As sementes da paineira (*Ceiba speciosa*) são envolvidas por um material fibroso que facilita a dispersão pelo vento. O fruto tem aproximadamente 15 cm de comprimento.

O coco-da-baía (*Cocos nucifera*), quando verde, pode flutuar e ser transportado pela água.

Fruto de carrapicho com espinhos aderido ao pelo de um animal.

Inibindo a germinação

Alguns frutos inibem a germinação das próprias sementes. É o caso da calabura (*Muntingia calabura*), árvore que produz frutos muito apreciados por aves.

As sementes da calabura são envolvidas por uma substância gelatinosa que impede a germinação. Em experimentos realizados em laboratório, observou-se que as sementes germinam quando a camada gelatinosa é removida.

Sabe-se que essa substância é removida naturalmente quando os frutos passam pelo tubo digestório de aves. As sementes não são digeridas e acabam expelidas, aptas para germinar, nas fezes.

Cambacica (*Coereba flaveola*) comendo frutos de calabura. Essa ave tem cerca de 10 cm de altura. Lindoia (SP), 2012.

●●● Plantas anuais e plantas perenes

Em muitas angiospermas, o ciclo de vida – germinação, desenvolvimento e reprodução – ocorre no período de um ano. Por isso, essas plantas são chamadas de **plantas anuais**. Milho, alface, ervilha e margarida são exemplos de plantas anuais.

As espécies que necessitam de dois anos para atingir o estágio reprodutivo são chamadas **plantas bienais**. No primeiro ano, a planta cresce e produz ramos estéreis, e no segundo ano surgem os ramos que produzem flores e frutos. A salsa (*Petroselinum sativum*) é um exemplo de planta bienal. Em geral, as espécies de ciclos de vida anuais e bienais morrem após a reprodução.

As espécies que apresentam ciclo de vida longo são chamadas **plantas perenes** (do latim *per*, por, e *annus*, anos). Essas espécies passam por vários ciclos reprodutivos ao longo da vida, ao contrário das plantas anuais, que florescem apenas uma vez. Hibisco, azálea e as árvores em geral – goiabeira, mangueira, quaresmeira, ipê, pau-brasil – são exemplos de plantas perenes que vivem por muitos anos. Alguns dos seres vivos mais longevos do planeta são árvores: jequitibás, eucaliptos e, entre as gimnospermas, as sequoias, que podem viver por séculos ou milhares de anos.

O ciclo de vida de uma árvore inicia-se com a germinação da semente e a formação da planta jovem. De início, a planta jovem aumenta em altura, enquanto as raízes penetram no solo. Após alcançar certa altura – em geral, quando atinge exposição à luz do Sol –, a árvore desenvolve ramos e galhos e o tronco engrossa. A árvore madura apresenta copa bem desenvolvida e produz flores e frutos.

O milho (*Zea mays*) é uma planta anual.

GLOSSÁRIO

Longevo: que vive por muitos anos e alcança idade avançada.

Verifique o que aprendeu ●●●

1. Toda flor é capaz de produzir frutos. Você concorda com essa afirmação? Justifique.
2. Qual é a diferença entre frutos verdadeiros e frutos falsos (pseudofrutos)?
3. Por que, nas angiospermas, as sementes ficam dentro dos frutos?

A sequência de fotos mostra o desenvolvimento da macieira, desde a semente até a planta adulta.

ATIVIDADES

1. Associe as estruturas citadas no quadro da esquerda com a função descrita no quadro da direita.

Estrutura	Função
1. Grão de pólen	A. Atração de polinizadores
2. Semente	B. Dispersão de sementes
3. Fruto	C. Gametófito masculino (produz o gameta masculino)
4. Néctar	D. Contém um embrião e reserva nutritiva

2. O esquema ao lado representa uma flor de angiosperma.
   Identifique e cite a função das estruturas numeradas.

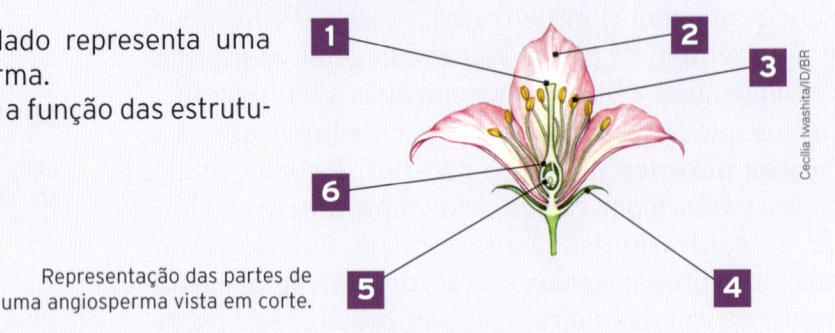

   Representação das partes de uma angiosperma vista em corte.

3. A angiosperma da espécie **A** produz flores de colorido discreto, perfume intenso e néctar abundante. A angiosperma da espécie **B** produz flores sem perfume, mas que apresentam cor amarelo-vivo e néctar abundante. Ambas são polinizadas por animais – uma espécie é visitada por morcegos, e a outra, por borboletas. Responda:
   a) Com base nas características citadas, qual das espécies é polinizada pelo morcego e qual é polinizada pela borboleta?
   b) As flores das duas espécies diferem quanto ao colorido e à produção de perfume, mas apresentam uma característica em comum: ambas produzem néctar. Como se explica a ocorrência dessa característica, comum às duas espécies?

4. Observe as imagens ao lado, que mostram o fruto do abacateiro e o do mamoeiro. Com base no que é observado, é possível saber qual das plantas produz mais óvulos? Explique.

   Tanto o abacate quanto o mamão papaia têm 15 cm de comprimento.

5. A seguir são descritas as características dos frutos de diferentes angiospermas. Com base na descrição, explique como deve ocorrer a dispersão das sementes em cada caso.
   Carrapicho: os frutos são pequenos e podem ter espinhos ou produzir uma substância pegajosa.
   Manga: os frutos são grandes, carnosos e suculentos, ricos em substâncias nutritivas.
   Pente-de-macaco (foto ao lado): os frutos são secos e se abrem, expondo as pequenas sementes, que são dotadas de uma película fina e alargada.

   Flores e fruto de pente-de-macaco. As folhas têm 15 cm de comprimento, em média.

6. Imagine a seguinte situação: uma espécie de abelha se alimenta do néctar de apenas uma espécie de planta. Essa espécie de planta está em risco de extinção. Redija um texto de, no máximo, 20 linhas sobre o assunto. Nesse texto devem constar os seguintes termos:
   polinização – fruto – extinção.

CIÊNCIA À MÃO

Germinação de sementes e desenvolvimento inicial da planta

Para começar

As sementes precisam de solo para germinar?
Se a semente germina sob o solo, como alcança a luz necessária para a fotossíntese?

Material

- um estilete (que ficará com o professor)
- uma caixa de sapatos ou outra qualquer de papelão
- duas bolas de algodão
- dois copos plásticos descartáveis ou recipientes vazios de iogurte
- seis sementes de feijão
- água
- régua

Procedimentos

1. Com o estilete, o professor fará um furo, de 1 cm ou 2 cm de diâmetro, na lateral da caixa de papelão.
2. Coloque uma bola de algodão em cada copo, pressionando um pouco o algodão contra o fundo.
3. Distribua três sementes sobre o algodão de cada copo.
4. Molhe o algodão dos dois copos.

O experimento montado.

5. Um dos copos permanecerá ao ar livre, no claro, o outro será colocado dentro da caixa de papelão fechada, no escuro.
6. Anote a data da montagem da experiência e acompanhe as transformações: o dia em que cada semente germinou, que altura as plantas apresentam a cada dia após a germinação, quando surgem as folhas, o aspecto dos cotilédones, etc.

Levantando hipóteses

1. Em qual das montagens (claro/escuro) a germinação será mais rápida?
2. Em qual das montagens a planta crescerá mais rapidamente?

Questões para discussão e avaliação

1. A presença de luz afeta a germinação da semente de feijão ou a velocidade e direção do crescimento da planta? Explique o que foi observado.
2. Em qual das montagens (claro/escuro) os cotilédones murcharão mais rapidamente? Como se explica esse fato?

CIÊNCIA À MÃO

Colorindo flores

Para começar
- É possível alterar o colorido natural das flores?

Material
- corante alimentício ou tinta solúvel em água
- dois copos de plástico transparente, com água até a metade
- uma flor branca (margarida, rosa, lírio, cravo ou crisântemo) com haste de ao menos 15 cm de comprimento
- bacia
- tesoura de pontas arredondadas
- fita adesiva

Procedimentos

1. Dilua o corante ou a tinta na água de um dos copos até obter uma tintura não muito escura.
2. O professor cortará o caule da flor, da extremidade até a metade da altura, dividindo-o em duas partes. Essa etapa deve ser feita dentro de uma bacia, com a flor imersa em água.
3. Enrole duas voltas de fita adesiva ao redor do caule, na região em que o corte termina. Isso impede que o corte aumente.
4. Mergulhe cada metade do caule em um dos copos, como na foto acima.
5. Observe se há alguma modificação na cor das pétalas (os resultados podem aparecer em uma hora, mas às vezes é necessário esperar o próximo dia para visualizar melhor).

Questões para discussão e avaliação

1. Os resultados foram similares em todas as montagens do experimento?
2. Com base nos resultados obtidos, explique a atuação dos vasos condutores de seiva no interior do caule.

Comunicação dos resultados

Faça um desenho representando o aspecto da flor no início e no fim da atividade. Inclua no desenho o copo com água e o com corante ou tinta e o caule da planta.

Represente, com setas, o percurso da água no interior do caule da planta até alcançar as pétalas.

Ampliando os resultados do experimento

- Leia o texto abaixo e responda às questões.

Técnica de colorir flor surgiu em dois anos

As flores da empresa holandesa River Flowers [...] possuem pétalas nas mais variadas cores – um mistério. E seu criador, o floricultor Peter van de Werken, não pretende revelá-lo tão cedo.

Ele revela que ainda há o que aperfeiçoar na técnica – que envolve "dar de beber" à planta água misturada a substâncias naturais que lhe deem a cor desejada. [...] Seja qual for o segredo do método [...] ele deve envolver um conhecimento profundo do sistema vascular da planta – por meio do qual ela distribui internamente os nutrientes coletados no ambiente.

Happy Roses (rosas felizes) da empresa holandesa River Flowers.

"Se as flores são preparadas no nosso sistema, eu posso prever quais das pétalas ficam com qual cor", diz [Werken]. "No entanto [...] se as folhas de uma planta são danificadas um pouco durante a colheita, naquele lado da planta o processo natural é diferente do do outro lado, e então as cores se misturam e o resultado não é previsível" [...]

Os resultados, que preservam o aroma e o lado natural das flores, também provocam reflexões interessantes sobre a fronteira entre o natural e o artificial – algo que até outro dia era absolutamente claro para as pessoas e agora ganhou mais tons de cinza.

"É verdade, eu pessoalmente não gosto de plantas e flores artificiais", diz Werken. "Nossas Happy Flowers [Flores Felizes em português] são naturais, a tinta – comida – é natural, o processo é natural. Física e fisiologia são naturais, na minha opinião, e também são ciência, de que eu gosto muito. Se um criador de hortênsias, por exemplo, dá nutrientes específicos durante o crescimento, a cor da hortênsia se torna azul escura, o que é muito bom e natural. E não é verdade que todos os criadores querem cultivar suas flores de forma que as cores fiquem brilhantes? Nossas Happy Flowers cheiram como as naturais, têm vida natural no vaso e desabrocham durante a vida no vaso." [...]

Salvador Nogueira. Técnica de colorir flor surgiu em dois anos. G1, *Globo Notícias On-line*.
Disponível em: <http://g1.globo.com/Noticias/Ciencia/0,,MUL110517-5603,00.html>. Acesso em: 5 ago. 2014.

Questões

1. De acordo com o floricultor Werken, se as folhas de um lado da planta são danificadas, as cores dos corantes se misturam na pétala. Imagine uma explicação para a relação entre os danos às folhas e a interferência no processo de transporte de substâncias corantes no interior da planta.

2. Werken sustenta a opinião de que suas flores são perfeitamente naturais. Cite um argumento a favor e um contra o ponto de vista do floricultor.

3. O ser humano cultiva plantas e animais há milhares de anos. Os animais e as plantas "domesticados" são diferentes das espécies selvagens que lhes deram origem. Veja o exemplo do cachorro doméstico e do lobo, espécies atuais que têm um ancestral comum: o lobo é, provavelmente, muito mais assemelhado ao ancestral do que o cachorro. Até que ponto as espécies domesticadas podem ser consideradas "naturais"?

LENDO CIÊNCIAS

ANTES DE LER

- Antes de ler o texto reproduzido abaixo, dê a sua opinião: a regeneração de uma floresta após um acidente, como um incêndio, pode ocorrer de maneira espontânea?

O papel do banco de sementes na restauração de áreas degradadas

Sementes germinando em solo da Floresta Amazônica. Manaus (AM), 2009.

O termo **banco de semente do solo** foi utilizado [...] para designar o reservatório viável de sementes atual em uma determinada área de solo. [...] este reservatório corresponde às sementes não germinadas, mas potencialmente capazes de substituir as plantas adultas que tivessem desaparecido pela morte, natural ou não [...].

A fonte de sementes do banco é a **chuva de sementes** proveniente da comunidade local, da vizinhança e de áreas distantes, quando as sementes são dispersas [...].

O período de tempo em que as sementes permanecem no banco é determinado por fatores fisiológicos (germinação, dormência e viabilidade) e ambientais (umidade, temperatura, luz, presença de predadores de sementes e patógenos) [...].

[...]

O banco de sementes em florestas tropicais está envolvido em, pelo menos, quatro níveis dos processos de regeneração. São estes: a colonização e o estabelecimento de populações, a manutenção da diversidade de espécies, o estabelecimento de grupos ecológicos e a restauração da riqueza de espécies durante a regeneração da floresta após distúrbios naturais ou antrópicos [...].

[...]

Nos ecossistemas fechados de florestas tropicais, quando as sementes enterradas saem do banco e são trazidas à superfície na abertura de clareiras, elas são expostas a outras condições ambientais de luz e temperatura, que podem promover a germinação [...]. A habilidade dessas espécies em permanecerem dormentes no banco é uma importante estratégia biológica para a dinâmica de suas populações, permitindo que acompanhem a abertura de clareiras na floresta ou mudanças drásticas em comunidades. Desse modo, quando ocorre abertura de clareiras, a colonização [...] é dada pela ativação do banco de sementes, associado com a chuva de sementes que cai sobre tais áreas [...].

[...] a **recolonização da vegetação** em um ambiente perturbado ocorre principalmente através do banco de sementes no solo, mantendo este um papel fundamental no equilíbrio dinâmico da área.

As plântulas emergentes do banco reduzem a erosão e a perda de nutrientes após distúrbios, contribuindo para a estabilização de áreas perturbadas [...].

N. K. Vieira e A. Reis. O papel do banco de sementes na restauração de áreas degradadas. Disponível em: <www.lpv.esalq.usp.br/lpv672/aula3/7%20-%20referencia%20-%20regeneracao%20de%20areas%20degradadas.pdf>. Acesso em: 5 ago. 2014. (Destaques inseridos nesta edição.)

De olho no texto

1. Que papel os animais podem ter no estabelecimento de um banco de sementes do solo?
2. Qual é a importância do banco de sementes na manutenção da comunidade vegetal de uma floresta?

QUESTÕES GLOBAIS

1. Elabore o cardápio de uma refeição na qual estejam representadas as seguintes partes do corpo de uma angiosperma: raiz, caule, folha, fruto, flor e semente. Você pode usar quantas espécies forem necessárias para compor o cardápio. Cite qual é o órgão ou estrutura vegetal correspondente a cada componente da refeição.

2. Um professor de Ciências levou uma turma de alunos em uma excursão ao Jardim Botânico. O objetivo da atividade era observar, na prática, as diferenças entre gimnospermas e angiospermas. Ao final da excursão, muitos alunos relataram que as angiospermas eram visitadas por vários animais, especialmente insetos, o que não acontecia com a maioria dos gimnospermas. Responda:

    a) Cite ao menos uma maneira prática de diferenciar uma angiosperma de uma gimnosperma.

    b) Como se explica a maior presença de animais sobre as angiospermas?

3. Mariana gostava de plantas e tinha especial cuidado com uma roseira que mantinha em um vaso. Sabendo que ia se ausentar de casa durante um feriado prolongado, ela colocou o vaso sobre um prato e molhou a terra de modo que o excedente de água escorresse pelo orifício do fundo do vaso e enchesse o prato. A seguir, ela cobriu cuidadosamente o prato e o vaso – mas não a planta – com plástico, sem deixar nenhuma fresta por onde a água pudesse escapar. Ao voltar da viagem, Mariana notou que as folhas estavam murchas e a terra do vaso, seca, embora a vedação de plástico continuasse intacta. O que pode ter acontecido com a água do vaso?

4. Muitas pessoas não gostam de manter plantas no quarto de dormir, alegando que "as plantas fazem fotossíntese de dia e respiram à noite". Essa afirmação é correta? Justifique.

5. A hidroponia é a técnica de cultivo de plantas sem solo. As plantas são mantidas em recipientes com conteúdo líquido ou na forma de gel, onde completam todo seu desenvolvimento. Responda: a água ou o gel é o suficiente para o desenvolvimento da planta? Você acrescentaria algo no recipiente onde as plantas hidropônicas são cultivadas? Explique.

Plantas cultivadas com a técnica da hidroponia.

QUESTÕES GLOBAIS

6. No século XVII, o cientista belga Van Helmont realizou uma experiência: encheu um vaso com 90 kg de terra seca e nele plantou um ramo de salgueiro (árvore conhecida no Brasil como chorão) que pesava 2 kg. Para impedir que a poeira do ar caísse sobre o solo do vaso, ele foi coberto com uma chapa de ferro perfurada. Enquanto permaneceu no vaso, o salgueiro recebeu apenas água da chuva ou água destilada. Após cinco anos, a árvore foi retirada do vaso, e constatou-se que pesava 76 kg. A terra foi retirada do vaso, seca em estufa e pesada: constatou-se que faltavam cerca de 100 g de solo em relação ao início do experimento. O cientista concluiu que "cerca de 74 kg de madeira, casca, folhas e raízes originaram-se exclusivamente da água". Responda:

A árvore no início do experimento. A árvore cinco anos depois. A mesma árvore retirada do vaso.
(Representação esquemática sem proporção de tamanhos.)

   a) Por que Van Helmont secava a terra do vaso antes de pesá-la?
   b) Como pode ser explicada a diferença observada entre a massa do solo no início e no fim do experimento?
   c) Van Helmont concluiu que a árvore aumentou de massa graças principalmente à água. Você concorda? Elabore uma explicação alternativa.

7. Um pé de milho, ao longo de seu ciclo de vida de aproximadamente três meses, retira do solo cerca de 200 L (ou 200 kg) de água. Porém, quando plenamente desenvolvida, a planta pesa cerca de 4 kg, e seu peso seco é de aproximadamente 0,5 kg.
   a) Cite dois processos orgânicos vegetais que utilizam água.
   b) Como se explica a diferença observada entre o total de água absorvida ao longo da vida e o total de água que efetivamente permanece no corpo da planta?

8. Formem grupos de 4 ou 5 alunos. Vocês irão conversar sobre as fotos da gralha-azul e do pinhão e escolher uma sequência e construir uma história para que um de vocês conte para o restante da sala. O ciclo de vida que vocês descreveram é semelhante ao que estudaram neste capítulo? Justifique.

Gralha-azul enterrando pinhão. Gralha-azul comendo pinhão. Semente de araucária germinando.

Autoavaliação

Para avaliar sua aprendizagem neste capítulo, responda novamente às questões do item **Converse com os colegas** e compare com as respostas dadas inicialmente. Você nota diferenças nas respostas? Houve progresso na qualidade das respostas? Responda às questões a seguir.

   I. Você sabe reconhecer uma planta angiosperma e diferenciá-la das gimnospermas?
   II. Você sabe diferenciar a fotossíntese da respiração?
   III. Você conhece o papel que as flores, os frutos e as sementes desempenham na reprodução das angiospermas?

PARA SABER MAIS

Livros

Quem sou eu?: adivinhas sobre plantas, de Suzana Facchini Granato e Luiz Caldeira Brant. São Paulo: Biruta, 2011.

Com adivinhas sobre plantas, o livro pretende apresentar informações sobre diversas espécies, como o nome da planta carnívora, qual a planta usada na hora do banho e de onde vem o chocolate.

A vida secreta das árvores, de Bhajju Shyam, Durga Bai e Rama Singh Urveti. São Paulo: WMF Martins Fontes, 2010.

Desenhos primorosos de árvores povoam as páginas deste livro de arte e folclore da tribo gonde, da Índia central. Tradicionalmente habitantes da floresta, os gondes acreditam que as árvores são o centro da vida. Cada figura é acompanhada por um texto que introduz o leitor ao imaginário gonde, em que se integram os aspectos prático, estético e espiritual do mundo natural. No site <http://www.wmfeditora.com.br/hotsite/avidasecretadasarvores/imagens/GuiadeExploracao.pdf> há um guia de leitura voltado para professores, mas que pode também ser aproveitado pelos alunos de modo autônomo, com muita informação e imagens.

Plantas da Amazônia, de Sueli Angelo Furlan. São Paulo: Horizonte Geográfico, 2008 (Coleção Aprendendo com a Natureza).

O Guia "Plantas da Amazônia" traz fotos, ilustrações e mapas elucidativos, uma explicação geral da biodiversidade da floresta e uma lista com as características dos animais e plantas mais importantes da região, além de explicações sobre os ambientes amazônicos, ameaças ambientais à região e curiosidades sobre a maior floresta tropical do planeta.

O livro das árvores. São Paulo: Global, 2006.

Este livro faz parte do projeto "A natureza segundo os Ticuna", que desenvolve material didático para as escolas das aldeias. A intensa e rica relação dos Ticuna com as árvores emerge dos textos e imagens que contêm conhecimentos práticos, valores simbólicos e inspiração poética.

O mundo das plantas, de Rosicler M. Rodrigues. 8. ed. São Paulo: Moderna, 2005.

Saber como as plantas se reproduzem e sua importância para a vida do planeta é o primeiro passo para compreender e respeitar a natureza. O livro mostra que, além de alimento, as plantas nos fornecem madeira para construção, essências que limpam e perfumam nosso corpo, temperos que dão sabor à comida, matéria-prima para a fabricação de remédios, fibras e papel, e muito mais.

Sites

<http://www.florestal.gov.br/>

Página do Serviço Florestal Brasileiro (SFB), cuja missão é conciliar uso e conservação das florestas, valorizando-as em benefício das gerações presentes e futuras, por meio da gestão de florestas públicas, da construção de conhecimento, do desenvolvimento de capacidades e da oferta de serviços especializados. No site você encontra o Cadastro Nacional de Florestas Públicas (CNFP) atualizado, o programa de florestas comunitárias, mapas, fotografias, notícias e links.

<http://www.iff.sc.gov.br/>

Portal do Inventário Florístico Florestal do Estado de Santa Catarina, que, além do inventário dos recursos florestais, promove o levantamento florístico das florestas catarinenses, isto é, da diversidade de todas as plantas vasculares nelas existentes, além da integração dos dados de todos os herbários do estado.

<http://www.florestasdofuturo.org.br/>

O programa Florestas do Futuro promove a restauração de áreas degradadas, feito com espécies nativas, preferencialmente em áreas de matas ciliares (matas que crescem ao entorno de cursos d'água), e atua simultaneamente em três frentes distintas: o sequestro de carbono, a manutenção da biodiversidade e a preservação de nossos recursos hídricos.

<http://www.arvoresbrasil.com.br/?pg=>

Site com muita informação, desde partes da árvore e como plantar uma muda, até uma lista com as espécies brasileiras ameaçadas e outros temas ambientais relacionados às árvores (como mudanças climáticas, sequestro de carbono, protocolo de Quioto e leis ambientais).

<www.jb.salvador.ba.gov.br/index.asp?pg=jb>

Página do Jardim Botânico de Salvador, voltado à conservação de espécies nativas e ao resgate da flora baiana. A educação ambiental dentro do Jardim Botânico contribui para o desenvolvimento do conhecimento da flora estimulando a melhor compreensão em relação a temas de preservação ambiental.

<http://www.jardimbotanico.df.gov.br/>

O site do Jardim Botânico de Brasília traz textos interessantes sobre conservação ambiental, diversidade biológica, pesquisas na área de botânica, ecologia e manejo de recursos naturais, visando ao conhecimento e à preservação da vegetação do Cerrado.

Acessos em: 5 ago. 2014.

PROJETO

Construção de um herbário

Objetivo do projeto

Coletar partes de plantas e com elas montar um herbário, isto é, uma coleção organizada de plantas secas.

Organização da turma

- O professor dividirá a turma em quatro equipes.
- Três equipes, chamadas "equipes de coleta", recolherão as plantas e pesquisarão dados sobre elas na internet.
- A quarta equipe, chamada "equipe organizadora", fará a preparação do material.
- Assim que sua equipe estiver formada, leia com os colegas as instruções abaixo.

Material

Equipes de coleta

- Com as mãos protegidas por luvas de jardinagem, cada membro da equipe deverá coletar partes de duas plantas existentes em sua casa ou nas proximidades. Para isso, escolherá arbustos ou árvores com ramos que possam ser retirados facilmente e que tenham flores ou frutos.
- Deverá também atribuir um número a cada planta e anotar em um caderno as seguintes informações: data e local de coleta, altura aproximada da planta, descrição das folhas, das flores e dos frutos (tamanho, cor e cheiro).

Equipe organizadora

- Folhas de jornal, tesoura, luvas de jardinagem, um papelão rígido no tamanho de uma folha de sulfite, fitas ou tiras de tecido, cartolinas brancas cortadas no tamanho de uma folha de sulfite, lápis, cola branca ou fita adesiva transparente, régua.

Identificação das plantas

Trabalho das equipes de coleta

- Revejam os procedimentos para a pesquisa na internet na **Caixa de ferramentas** do final do capítulo 1.
- A equipe deve identificar o nome popular da planta pesquisando na internet imagens de várias plantas e comparando-as com as características das plantas coletadas.
- Para identificar as plantas coletadas, vocês também podem procurar a ajuda de jardineiros, mateiros ou pessoas que usam as plantas como medicamento.
- Anotem as informações pesquisadas – algumas delas serão usadas na confecção de uma ficha que acompanhará cada planta.

ATENÇÃO!

Pesquise com antecedência e, assim, evitará coletar plantas que contenham substâncias tóxicas ou que provoquem alergias.

Durante a coleta, utilize luvas e evite levar as mãos aos olhos ou à boca. Não encoste em seiva, resina ou outra secreção da planta.

DICAS DE FONTES DE PESQUISA

Livros
- Harri Lorenzi. *Árvores brasileiras*. Nova Odessa: Plantarum. v. 1 (5. ed., 2008) e 2 (3. ed., 2009).
- Harri Lorenzi e Hermes M. de Souza. *Plantas ornamentais no Brasil*. 4. ed. Nova Odessa: Plantarum, 2008.
- Rejane B. Oliveira, Silvana A. P. Godoy e Fernando B. Costa. *Plantas tóxicas:* conhecimento e prevenção de acidentes. São Paulo: Holos, 2003.

Sites
- <http://www.arvoresbrasil.com.br>. Acesso em: 5 ago. 2014.
- <http://www.fiocruz.br/sinitox/>. Acesso em: 5 ago. 2014.

Preparação do material

Trabalho da equipe organizadora

- A equipe recebe as plantas coletadas pelas demais equipes. Com as mãos protegidas por luvas, coloca cada peça (ramos, folhas ou flores) em uma folha de jornal cortada.
- Anota em cada folha o nome do coletor e o número atribuído à peça.
- Em seguida, colocará essas folhas de jornal entre outras folhas, como mostra a figura ao lado. Esse procedimento facilita a prensagem das peças e evita que elas se danifiquem.
- Então, colocando o papelão como base, monta uma pilha, alternando uma folha de jornal com planta e várias folhas de jornal vazias.
- Por fim, amarra a pilha bem firme com as fitas de tecido.
- A pilha deve ficar em local arejado e seco (ao ar livre, mas protegido da chuva) por duas semanas, para que o material coletado seque completamente.

Montagem do herbário

Trabalho de todas as equipes

- Após as duas semanas de secagem, cada peça deve ser cuidadosamente manipulada e fixada, com cola branca ou fita adesiva, em um quarto de folha de cartolina.
- No canto inferior esquerdo da folha de cartolina, registrem informações como: data e local da coleta, o nome do coletor, nome popular da planta, características principais da planta – como detalhes de flores e frutos, etc. Os dados anotados pela equipe de coleta quando as peças foram colhidas devem auxiliar nesse registro. Observe o modelo de ficha:

```
Data da coleta:   /   /     Coletor:
Local da coleta:
Nome popular:
Altura aproximada:
Descrição da flor (quando houver):
Descrição do fruto (quando houver):
```

- Cada equipe reunirá em uma pasta todas as cartolinas com as plantas coletadas por seus integrantes. Cada pasta constituirá um herbário.
- Os grupos poderão trocar as pastas para que todos conheçam os trabalhos.

Há uma enorme diversidade de animais na Terra, que habitam os mais variados ambientes e apresentam modos de vida muito diferentes. Alguns, por sua aparência, foram inicialmente classificados como plantas pelos cientistas. Neste capítulo, você estudará as características gerais dos animais e conhecerá alguns grupos de invertebrados.

Nos ambientes aquáticos, como o desta fotografia, vivem muitos dos invertebrados que estudaremos neste capítulo. Litoral de Angra dos Reis (RJ), 2010.

Invertebrados I

CAPÍTULO 6

O QUE VOCÊ VAI APRENDER

- Diversidade e classificação dos animais
- Características dos grupos de invertebrados: poríferos, cnidários, platelmintos, nematódeos, moluscos e anelídeos
- Algumas doenças causadas por vermes

CONVERSE COM OS COLEGAS

Na foto ao lado, podemos observar seres vivos em um ambiente marinho. Os corais, por exemplo (no primeiro plano da foto), são agrupamentos de seres vivos marinhos que vivem fixos a rochas submersas e podem participar da formação de recifes.

1. Além dos corais, você consegue identificar outros organismos nessa foto? Quais?
2. Que características você poderia citar para diferenciar uma planta de um animal?
3. A palavra animal deriva do latim anima, que significa "alma" ou "o que é dotado de movimento". Qual a importância da capacidade de movimentação para os animais?
4. Quais organismos da foto poderiam ser classificados como animais? Você classificaria algum deles como planta? Sobrou algum que você não sabe a que categoria pertence?

MÓDULO 1 — Como são os animais

Os animais são seres muito diversos, que habitam os mais variados ambientes, como mares, desertos e florestas. No entanto, eles apresentam algumas características em comum, o que permite reuni-los em um grande grupo: o reino Animal.

Características gerais

Os animais são seres **eucarióticos**, ou seja, em suas células o material genético está isolado do citoplasma pela membrana nuclear.

Todos os animais são **pluricelulares**, isto é, são constituídos por mais de uma célula. Nos animais, de modo geral, as células estão organizadas em agrupamentos de acordo com determinadas características (como formato e função), compondo tecidos, e cada tecido desempenha funções próprias.

Ao contrário das plantas, os animais são **heterótrofos**, isto é, não produzem o próprio alimento. Os animais são heterótrofos por ingestão: isso quer dizer que eles precisam **ingerir** partículas de alimento – por exemplo, consumindo outros seres (caso dos animais predadores e dos herbívoros) ou restos orgânicos (caso dos comedores de carniça e dos que ingerem restos vegetais).

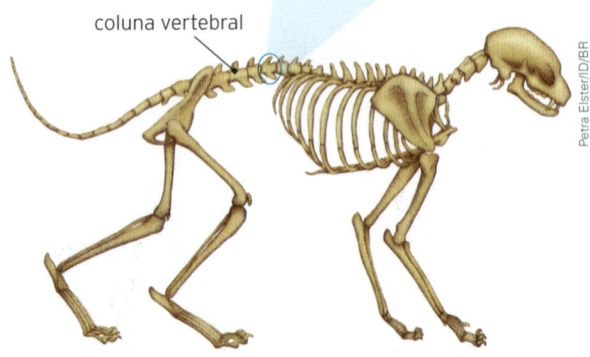

Classificação

Tradicionalmente, os animais são divididos em dois grandes grupos: **vertebrados** e **invertebrados**.

Os animais vertebrados apresentam **crânio** e **vértebras**, que se encontram alinhadas em uma **coluna vertebral**, estrutura que contribui para a sustentação do corpo.

São exemplos de vertebrados: os tubarões, os sapos, os jacarés, as garças, os gatos e os seres humanos.

Já os animais que não têm vértebras nem crânio são chamados **invertebrados**. Entre eles, podemos reconhecer animais de organização corporal bastante simples, como as esponjas, e animais de organização mais complexa, como as minhocas e as borboletas.

Ilustração do esqueleto de um gato doméstico. As vértebras – ossos da coluna vertebral – e demais ossos formam o esqueleto dos animais vertebrados. No detalhe (no alto), uma das vértebras. (Representação sem proporção de tamanhos; cores-fantasia.)

Vertebrados são animais com vértebras e crânio.

Invertebrados são animais que não têm coluna vertebral nem crânio.

A minhoca não tem nem vértebras nem crânio, ou seja, ela é um animal invertebrado.

●●● Origem e diversidade

Os primeiros animais do planeta Terra provavelmente evoluíram de seres semelhantes aos protozoários. Isso deve ter ocorrido entre 550 e 650 milhões de anos atrás – idade dos fósseis animais mais antigos de que se tem notícia – e deu origem aos primeiros invertebrados. No decorrer da evolução, grupos diferentes foram surgindo e, atualmente, os invertebrados representam aproximadamente 95% das espécies animais conhecidas.

Entre os invertebrados, o grupo com maior número de espécies é o dos **artrópodes**, que inclui, por exemplo, os insetos (baratas, moscas, besouros, etc.), os aracnídeos (aranhas, escorpiões, etc.) e os crustáceos (camarões, caranguejos, lagostas, etc.).

Os vertebrados são, tradicionalmente, organizados em cinco grupos: peixes, anfíbios, répteis, aves e mamíferos. São os animais sobre os quais costumamos ter, em geral, mais informações e que serão estudados neste volume.

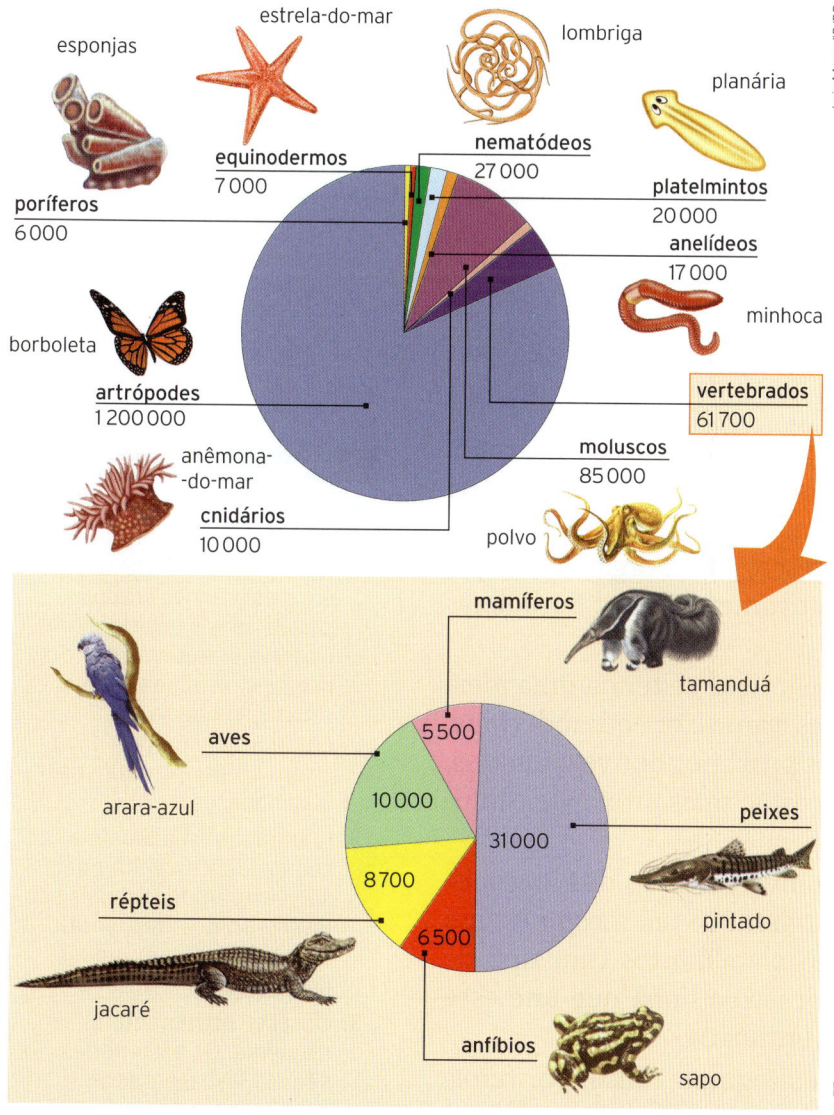

Onde está o esqueleto?

O termo **esqueleto** refere-se a qualquer estrutura que contribua para a sustentação do corpo do animal. Embora não apresentem ossos, muitos invertebrados têm esqueleto – por exemplo, na forma de carapaças externas, como nos insetos (figura abaixo) –, que protege o corpo do animal e facilita sua locomoção.

O esqueleto externo do besouro é uma carapaça articulada formada de uma substância dura que dá sustentação ao animal.

A vida que ainda não conhecemos

Muitos cientistas acreditam que, mesmo com todos os avanços das pesquisas, conhecemos apenas uma pequena parcela da diversidade biológica existente no planeta. Atualmente, cerca de 2 milhões de espécies de seres vivos estão descritas, mas, segundo algumas estimativas, o número de espécies existentes pode variar de 5 milhões a até 100 milhões.

- esponjas
- poríferos 6 000
- estrela-do-mar
- equinodermos 7 000
- lombriga
- nematódeos 27 000
- planária
- platelmintos 20 000
- anelídeos 17 000
- minhoca
- borboleta
- artrópodes 1 200 000
- anêmona-do-mar
- cnidários 10 000
- polvo
- moluscos 85 000
- vertebrados 61 700

- arara-azul
- aves 10 000
- mamíferos 5 500
- tamanduá
- peixes 31 000
- pintado
- répteis 8 700
- jacaré
- anfíbios 6 500
- sapo

Esquema mostrando alguns grupos animais e o número aproximado de espécies conhecidas de cada grupo. (Representação sem proporção de tamanhos; cores-fantasia.)

Fonte de pesquisa: Arthur Chapman. *Numbers of living species in Australia and the world*. 2. ed. Canberra: Australian Biological Resources Study, 2009.

●●● Diversidade dos invertebrados

Podemos encontrar invertebrados nos mais diversos ambientes, desde os mares profundos até entre os grãos de areia de um deserto.

Descrever a história evolutiva da diversificação dos animais é um dos objetivos do ramo da Biologia denominado Zoologia. O esquema a seguir mostra (ainda que em parte) uma das hipóteses aceitas atualmente para explicar essa história.

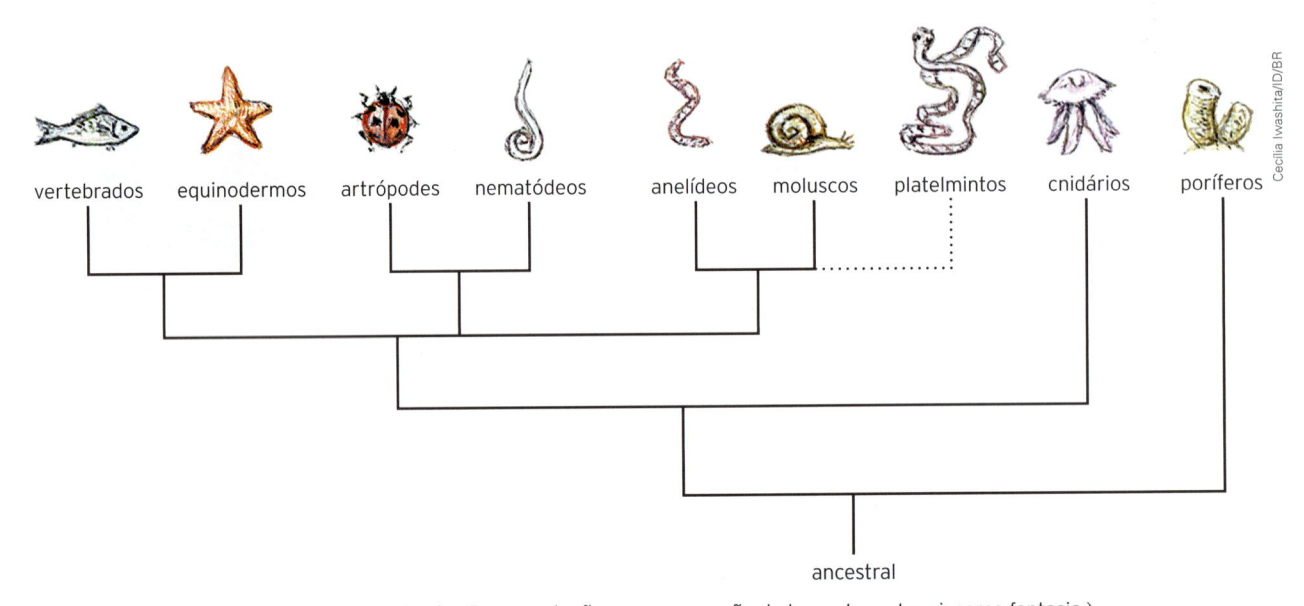

Esquema simplificado da evolução dos animais. (Representações sem proporção de tamanho entre si; cores-fantasia.)

Fonte de pesquisa: William K. Purves, David Sadava, Gordon H. Orians e H. Craig Heller. *Life*: the Science of Biology. 7. ed. San Francisco: W. H. Freeman, 2003.

Nesse esquema evolutivo, a organização de cada grupo, também denominado **filo**, baseia-se no grau de parentesco de seus representantes. Por exemplo, no filo dos artrópodes há organismos com alto grau de parentesco, isto é, organismos que estão mais próximos entre si evolutivamente, como borboletas e libélulas.

Além disso, o esquema possibilita que se tenha uma ideia da proximidade entre os diferentes grupos: os equinodermos, por exemplo, são os parentes mais próximos dos vertebrados, ou seja, são os invertebrados que estão mais próximos evolutivamente dos vertebrados.

O esquema também ilustra a diversificação dos animais, isto é, como diferentes grupos surgiram de um mesmo grupo ancestral. Note que a origem dos platelmintos (um tipo de verme) não é bem conhecida, por isso a linha que une esse grupo a seus ancestrais aparece pontilhada.

Neste capítulo, estudaremos os seguintes filos: poríferos, cnidários, platelmintos, nematódeos, moluscos e anelídeos. No próximo, veremos os artrópodes e os equinodermos.

Verifique o que aprendeu ●●●

1. Em Biologia, é tradicionalmente usada a separação dos animais em dois grandes grupos: vertebrados e invertebrados. Observe o esquema desta página e responda: essa separação obedece a critérios de parentesco, ou seja, a critérios evolutivos? Justifique.

2. Classifique os animais a seguir, identificando quais são vertebrados e quais são invertebrados: serpente, lesma, macaco, mariposa, pulga, barata, capivara.

3. Observe novamente o esquema. Os artrópodes são mais aparentados dos equinodermos ou dos nematódeos?

ATIVIDADES

1. Agora que você já estudou as principais características de plantas e animais, diferencie os dois grupos com base em uma única característica: a forma de obtenção de alimento.

2. Que características você usaria para identificar um animal como invertebrado? Dê exemplos de cinco animais invertebrados que você já conheça.

3. Qual é a provável origem dos animais? De qual tipo de ser vivo supõe-se que eles tenham surgido?

4. Observe abaixo as fotografias de animais e identifique a que grupo cada um pertence: dos vertebrados ou dos invertebrados.

5. Complete a tabela abaixo com os dados apresentados neste capítulo.

	Invertebrados	Vertebrados
1. Principal característica		
2. Principais grupos		
3. Grupo com maior número de espécies		
4. Grupo com menor número de espécies		

6. Leia a tira abaixo dando especial atenção às personagens. Depois, responda à questão.

   — EU SOFRO DE DORES NA COLUNA...
   — EU TAMBÉM, MAS CONHEÇO UM MÉDICO ÓTIMO!

   Por que é engraçado a minhoca e a joaninha conversarem sobre dores na coluna?

7. No esquema apresentado na página 202, os animais estão organizados de acordo com o grau de parentesco. O que significa haver parentesco entre os organismos? Qual a relação entre o parentesco e a evolução dos animais?

MÓDULO 2

Poríferos e cnidários

Poríferos e cnidários são grupos de animais exclusivamente aquáticos. Os poríferos são os animais popularmente conhecidos como esponjas, e os cnidários também têm representantes famosos: as águas-vivas, que, como outros de seu grupo, podem liberar substâncias que irritam e até queimam a pele humana.

●●● Poríferos

Os poríferos atuais, também conhecidos como esponjas, abrangem cerca de 6 mil espécies. Eles são representantes do grupo animal mais antigo que conhecemos. São também os animais de organização corporal mais simples.

O nome desse grupo faz referência à sua principal característica: a presença de **poros** (aberturas) por todo o corpo.

Poríferos no fundo do mar do Caribe. Ilhas Cayman (América Central).

A maior parte das espécies de poríferos é marinha, mas já foram descritas cerca de 100 espécies que habitam lagos ou riachos de água doce. Apesar da organização corporal simples, os poríferos constituem um grupo diversificado, com grande variedade de formas. São animais abundantes e bem adaptados ao modo de vida fixo – em geral, crescem presos a rochas e recifes de coral ou apenas apoiados sobre o fundo arenoso.

O tamanho varia de poucos milímetros até mais de 1 metro de altura. Alguns apresentam estrutura corporal semelhante a um barril, ou vaso, e geralmente são de pequeno porte. Já, em outros, a estrutura corporal é mais complexa, como se a parede do "vaso" se dobrasse sobre si mesma várias vezes.

Os primeiros animais

Os mais antigos fósseis animais já encontrados são de poríferos. Um deles, descoberto no sul da Austrália em 2010, tem idade estimada em 650 milhões de anos.

Fóssil de porífero encontrado no Canadá, com idade estimada em mais de 500 milhões de anos.

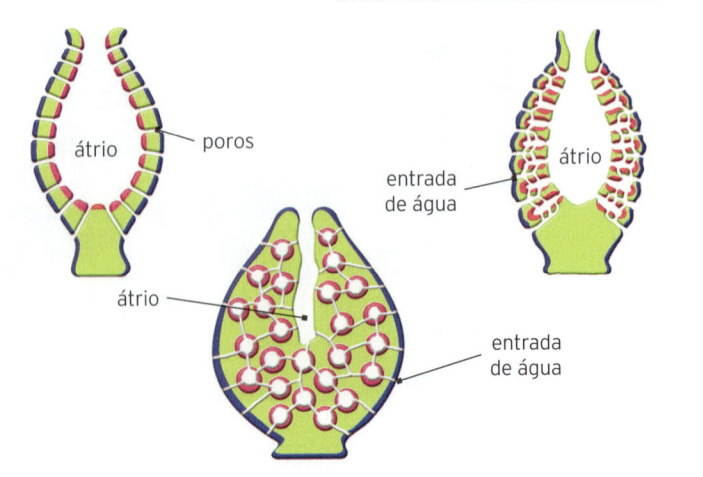

Esquemas dos vários tipos de estrutura corporal dos poríferos. (Representações sem proporção de tamanhos; cores-fantasia.)

Fonte de pesquisa: E. E. Ruppert; R. D. Barnes. *Zoologia dos invertebrados*. 6. ed. São Paulo: Roca, 1996. p. 75.

Estrutura corporal

A parede do corpo dos poríferos é formada por duas camadas de células; entre essas duas camadas há uma substância gelatinosa. O interior dos poríferos é oco e forma uma cavidade chamada **átrio**, que se comunica com o ambiente por uma abertura maior, o **ósculo**.

Na camada externa da parede corporal, predominam **células achatadas**, que revestem o corpo do porífero.

Entremeando essas células de revestimento, existem células especializadas, denominadas **porócitos**, que têm formato semelhante a um carretel de linha, isto é, a um cilindro com um canal no meio. São elas que formam os poros, por onde a água atravessa a parede corporal do animal.

Na camada interna do corpo estão presentes os **coanócitos**, células dotadas de um flagelo e de uma espécie de "colarinho". O flagelo é um filamento que se move como um chicote e movimenta a água a seu redor. Os flagelos estão voltados para o átrio, e sua movimentação conjunta promove um fluxo contínuo de água nesse espaço. A água entra pelos poros e sai pelo ósculo.

Animais sem tecidos

Muitos zoólogos afirmam que os poríferos não possuem tecidos verdadeiros. Isso porque não existem estruturas que mantenham as células firmemente unidas e atuando em conjunto, o que seria necessário para caracterizar um tecido verdadeiro.

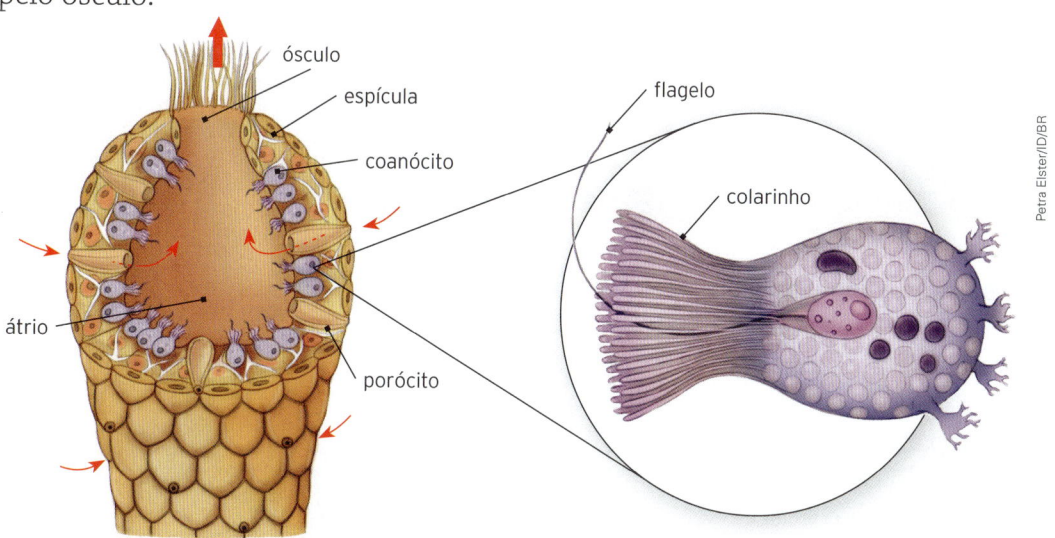

Esquema de um porífero em corte mostrando a estrutura do corpo e alguns tipos de célula. No detalhe, à direita, coanócito ampliado. A movimentação dos flagelos dos coanócitos produz um fluxo de água através do porífero. As setas vermelhas indicam a direção do fluxo de água. (Representação sem proporção de tamanhos; cores-fantasia.)

Fonte de pesquisa: E. E. Ruppert; R. D. Barnes. *Zoologia dos invertebrados*. 6. ed. São Paulo: Roca, 1996. p. 75.

O "colarinho" do coanócito produz uma substância pegajosa: quando a água passa por ele, partículas de matéria orgânica e pequenos organismos, que servem de alimento ao porífero, são capturados pelo coanócito.

Várias espécies de poríferos produzem estruturas pequenas, rígidas e pontiagudas, que são chamadas **espículas**. As espículas contribuem para a sustentação do corpo, formando uma espécie de esqueleto. Em alguns casos, elas também auxiliam na defesa, pois são capazes de ferir os predadores, desencorajando novos ataques.

Nutrição e respiração

Os poríferos são animais que se alimentam de partículas de matéria orgânica e de microrganismos presentes na água. Após a captura do alimento, a digestão ocorre dentro dos próprios coanócitos. Os resíduos da digestão são lançados no átrio e saem pelo ósculo, com a água que circula continuamente.

Os gases oxigênio e carbônico, envolvidos na respiração do animal, passam diretamente da água para as células da parede corporal, e vice-versa.

Reprodução assexuada e sexuada

Nos poríferos, encontramos os dois tipos de reprodução, a assexuada e a sexuada. A reprodução **assexuada** ocorre por brotamento: forma-se um broto na parede do corpo do porífero; esse broto desprende-se do animal e se desenvolve em um novo indivíduo.

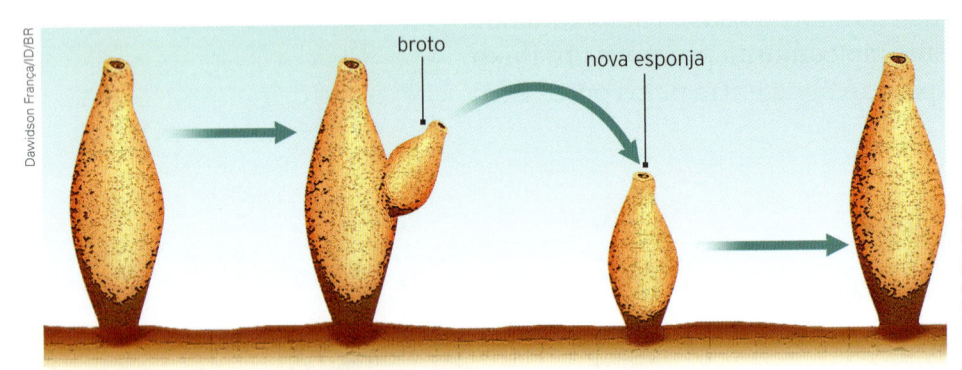

Esquema simplificado de reprodução assexuada em porífero. O broto formado se desprende e dá origem a um novo indivíduo. (Representação sem proporção de tamanhos; cores-fantasia.)

Na reprodução **sexuada**, algumas células do porífero transformam-se em gametas. Muitas espécies são hermafroditas, ou seja, o mesmo animal produz óvulos e espermatozoides, geralmente em fases diferentes da vida. De modo geral, nas espécies com sexos separados, os espermatozoides saem pelo ósculo de um porífero e, se alcançarem o átrio de outro porífero da mesma espécie, encontram o óvulo, e então ocorre a fecundação.

Os óvulos fecundados iniciam seu desenvolvimento ainda no interior do corpo do animal, onde permanecem até se transformarem em larvas. Estas são microscópicas e podem nadar livremente. Elas se desprendem do animal de origem, nadam e são levadas pela correnteza até encontrar um lugar apropriado para se fixar, dando início ao desenvolvimento de um porífero adulto.

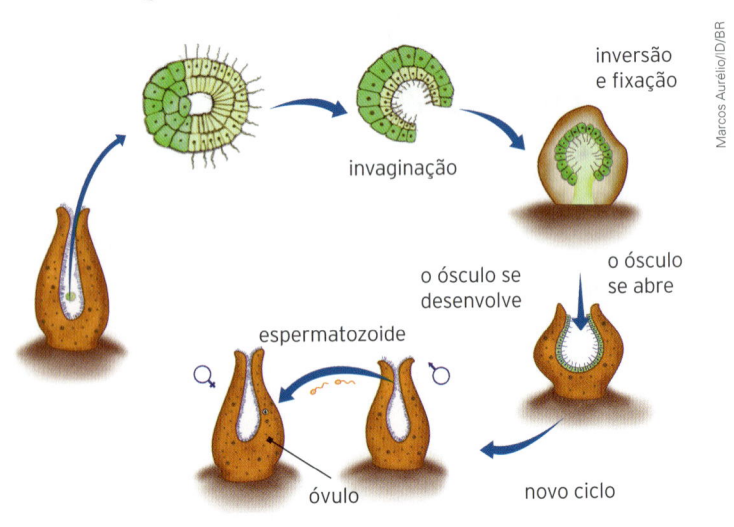

Ciclo da reprodução sexuada em porífero. (Representação sem proporção de tamanhos; cores-fantasia.)

Fonte de pesquisa: Richard C. Brusca; Gary J. Brusca. *Invertebrates*. 2. ed. Sunderland: Sinauer, 2003. p. 200.

●●● Cnidários

Águas-vivas, anêmonas-do-mar, caravelas-do-mar, hidras e corais fazem parte do grupo dos cnidários. Atualmente, são conhecidas mais de 10 mil espécies desse grupo. A maioria habita mares e oceanos, geralmente águas rasas e quentes. Poucas espécies são de água doce.

Muitos zoólogos consideram os cnidários os primeiros animais a apresentar tecidos verdadeiros. Nesses seres, células semelhantes encontram-se conectadas, agindo em conjunto, características que definem um tecido verdadeiro.

Uma das características mais marcantes do grupo é a presença de células especializadas denominadas **cnidócitos**. O tipo mais comum de cnidócito libera substâncias tóxicas urticantes, usadas pelo animal na captura de presas. A toxina de algumas espécies pode provocar queimaduras na pele humana, às vezes bastante severas.

> **GLOSSÁRIO**
>
> Urticante: que provoca sensação de coceira ou irritação.

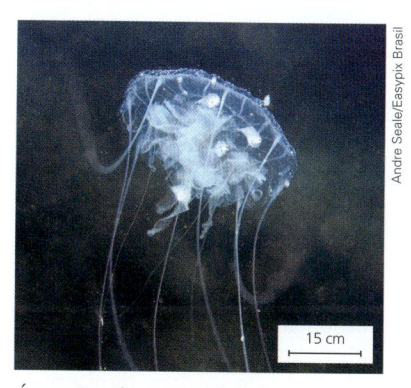

Água-viva (à esquerda), anêmona-do-mar (centro) e corais (à direita) são representantes dos cnidários.

Estrutura corporal

Uma característica importante dos cnidários é que esses animais apresentam duas formas bastante distintas: **medusas** (como as águas-vivas) e **pólipos** (por exemplo, anêmonas e corais).

Medusa

O corpo das medusas lembra um guarda-chuva aberto. Ele é oco, e, no espaço interno, forma-se uma cavidade digestória; a boca costuma ser voltada para baixo e rodeada por tentáculos. As águas-vivas são exemplos de animais que têm organização corporal do tipo medusa.

As medusas nadam livremente e movimentam-se contraindo a musculatura do corpo. A contração cria jatos de água, o que impulsiona o animal.

Esquema do plano geral do corpo de um pólipo, em corte (à esquerda) e de uma medusa, em corte (à direita), mostrando suas principais estruturas. (Representações sem proporção de tamanhos; cores-fantasia.)

Fonte de pesquisa: E. E. Ruppert; R. D. Barnes. *Zoologia dos invertebrados*. 6. ed. São Paulo: Roca, 1996. p. 104.

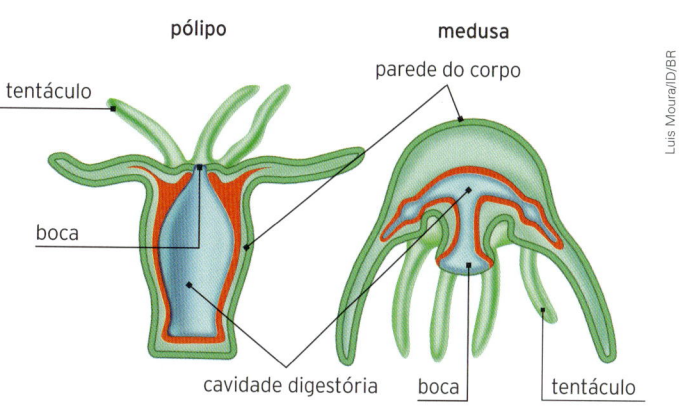

Pólipo

Cnidários que apresentam a estrutura de pólipo têm o corpo na forma de um cilindro oco (veja esquema na página anterior). A base do cilindro é usada pelo animal para se fixar às superfícies onde vive, como rochas.

Na extremidade oposta à base do pólipo, existe uma única abertura – a boca –, rodeada por uma coroa de tentáculos, que são usados para capturar presas.

Os pólipos podem viver isolados ou em colônias, como os corais, formados por inúmeros pólipos que vivem unidos.

Nas colônias de corais, cada indivíduo constrói um esqueleto calcário ao redor do próprio corpo. Quando um indivíduo da colônia morre, suas partes moles se decompõem, mas o esqueleto permanece e pode servir de apoio a outro pólipo. Assim o coral aumenta em tamanho, podendo dar origem a grandes estruturas chamadas recifes coralíneos.

Em algumas espécies de cnidários, a sobreposição dos esqueletos de inúmeros pólipos dá origem aos corais.

Os **cnidários** podem existir na forma de pólipo ou de medusa.

Tipos de célula dos cnidários

Apesar da estrutura corporal simples, os cnidários apresentam células que formam tecidos verdadeiros.

A parede corporal dos cnidários é constituída basicamente por duas camadas de células. Entre essas camadas, há uma substância gelatinosa, que as mantém unidas.

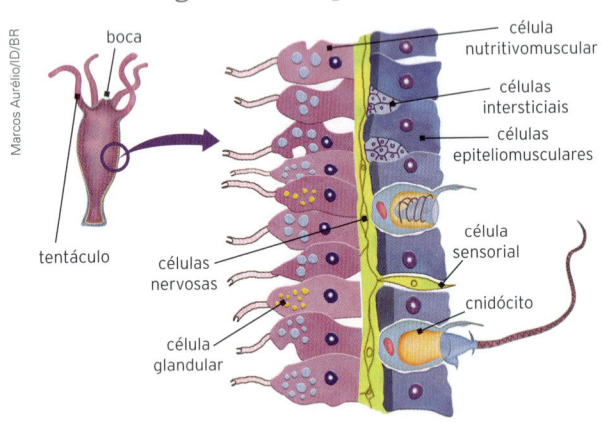

Esquema representando a parede corporal de um cnidário e seus tipos celulares. (Representação sem proporção de tamanhos; cores-fantasia.)

Fonte de pesquisa: E. E. Ruppert; R. D. Barnes. *Zoologia dos invertebrados*. 6. ed. São Paulo: Roca, 1996. p. 106.

A camada externa é formada por células sensoriais e musculares. As células sensoriais percebem variações no ambiente, como a presença de outros seres, e transmitem essa informação para as células nervosas, que formam uma rede espalhada pelo corpo do cnidário. As células nervosas, por sua vez, comunicam-se com as células musculares, que produzem os movimentos dos tentáculos e do corpo.

As células da camada interna estão voltadas para a cavidade do corpo do animal – a cavidade digestória – e produzem substâncias que promovem a digestão dos alimentos.

Recifes de coral

Os recifes são construídos ao longo de milhares de anos, por muitas gerações de pólipos. Existem recifes de vários formatos. Um deles é o atol, uma barreira circular contendo uma lagoa central. Os recifes são o hábitat de inúmeros organismos. Estima-se que 25% das espécies de peixes marinhos dependam, direta ou indiretamente, dos recifes de coral para obter alimento e se reproduzir.

Atualmente, a sobrevivência dos recifes sofre várias ameaças: a pesca predatória com explosivos ou substâncias tóxicas, a poluição dos oceanos e a elevação da temperatura média da água do mar (em consequência do efeito estufa).

I. Você acha que os recifes de coral devem ser áreas protegidas? Justifique.

Vista aérea do Atol das Rocas, litoral do Rio Grande do Norte.

Cnidócitos

A presença de **cnidócitos urticantes** é uma característica exclusiva dos cnidários. Essas células especializadas têm em seu interior um longo filamento enrolado, e algumas contêm um reservatório de substâncias tóxicas. Nesse caso, quando tocado, o cnidócito libera o filamento, que injeta toxinas no corpo do animal que se aproximou, provocando irritação na superfície corporal e até paralisia. Assim, além de defender o cnidário dos ataques de predadores, os cnidócitos são empregados na captura de presas. Pequenos peixes, larvas de animais diversos e camarões são algumas das presas mais frequentes dos cnidários.

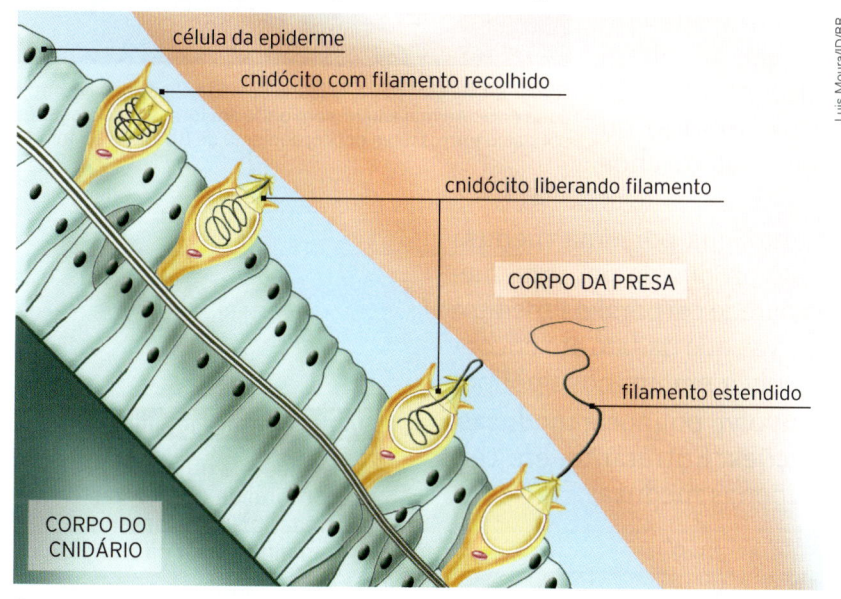

Esquema de cnidócitos com o filamento recolhido e com o filamento estendido. (Representação sem proporção de tamanhos; cores-fantasia.)

Fonte de pesquisa: Richard C. Brusca; Gary J. Brusca. *Invertebrates*. 2. ed. Sunderland: Sinauer, 2003. p. 227.

As toxinas de algumas espécies, como as caravelas-do-mar e as vespas-do-mar, podem causar queimaduras de séria gravidade em seres humanos.

Os cnidócitos são mais abundantes nos tentáculos e em volta da boca do cnidário.

> Os **cnidócitos** são células urticantes, exclusivas dos cnidários, e que atuam na defesa contra predadores e na captura de presas.

Nutrição e respiração

Uma parte da digestão da presa ocorre na cavidade digestória do animal. Mas, além disso, na parede interna do corpo do cnidário há células especializadas que finalizam o processo de digestão. Os resíduos não digeridos são eliminados pela boca.

O gás oxigênio necessário para a respiração das células é retirado diretamente da água por todas as células do corpo, que também são responsáveis pela eliminação direta do gás carbônico no ambiente.

Águas perigosas

As caravelas e águas-vivas costumam ser avistadas em grupos, conduzidas por correntes marítimas.

O encontro com esses animais, mesmo quando ficam "encalhados" na areia da praia, é potencialmente perigoso. Além de ferimentos de dor intensa, o contato com as toxinas dos cnidários pode causar náuseas, vômitos, arritmia cardíaca e, nos casos mais graves, óbito. Os primeiros socorros incluem a aplicação de compressas de água do mar gelada ou bolsas térmicas geladas sobre o local de contato. O uso de água doce não é recomendado, pois pode causar a ativação de cnidócitos ainda presos à pele humana, aumentando a intoxicação. Banhos de vinagre sobre o local atingido ajudam a desativar a toxina. Após a prestação dos primeiros socorros, o acidentado deve ser conduzido a um hospital, para que receba cuidados médicos.

Fonte de pesquisa: *Revista da Sociedade Brasileira de Medicina Tropical*, v. 36, n. 5. Disponível em: <http://www.scielo.br/scielo.php?script=sci_arttext&pid=S0037-86822003000500009&lng=pt&nrm=iso>. Acesso em: 5 ago. 2014.

Caravela-do-mar.

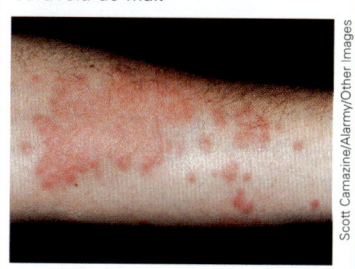

Queimadura provocada na pele de um banhista pelo contato com o tentáculo de uma caravela-do-mar.

Reprodução

A reprodução dos cnidários pode ser assexuada ou sexuada.

Assim como nos poríferos, a reprodução **assexuada** ocorre por brotamento. Algumas células da epiderme formam um pequeno broto, que, enquanto cresce, permanece algum tempo ligado ao organismo gerador. Depois o broto se solta e adquire vida independente. Algumas vezes, não há separação entre os pólipos geradores e os novos pólipos, formando-se então colônias.

Na reprodução **sexuada** da maioria dos cnidários, os pólipos geram medusas, que adquirem vida independente e amadurecem, produzindo células sexuais masculinas (espermatozoides) ou femininas (óvulos). Ou seja, há medusas machos e medusas fêmeas.

Fotografia de uma hidra, cnidário do tipo pólipo que vive em água doce. Animal adulto, com broto em formação. (Imagem obtida ao microscópio óptico; aumento de 8 vezes a 35 mm.)

Os espermatozoides eliminados na água por uma medusa macho nadam até encontrar um óvulo produzido por uma medusa fêmea. A fecundação ocorre na parede corporal da medusa fêmea ou na própria água, gerando larvas que nadam até encontrar um local para se fixar e se desenvolver em um novo pólipo.

Esse tipo de ciclo de vida, que envolve pólipos e medusas, é chamado de **alternância de gerações**. Entretanto, em certas espécies, há apenas pólipos ou apenas medusas.

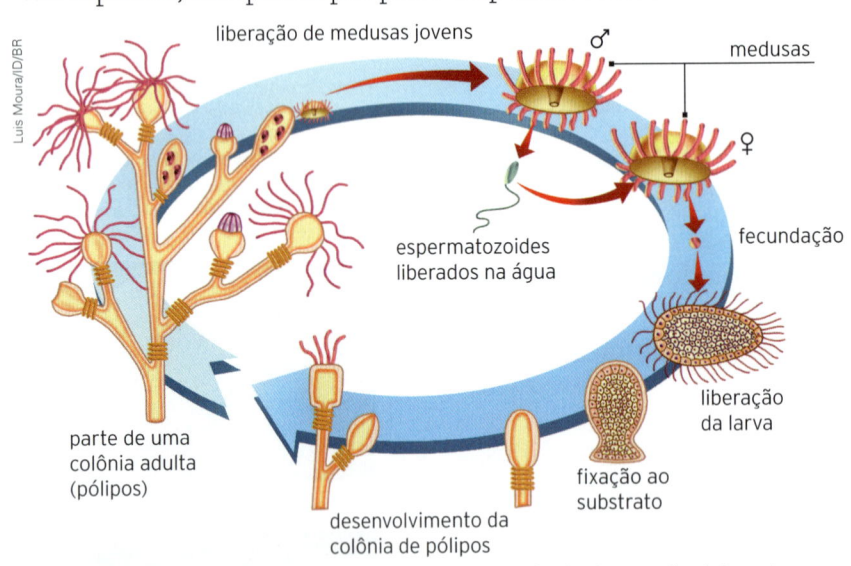

Ciclo reprodutivo de cnidário. O ciclo de vida por alternância de gerações intercala uma fase de pólipo com uma fase de medusa. (Representação sem proporção de tamanhos; cores-fantasia.)

Fonte de pesquisa: E. E. Ruppert; R. D. Barnes. *Zoologia dos invertebrados.* 6. ed. São Paulo: Roca, 1996. p. 116.

A **alternância de gerações** possibilita a muitas espécies explorar o modo de vida fixo e o modo móvel. Os cnidários estão bem adaptados aos dois – são predadores eficientes, ocupando muitos ambientes com populações bem desenvolvidas.

Verifique o que aprendeu

1. Compare a organização corporal de poríferos e cnidários, apresentando semelhanças e diferenças.

2. Nos cnidários, a cavidade corporal é chamada de cavidade digestória. Nos poríferos, essa denominação também estaria correta? Explique.

3. Embora muitos cnidários sejam de vida fixa, são animais capazes de se alimentar de outros animais dotados de maior mobilidade, como peixes. Qual característica dos cnidários está associada a essa capacidade?

4. Poríferos se alimentam exclusivamente de microrganismos e partículas minúsculas de materiais orgânicos parcialmente decompostos. Já os alimentos ingeridos pelos cnidários podem ser maiores. Explique essa diferença. (Dica: compare o modo de alimentação desses animais para responder à questão.)

ATIVIDADES

1. Copie no caderno o desenho do porífero (ao lado) e faça o que se pede:
   a) Elabore legendas que identifiquem as estruturas indicadas pelas letras de A até E.
   b) Represente com setas o caminho percorrido pela água no corpo do animal.

2. Tanto os poríferos quanto os cnidários podem se reproduzir assexuadamente, ou seja, podem gerar outro indivíduo sem a participação de gametas. Explique como isso ocorre.

3. Elabore um esquema que represente o corpo de um pólipo de cnidário. Desenhe: a base, a coluna, a boca com os tentáculos e o interior do corpo. Faça uma legenda indicando a posição dessas estruturas.

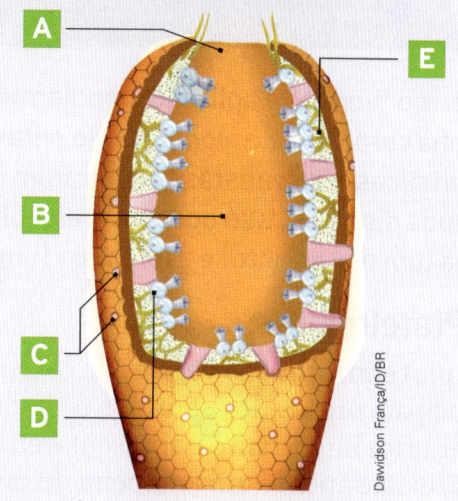

Fonte de pesquisa: E. E. Ruppert; R. D. Barnes. *Zoologia dos invertebrados*. 6. ed. São Paulo: Roca, 1996. p. 75.

4. Há alguma vantagem de os cnidócitos (células urticantes) serem mais abundantes nos tentáculos e ao redor da boca dos cnidários do que no restante da superfície corporal? Justifique.

5. Muitas pessoas pensam que as anêmonas-do-mar são plantas. Por que essa confusão acontece? Como você convenceria essas pessoas de que as anêmonas-do-mar são animais?

6. Um pesquisador que mantinha poríferos em seu laboratório adicionou à água do aquário uma substância que inibe os movimentos de células flageladas. O que deve ter acontecido com esses animais? Explique.

7. Entre os cnidários, os **estatocistos** são órgãos de equilíbrio presentes apenas nas medusas. Esses órgãos estão ausentes nos pólipos. Relacione a presença ou a ausência desse órgão com o modo de vida desses dois tipos de cnidário.

Esponja de banho

Prática comum no passado, e que ainda hoje ocorre, é coletar poríferos para que, depois de mortos e limpos, seus esqueletos sirvam de esponja de banho.

I. Você considera aceitável essa prática?

MÓDULO 3

Platelmintos e nematódeos

O termo "verme" é aplicado, popularmente, a qualquer animal invertebrado que tenha corpo mole e alongado. No entanto, ao estudar os animais com essas características, os cientistas encontraram diferenças suficientes para classificá-los em grupos distintos. Isso pode ser percebido quando comparamos vermes como a planária (um platelminto) e a lombriga (um nematódeo).

••• Platelmintos

Os **platelmintos** são vermes de corpo achatado e que têm os principais órgãos dos sentidos reunidos na cabeça. Outra característica importante é apresentarem **simetria bilateral**, ou seja, existe apenas uma maneira de dividir o corpo do animal em duas metades simétricas (lados direito e esquerdo). Note, por comparação, que os cnidários têm **simetria radial**, isto é, o corpo pode ser dividido em duas metades iguais por diferentes cortes, como mostra a figura a seguir.

Com exceção dos cnidários e poríferos, todos os animais conhecidos apresentam o mesmo padrão de organização corporal dos platelmintos: simetria bilateral, cérebro e órgãos dos sentidos concentrados na cabeça. Acredita-se que esse padrão de organização corporal favoreça a movimentação e a busca de alimento, sendo uma característica importante na evolução dos animais.

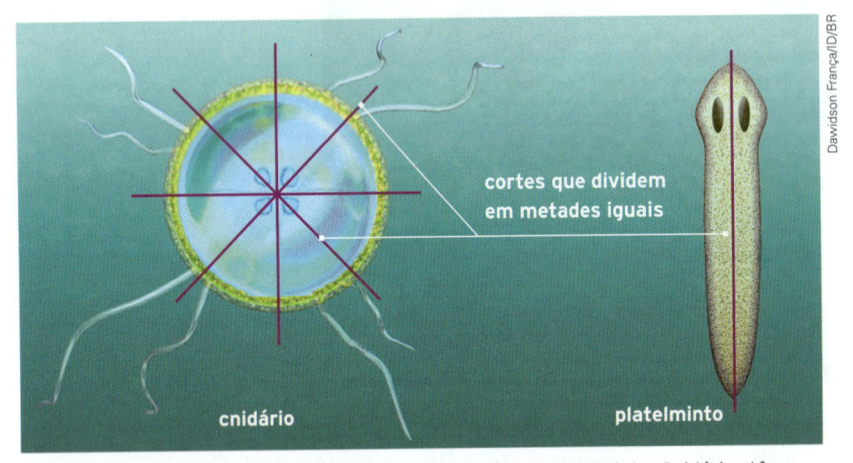

> **Vermes do bem**
>
> Muitos veem os vermes como animais repugnantes ou nocivos. Entretanto, sua importância ecológica é imensa. A maioria deles tem vida livre e contribui para o ciclo biológico dos nutrientes, consumindo detritos e eliminando substâncias que, depois, são decompostas por bactérias e fungos. Isso é muito importante porque libera no ambiente os nutrientes que serão utilizados por outros organismos, como as plantas.

Esquema simplificado de planos de simetria em cnidário e platelminto. Cnidários têm simetria radial; platelmintos têm simetria bilateral. (Representação sem proporção de tamanhos; cores-fantasia.)

Os platelmintos apresentam **cérebro simples**, que coordena o corpo. Também são dotados de **sistema excretor**, que elimina substâncias tóxicas do corpo.

São conhecidas aproximadamente 20 mil espécies de platelminto. A maioria das espécies tem vida livre (isto é, não são parasitas), sendo encontradas em ambientes aquáticos e em solo úmido. Mas há cerca de 3 mil espécies parasitas, que vivem no interior do corpo de outros animais, inclusive de seres humanos.

Planárias

As **planárias** são platelmintos de vida livre que habitam a água ou lugares úmidos. A maioria das espécies tem poucos centímetros de comprimento, mas existem algumas com até 30 cm.

As planárias são **carnívoras** e capturam o alimento com a faringe, que pode ser esticada para fora do corpo, como uma pequena tromba. O alimento entra pela abertura da faringe (boca) e passa diretamente à cavidade do intestino, onde é parcialmente digerido. As partículas de alimento são então englobadas pelas células intestinais, que completam a digestão.

Os resíduos não digeridos são eliminados pela mesma abertura de entrada, a boca, pois as planárias não têm ânus, – ou seja, têm **tubo digestório incompleto**.

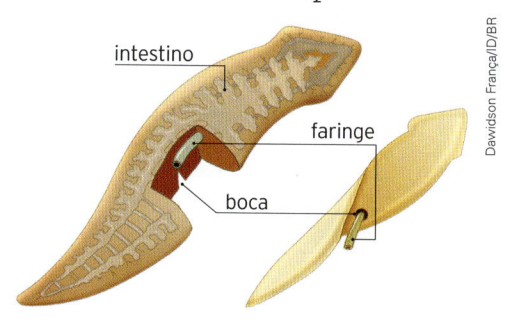

A planária absorve o gás oxigênio através da parede do corpo, diretamente do ambiente – água ou ar. O gás carbônico segue o percurso inverso, isto é, passa do corpo do animal diretamente para o ambiente.

O sistema nervoso da planária é constituído por um **cérebro primitivo** e um par de nervos.

Na região anterior, há um par de **ocelos**, formados por um conjunto de células sensíveis à luz.

A reprodução das planárias pode ser sexuada ou assexuada.

A maioria das espécies é **hermafrodita**, ou seja, o mesmo indivíduo apresenta aparelho reprodutor masculino e feminino. Durante a cópula, duas planárias trocam espermatozoides e são fecundadas. Cada uma delas produz uma cápsula contendo ovos, que são expelidos e fixados no lado inferior de folhas ou sobre pedras. Dos ovos, desenvolvem-se os novos indivíduos, que abandonam a cápsula e já são semelhantes aos adultos.

Na reprodução **assexuada**, as planárias podem se partir espontaneamente: de cada parte originada, desenvolve-se um novo indivíduo, ou seja, a reprodução assexuada das planárias está relacionada à sua capacidade de **regeneração**.

Esquema de planária e detalhe da faringe. O intestino localiza-se na região anterior do corpo. (Representação sem proporção de tamanhos; cores-fantasia.)

Fonte de pesquisa: E. E. Ruppert; R. D. Barnes. *Zoologia dos invertebrados*. 6. ed. São Paulo: Roca, 1996. p. 221.

Distribuição de nutrientes

O intestino das planárias é um prolongamento da faringe e divide-se em ramos que se dirigem tanto para a região anterior quanto para a porção posterior do corpo. Cada um desses ramos se subdivide lateralmente, espalhando-se pelo corpo do animal, de modo que todas as células da planária são alcançadas pelo órgão. Assim, os nutrientes resultantes da digestão dos alimentos são distribuídos diretamente do intestino para as células corporais.

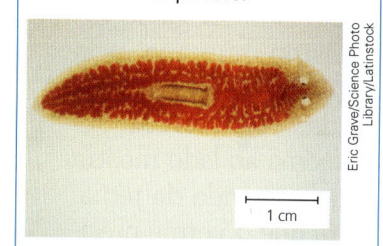

Fotografia de uma planária de água doce feita com auxílio de microscópio óptico. Note os ocelos, na região anterior, e o tubo digestório altamente ramificado (região vermelha), visto por transparência.

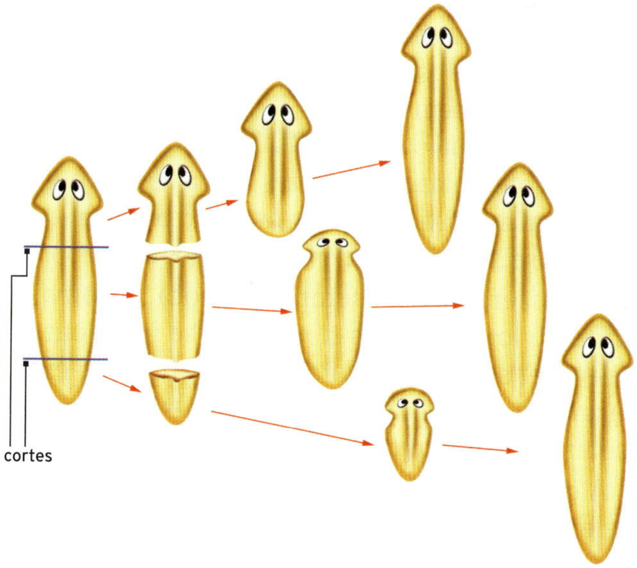

Representação de corte e regeneração do corpo em planária. Esquema de planária e detalhe da faringe. As planárias regeneram partes do corpo perdidas, e cada parte origina uma nova planária. (Representação sem proporção de tamanhos; cores-fantasia.)

Fonte de pesquisa: E. E. Ruppert; R. D. Barnes. *Zoologia dos invertebrados*. 6. ed. São Paulo: Roca, 1996. p. 225.

Platelmintos parasitas

Algumas espécies de platelmintos são parasitas de seres humanos e de outros animais, causando doenças.

As doenças humanas provocadas por vermes parasitas constituem um grave problema de saúde pública, pois afetam milhões de pessoas no mundo. O combate a essas doenças deve incluir não só o tratamento dos indivíduos afetados, mas, principalmente, investimentos do poder público na melhoria das condições de habitação e no saneamento básico.

Teníase

Vermes adultos das espécies *Taenia solium* e *Taenia saginata* podem viver no organismo humano, causando a teníase. O parasita chega ao organismo humano pela **ingestão de larvas**, chamadas **cisticercos**. O esquema ao lado mostra o ciclo de vida da tênia. Note que o verme precisa passar por dois hospedeiros para completar seu ciclo de vida.

Cisticercose humana

A **cisticercose** ocorre quando uma pessoa ingere diretamente os **ovos** da tênia, que podem estar presentes na água ou em verduras contaminadas por fezes humanas. No organismo, os ovos dão origem aos cisticercos – as larvas do parasita –, que têm a capacidade de se instalar em diferentes órgãos do corpo.

A cisticercose nem sempre provoca sintomas, mas, dependendo do local onde os cisticercos se instalem, os problemas podem ser sérios. Cisticercos no cérebro, por exemplo, podem causar fortes dores de cabeça, convulsões, vômitos, alterações visuais – incluindo cegueira – e até mesmo a morte.

A cisticercose é um problema de saúde pública que prevalece em áreas onde há más condições sanitárias e consumo de carnes que não passam por inspeção dos órgãos de vigilância sanitária.

1 A carne do boi ou do porco pode estar contaminada por cisticercos.

2 A tênia entra no corpo humano pela ingestão de carne contaminada. Os sintomas da teníase são vômitos, alterações no apetite, enjoos, diarreia, desnutrição.

3 No intestino, a larva se desenvolve originando um adulto (na foto acima, visão parcial do verme adulto; aumento de 23 vezes em 5 cm X 7 cm), que pode atingir vários metros de comprimento. Os adultos são formados por diversos segmentos; cada um contém milhares de ovos.

4 Os segmentos e os ovos são liberados com as fezes.

5 Os ovos podem contaminar o ambiente, sendo ingeridos por bois ou porcos.

6 Nesses animais, os ovos se desenvolvem em larvas, que atingem a musculatura e originam cisticercos.

Esquema simplificado do ciclo de vida da tênia. (Representação sem proporção de tamanhos; cores-fantasia.)

Fonte de pesquisa: E. E. Ruppert; R. D. Barnes. *Zoologia dos invertebrados*. 6. ed. São Paulo: Roca, 1996. p. 248.

Teníase e **cisticercose** são duas formas diferentes de infestação pelo mesmo verme.

Carne contaminada

O cisticerco é popularmente chamado de "canjiquinha" devido a seu aspecto de pequenos grãos esbranquiçados (que lembram grãos de canjica), visíveis a olho nu, incrustados na carne.

Sabe-se que os cisticercos morrem quando submetidos a altas temperaturas. Assim, cozinhar bem a carne (de porco ou de boi) ajuda a prevenir a teníase.

Esquistossomose

O verme **esquistossomo** (espécie do gênero *Schistossoma*) é um parasita que causa a **esquistossomose**, problema conhecido popularmente como "barriga-d'água", porque frequentemente o abdome do doente torna-se inchado.

O verme é pequeno – mede entre 1 cm e 1,5 cm de comprimento – e aloja-se no fígado e no intestino do indivíduo contaminado. Em geral, a doença é contraída quando a pessoa entra em contato com a água de lagoas e açudes infestados pelas larvas do verme, as **cercárias**.

Em seu ciclo de vida, o verme usa algumas espécies de caramujo como hospedeiros intermediários. Esses caramujos caracterizam-se pela concha de cor acinzentada e pelo tamanho, que varia de 1 cm a 2 cm. Veja abaixo o ciclo de vida do esquistossomo.

A esquistossomose é uma doença que ocorre em 52 países, especialmente na América do Sul, América Central e África. Em 2010, a Organização Mundial da Saúde (OMS) estimou que, no mundo todo, mais de 207 milhões de pessoas sejam portadores do verme, sendo que, no Brasil, o número de indivíduos afetados pode ser superior a 7 milhões.

O caramujo *Biomphalaria glabrato* é um dos hospedeiros intermediários do esquistossomo.

> Para completar seu ciclo, o **esquistossomo** necessita de dois hospedeiros: o ser humano (hospedeiro definitivo) e o caramujo (hospedeiro intermediário).

Vacina a caminho

A Fundação Oswaldo Cruz (Fiocruz) é um centro brasileiro de pesquisa em saúde e de desenvolvimento de medicamentos, entre outros serviços reconhecidos internacionalmente.

Afinada com um programa iniciado há mais de vinte anos pela OMS, a Fiocruz criou uma vacina contra a esquistossomose que se mostrou eficaz em testes com animais. Em 2012 já existia previsão de testes em humanos. Se aprovada, a vacina brasileira poderá ser usada também na prevenção de outros vermes que parasitam animais criados para o consumo humano.

Será um avanço na saúde pública para milhões de pessoas no Brasil e no mundo, que até hoje têm de conviver com a doença debilitante que é a esquistossomose.

Fonte de pesquisa: *Ciência Hoje On-Line*, 13 jun. 2011. <http://cienciahoje.uol.com.br/noticias/2011/06/barriga-d2019agua-com-os-dias-contados>. Acesso em: 5 ago. 2014.

3 Os vermes adultos migram para o intestino. O macho tem um canal onde a fêmea se aloja durante a reprodução. Após a fecundação, a fêmea libera milhares de ovos por dia. Os ovos são eliminados com as fezes.

4 Os ovos podem atingir lagos e lagoas.

ovos eliminados com as fezes

miracídio

2 As larvas alcançam a corrente sanguínea e atingem o fígado, onde se desenvolvem. Os sintomas incluem diarreia, dor de cabeça e cansaço. Com o tempo, o fígado pode inchar, e por isso a esquistossomose é chamada de "barriga-d'água".

5 Nesses locais, os ovos eclodem e liberam larvas miracídias minúsculas, com 0,2 mm de comprimento, que invadem caramujos e neles se desenvolvem.

larva cercária

1 A larva cercária, que mede aproximadamente 0,3 mm de comprimento, sai do caramujo e penetra na pele humana, provocando coceira no local.

Esquema simplificado do ciclo de vida do esquistossomo. (Representação sem proporção de tamanhos; cores-fantasia.)
Fonte de pesquisa: E. E. Ruppert; R. D. Barnes. *Zoologia dos invertebrados*. 6. ed. São Paulo: Roca, 1996. p. 241.

Origem e expansão da esquistossomose no Brasil

Pesquisadores acreditam que o esquistossomo já era encontrado no antigo Egito, de onde pode ter se espalhado para o restante da África, seguindo os cursos de água. No Brasil, a esquistossomose foi provavelmente introduzida durante o período colonial, quando o tráfico de negros, usados como mão de obra nas plantações de cana-de-açúcar, na região Nordeste, ocasionou intensa movimentação de pessoas entre a África e o Brasil.

No território brasileiro, o esquistossomo encontrou condições para se estabelecer e se disseminar, como o clima tropical e a presença de caramujos hospedeiros.

PROVÁVEIS ROTAS DA EXPANSÃO DA ESQUISTOSSOMOSE NO BRASIL

Fonte de pesquisa: P. P. Chieffie; E. A. Waldman. *Cadernos de Saúde Pública*, Rio de Janeiro, v. 4, n. 3, jul./set. 1988.

As correntes migratórias do chamado ciclo do ouro (século XVIII), que atraiu trabalhadores para o interior dos estados da Bahia e de Minas Gerais, contribuíram para a expansão das áreas afetadas pelo verme. Já no século seguinte, as plantações de café trouxeram trabalhadores para os estados situados mais ao sul, e, no século XX, intensificaram-se as correntes migratórias vindas de estados do Nordeste brasileiro para São Paulo e também para estados das regiões Centro-Oeste e Norte, o que ampliou os domínios do esquistossomo.

Assim, a disseminação da esquistossomose no Brasil deve-se à existência de fatores ambientais adequados ao verme e a seu hospedeiro e às correntes migratórias, mas também às más condições de saneamento básico da população.

A coleta e o tratamento de esgoto doméstico e o fornecimento de água consumível à população são as únicas medidas de efeito permanente no combate à esquistossomose.

Nematódeos

Os nematódeos são vermes de corpo cilíndrico e alongado, com as extremidades afiladas, encontrados em todos os ambientes. Apresentam **tubo digestório completo**, ou seja, com boca e ânus. Esses vermes têm sistema excretor organizado e realizam as trocas gasosas da respiração (entrada de gás oxigênio e saída de gás carbônico) pela superfície do corpo.

A maioria dos nematódeos tem sexos separados. O encontro dos gametas masculino e feminino – a fecundação – ocorre dentro do corpo da fêmea.

Muitos nematódeos se alimentam de matéria orgânica morta, colaborando para a decomposição desses restos no ambiente. Mas há espécies parasitas que causam doenças em seres humanos, caso da lombriga e do ancilóstomo.

Ascaridíase

A ascaridíase é uma parasitose humana causada pelo nematódeo *Ascaris lumbricoides*, popularmente chamado de lombriga. A OMS estima que aproximadamente 25% da população mundial seja portadora de lombriga. As pessoas mais afetadas são as que vivem em locais onde o saneamento básico é precário.

As lombrigas são vermes que podem atingir mais de 30 cm de comprimento. Apesar do grande tamanho desse verme, um único hospedeiro pode abrigar centenas deles.

As lombrigas adultas vivem no intestino humano, onde se reproduzem sexuadamente. Cada fêmea libera até 200 mil ovos por dia, que são eliminados com as fezes. Os ovos são invisíveis a olho nu – medem em torno de 0,05 mm.

Os sintomas da ascaridíase incluem tosse e bronquite (ver esquema do ciclo), vômitos, diarreia, cólicas e até esgotamento físico e mental. Muitas vezes, porém, o portador não apresenta nenhum sintoma. A melhor maneira de evitar a ascaridíase é lavar bem as mãos e os alimentos e ferver a água antes do consumo, caso não se tenha acesso ao fornecimento de água tratada. A disseminação do verme pode ser impedida pelo uso de instalações sanitárias adequadas.

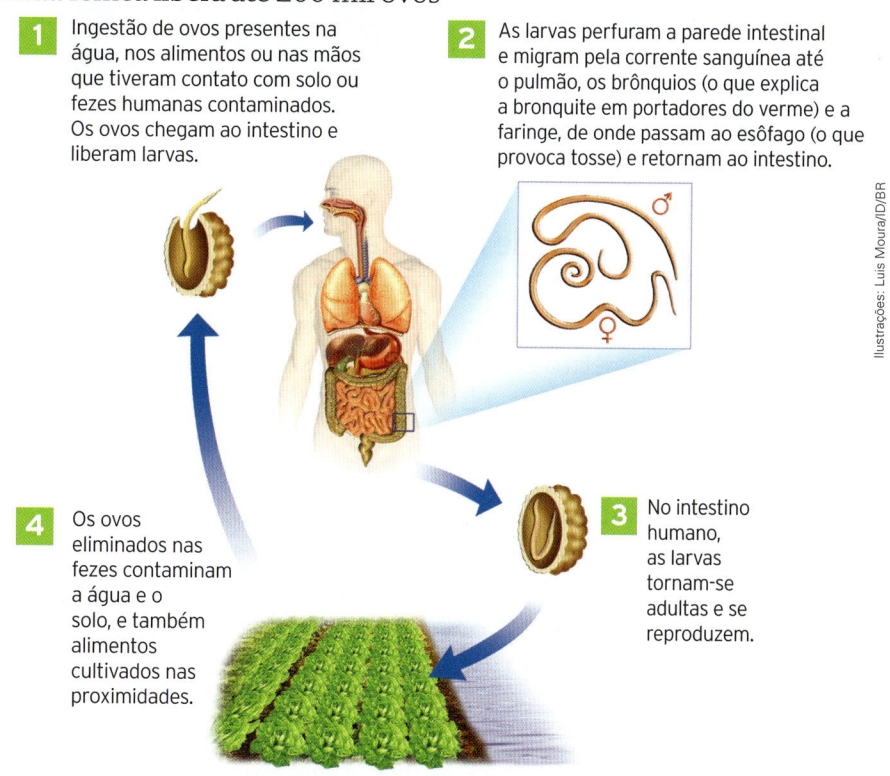

1 Ingestão de ovos presentes na água, nos alimentos ou nas mãos que tiveram contato com solo ou fezes humanas contaminadas. Os ovos chegam ao intestino e liberam larvas.

2 As larvas perfuram a parede intestinal e migram pela corrente sanguínea até o pulmão, os brônquios (o que explica a bronquite em portadores do verme) e a faringe, de onde passam ao esôfago (o que provoca tosse) e retornam ao intestino.

3 No intestino humano, as larvas tornam-se adultas e se reproduzem.

4 Os ovos eliminados nas fezes contaminam a água e o solo, e também alimentos cultivados nas proximidades.

Esquema simplificado do ciclo de vida do *Ascaris lumbricoides*. (Representação sem proporção de tamanhos; cores-fantasia.)

Fonte de pesquisa: David Pereira Neves. *Parasitologia humana*. 10. ed. São Paulo: Atheneu, 2003. p. 230.

Ancilostomose

A ancilostomose, ou amarelão, é provocada pelo verme ancilóstomo (*Ancylostoma duodenale*). As larvas entram no organismo humano através da pele (geralmente, pelos pés descalços em contato direto com o solo), migram pelo corpo, em um percurso similar ao da lombriga, e fixam-se no intestino, onde tornam-se indivíduos adultos. O acasalamento ocorre no intestino do hospedeiro e, em seguida, as fêmeas produzem até 30 mil ovos por dia. Os ovos saem com as fezes e eclodem no solo, originando larvas que podem penetrar no corpo de outra pessoa. A infestação também pode se dar pela ingestão de água e alimentos contaminados.

O verme adulto mede cerca de 1,5 cm de comprimento e alimenta-se do sangue do hospedeiro, podendo causar anemias graves. A pessoa fica pálida, sente cansaço e, com o tempo, aparecem dores no corpo e até mesmo problemas cardíacos.

A OMS estima que mais de 1,3 bilhão de pessoas sejam portadoras do ancilóstomo, ocorrendo mais de 65 mil mortes anuais em decorrência da anemia provocada pelo verme.

Os portadores do verme devem ser tratados com remédios específicos. Para evitar contrair o ancilóstomo, é preciso sempre andar calçado, e, para impedir sua disseminação, uma das medidas é usar instalações sanitárias adequadas.

> O **ciclo do ancilóstomo** é similar ao da lombriga, diferindo na forma pela qual o verme invade o organismo humano.

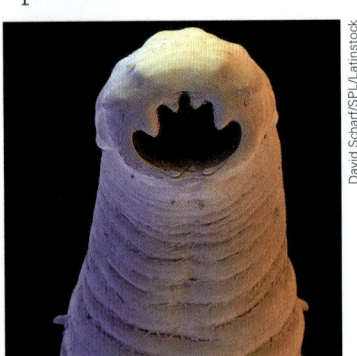

Fotografia de ancilóstomo obtida por microscópio eletrônico de varredura e colorizada. (Aumento de 159 vezes em 6 cm × 7 cm.)

Jeca Tatu

Jeca Tatu, um famoso personagem criado pelo escritor Monteiro Lobato, era conhecido por sua preguiça.

Mas o que ele tinha não era preguiça, era uma verminose, o "amarelão". Ele vivia descalço – porque não tinha sapatos – e pisava em solo contaminado pelo nematódeo ancilóstomo – onde o Jeca Tatu morava não havia rede de esgotos nem fossa. Depois que se descobriu doente – porque, por acaso, um médico passou por ali, uma vez que na região não havia assistência médica –, Jeca pôde curar-se dos vermes e tornou-se fazendeiro.

Saúde ambiental e saúde humana

No Brasil, a ausência de saneamento básico é ainda hoje um problema de saúde pública. Segundo dados da Pesquisa Nacional de Saneamento Básico de 2008, realizada pelo Instituto Brasileiro de Geografia e Estatística, 56% dos domicílios brasileiros (cerca de 25 milhões de lares) não contavam com nenhuma rede coletora de esgoto, e 80% dos resíduos eram lançados diretamente nos rios, sem nenhum tratamento.

As pesquisas sobre saneamento ainda são escassas. O último estudo foi apresentado em 2004, no Atlas de Saneamento do IBGE. Segundo ele, cerca de 98% dos municípios brasileiros tinham abastecimento de água e quase 78% dos domicílios do país tinham acesso a água potável, enquanto só cerca de 47% das casas eram servidas por rede de esgoto. (Dados publicados em 4 set. de 2011 por De Olho nos Mananciais, disponível em <http://www.mananciais.org.br/2011/09/saneamento-no-brasil/>; acesso em: 12 fev. 2012.)

Verifique o que aprendeu

1. De que outros animais, além dos seres humanos, dependem a tênia e o esquistossomo para proliferar?
2. Que consequências para a saúde são provocadas pela ingestão de cisticercos e de ovos de tênia? Explique.
3. Ao estudar as populações afetadas pelo esquistossomo, nota-se uma coincidência entre a incidência da doença e a existência de cursos de água, lagoas ou açudes na região. Como se explica isso?

ATIVIDADES

1. Observe a foto ao lado e responda às questões.
   a) A que grupo de invertebrados esse animal pertence?
   b) A planária é um animal parasita? Explique onde e como vivem esses animais.

   Planária terrestre.

2. Descreva brevemente os modos de reprodução das planárias.

3. Qual é a principal diferença entre um verme de vida livre e um verme parasita?

4. Faça uma tabela resumindo as principais informações sobre as verminoses. Na primeira coluna, escreva uma lista dos vermes mais comuns em seres humanos: tênia, esquistossomo, lombriga e ancilóstomo. Nas demais colunas, escreva: forma(s) de contágio, modo(s) de transmissão e sintomas.

5. Muitas pessoas apreciam carne malpassada, alegando que ela preserva o sabor do alimento. Que riscos essas pessoas correm ao fazer isso? Explique.

6. Em geral, o hospedeiro onde os parasitas se reproduzem de forma sexuada é denominado **hospedeiro definitivo**, e aquele em que há apenas metamorfose ou reprodução assexuada é chamado **hospedeiro intermediário**. Quem são os hospedeiros definitivos e intermediários da tênia e do esquistossomo?

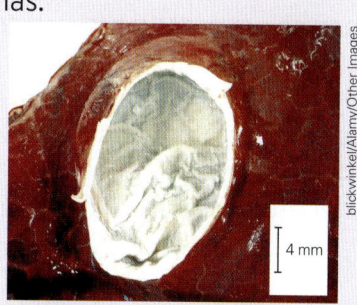

   Fotografia de cisticerco em carne crua.

7. Médicos pediatras, ao avaliar o estado de saúde das crianças, rotineiramente solicitam exames de fezes. Que informação o médico espera obter com esse tipo de exame?

8. Os adultos geralmente insistem para que as crianças desenvolvam certos hábitos de higiene pessoal, como lavar as mãos antes das refeições, não colocar objetos sujos na boca, não comer alimentos que tenham caído no chão, não andar descalças fora de casa, etc. Quais podem ser os motivos dessas recomendações?

9. Os ovos da tênia são disseminados por fezes humanas que atingem pastos e córregos, sendo ingeridos pelos animais. A alta incidência de cisticercos no rebanho coloca em risco a saúde da população e causa prejuízos aos pecuaristas, pois a carne contaminada não pode ser comercializada. Os maiores índices de contaminação são encontrados em frigoríficos situados próximos a grandes cidades.
   a) Por que os maiores índices de infestação ocorrem perto de grandes cidades?
   b) Por que é importante instalar redes de água tratada e de coleta de esgoto em lugares habitados?
   c) O que pode motivar os pecuaristas ou os frigoríficos a burlar a lei e evitar a inspeção sanitária?

   A Lei Federal n. 11 445, de 2007, estabelece que todos os domicílios brasileiros devem receber, entre outros serviços, o abastecimento de água potável e esgotamento sanitário (coleta, tratamento e adequada disposição final dos materiais no meio ambiente).

I. Como são os serviços de abastecimento de água e de tratamento de esgoto em sua cidade? Você acha que a população pode estar correndo risco de contaminação?

MÓDULO 4

Moluscos e anelídeos

O grupo dos moluscos originou-se no mar. Ao longo de sua evolução, porém, esses animais conquistaram ambientes terrestres e de água doce.

Os anelídeos também são encontrados em ambientes aquáticos – marinhos e de água doce – e terrestres.

••• Moluscos

A palavra *molusco* vem do latim *mollis*, que significa "mole", característica principal do corpo desses animais. Eles estão presentes em diferentes ambientes, formando um grupo com aproximadamente 85 mil espécies conhecidas.

A diversidade dos animais desse grupo é muito grande.

O tamanho corporal pode variar de poucos milímetros – como em certos caracóis de jardim – até muitos metros, como nas lulas-gigantes. A grande variação de tamanho e hábitat dos moluscos reflete a diversidade de modos de vida e hábitos alimentares, que incluem desde espécies sedentárias, comedoras de detritos, até predadores ativos.

Concha

Apesar da significativa diversidade de formas, existem algumas características comuns à maioria dos membros do grupo. Uma delas é a presença de **concha**.

Muitos moluscos têm conchas externas, que servem de proteção ao animal (alguns podem até se retrair para dentro dela quando ameaçados). Durante o processo de evolução, porém, a concha de alguns moluscos se modificou: nas lulas, por exemplo, ela é interna; em outros, como nos polvos e nas lesmas, ela desapareceu.

A concha de um molusco é produzida pelo próprio animal de uma substância chamada **carbonato de cálcio**, presente em grande quantidade nos ambientes de água salgada e, em menor quantidade, na água doce.

O corpo do animal adulto é envolvido por uma camada de células denominada **manto**, entre as quais estão as células responsáveis pela produção da concha.

O caracol (no alto) tem concha espiralada; o mexilhão (à esquerda) desenvolve uma concha formada por duas partes articuladas; a sépia (ao centro) apresenta concha interna; a lesma (à direita) não tem concha.

Sistemas de órgãos

Os moluscos apresentam tubo digestório completo (isto é, com boca e ânus), sistema cardiovascular e sistema excretor, além de sistemas nervoso e sensorial bem desenvolvidos na maioria das espécies.

Diferentemente dos animais estudados até aqui (poríferos, cnidários e vermes), os moluscos apresentam sistema respiratório especializado na captação de gás oxigênio e na eliminação de gás carbônico. As espécies aquáticas têm brânquias, e as terrestres geralmente desenvolvem pulmões.

Veja, na figura abaixo, como é o corpo de um molusco típico, pertencente ao grupo dos **gastrópodes**, que inclui os caracóis e caramujos, entre outros.

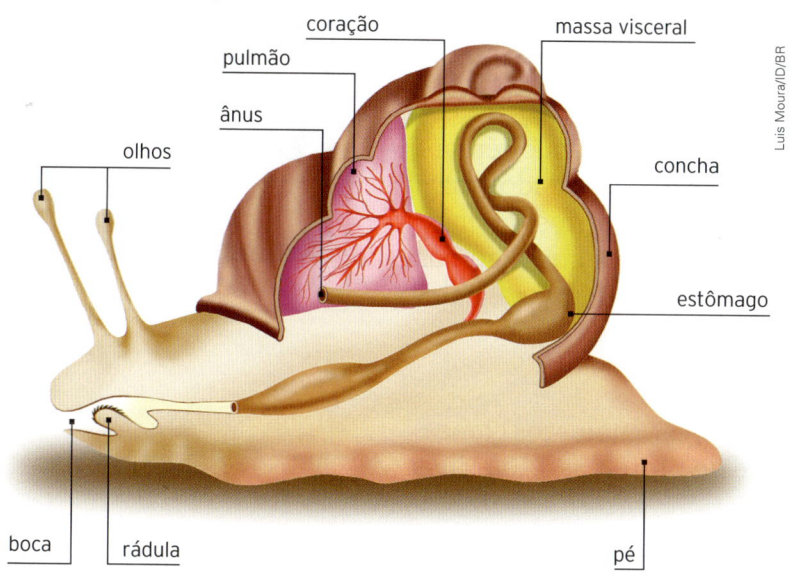

Aqui, um caracol (molusco gastrópode terrestre) foi escolhido para ilustrar a estrutura geral do corpo dos moluscos. (Representação sem proporção de tamanhos; cores-fantasia.)

Fonte de pesquisa: E. E. Ruppert; R. D. Barnes. *Zoologia dos invertebrados*. 6. ed. São Paulo: Roca, 1996. p. 398.

Na **cabeça** do animal, estão localizados a boca e os olhos. Na boca, observa-se a presença da **rádula**, uma espécie de língua cheia de "dentes" utilizada para raspar folhas e superfícies duras.

A **massa visceral** contém o tubo digestório e demais órgãos internos, como rins.

O **pé** é uma estrutura musculosa, que o animal usa para se locomover ou para abrir e fechar a concha. Nos polvos e nas lulas, o pé modificou-se dando origem aos **tentáculos**.

> O corpo dos **moluscos** pode ser dividido em três partes: cabeça, pé e massa visceral.

Os moluscos apresentam grande variedade de processos reprodutivos. Muitas espécies são hermafroditas. O tipo de fecundação varia, podendo ser **externa** ou **interna**, assim como a forma de desenvolvimento, que pode ou não incluir a fase de larva.

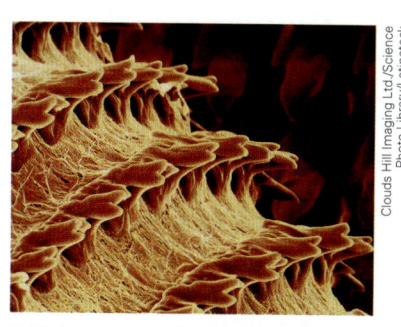

Rádula, mostrando os dentículos que raspam folhas e superfícies duras. (Fotomicrografia ao microscópio eletrônico de varredura; aumento de 5 400 vezes; imagem colorizada.)

Um caracol carnívoro: exemplo de molusco gastrópode.

Diversidade de moluscos

Além dos gastrópodes, existem outros grupos importantes de moluscos.

As ostras e os mariscos pertencem ao grupo dos **bivalves**, assim chamados porque sua concha é formada por duas partes, ou valvas. Eles vivem fixos às superfícies, filtrando a água do mar. Dessa forma, retêm partículas de material orgânico, além de animais e algas microscópicos, que constituem seu alimento.

Os polvos, as sépias e as lulas fazem parte do grupo dos **cefalópodes**. Esses moluscos são predadores ativos, que se alimentam de peixes e outros animais, e são excelentes nadadores. Uma característica dos cefalópodes é a capacidade de **camuflagem**: a superfície do corpo de várias espécies possui células ricas em pigmentos coloridos, cuja concentração pode ser alterada pelo animal, o que permite rápidas mudanças de cor, confundindo as presas e, também, eventuais predadores.

Os cefalópodes são os moluscos que apresentam o cérebro mais desenvolvido – são considerados os invertebrados mais inteligentes. São capazes de reconhecer territórios, formas, cores e tamanhos. Pesquisadores já relataram que algumas espécies mostram capacidade de utilizar ferramentas – habilidade até pouco tempo conhecida apenas entre vertebrados.

Captura de moluscos

Lulas, ostras, mariscos, entre outros, são moluscos comestíveis e constituem importante fonte de proteínas, vitaminas e minerais.

Muitos desses moluscos, como as ostras e os mariscos, podem ser cultivados em fazendas marinhas; outros, como as lulas, são pescados em alto-mar. Entretanto, a captura excessiva desses animais tem colocado em risco suas populações naturais.

Muitas pessoas colecionam as conchas de moluscos por causa da beleza de suas cores e de seus formatos. Mas essa coleta indiscriminada, ainda que aparentemente inofensiva, deve ser evitada, pois muitos animais são coletados vivos, o que pode contribuir para a extinção de espécies, e mesmo conchas vazias, encontradas na areia da praia ou facilmente coletadas em águas rasas, podem servir como refúgio para outros animais.

Quem gosta da beleza das conchas pode apreciá-las em museus e institutos de pesquisa, onde é possível encontrar coleções com fins didáticos e científicos, organizadas criteriosamente por especialistas e que têm grande valor para o conhecimento e a preservação da natureza.

Aparato usado na criação de ostras. As larvas fixam-se na tela do cesto, que é mantido submerso para que as ostras se desenvolvam. Florianópolis (SC), 2005.

Animais valiosos

A pérola, produzida pelas ostras, forma-se quando um corpo estranho, como um grão de areia, invade a concha do animal e fixa-se entre esta e o manto. A ostra, defendendo-se, envolve a partícula estranha com substâncias calcárias produzidas pelo manto. Essas substâncias são depositadas em camadas concêntricas, formando um corpo praticamente esférico: a pérola.

Uma pérola na ostra aberta.

GLOSSÁRIO

Valva: cada uma das peças da concha de certos moluscos.

Polvos inteligentes e habilidosos

Polvos já foram observados construindo abrigos com pedaços de cascas de coco encontradas no fundo do mar.

Polvos mantidos em laboratório também já se mostraram capazes de retirar a tampa de frascos que continham alimento, como se vê na fotografia a seguir.

Um polvo pode abrir um frasco com tampa rosqueada. (Espanha, 2011.)

●●● Anelídeos

Embora pareça vermiforme, o corpo dos anelídeos é todo **segmentado**, como que formado por anéis – daí o nome do grupo. Os anéis são visíveis tanto na superfície quanto em órgãos internos, como a musculatura e o sistema nervoso. Isso resulta num controle bastante eficiente dos movimentos e favorece a locomoção, possibilitando a adaptação a diversos ambientes e modos de vida.

Muitos anelídeos têm **cerdas** rígidas na superfície do corpo; essas cerdas geralmente têm forma de espinho e auxiliam na locomoção e na defesa.

Existem cerca de 17 mil espécies de anelídeos conhecidas, a maioria de vida livre. O grupo é dividido em três classes: a dos **oligoquetos**, a dos **poliquetos** e a dos **hirudíneos**.

Oligoquetos

Os oligoquetos têm cerdas pequenas e pouco numerosas.

Algumas espécies são aquáticas, mas é mais comum encontrar os oligoquetos em solos úmidos. É o caso das minhocas, que cavam túneis e galerias no solo em busca de alimento, constituído por partículas de matéria orgânica em geral.

As minhocas têm tubo digestório **completo** (com boca e ânus), mas não apresentam sistema respiratório: as trocas gasosas da respiração ocorrem através da parede do corpo, que deve estar sempre úmida para permitir a entrada do gás oxigênio. Elas têm um sistema cardiovascular bem desenvolvido, com vários corações que impulsionam o sangue ao longo de vasos.

As minhocas são seres **hermafroditas**, ou seja, cada indivíduo apresenta órgãos reprodutores masculino e feminino. Entretanto, para a reprodução, sempre são necessários dois indivíduos, com troca mútua de espermatozoides: duas minhocas unem-se pelas regiões anteriores, em sentidos opostos, permanecendo ligadas por algum tempo, e trocam esperma entre si.

Após a cópula, um anel mais largo, chamado **clitelo**, localizado próximo à cabeça, produz uma cápsula feita de revestimento mucoso. A cápsula se desprende do clitelo e, impulsionada por contrações musculares, desliza pelo corpo do animal. Óvulos e espermatozoides são depositados, separadamente, na cápsula, quando ela passa pelas aberturas genitais. Ao fim do processo, a cápsula é depositada no solo. Os ovos se desenvolvem e originam descendentes semelhantes aos adultos.

> **A minhoca e o solo**
>
> As minhocas são capazes de perfurar os solos mais endurecidos, tornando-os menos compactos e mais arejados. Ao se alimentarem de restos de matéria orgânica do solo, eliminando no ambiente os restos parcialmente digeridos – chamados de **húmus** –, as minhocas aceleram o processo de reciclagem de nutrientes: estima-se que uma minhoca devolva ao solo, diariamente, uma quantidade de húmus equivalente a seu próprio peso.
>
> Fundamentais para a manutenção da fertilidade do solo nos ecossistemas naturais, as minhocas também têm importância econômica: atualmente, muitas empresas se dedicam a produzir e vender o "húmus de minhoca" a produtores rurais como alternativa orgânica ao uso de fertilizantes industriais.

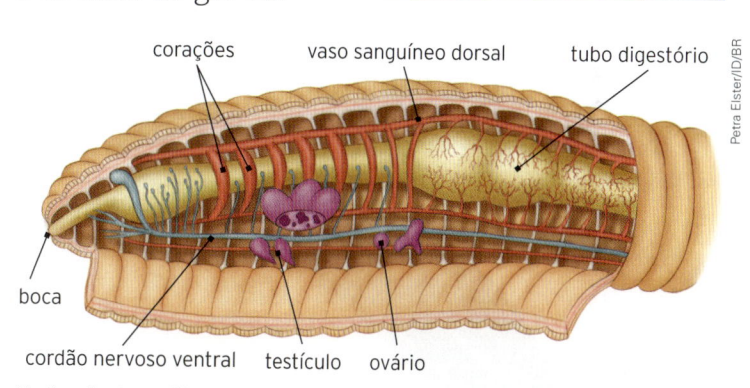

Ilustração da região anterior do corpo de uma minhoca, em corte, mostrando as principais estruturas internas. (Representação sem proporção de tamanhos; cores-fantasia.)
Fonte de pesquisa: E. E. Ruppert; R. D. Barnes. *Zoologia dos invertebrados*. 6. ed. São Paulo: Roca, 1996. p. 543.

O clitelo localiza-se na região anterior da minhoca.

Poliquetos

Os **poliquetos** são anelídeos marinhos. O grupo apresenta grande diversidade de formas e também de hábitos de vida. Eles podem ser encontrados, por exemplo, enterrados no solo arenoso do fundo do mar, no interior de tubos que eles mesmos constroem, nadando ativamente, deslocando-se no fundo do mar ou sendo levados passivamente pelas correntes.

Verme-de-fogo, um poliqueto que rasteja sobre o fundo do mar.

Possuem muitas cerdas, geralmente bem desenvolvidas, utilizadas para várias funções. Muitos respiram por brânquias.

Hirudíneos

Os hirudíneos, como as sanguessugas, são anelídeos que não têm cerdas e habitam a **água doce** ou o solo úmido.

O corpo desses animais apresenta **ventosas**, que eles usam para se prender a superfícies. É também com a ajuda dessas ventosas que os hirudíneos se alimentam e se locomovem.

A sanguessuga, um hirudíneo. Note a ventosa do animal presa à pele do hospedeiro.

As sanguessugas receberam esse nome porque são parasitas que se alimentam do sangue de diversos vertebrados. Ao encontrar um hospedeiro, fixam-se ao corpo dele com o auxílio da ventosa anterior e fazem um corte em sua pele. A saliva desses parasitas contém uma substância anestésica, que impede que o hospedeiro sinta sua presença, e outra, com função anticoagulante, que mantém o sangue líquido e facilita seu fluxo durante a alimentação da sanguessuga.

Bioindicadores de qualidade de água

Algumas espécies, muito sensíveis à qualidade da água ou de outro fator ambiental, são chamadas **bioindicadores**. O uso de organismos como indicadores da qualidade ambiental baseia-se no conceito de adaptação: os seres que habitam um ecossistema são adaptados às condições desse meio. Se essas condições se alteram, as populações sofrem consequências – algumas não se adaptam e desaparecem; outras colonizam ambientes onde antes não existiam.

Invertebrados que vivem no fundo de rios e lagos são bons bioindicadores: por exemplo, as minhocas-d'água (oligoquetos), além de muitos vermes e caramujos, nutrem-se de material orgânico que caiu na água (restos de vegetação e de organismos que vivem na superfície, etc.). Esses organismos servem de alimento para peixes, anfíbios e aves. Por isso, mudanças em suas populações causam impacto sobre toda a cadeia alimentar.

O monitoramento das populações de invertebrados bioindicadores pode fornecer dados para a avaliação de impactos ambientais decorrentes da descarga de esgotos domésticos, ricos em material orgânico.

Verifique o que aprendeu

1. "Moluscos são animais que possuem corpo mole e protegido por uma concha." As informações da frase estão corretas? Explique.
2. Ao observar uma minhoca imóvel no jardim, como podemos saber de que lado se encontra a boca do animal?

ATIVIDADES

1. Identifique a qual grupo de molusco pertence cada animal nas fotos A, B e C.

2. Algumas espécies de caramujo apresentam brânquias, enquanto os caracóis terrestres têm pulmões. Como você explica isso?

3. Em relação à concha dos moluscos, responda.
   a) Em que parte do corpo do animal ela é produzida?
   b) Qual sua composição?
   c) Qual a sua localização (interna ou externa)?
   d) Qual sua função?

4. Sabe-se que lulas e polvos são excelentes nadadores e armazenam tinta em uma bolsa. Essa tinta pode ser expelida pelo animal, turvando a água ao seu redor. Com base nessas informações, e considerando a ausência de concha externa, procure explicar como polvos e lulas se defendem de seus predadores.

5. As fotografias abaixo mostram uma minhoca e uma lombriga. A que grupos de invertebrados cada um desses animais pertence? Que característica corporal externa permite identificá-los corretamente?

6. O pé dos moluscos pode ser reduzido, como em alguns bivalves; largo e achatado, como nos gastrópodes; ou modificado em tentáculos, como nos cefalópodes. Pense no hábito de vida de cada grupo de molusco citado e explique essa variação no tamanho e na forma do pé desses animais.

7. Diz a crença popular que minhocas comem terra. O solo, onde vivem as minhocas, é um conjunto complexo de elementos, que contém partículas minerais, água, restos orgânicos de animais, plantas e microrganismos vivos. Considere essa explicação e responda: que partes do solo podem servir à nutrição das minhocas?

225

CIÊNCIA À MÃO

As minhocas e o solo

Para começar

A criação de animais nos permite aprender sobre seus hábitats e comportamentos. Quais cuidados devem ser tomados na construção de um ambiente artificial para a criação de minhocas?

Material

- cerca de 5 minhocas
- uma folha de papel áspero
- um azulejo ou um prato de vidro
- 1 aquário pequeno (pode ser substituído por um vidro grande de conserva, de boca larga, ou ainda por uma garrafa PET de 2 L, incolor)
- terra de jardim, coletada na camada mais superficial (de cor escura, rica em matéria orgânica)
- pó de giz branco
- areia ou pó de carvão
- 1 pedaço de tela de náilon ou filó (tecido usado em mosquiteiros)
- 1 pedaço de pano escuro ou cartolina preta

Procedimentos

Parte 1: Reconhecimento da forma das minhocas

1. Colete algumas minhocas em um jardim e identifique a extremidade anterior, que contém o clitelo (um anel mais largo e claro que os demais).
2. Coloque uma minhoca sobre uma folha de papel áspero e observe. Depois, coloque-a sobre um azulejo ou outra superfície lisa, como um prato de vidro. Observe o que acontece e responda à questão 1.
3. Acenda uma lâmpada próxima às minhocas e responda à questão 2.

Atenção! Manuseie as minhocas com cuidado para não feri-las. Ao fim da atividade, devolva-as ao local de onde foram retiradas. Cuidado ao manusear vidro.

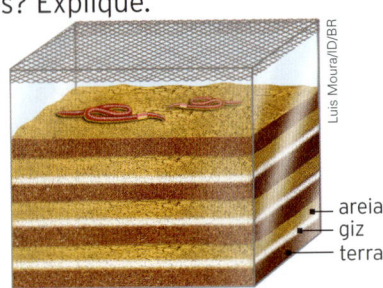

Parte 2: Observação da atividade das minhocas

1. No fundo do aquário, coloque uma camada de terra. Alterne com uma camada fina de pó de giz e outra de areia ou de pó de carvão. Repita as camadas até encher o aquário. Regue até umedecer todas as camadas de terra, mas tomando cuidado para não encharcar o material.
2. Coloque as minhocas na parte superior do aquário e cubra-o com a tela de náilon.
3. Cubra o conjunto com o pano escuro ou a cartolina preta.
4. Coloque a preparação onde não incida a luz do sol.
5. Após uma semana, remova o pano e observe as laterais do aquário.
6. Repita as observações nos dias seguintes.

Questões para discussão e avaliação

1. A minhoca desloca-se igualmente em ambas as superfícies? Explique.
2. Como as minhocas reagem à presença da luz?
3. Que tipo de modificação ocorreu na terra após uma semana? Explique.
4. Que tipo de alteração ocorreu nos dias seguintes?
5. Por que o terrário deve ficar coberto e resguardado do sol?
6. Por que a terra não pode ser encharcada, apenas umedecida?

LENDO CIÊNCIAS

ANTES DE LER
- Você sabe o que é lixo orgânico?
- Qual seria a relação entre minhocas e fertilizantes?

Com minhocas, sistema doméstico converte lixo orgânico em fertilizante

De essencial, a lata de lixo virou item supérfluo na cozinha da antropóloga Nicole Roitberg, 31. Há um ano, cascas de fruta, aparas de verdura, restos de alimentos, borra de café e saquinhos de chá têm outro destino: a Minhocasa, um sistema de compostagem doméstica em que minhocas convertem resíduos orgânicos em fertilizante natural.

Desenvolvida pelo Instituto Coopera, uma ONG de Brasília, a Minhocasa é [...] um sistema fechado, composto por três caixas plásticas empilhadas. No compartimento do meio, [...] minhocas [...] se alimentam de sobras de alimentos, folhas secas e papel, convertendo-os em dois tipos de adubo: húmus e um biofertilizante líquido.

"Hoje, o lixo seco já tem mercado, virou dinheiro. Há indústria para reciclar latinhas de alumínio e garrafas PET [...]", diz [...] Cesar Cassab Danna, 35, um dos fundadores do Instituto Coopera. "Mas o lixo orgânico, que, segundo estatística mundial, representa mais da metade de uma lixeira doméstica, é o grande vilão. Mal manejado, é o que mais polui. Gera gás metano e chorume, aquele líquido ácido que acaba [nos aquíferos] e contamina os rios."

Se na lixeira convencional o lixo cheira mal, no minhocário isto não ocorre. [Além disso], o sistema gera um líquido com pH neutro usado como adubo folhear ou na rega. "Quanto maior for a diversidade dos restos alimentares, mais rico será o adubo."

A seu favor, a Minhocasa tem o fato de: ser compacta; não gerar mau cheiro; não atrair ratos nem baratas; não demandar os cuidados requeridos por uma composteira tradicional; e ser autorregulável. [...]

Solução doméstica

A ideia de descartar o lixo orgânico da maneira convencional, colocando-o na rua para que seja recolhido pelo caminhão e descartado em lixões ou aterros, há muito tempo não agradava a antropóloga Nicole Roitberg, que trabalha com sustentabilidade ambiental. [...] No início, Nicole enfrentou resistência da mãe. "Ela não queria de jeito nenhum [...], mas, com o tempo, percebeu a importância não só de reciclar o lixo orgânico, mas de perceber que a natureza transforma tudo. Uma coisa vira alimento da outra [...]."

As minhocas transformam resíduos orgânicos em nutrientes.

Janaina Fidalgo. *Folha On-line*, 4 set. 2008. Disponível em: <http://www1.folha.uol.com.br/folha/equilibrio/noticias/ult263u441282.shtml>. Acesso em: 5 ago. 2014.

De olho no texto

1. Por que o chamado "lixo seco" não pode ser adicionado ao sistema?
2. O texto afirma que uma das vantagens do minhocário, em relação à lixeira convencional, é não atrair ratos ou baratas. Elabore uma hipótese para explicar por que isso acontece.

QUESTÕES GLOBAIS

1. Faça uma pesquisa para encontrar as informações necessárias para completar a tabela abaixo.

Características	Poríferos	Cnidários	Platelmintos	Nematódeos	Anelídeos	Moluscos
Hábitat e modo de vida						
Simetria						
Sistema nervoso						
Sistema digestório						
Sistema circulatório						
Sistema respiratório						
Sistema excretor						

2. Existe, atualmente, uma grande variedade de medicamentos baratos e eficazes no combate a praticamente todos os tipos de vermes que parasitam o ser humano. No entanto, as verminoses continuam afligindo milhares de pessoas nas regiões mais pobres. Por que isso acontece?

3. Imagine que você ocupa o cargo de secretário de saúde em um município onde as verminoses atingem grande parte da população. Que medidas você poderia sugerir para controlar as verminoses, além de oferecer medicação às pessoas afetadas? Explique.

4. Identifique os grupos dos animais abaixo e diga que característica você utilizou para identificá-los.

A B C D

Paulo Cesar Pereira/ID/BR

5. As sanguessugas têm sido empregadas com fins medicinais. O tratamento consiste em colocar um ou mais exemplares sobre um ferimento, ou sobre um membro reimplantado. O efeito esperado é a estimulação da circulação sanguínea no local, melhorando a oxigenação e a nutrição dos tecidos. Tendo em vista o que foi explicado sobre o modo de alimentação das sanguessugas, elabore uma hipótese para justificar seu uso com fins medicinais.

Autoavaliação ●●●

No início deste capítulo, você foi convidado a:

I. Refletir sobre as diferenças entre plantas e animais. Responda:
   a) A capacidade de movimentação é uma diferença significativa entre plantas e animais? Por quê?
   b) Muitos animais não apresentam capacidade de locomoção, ou essa capacidade é muito reduzida e restrita a fases curtas do ciclo de vida. Como se alimentam esses animais?

Depois de responder às questões acima, compare as respostas atuais com as que você registrou inicialmente em seu caderno.

II. Identificar os animais da fotografia da página de abertura. Você se sente agora mais capaz de identificar os animais após ter estudado este capítulo?

PARA SABER MAIS

Livros

O grande livro dos animais, de Gill Davies. Rio de Janeiro: Agir, 2009.
Existem hoje no mundo milhões de espécies de animais. Com centenas de fotografias selecionadas sobre a natureza selvagem, esse livro revela o hábitat e o comportamento de vários animais.

Vida animal. São Paulo: Ciranda Cultural, 2009 (Coleção O Mundo da Ciência).
Essa coleção traz dados e estatísticas para ajudar o leitor a expandir seu conhecimento. Todos os tópicos são ilustrados por imagens, fotografias e diagramas detalhados.

Natureza radical, de Mark Cavardine. Rio de Janeiro: Ediouro, 2007.
Escrito com a ajuda de mais de 150 cientistas, essa obra traz curiosidades da vida animal que nem mesmo os mais criativos escritores de ficção científica poderiam imaginar. Qual a planta mais mortífera? Qual o animal que suporta a temperatura mais baixa? E qual o mais dorminhoco?

Evolução dos bichos, de Luiz E. Anelli. São Paulo: Oficina de Textos, 2007.
Aborda como a vida evoluiu desde a simplicidade de uma célula até os sofisticados e complexos seres que conhecemos. Apresenta os ancestrais de cada ramo da árvore da vida e destaca as mutações e adaptações que conduziram às diversificações sucessivas de espécies para ocupar todos os espaços de nosso planeta. Ricamente ilustrado.

As conchas de nossas praias, de J. W. Thomé, P. E. A. Bergonci e G. A. Gil. Pelotas: Useb, 2004.
Mais de cem ilustrações, em cores, de conchas de moluscos brasileiros. Além das fotos, que facilitam a determinação das espécies, o livro traz desenhos anatômicos esquemáticos de moluscos, um glossário e uma extensa bibliografia, para aqueles que desejam aprofundar seus conhecimentos.

Guia ilustrado: esponjas marinhas da costa sul brasileira, de B. Mothes, C. Lerner e C. M. M. Silva. Pelotas: Useb, 2003.
Obra que oferece diversos subsídios sobre conservação, coletas, o que é uma esponja, habitats, interesse para o homem, lista de espécies de poríferos e características das espécies.

Sites

<http://www.oceanario.pt>
Site do Oceanário de Lisboa, com muita informação e imagens de animais marinhos de várias partes do mundo. Quem visita o *site* encontra também um menu para visita virtual.

<http://coralvivo.org.br/coral-vivo/quem-somos/>
Página do projeto Coral Vivo que disponibiliza belas imagens e informações sobre corais e os seres que habitam os recifes brasileiros e discute a importância da preservação desses ecossistemas. Também é possível acessar *sites* relacionados (em *links*), com textos diversos acerca de outros seres marinhos.

<http://www.conchasbrasil.org.br>
Página dos Conquiliologistas do Brasil, única entidade desse tipo na América Latina. Sediada em São Paulo, promove exposições de conchas em locais como escolas, museus, bibliotecas e instituições privadas para divulgação de trabalhos ou simplesmente para mostrar a beleza das conchas. Nesse *site* você encontra imagens de conchas, nomes científicos e informações sobre as espécies brasileiras de moluscos.

<http://www.poriferabrasil.mn.ufrj.br/index.htm>
Mantido por pesquisadores brasileiros, esse *site* traz informações sobre o grupo dos poríferos e sua importância para a pesquisa.

Acessos em: 5 ago. 2014.

Filme

Bob Esponja: o filme. Direção: Stephen Hillenburg, Estados Unidos, 2004.
Animação baseada na famosa série de televisão. Os extras incluem um documentário em que o oceanógrafo francês Jean-Michel Cousteau, filho de Jacques Cousteau, compara as personagens do desenho com as correspondentes criaturas reais no ecossistema marinho.

Originados no ambiente marinho há mais de 500 milhões de anos, os artrópodes passaram a ocupar também o ambiente terrestre. Hoje, a abundância deles no planeta é notável, e eles podem ser encontrados em quase todos os ambientes. Já os equinodermos mantiveram-se como seres marinhos.

Neste capítulo, você vai estudar características dos animais do filo dos artrópodes – grupo extremamente diversificado e numeroso, que inclui insetos, escorpiões e siris – e do filo dos equinodermos, do qual fazem parte a estrela-do-mar e o ouriço-do-mar.

O bicho-da-seda (*Bombyx mori*) é um invertebrado que, na fase de lagarta (foto maior), se alimenta basicamente de folhas frescas de amoreira. Após essa fase, não se alimenta mais e começa a fiar o casulo.

8 cm

Invertebrados II

CAPÍTULO 7

O QUE VOCÊ VAI APRENDER

- Artrópodes: características e estrutura corporal
- Principais grupos de artrópodes: insetos, crustáceos, aracnídeos e miriápodes
- Equinodermos: características gerais e diversidade
- Principais grupos de equinodermos: asteroides, equinoides, holoturoides, ofiuroides e crinoides

CONVERSE COM OS COLEGAS

Moscas, aranhas, borboletas, camarões, cupins, joaninhas, vespas, carrapatos, pulgas, caranguejos, centopeias... Andando, nadando ou voando, esses animais estão em toda parte e pertencem ao grupo de invertebrados com maior número de espécies descritas: os **artrópodes**.

A capacidade de reprodução deles pode ser muito grande: algumas espécies de formiga, por exemplo, constroem ninhos onde vivem mais de 20 milhões de indivíduos, capazes de preencher uma área equivalente a 5 campos de futebol.

A imagem ao lado (foto maior) mostra o animal conhecido como bicho-da-seda, um invertebrado.

1. Você sabe a qual grupo de invertebrados esse animal pertence?
2. O detalhe superior mostra um bicho-da-seda dentro do casulo. Você sabe explicar a origem desse casulo?
3. Você sabe o que aconteceria com o bicho-da-seda após essa fase de desenvolvimento se o casulo não tivesse sido aberto?
4. O detalhe inferior mostra uma mariposa. Há alguma relação entre o bicho-da-seda e a mariposa? Qual seria essa relação?

MÓDULO 1

Artrópodes

Os artrópodes são animais muito diversificados e abundantes, encontrados em quase todos os ambientes. Várias características dos membros desse grupo propiciam essa capacidade de adaptação e sobrevivência.

••• Principais características dos artrópodes

Abelhas, aranhas, escorpiões, lacraias, traças e camarões são alguns dos animais que fazem parte do grupo dos artrópodes. Os primeiros artrópodes habitavam os ambientes marinhos, mas já apresentavam características que lhes possibilitariam a sobrevivência bem-sucedida também nos ambientes terrestres.

Duas características gerais permitem reconhecer facilmente os artrópodes: presença de um esqueleto externo ou **exoesqueleto**, formado por uma substância chamada quitina, e de **apêndices articulados**, como antenas, pernas e, em alguns casos, asas.

Os apêndices articulados permitem que os artrópodes se locomovam de modo eficiente nadando, andando ou voando.

O exoesqueleto é resistente e impermeável, protegendo o animal contra os predadores e a desidratação. Essa proteção contra a perda de água é uma das características que permitem a muitos artrópodes viver em ambientes onde a água é escassa. A presença de um esqueleto articulado também favorece a sustentação da massa corporal. Diferentemente dos animais de corpo mole, desprovidos de esqueleto – como moluscos e vermes chatos, por exemplo –, o exoesqueleto dos artrópodes atua como um sistema de alavancas, fornecendo apoio aos músculos. Por isso, a locomoção dos artrópodes no meio terrestre é tão eficiente.

Além do exoesqueleto e dos apêndices articulados, os artrópodes apresentam: sistema nervoso e órgãos sensoriais desenvolvidos; sistemas circulatório, respiratório e digestório; e simetria bilateral. Esse conjunto de características possibilita aos artrópodes ocupar quase todos os ambientes da Terra.

O exoesqueleto deste besouro forma uma carapaça que envolve os órgãos internos.

Rígido e flexível

Os artrópodes apresentam apêndices articulados revestidos pelo exoesqueleto rígido. Esse fato justifica o nome, de origem grega, dado a esse grupo: *arthros*, "articulação", e *podos*, "pés", "pernas".

Embora coberto pelas placas rígidas do exoesqueleto, o corpo dos artrópodes executa muitos movimentos, pois membranas flexíveis formam as articulações entre as placas.

Na lacraia é fácil perceber o exoesqueleto.

GLOSSÁRIO

Impermeável: que não pode ser atravessado pela água ou por outros líquidos.

Polinização

A maior parte dos produtos agrícolas consiste de grãos (sementes) e frutos. A formação dessas estruturas depende da polinização. Estima-se que quase 90% do plantio comercial de frutas e sementes sejam polinizados por insetos. No entanto, como as áreas agrícolas são ecossistemas artificiais, isto é, construídos pelo ser humano, esses polinizadores naturais nem sempre estão presentes, e a polinização fica prejudicada.

Para compensar, agricultores usam abelhas *Apis mellifera* – uma espécie não nativa do Brasil – para garantir a polinização e melhorar as safras. Paralelamente, é necessário preservar áreas naturais, pois muitas espécies de polinizadores, até mesmo abelhas nativas do Brasil, correm risco de extinção.

O corpo dos artrópodes

O corpo dos artrópodes é segmentado, assim como o dos anelídeos. No entanto, muitos segmentos do corpo dos artrópodes se unem, formando regiões especializadas, como a **cabeça**, o **tórax** e o **abdome**. Na cabeça ficam o cérebro e os principais órgãos dos sentidos, como olhos e antenas. Ao tórax prendem-se os principais apêndices locomotores, como pernas e asas. Na maioria das espécies, o abdome abriga as vísceras e os órgãos sexuais.

Essa especialização das regiões corporais segmentadas e a variedade de apêndices corporais, também especializados, permitem uma multiplicidade de funções e a consequente adaptação a diversos ambientes.

A divisão corporal apresenta diferenças de acordo com o grupo de artrópodes: por exemplo, a cabeça pode estar fundida ao tórax, formando uma região única denominada **cefalotórax**, ou o corpo pode apresentar apenas duas regiões, **cabeça** e **tronco** (união do tórax ao abdome).

Apêndices articulados

Além das pernas, os artrópodes possuem outros apêndices com articulações.

As antenas e as mandíbulas são exemplos de apêndices articulados ligados à cabeça, como se pode observar nesta fotografia ampliada de uma formiga.

Formiga.

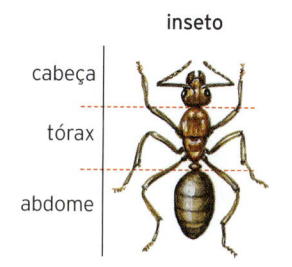

O corpo das formigas apresenta três regiões distintas: cabeça, tórax e abdome.

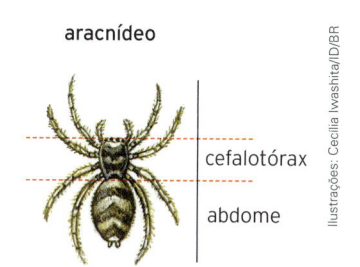

O corpo das aranhas é dividido em cefalotórax e abdome.

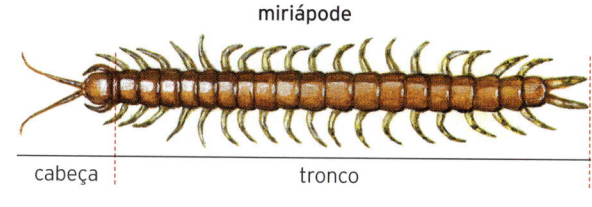

Nas centopeias, o corpo é dividido em cabeça e tronco.

Padrões corporais em artrópodes. (Representações sem proporção de tamanho; cores-fantasia.)

Um artrópode recém-saído do ovo tem um exoesqueleto com pouca quitina, o que o torna mais flexível.

Entretanto, o exoesqueleto logo enrijece, limitando o crescimento corporal. Por isso, até atingir a fase adulta, os artrópodes trocam periodicamente de exoesqueleto, num processo conhecido como **muda**. O exoesqueleto novo é, inicialmente, flexível, permitindo que o corpo do animal aumente de tamanho. Nas lagostas e em muitos caranguejos, as mudas ocorrem também na vida adulta.

A época da muda é um período crítico na vida do artrópode. Ao abandonar o exoesqueleto, o animal permanece indefeso até que seu novo exoesqueleto enrijeça. Por isso, após realizar a muda, é comum o artrópode se esconder em tocas ou sob rochas, até readquirir sua proteção.

Durante a muda, a libélula abandona o exoesqueleto antigo, que fica preso à vegetação.

••• Diversidade e abundância dos artrópodes

Os artrópodes são mais abundantes nas regiões tropicais do planeta, mas estão presentes em quase todos os ambientes, do fundo dos oceanos até as altas montanhas, dos polos aos desertos quentes.

Os gafanhotos podem ter comportamento gregário, isto é, ficam em grupos.

A abundância dos artrópodes na natureza é impressionante. Nuvens de gafanhotos podem conter mais de 28 bilhões de indivíduos. Embora pequenos – cada um tem, em média, 2,5 g –, a massa total deles chega a 70 mil toneladas. Estima-se que, na Amazônia, as colônias de formigas correspondam, juntas, a cerca de $\frac{1}{3}$ da massa total de todos os animais!

Esse grupo também apresenta grande diversidade. Os artrópodes participam da maior parte das teias alimentares em muitos ecossistemas. Eles podem ser herbívoros – alimentam-se de plantas –, carnívoros – espécies predadoras de invertebrados e de vertebrados de pequeno porte – ou se alimentar de detritos e de matéria orgânica em decomposição, acelerando a reciclagem desse material na natureza.

Atualmente, estão descritas cerca de 1,2 milhão de espécies de artrópodes. Segundo algumas estimativas, esse número pode chegar a até 10 milhões se, um dia, todas as espécies existentes forem conhecidas.

Neste livro, vamos estudar as espécies mais numerosas, organizadas em quatro grupos principais, de acordo com o número de pernas e a organização corporal: **insetos**, **crustáceos**, **aracnídeos** e **miriápodes**.

Verifique o que aprendeu •••

1. Caso você aviste um pequeno animal no jardim, que características procuraria observar para saber se o animal é um artrópode?
2. Sabe-se que os artrópodes possuem o corpo coberto por uma carapaça, ou exoesqueleto. Como os artrópodes conseguem se movimentar, se são cobertos por um revestimento rígido?
3. Em qual etapa da vida – imediatamente após a muda, ou imediatamente antes dela – um artrópode terrestre adulto encontra-se mais vulnerável à ação de predadores ou a fatores do ambiente, como a desidratação? Explique.

Grupo de artrópode	Número de pernas	Organização corporal	Exemplos
Insetos	3 pares	cabeça, tórax e abdome	formigas, pulgas, **moscas**
Crustáceos	5 ou mais pares	cabeça, tórax e abdome, ou cefalotórax e abdome	camarões, **siris**, caranguejos
Aracnídeos	4 pares	cefalotórax e abdome	**aranhas**, carrapatos, ácaros
Miriápodes	1 ou 2 pares em cada segmento do tronco	cabeça e tronco	**centopeias**, lacraias, piolhos-de-cobra

(Representações sem proporção de tamanho; cores-fantasia.)

ATIVIDADES

1. Muitas pessoas não gostam, têm nojo ou medo de animais como baratas, aranhas, moscas, formigas, escorpiões, etc. Embora muitos artrópodes sejam venenosos, sejam vetores de doenças que acometem o ser humano ou mesmo devastem plantações, você acha que poderíamos viver em um mundo sem esses animais? Justifique.

2. O texto abaixo apresenta a descrição de um animal. Com base nessa descrição, procure identificar, com a maior precisão possível, o grupo a que o animal pertence. Justifique.

> O animal apresenta o corpo dividido em duas regiões. A região anterior é dotada de um par de olhos e numerosos apêndices articulados, totalizando cinco pares. A região posterior é segmentada. Quando toquei o animal com um palito, sua superfície revelou-se rígida como uma casca.

3. Nas figuras abaixo vemos representantes de artrópodes. Identifique o nome correspondente de cada parte do corpo de cada animal, marcados pelos números romanos.

(Imagens sem proporção de tamanho entre si.)

4. Os artrópodes originaram-se nos ambientes aquáticos, mas há representantes atuais muito bem adaptados aos ambientes terrestres. Quais características dos artrópodes podem ser associadas ao sucesso desses animais em colonizar os ambientes terrestres? Explique.

5. O gráfico abaixo representa etapas do crescimento do corpo de um artrópode. No início de qual etapa ocorre a muda, ou seja, a troca de exoesqueleto? Em que períodos ocorre o crescimento do animal? Justifique sua resposta.

Etapas do desenvolvimento do corpo de um artrópode

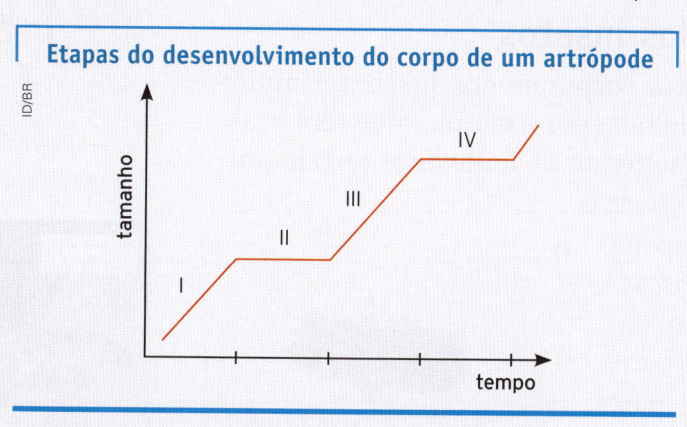

6. Pesquise na internet e em revistas imagens de artrópodes e leve-as para a classe. O professor formará grupos para que vocês troquem informações sobre os animais. Depois vocês farão um cartaz, desenhando uma tabela como a da página 234 e colando as imagens dos animais, além de identificá-los.

MÓDULO 2

Artrópodes: insetos

Os insetos são os artrópodes com o maior número de espécies conhecidas – mais de 1 milhão. Muitas dessas espécies apresentam adaptações que permitem a sobrevivência em condições ambientais bastante adversas.

A maioria dos insetos possui características que possibilitam a vida no ambiente terrestre. Entretanto, há também espécies aquáticas e outras que apresentam uma fase da vida dependente da água.

Organização corporal dos insetos

A palavra *inseto* vem do latim e significa "segmentado". O corpo dos insetos é dividido em cabeça, tórax e abdome. No tórax localizam-se três pares de pernas e, em muitas espécies, dois pares de asas.

Na cabeça concentram-se os principais órgãos sensoriais dos insetos. A visão é realizada por meio de um par de **olhos compostos** e por três olhos simples (**ocelos**). Há também um par de **antenas**, responsável pela sensação de olfato e tato.

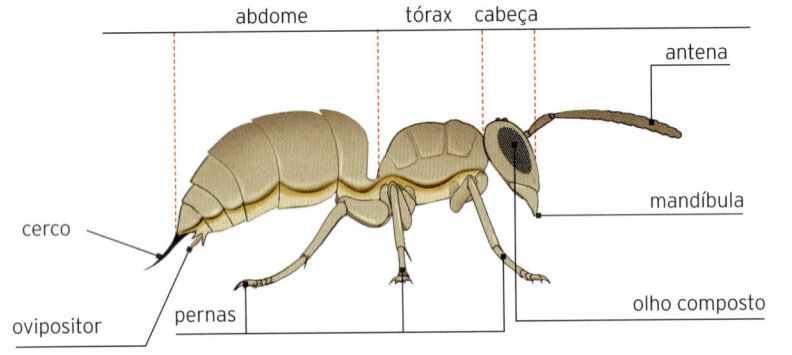

Os olhos dos artrópodes

Os olhos compostos são formados por diversas unidades menores e possibilitam, geralmente, uma visão detalhada e ampla. Os olhos simples são formados por uma única unidade e permitem a percepção da luminosidade do ambiente.

Imagem de uma vespa, destacando o par de olhos compostos e os três olhos simples.

Esquema da forma geral de um inseto mostrando a estrutura corporal. As asas não estão representadas. (Cores-fantasia.)

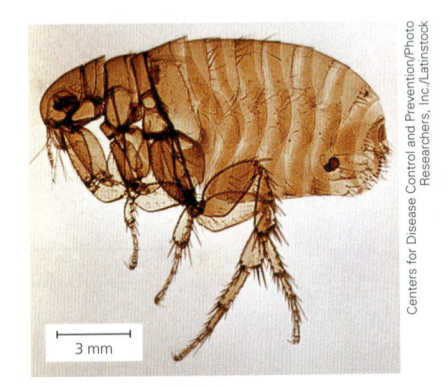

A diversidade dos insetos

A diversidade de formas corporais dos insetos é muito grande. Pulgas, traças e piolhos, por exemplo, não têm asas. Já em formigas e cupins, somente os indivíduos férteis (rainhas e machos) desenvolvem asas.

Há insetos que têm apenas um par de asas, como moscas e mosquitos. Outros, como abelhas e borboletas, têm dois pares.

Nos besouros, um dos pares de asas é usado para voar; o outro par forma uma capa protetora que se dobra sobre as asas de voo quando o animal está pousado.

A pulga não possui asas.

Moscas voam e têm apenas um par de asas.

Joaninha alçando voo. Observe o segundo par de asas, que fica oculto quando o animal está pousado.

236

O aparelho bucal dos insetos

A diversidade dos insetos pode ser verificada também no tipo de aparelho bucal que possuem. A maioria dos insetos tem mandíbulas e maxilas usadas para manipular o alimento. Suas peças bucais são adaptadas ao tipo de alimento que ingerem – a evolução do grupo envolveu modificações no tipo de aparelho bucal e a exploração de novas possibilidades de alimentação. Acredita-se que os insetos mais primitivos possuíam peças bucais mastigadoras.

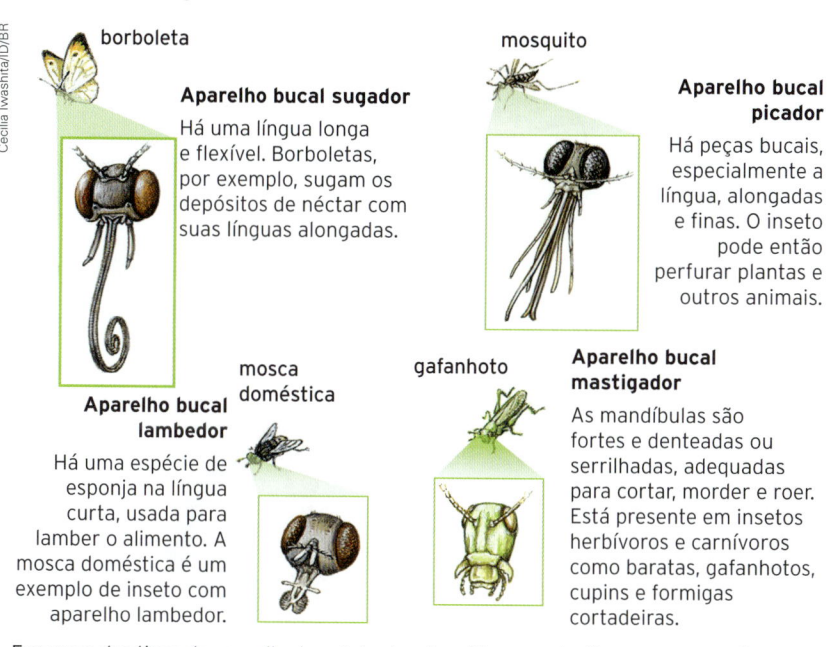

borboleta

Aparelho bucal sugador
Há uma língua longa e flexível. Borboletas, por exemplo, sugam os depósitos de néctar com suas línguas alongadas.

mosquito

Aparelho bucal picador
Há peças bucais, especialmente a língua, alongadas e finas. O inseto pode então perfurar plantas e outros animais.

mosca doméstica

Aparelho bucal lambedor
Há uma espécie de esponja na língua curta, usada para lamber o alimento. A mosca doméstica é um exemplo de inseto com aparelho lambedor.

gafanhoto

Aparelho bucal mastigador
As mandíbulas são fortes e denteadas ou serrilhadas, adequadas para cortar, morder e roer. Está presente em insetos herbívoros e carnívoros como baratas, gafanhotos, cupins e formigas cortadeiras.

Esquema dos tipos de aparelho bucal dos insetos. (Representações sem proporção de tamanhos entre si; cores-fantasia.)

Alimentação e digestão

O tubo digestório dos insetos é bastante desenvolvido. Inicialmente, o alimento é umedecido pela saliva, rica em substâncias digestivas, produzida nas glândulas salivares. Em seguida, o alimento passa pela faringe e segue para o papo, para o estômago e, finalmente, para o intestino. Os resíduos são eliminados através do ânus.

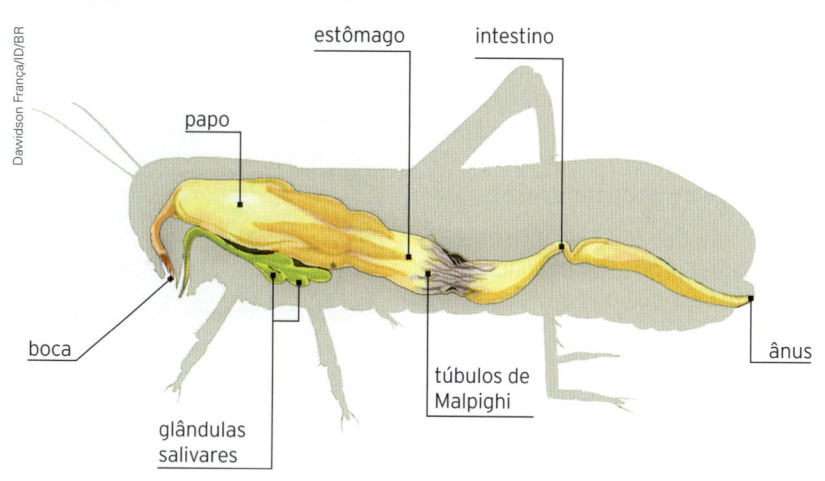

Ajuda mútua

No interior do tubo digestório de cupins e de outros insetos comedores de madeira, encontram-se protozoários que digerem a celulose, um carboidrato produzido pelas plantas.

A celulose digerida serve de alimento tanto para o inseto quanto para o protozoário.

Os protozoários se beneficiam por viver em um ambiente protegido, onde nunca falta alimento, e, graças a eles, os cupins conseguem digerir e absorver os nutrientes da madeira, seu principal alimento.

Para sobreviver, os cupins (como os dessa foto) dependem de protozoários simbiontes que vivem em seu tubo digestório.

Esquema dos principais órgãos do aparelho digestório de um inseto. (Cores-fantasia.)

Circulação e excreção

A circulação nos insetos é do tipo aberta, ou seja, o transporte de substâncias pelo corpo não se dá somente dentro de vasos. Um líquido denominado **hemolinfa** passa pelos vasos e também pelas cavidades do corpo, suprindo diretamente os tecidos dos órgãos.

Após serem absorvidos pelo intestino, os nutrientes são distribuídos pelo corpo do inseto por meio da hemolinfa. Geralmente existe um único vaso próximo à cabeça, que impulsiona a hemolinfa para todo o corpo, como se fosse um coração. Os resíduos são absorvidos pelos **túbulos de Malpighi**, órgãos excretores que removem substâncias tóxicas do organismo dos insetos. Esses resíduos são lançados no interior do intestino e eliminados com as fezes.

Respiração

O sistema respiratório dos insetos é do tipo traqueal. As traqueias são canais que se abrem na superfície do corpo. O ar penetra pelos orifícios localizados na lateral do corpo e é conduzido pelas traqueias, que se ramificam e chegam aos órgãos, onde ocorrem as trocas gasosas.

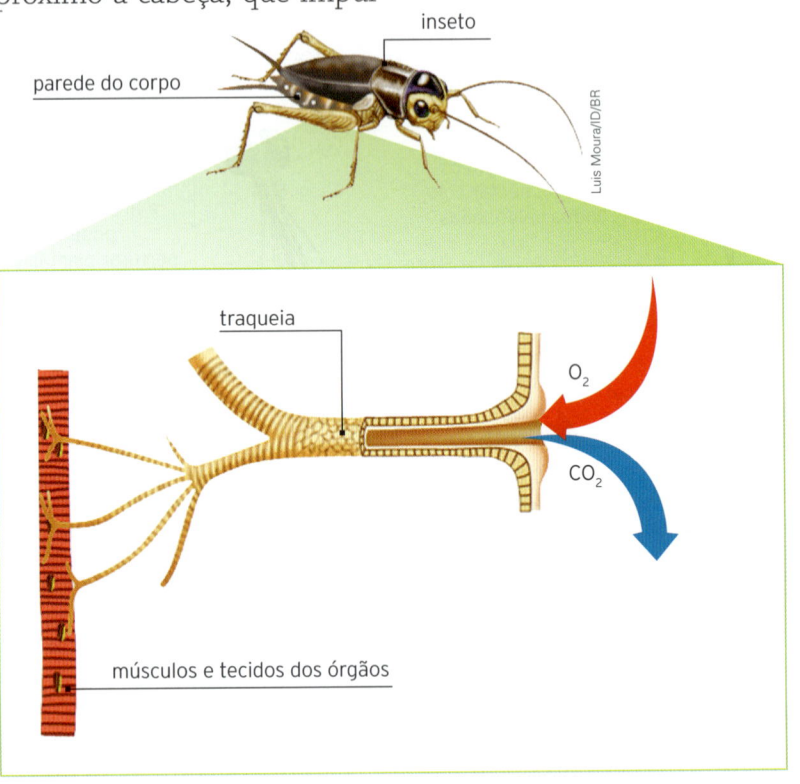

Esquema da respiração traqueal em insetos. (Representações sem proporção de tamanhos entre si; cores-fantasia.)

O uso de defensivos agrícolas

Os agrotóxicos são substâncias usadas nas lavouras para diminuir ou conter o impacto da ação de insetos herbívoros sobre as safras de alimentos. Muitos desses produtos são fumigados (isto é, vaporizados) no ambiente e agem nos insetos por contato ou no aparelho respiratório. Sabe-se, porém, que os agrotóxicos são altamente poluentes e podem causar danos aos demais seres vivos (não apenas àqueles que essas substâncias visam combater) e contaminar solos, rios, lagos e reservatórios subterrâneos de água.

Por outro lado, sabe-se também que hoje cerca de $\frac{2}{3}$ da população mundial habita as regiões urbanas. Vivendo longe das regiões agrícolas e dedicando-se a atividades não relacionadas com a produção de alimentos, as populações urbanas dependem dos alimentos produzidos em larga escala para sua nutrição.

Nos últimos anos, tem sido amplamente debatida a ideia de **desenvolvimento sustentável**, que busca conciliar (no caso da agricultura) a produção de alimentos com a preservação dos recursos naturais.

Pulverização de defensivo em plantação de café. Arapongas (PR), 2010.

I. Você acha possível conciliar a produção de alimentos em larga escala com a preservação do meio ambiente? Você conhece alternativas para o uso de agrotóxicos?

Reprodução e desenvolvimento

Os insetos apresentam sexos separados, ou seja, existem machos e fêmeas. A fecundação é interna, e as fêmeas produzem ovos que vão se desenvolver em novos insetos.

Esse desenvolvimento pode ser **direto** ou **indireto**.

Desenvolvimento direto

No desenvolvimento direto, não há estágio larval. Do ovo eclode um animal jovem, com formato corporal já semelhante ao do adulto.

Os estágios do desenvolvimento direto são: ovo, jovem (com várias mudas) e adulto.

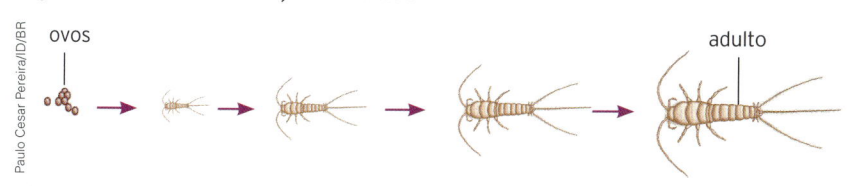

Alguns insetos, como as traças-dos-livros, não sofrem metamorfose, ou seja, o desenvolvimento é direto. (Representações sem proporção de tamanho; cores-fantasia.)

Desenvolvimento indireto

No desenvolvimento indireto, ocorre uma forma larval que sofre uma sequência de transformações denominada **metamorfose**.

Os insetos de desenvolvimento indireto podem ter **metamorfose incompleta** ou **completa**.

Metamorfose incompleta

Libélulas e gafanhotos são exemplos de insetos que apresentam desenvolvimento indireto com metamorfose incompleta.

Do ovo eclode um indivíduo jovem, denominado **ninfa**, que, assim como no desenvolvimento direto, já apresenta aspecto semelhante ao do adulto, mas seu tamanho é reduzido.

Basicamente, a diferença entre o animal jovem do desenvolvimento direto e a ninfa da metamorfose incompleta é que a ninfa, além das sucessivas mudas de crescimento, desenvolve novas estruturas – em geral, **asas**.

Portanto, os estágios de desenvolvimento dos insetos com metamorfose incompleta são: ovo, ninfa (com várias mudas) e adulto.

O esquema mostra as etapas do desenvolvimento do gafanhoto. Durante a metamorfose incompleta, surgem as asas e os órgãos sexuais amadurecem. (Representações sem proporção de tamanho; cores-fantasia.)

Larva, uma adaptação

Os entomologistas (biólogos especializados no estudo dos insetos) acreditam que a existência de diferentes formas de vida ao longo do ciclo vital dos insetos é um importante fator de adaptação.

Por exemplo, alguns insetos desenvolvem larvas aquáticas, que não competem por alimento com as formas adultas do mesmo animal, que são terrestres.

Mas mesmo quando todos os estágios de vida se passam na terra, os hábitos alimentares são diferentes: larvas (lagartas) de muitas espécies de borboletas se alimentam de folhas, enquanto os adultos se alimentam de néctar de flores – assim, também nestes casos, não há competição por alimento entre indivíduos de uma mesma espécie ao longo do ciclo vital.

Metamorfose completa

Na maioria dos insetos com desenvolvimento indireto – por exemplo, moscas, mosquitos, besouros e borboletas –, a metamorfose é completa.

Do ovo eclode uma larva, que tem corpo alongado e aspecto bem diferente em relação ao inseto adulto. Ela se transforma em **pupa** e, em alguns insetos, como o bicho-da-seda, tece um casulo que protegerá o animal durante esse estágio.

O inseto passa pela metamorfose enquanto está na fase de pupa. Nesse período, o animal não se alimenta, sobrevivendo das reservas de nutrientes consumidas na fase de larva.

Após um determinado período, que varia de uma espécie para outra, o adulto emerge da pupa em sua forma definitiva.

Os estágios de desenvolvimento dos insetos com metamorfose completa são, portanto: ovo, larva, pupa e adulto.

Verifique o que aprendeu

1. Ao depararmos com um animal no solo, de corpo alongado e dividido em segmentos, podemos com certeza afirmar que se trata de um anelídeo?
2. É correto afirmar que todos os insetos têm asas? Explique.
3. Todos os insetos sofrem metamorfose? Explique.

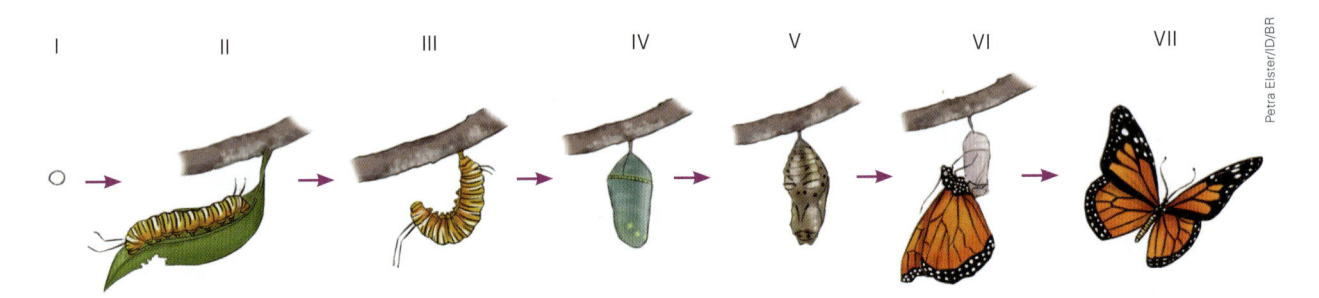

Esquema das etapas do ciclo de vida de uma borboleta. I – A fêmea põe ovos – em geral, sobre a planta que servirá de alimento às larvas. II – As lagartas se alimentam de folhas e aumentam de tamanho. III – Em dado momento, as larvas param de se alimentar. Muitas espécies descem ao solo ou procuram um abrigo para passar a fase de pupa. Outras tecem um casulo ao redor de si mesmas com fios de seda (a seda é a saliva em contato com o ar). IV – A lagarta transforma-se em uma pupa. Nessa fase, ela permanece imóvel e não se alimenta. V – Intensas transformações acontecem no corpo do inseto, como o surgimento de asas. VI – O inseto adulto deixa a pupa. A jovem borboleta costuma permanecer de cabeça para baixo alguns minutos até que suas asas se expandam e enrijeçam. VII – Quando consegue voar, a borboleta sai em busca de alimento (néctar) ou de um parceiro para a reprodução.
(Representações sem proporção de tamanho entre si; cores-fantasia.)

Retrato da dengue no Brasil

A dengue é uma doença viral transmitida pelo mosquito *Aedes aegypti*. No Brasil, existe um programa do Ministério da Saúde chamado LIRAa (Levantamento de Índice Rápido de Infestação por *Aedes aegypti*), que consiste em identificar a presença de criadouros da larva do mosquito.

Em 2011, das 561 cidades pesquisadas, 48 foram consideradas em situação de risco para a ocorrência de surtos de dengue e 261 encontravam-se em situação de alerta.

Os resultados mostraram que quase 5 milhões de brasileiros viviam em áreas de risco de epidemia da doença. Até novembro daquele ano haviam sido notificados quase 750 mil casos de suspeita de dengue.

Fonte de pesquisa: Fundação Oswaldo Cruz. Disponível em: <http://www.fiocruz.br/rededengue/cgi/cgilua.exe/sys/start.htm?infoid=125&sid=9>. Acesso em: 5 ago. 2014.

ATIVIDADES

1. Associe os tipos de aparelho bucal, encontrados na tabela da esquerda, aos animais indicados na tabela da direita.

Aparelho bucal	
Lambedor	1
Picador	2
Sugador	3
Mastigador	4

Inseto	
Formiga cortadeira	A
Mosca	B
Borboleta	C
Pulgão	D

2. Para o combate de doenças transmitidas por mosquitos, como a malária e a dengue, recomenda-se que não sejam deixados frascos destampados, com água parada, expostos ao ar livre. Sabendo-se que esses animais têm desenvolvimento indireto com metamorfose completa, por que essa recomendação é eficaz?

3. O texto abaixo apresenta lacunas. Complete-as de acordo com o que você aprendeu neste capítulo. Dica: para uma das lacunas, você terá de pesquisar sinônimos para "taturana".

> No grupo dos insetos, algumas espécies apresentam desenvolvimento direto, isto é, sem _____, enquanto outras apresentam desenvolvimento _____. Estas últimas, ao eclodir do _____, entram na fase de _____, quando são popularmente chamadas de taturanas, _____, _____, etc. Depois, passam pela fase de _____, etapa em que se transformam no inseto _____.

4. Abelhas e borboletas, ao visitar flores em busca de alimento, ficam com grãos de pólen presos em seu corpo. Os grãos são transportados para outras flores quando o inseto busca mais néctar. Nessa relação, as duas espécies são beneficiadas. Usando seus conhecimentos sobre reprodução das plantas com flores, responda: qual é o benefício para cada uma das espécies envolvidas?

Os insetos polinizadores, como as abelhas, carregam pólen ao se alimentar do néctar das flores.

5. Muitos produtores de frutas, como pêssego e goiaba, costumam envolver com sacos de papel os frutos ainda verdes, mantendo-os assim até a colheita.
Forme um grupo com mais dois colegas e pesquisem sobre o objetivo desse procedimento.
Busque a informação em *sites* como o do IAC (Instituto Agronômico de Campinas) <www.iac.sp.gov.br/> (acesso em: 5 ago. 2014) ou da Emater (Empresa de Assistência Técnica e Extensão Rural: digite "emater" no buscador para localizar o *site* da sede em seu estado).

ATIVIDADES

6. A fotografia ao lado mostra uma etapa do ciclo de vida de uma cigarra. Observe-a e responda:

   a) Quantos insetos aparecem na imagem? Que etapa é essa? Explique.

   b) Identifique o que é apontado pelas letras A e B.

   Cigarra.

7. Uma barata que se encontre com a cabeça imersa na água e o restante do corpo exposto ao ar poderá morrer por asfixia? Explique.

8. Embora o grupo dos insetos seja maior em número de espécies, alguns estudiosos afirmam que o grupo dos crustáceos apresenta, comparativamente aos insetos, maior diversidade de formas. O que poderia levar esses estudiosos a fazer tal afirmação?

9. Assim como muitas espécies de anelídeos, os insetos também constituem bons bioindicadores da qualidade da água. Embora os adultos sejam frequentemente terrestres, as formas imaturas de certas moscas e efeméridas (também conhecidas como aleluias) vivem na água e são muito sensíveis aos poluentes de origem orgânica. As populações desses insetos podem simplesmente desaparecer se os níveis de material orgânico na água estiverem muito elevados.

   Em sua opinião, anelídeos, insetos e outros invertebrados podem ser bioindicadores da qualidade ambiental de modo geral, além de indicarem a qualidade da água? Explique.

10. O ciclo de vida das borboletas pode ser dividido em quatro estágios: ovo, larva, pupa e adulto.

    a) Que tipo de alimentação esse inseto tem ao longo da vida?

    b) Em que fases ele não se alimenta?

    c) Larvas e adultos competem pelo mesmo alimento?

    d) As fotos ao lado mostram uma borboleta em uma etapa do seu ciclo vital. Que etapa é essa? Indique elementos da imagem que levaram a identificá-la.

    Sequência de imagens de uma etapa do ciclo de vida da borboleta.

242

MÓDULO 3

Artrópodes: crustáceos

Os crustáceos são menos diversificados que os insetos, mas igualmente abundantes. Também podem ser reconhecidos por características particulares de número de pernas e estrutura corporal.

Crustáceos

A palavra **crustáceo** tem origem latina e significa "coberto de crosta". Isso faz referência ao exoesqueleto, bem mais rígido que o dos demais artrópodes, característica encontrada em algumas espécies. Além disso, os crustáceos têm outra característica própria: dois pares de antenas.

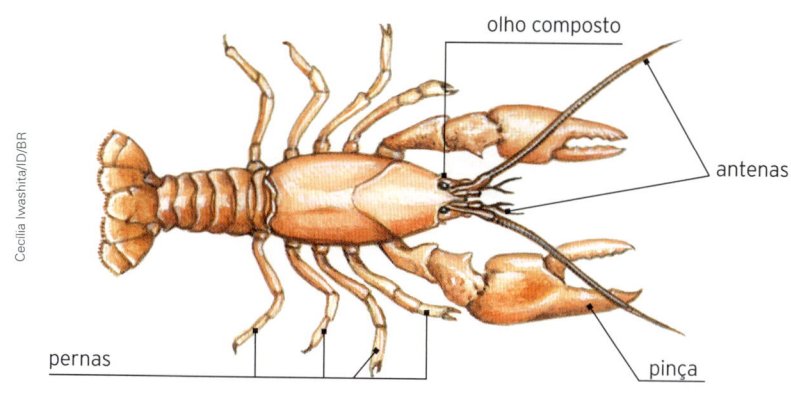

Aspectos da anatomia da lagosta, um crustáceo. (Representação sem proporção de tamanho; cores-fantasia.)

> Os crustáceos, diferentemente dos outros artrópodes, apresentam **dois pares de antenas**.

São conhecidas aproximadamente 47 mil espécies de crustáceos. A maioria habita mares e oceanos; poucas espécies vivem em água doce ou na terra. Camarões, pitus, lagostas, siris e caranguejos são alguns dos crustáceos mais conhecidos.

O tamanho do corpo é muito variável: há desde formas microscópicas até lagostas gigantes, com mais de 40 cm de comprimento.

A maioria é capaz de andar ou nadar ativamente, mas também existem formas que vivem fixas em rochas, cascos de embarcações e até mesmo aderidas ao couro de baleias.

As cracas são crustáceos de vida fixa; produzem uma carapaça de calcário e vivem em seu interior. Cracas em rochas da praia.

Alimento para todos

Microcrustáceos são animais muito pequenos que, com outros animais, compõem o zooplâncton, ou seja, a fauna microscópica que vive suspensa na água, tanto do mar quanto de rios e lagos. Eles são abundantes e constituem o principal alimento de muitos peixes e até mesmo de animais maiores, como as baleias.

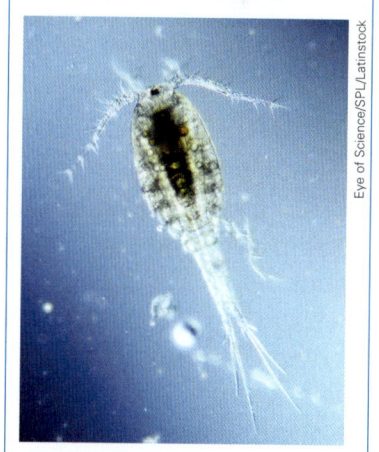

Fotomicrografia de um microcrustáceo do grupo dos copépodos. (Ampliação de cerca de 25 vezes.)

Fotografia de outra espécie de craca com os apêndices do tórax estendidos para fora da carapaça. Eles são usados para filtração da água do mar.

••• A diversidade dos crustáceos

O número de pernas no tórax varia dependendo da espécie de crustáceo. Os mais conhecidos, como camarões e lagostas, têm cinco pares de pernas torácicas.

Em algumas espécies, como os tatuzinhos-de-jardim, todas as pernas possuem o mesmo formato; outras espécies, como os camarões, podem ter pernas que possibilitam a locomoção sobre o fundo do mar ou modificadas em forma de nadadeira.

Nos siris e caranguejos, o abdome é achatado e dobrado sob o tórax.

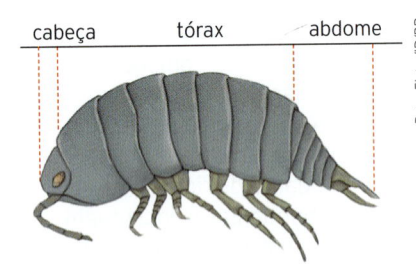

Estrutura corporal do tatuzinho-de-jardim. Nesses animais, um dos pares de antenas é muito reduzido e não foi representado na figura. (Representação sem proporção de tamanho; cores-fantasia.)

Tatuzinho-de-jardim, crustáceo terrestre com corpo dividido em cabeça, tórax e abdome.

Siri ou caranguejo?

Muitas pessoas confundem siris e caranguejos, mas é fácil diferenciá-los.

O siri pode andar ou nadar e suas duas últimas pernas são achatadas, como remos.

O caranguejo anda sobre o solo e suas pernas, que são usadas apenas para andar, terminam em uma espécie de unha.

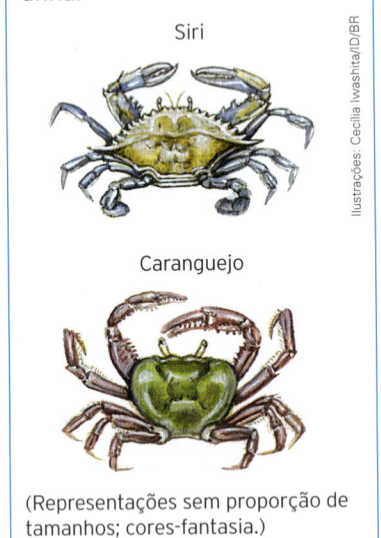

Siri

Caranguejo

(Representações sem proporção de tamanhos; cores-fantasia.)

••• Organização corporal dos crustáceos

Em algumas espécies de crustáceos, nota-se a existência de três partes corporais: cabeça, tórax e abdome. Outras apresentam apenas duas: cefalotórax (fusão da cabeça e do tórax) e abdome.

Na cabeça, localizam-se os dois pares de antenas e um par de olhos compostos. Ao redor da boca, há um par de mandíbulas, além de outros apêndices que auxiliam na apreensão e na manipulação de alimentos.

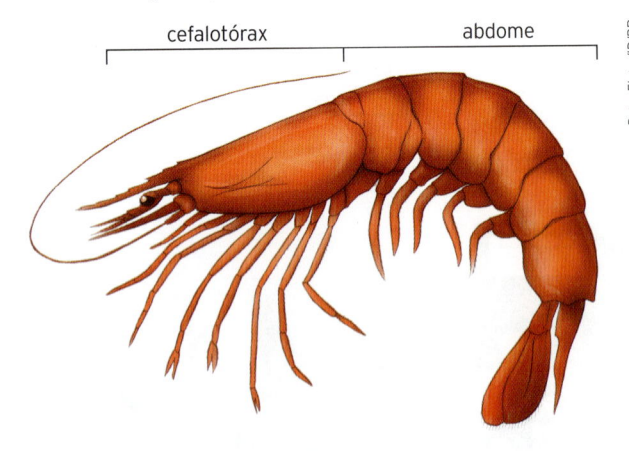

Estrutura corporal do camarão. (Representação sem proporção de tamanho; cores-fantasia.)

Lagostim, crustáceo com o corpo dividido em cefalotórax e abdome. Note, na região anterior do corpo do animal, a presença dos olhos, das antenas e do par de pernas modificado, usado na apreensão de alimento.

Nos crustáceos, as **pernas** podem ser modificadas de modo a possibilitar a locomoção, a natação ou a captura de alimento.

Alimentação, respiração e excreção

O modo de obtenção de alimento varia muito entre os crustáceos. Existem espécies **predadoras**, que se alimentam de moluscos, de larvas, de vermes e de outros crustáceos.

As espécies não predadoras se alimentam de **animais**, de **plantas** ou de **algas em decomposição**. Os microcrustáceos, que vivem suspensos na água dos mares e oceanos, podem se alimentar de microrganismos.

As espécies que vivem fixas sobre uma superfície (de rochas, de animais, de embarcações, etc.), como as cracas, são **filtradoras**.

Alguns tipos de crustáceo têm o primeiro par de pernas torácicas modificado em pinças, que auxiliam na captura de alimento.

Os crustáceos aquáticos e os terrestres **respiram por brânquias**, que precisam estar sempre úmidas para realizar as trocas gasosas.

A **excreção** é realizada através de uma **glândula** situada na base das antenas. Essa glândula se abre para fora do corpo em um poro excretor.

Reprodução

A maioria das espécies de crustáceo tem sexos separados e **fecundação interna**. As fêmeas incubam os ovos em apêndices corporais, como ocorre nas lagostas e nos camarões, ou carregam os ovos em sacos, como nos microcrustáceos que vivem na superfície da água do mar.

Na maioria das espécies de crustáceo, o **desenvolvimento é indireto**, com a presença de diversas fases larvais. Nas demais espécies, o desenvolvimento é direto.

Fêmea de camarão carregando uma massa de ovos embaixo do abdome.

Fêmea de microcrustáceo carregando ovos. (Imagem ampliada cerca de dez vezes.)

A reprodução nos crustáceos ocorre com **fecundação interna**, e o desenvolvimento é indireto na maior parte das espécies.

Apêndices corporais

Os apêndices corporais dos crustáceos podem apresentar inúmeras adaptações.

As **pinças** ou **quelas** são extremidades nas pernas que permitem manipular alimentos.

As **pernas torácicas** são geralmente usadas para andar, e as **abdominais**, para nadar, funcionando como um remo ou leme.

A maria-farinha é um crustáceo comum nas praias brasileiras. Note as pernas anteriores transformadas em pinças e as demais pernas terminando em "unhas".

Verifique o que aprendeu

1. Os crustáceos apresentam exoesqueleto quitinoso e, em muitas espécies, apêndices articulados com forma apropriada para andar. Mesmo assim, não são tão bem-sucedidos no ambiente terrestre como outros artrópodes (os insetos, por exemplo). Qual característica dos crustáceos representa uma limitação (mas não um impedimento) à vida no ambiente terrestre?

2. Para distinguir um crustáceo de outros artrópodes é necessário observar a região anterior do corpo, mais do que a divisão corporal ou o número de pernas. Explique.

3. Na maioria dos crustáceos, a carapaça tem função de proteger contra predadores e também contra a desidratação. Você concorda com essa afirmação? Justifique.

ATIVIDADES

1. A seguir, são feitas algumas afirmações sobre os crustáceos. Classifique cada uma como verdadeira ou falsa, justificando sua resposta.

   a) Todo crustáceo apresenta cefalotórax.

   b) A respiração nos crustáceos é branquial.

   c) Todo crustáceo tem exoesqueleto rígido.

   d) Não existem crustáceos microscópicos.

   e) Os crustáceos são exclusivamente aquáticos.

2. Um restaurante à beira-mar oferece nos fins de semana um "rodízio de crustáceos" com lagosta, camarão, polvo, siri, lula e marisco à vontade. Com base no estudo realizado neste capítulo, a denominação "rodízio de crustáceos" é correta nesse caso? Justifique.

3. O paguro, ou caranguejo eremita (foto ao lado), é uma espécie de crustáceo cuja carapaça é menos rígida que a dos demais animais de seu grupo. Esse animal é conhecido pelo hábito de se esconder no interior de conchas de moluscos desabitadas. Procure estabelecer uma relação entre esses dois fatos.

   Paguro no interior de concha abandonada.

4. O grupo dos crustáceos é muito importante do ponto de vista ecológico, pois, entre diversos aspectos, faz parte do zooplâncton – que serve de alimento para peixes e outros animais, como baleias – e exerce papel fundamental na reciclagem de nutrientes (muitas espécies filtram partículas de matéria orgânica em suspensão na água). Poluição e outros danos aos ecossistemas marinhos podem afetar os crustáceos. Um pescador poderia perceber alterações ambientais pela alteração no volume de peixes que costuma pescar? Justifique.

5. Os hábitos de vida dos crustáceos – ou seja, se são livres ou fixos, se vivem no fundo dos oceanos ou na superfície das águas – têm relação com seus hábitos alimentares. Explique esses hábitos propondo uma hipótese. Dica: lembre-se de usar os conceitos de "predador" e "filtrador" que você já conhece.

6. As cracas são crustáceos que vivem aderidos às rochas das zonas de marés, como na imagem ao lado, ou a outros substratos, como cascos de embarcações, ou à superfície corporal de grandes mamíferos aquáticos. Sendo animais filtradores, que vantagens as cracas obtêm fixando-se nesses locais e não no fundo do mar?

   Ilustração de cracas (no detalhe) vivendo aderidas às rochas.

Artrópodes: aracnídeos e miriápodes

MÓDULO 4

Os aracnídeos são animais predadores ou parasitas, que em sua maioria se alimentam sugando suas presas. Os miriápodes incluem espécies predadoras, herbívoras e detritívoras.

●●● Organização corporal dos aracnídeos

O grupo dos aracnídeos inclui aranhas, escorpiões e ácaros, entre outros. A maioria das espécies de aracnídeos está presente em ambientes terrestres, ocupando desde florestas úmidas até desertos. A maior parte é predadora, como as aranhas e os escorpiões.

Os aracnídeos diferem dos demais artrópodes por não apresentar antenas nem mandíbulas; as peças bucais envolvidas na manipulação de alimentos são as **quelíceras** e os **pedipalpos**. O corpo desses animais é dividido em cefalotórax – ao qual se prendem quatro pares de pernas – e abdome.

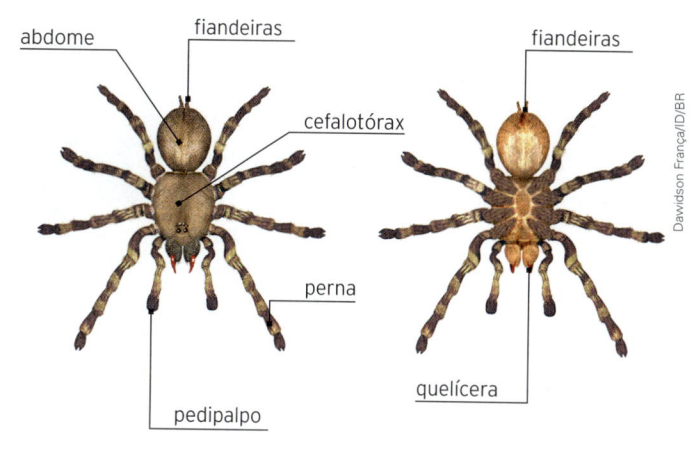

Ilustração dos elementos do corpo de uma aranha em vista dorsal (à esquerda) e ventral (à direita). (Representações sem proporção de tamanho; cores-fantasia.)

Os **aracnídeos** têm quatro pares de pernas e corpo dividido em cefalotórax e abdome. Não possuem antenas ou mandíbulas.

Carrapatos e outros ácaros

Entre os ácaros há muitas espécies parasitas, como o ácaro da sarna e os carrapatos. Os carrapatos são ácaros que se alimentam de restos de pele encontrados em roupas e lençóis usados ou que sugam o sangue de outros animais.

Alguns ácaros que vivem em nosso corpo são inofensivos, como os ácaros microscópicos que se alojam nos folículos pilosos e se alimentam das secreções produzidas pelas glândulas sebáceas.

Carrapato em folha na Mata Atlântica.

Ácaro do gênero *Demodex*, presente nos folículos pilosos humanos. (Fotografia obtida ao microscópio eletrônico; ampliação de cerca de 300 vezes; imagem colorizada.)

Sarna para se coçar

A sarna ou escabiose é uma doença causada por um ácaro parasita. Afeta animais como cães, porcos, bois, cavalos, cabras e seres humanos. A escabiose é transmitida também de uma pessoa a outra por contato direto e se caracteriza por uma coceira intensa, principalmente à noite.

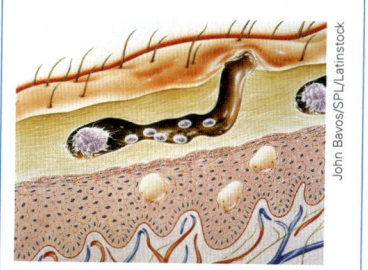

Ilustração representando corte de pele contaminada pelo ácaro causador da sarna. À medida que escava túneis sob a pele, o ácaro põe seus ovos, que aumentam a infestação. (Representação sem proporção de tamanho; cores-fantasia.)

Aranhas e escorpiões

Tanto aranhas quanto escorpiões são predadores e se alimentam principalmente de insetos – são, portanto, importantes reguladores das populações desses animais.

Aranhas e escorpiões possuem glândulas que produzem veneno, substância capaz de paralisar suas presas. As aranhas usam as quelíceras para injetar o veneno; os escorpiões fazem uso de um **aguilhão**, que funciona como uma agulha, localizado na parte final do abdome.

Na extremidade do abdome das aranhas, encontram-se as **fiandeiras**, órgãos que produzem fios de seda. Com a seda, algumas espécies constroem teias usadas na captura de insetos; outras usam a seda para revestir abrigos ou proteger os ovos. Após a captura da presa, aranhas e escorpiões lançam sobre ela substâncias digestivas. O alimento parcialmente digerido e liquefeito é então sugado, e a digestão se completa no interior do tubo digestório.

Os aracnídeos são animais de sexos separados, com fecundação interna e, em geral, ovíparos – isto é, as fêmeas põem ovos e os filhotes se desenvolvem dentro desses ovos, fora do corpo da fêmea. As aranhas depositam seus ovos no interior de abrigos de seda construídos pelas fêmeas. O desenvolvimento desses animais é sempre direto.

Aranha em sua teia. 3-4 cm

Escorpião. 6 cm

Fêmea de viúva-negra. 1,5 cm

Aracnídeos peçonhentos

Algumas espécies de aranhas e de escorpiões são especialmente agressivas quando se sentem ameaçadas. Como esses animais costumam se esconder em frestas ou buracos, é preciso usar luvas e ter cuidado ao manipular entulho, montes de tijolos ou de lenha ou ao entrar em terrenos baldios. Em caso de acidente, é preciso procurar rapidamente atendimento médico. Casos graves devem receber o soro antiaracnídico.

Aranha-armadeira. 4 cm

Cuidado: animais perigosos!

Os animais ditos **venenosos** produzem veneno, mas não conseguem introduzi-lo em suas vítimas. Já os animais **peçonhentos**, além de produzir veneno, têm estrutura capaz de inoculá-lo. Um exemplo de animal peçonhento é a aranha-armadeira, encontrada principalmente em locais escuros, até mesmo dentro das residências. Outro é o escorpião-amarelo, o aracnídeo que mais causa acidentes com humanos no Brasil.

Ciência e Tecnologia

Os fios da teia da aranha são tão fortes que, em algumas ilhas do Pacífico, pescadores utilizam esse material para fabricar redes de pesca e cestos.

Estima-se que um fio de teia pode ser mais forte que um fio de aço de mesma dimensão, porém mais leve e flexível. Por isso, já se estuda seu uso na fabricação de cordas, coletes à prova de balas e outros equipamentos que necessitem de resistência e leveza.

Cientistas do Instituto de Tecnologia de Massachusetts (Estados Unidos) estudaram a teia da aranha-cortiça e descobriram que o segredo da força desse fio está em uma camada de cristais que une todo o material da seda produzida pelas aranhas. Esses cristais se recompõem cada vez que surge uma ruptura, recuperando a resistência original do fio.

Teia produzida pela aranha-cortiça (*Caerostris darwini*). 2 cm

●●● Miriápodes: características gerais

Os miriápodes são artrópodes com muitos pares de pernas. Há dois grupos principais: os **diplópodes** (chamados popularmente de piolhos-de-cobra ou gongolos) e os **quilópodes** (chamados de centopeias ou lacraias).

Na cabeça dos miriápodes há mandíbulas, um par de antenas e olhos simples. O corpo é dividido em cabeça e tronco. Esses animais preferem locais úmidos e escuros, como frestas sob troncos e pedras. Embora muitas vezes chamados indistintamente de centopeias, os quilópodes e os diplópodes são grupos de animais com modos de vida e características anatômicas bastante diferentes.

Os **diplópodes** têm corpo cilíndrico e são chamados assim porque cada segmento do tronco tem dois (*diplo*) pares de pernas (*podos*). Eles são animais herbívoros ou detritívoros.

O corpo dos **quilópodes** é achatado. Cada segmento do tronco tem um único par de pernas. Os quilópodes são animais predadores e produzem veneno, injetado na presa por meio de estruturas situadas próximo à cabeça.

A respiração ocorre por traqueias, como nos insetos. Quanto à reprodução, os miriápodes têm sexos separados, e a fecundação é interna. Há espécies ovíparas e vivíparas, e o desenvolvimento pode ser direto ou indireto.

GLOSSÁRIO

Vivíparo: animal cujos filhotes se desenvolvem dentro do corpo materno.

Diplópodes alimentam-se de detritos e material orgânico que recobre o solo.

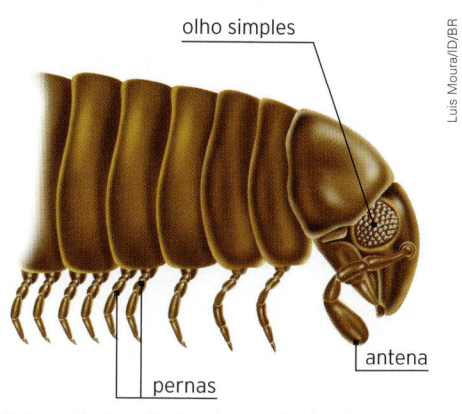

Extremidade anterior de um diplópode. Note a cabeça, com olhos e antenas, e os segmentos abdominais, a maioria deles com dois pares de pernas. (Representação sem proporção de tamanho; cor-fantasia.)

Quilópodes, conhecidos como lacraias, produzem um veneno eficaz contra suas presas, mas acidentes com humanos são raros.

Verifique o que aprendeu ●●●

1. Considerando que aranhas e escorpiões são aracnídeos, responda:
   a) Quais características permitem incluir esses animais no mesmo grupo?
   b) Observe as imagens de aracnídeos deste capítulo e responda: como podemos diferenciar, a olho nu, uma aranha de um escorpião?

2. Piolhos-de-cobra e lacraias são popularmente chamados de "centopeias". Quais características desses animais justificam essa denominação e por que os biólogos separam esses animais em dois grupos?

3. Aranhas e escorpiões são animais predadores e que usam veneno para caçar suas presas. Compare o modo de inoculação do veneno nesses animais.

ATIVIDADES

1. Em seu caderno, transcreva a tabela abaixo e crie mais uma coluna, preenchendo-a com o nome de um dos animais a seguir que atenda às características.

   aranha – carrapato – escorpião – ácaro

	Hábito alimentar
1	Predador, captura presas com a ajuda de veneno inoculado por aguilhão
2	Predador, captura presas usando fio de seda
3	Ácaro parasita que se alimenta de sangue
4	Alimenta-se de células descamadas da pele

2. A qual grupo de artrópodes pertencem as lacraias e que característica elas apresentam que confirmam seu hábito predador?

3. As aranhas desenvolvem, na região abdominal, órgãos chamados fiandeiras. Esses órgãos produzem e secretam uma substância sedosa que, ao se distender e entrar em contato com o ar, torna-se sólida e forma o fio da confecção da teia. Quais funções podem ser desempenhadas pela teia das aranhas?

4. Os diplópodes são animais que se deslocam lentamente, com movimentos ritmados das pernas. Ao contrário, os quilópodes são ágeis e movimentam-se rapidamente. Associe o modo de locomoção desses animais ao modo de alimentação deles.

5. A aranha-marrom é um aracnídeo de interesse médico, pois seu veneno é perigoso. Ela vive em teias irregulares, semelhantes a um lençol de algodão, e tem o corpo sem manchas ou pelos visíveis. A picada dessa aranha produz uma sensação de queimadura e forma uma ferida no local. Em casos graves, pode levar à morte. Quais outros grupos de aracnídeos apresentam representantes peçonhentos – portanto, de interesse médico? Qual o tratamento para picadas de aracnídeos peçonhentos?

   Aranha-marrom.

6. Certos ácaros vivem nos folículos pilosos da pele humana e alimentam-se do material secretado pelas glândulas sebáceas. Algumas vezes, esses animais entopem o canal da glândula, que pode infeccionar. Essa é uma das causas do surgimento de cravos e espinhas. Sabendo que na puberdade as glândulas sebáceas entram em maior atividade, explique por que, nessa fase, cravos e espinhas são mais frequentes.

7. A aranha-armadeira se esconde em tocas ou frestas, entre a vegetação. Tem longas pernas, que usa para se movimentar com agilidade, e é capaz de dar grandes saltos. A aranha *Aglaoctenus*, por sua vez, vive no meio da vegetação arbórea ou arbustiva. Embora tenha longas pernas, não salta e passa a maior parte do tempo à espreita de suas presas. Com base na descrição de cada animal, tente descobrir qual das aranhas provavelmente constrói teias e qual caça ativamente. Justifique sua resposta.

MÓDULO 5

Equinodermos

O nome equinodermo vem do grego e quer dizer "pele com espinhos".

Os **equinodermos** mais conhecidos são as estrelas-do-mar e os ouriços-do-mar. Porém, o grupo inclui ainda formas de vida como os pepinos-do-mar, as serpentes-do-mar e os lírios-do-mar. Os equinodermos são animais exclusivamente marinhos, com aproximadamente 7 mil espécies conhecidas.

••• Características gerais

As larvas dos equinodermos apresentam simetria bilateral; nos adultos a simetria é pentarradial, pois o corpo pode ser dividido por cinco eixos de simetria que se cruzam em um ponto central. Outra característica dos equinodermos é a presença de um **esqueleto interno** – formado por placas rígidas, relativamente fixas – com função de sustentação e de proteção.

Estrela-do-mar.

> Os **equinodermos** adultos têm simetria radial e esqueleto interno.

Os indivíduos adultos apresentam pouca ou nenhuma capacidade de locomoção: alguns vivem fixos a rochas e outros locomovem-se lentamente, apoiados sobre o fundo oceânico.

As larvas dos equinodermos são ciliadas e microscópicas. Ao contrário dos adultos, apresentam boa capacidade de locomoção e nadam livremente, embora seu tamanho reduzido faça com que sejam levadas pelas correntezas.

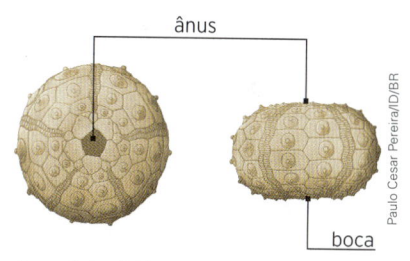

Esqueleto rígido de ouriço-do-mar visto de cima (à esquerda) e de lado (à direita). Note a simetria radial. (Ilustração sem escala.)

Representação da larva de um equinodermo com simetria bilateral (à esquerda) e de um animal adulto com cinco eixos de simetria (à direita). (Representações sem proporção de tamanhos; cores-fantasia.)

251

Diversidade dos equinodermos

Os equinodermos são divididos em cinco grupos principais: asteroides, equinoides, holoturoides, ofiuroides e crinoides.

Os **asteroides** são as estrelas-do-mar, que andam sobre o fundo oceânico.

Os **equinoides** são os ouriços-do-mar e as bolachas-da-praia. Os ouriços vivem principalmente sobre rochas; as bolachas-da-praia vivem enterradas superficialmente na areia e em outros substratos moles do fundo oceânico.

Estrela-do-mar, do grupo dos asteroides.

O ouriço-do-mar (à esquerda) e a bolacha-da-praia (à direita) são do grupo dos equinoides.

Os **holoturoides** são os pepinos-do-mar, cujo esqueleto é formado de placas pequenas e dispersas, dando ao corpo um aspecto mole, sem firmeza. Vivem sobre o fundo oceânico.

Os **ofiuroides**, chamados de serpentes-do-mar, são os equinodermos com maior mobilidade. Diferem dos asteroides por possuírem os braços mais destacados do centro.

Os **crinoides** são os lírios-do-mar, que ficam presos a algas ou bancos coralinos com os braços abertos, filtrando a água do mar. Possuem o corpo em forma de taça.

A serpente-do-mar pertence ao grupo dos ofiuroides.

O lírio-do-mar é um representante dos crinoides.

É proibido levar para casa!

Muitas pessoas, ao visitar uma praia, não resistem à tentação de levar embora, como "recordação", esqueletos de bolachas-da-praia ou de estrelas-do-mar. É comum, também, encontrarmos esqueletos desses animais à venda em lojas de suvenir em cidades litorâneas.

Esses animais são, sem dúvida, dotados de grande beleza, mas devem ser mantidos em seus ambientes originais, onde participam de teias alimentares. Mesmo depois de mortos não devem ser retirados desses ambientes, pois seus esqueletos podem abrigar outros organismos ou simplesmente entrar em decomposição, participando da reciclagem de nutrientes.

No Brasil, o Ibama é o órgão responsável por estabelecer oficialmente e divulgar as espécies marinhas consideradas ameaçadas de extinção (aquelas com alto risco de desaparecimento) ou cujas populações já foram exploradas e reduzidas de tal modo que é previsível sua inclusão na lista de espécies ameaçadas. A Instrução Normativa n. 5, de 2004, relaciona invertebrados aquáticos e peixes de espécies brasileiras que correm risco. Vale lembrar: é proibido apanhar ou capturar animais das espécies citadas nessa lista!

Fonte de pesquisa: Ministério do Meio Ambiente. Disponível em: <http://www4.icmbio.gov.br/sisbio/index.php?id_menu=210>. Acesso em: 5 ago. 2014.

●●● Sistemas e órgãos dos equinodermos

Os equinodermos obtêm alimento de diferentes maneiras.

Os pepinos-do-mar, por exemplo, alimentam-se de detritos presentes em fundos arenosos ou lodosos. Esses animais contam com um sistema ramificado de tentáculos: as partículas nutritivas ficam presas aos filamentos desse sistema, que são recolhidos para dentro da boca, onde as partículas são ingeridas.

Os lírios-do-mar filtram a água, recolhendo partículas nutritivas, algas e outros seres microscópicos. As serpentes-do-mar, por sua vez, podem predar crustáceos, moluscos e outros animais.

Na boca dos ouriços-do-mar há cinco dentes, usados para raspar as rochas e remover as algas, seu principal alimento.

As estrelas-do-mar são predadoras e alimentam-se sobretudo de ostras e mariscos, sendo capazes de abrir a concha desses moluscos. As estrelas-do-mar podem colocar o estômago para fora do corpo e iniciar a digestão do alimento antes mesmo de ingeri-lo.

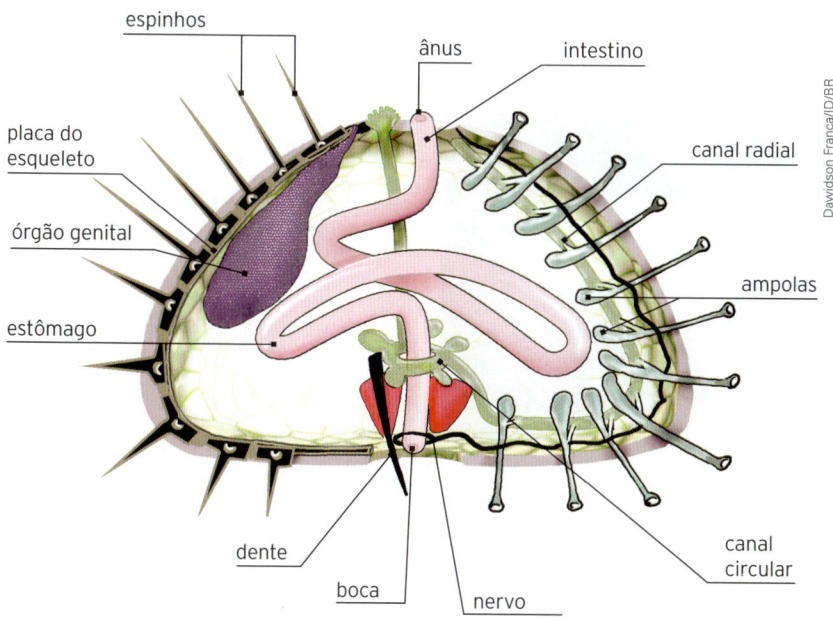

Esquema da estrutura corporal de um ouriço-do-mar mostrando a disposição de vários sistemas de órgãos. (Representação sem proporção de tamanhos; cores-fantasia.)

A **respiração** ocorre de forma variada: algumas espécies têm brânquias, enquanto outras respiram pelas regiões mais finas da pele. Os pepinos-do-mar têm um sistema de tubos ramificados associado ao intestino e chamado de **árvore respiratória**.

O **sistema nervoso** dos equinodermos é composto de um anel de nervos que circunda a boca. Não existe cérebro nessas estruturas, e o sistema sensorial inclui receptores táteis e órgãos olfativos. Em algumas espécies, há órgãos de equilíbrio e células sensíveis à luz.

Curiosa defesa

Algumas espécies de pepinos-do-mar, quando submetidas a estresse ou condições desfavoráveis, podem deixar parte das vísceras para trás.

À primeira vista parece ser uma desvantagem, mas na verdade trata-se de uma curiosa estratégia de defesa. Um predador pode se alimentar das vísceras enquanto o pepino-do-mar se afasta até um esconderijo.

Em algumas espécies, os fragmentos expelidos contêm toxinas, o que desencoraja a predação. As partes perdidas regeneram-se rapidamente.

Pepino-do-mar eliminando as vísceras.

Mais uma de Aristóteles

Aristóteles (384-322 a.C.), um dos mais influentes filósofos gregos, contribuiu para muitas áreas do conhecimento, como ética, política, física e lógica.

Nas ciências naturais, ele observou, entre outras coisas, a estrutura dentada da boca dos ouriços, que acabou levando seu nome: lanterna de aristóteles.

Ouriço-do-mar em vista que permite visualizar a boca circundada pelos dentículos da lanterna de aristóteles. São Sebastião (SP).

Reprodução

A maioria das espécies de equinodermos possui **sexos separados**. A fecundação é externa e dos ovos nascem larvas que nadam livremente. Durante a metamorfose, as larvas fixam-se no fundo oceânico e se desenvolvem até a forma adulta. Algumas espécies podem se reproduzir assexuadamente, regenerando partes perdidas.

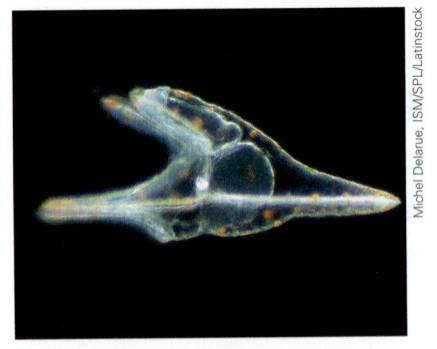

Larva de bolacha-da-praia. (Imagem ampliada cerca de 50 vezes.)

Uma pequena estrela-do-mar se formando a partir de um braço perdido.

Locomoção

Para a locomoção, os equinodermos contam com uma estrutura típica desse grupo: o **sistema ambulacral**. A estrela-do-mar pode servir de exemplo para o estudo desse sistema.

O sistema ambulacral compreende um canal em forma de anel ao redor do estômago; desse anel partem outros canais em direção a cada braço da estrela. Desses canais saem vários prolongamentos laterais, cada um terminando em um pé ambulacral, na superfície externa do animal.

O sistema comunica-se com o exterior do corpo, e um fluido semelhante à água do mar preenche toda sua extensão. Músculos presentes nas extremidades dos canais, próximos aos pés, contraem-se, empurrando a água para os pés, que se distendem. Posteriormente, os pés sofrem contração, e a água retorna para os canais. O animal locomove-se, portanto, pela alternância entre as distensões e as retrações de vários pés, coordenadas pelo sistema nervoso.

Detalhe dos pés ambulacrais na extremidade de um braço de estrela-do-mar.

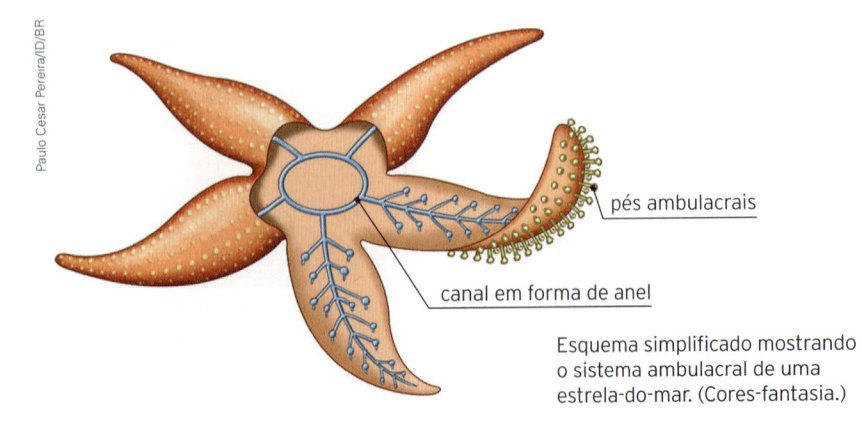

Esquema simplificado mostrando o sistema ambulacral de uma estrela-do-mar. (Cores-fantasia.)

pés ambulacrais

canal em forma de anel

Verifique o que aprendeu

1. Nos equinodermos em geral, os adultos apresentam pouca ou nenhuma capacidade de locomoção – alguns vivem fixos a rochas e outros se locomovem lentamente –, mas, por outro lado, as larvas nadam livremente. Qual é a importância das larvas na dispersão desses organismos?

2. Ouriços-do-mar locomovem-se lentamente e possuem uma estrutura denteada na boca – a lanterna de aristóteles –, enquanto os lírios-do-mar são fixos e não apresentam estrutura denteada na boca. Associe essas características ao modo de alimentação dos animais citados.

3. Além do sistema ambulacral, pepinos-do-mar possuem outro conjunto de tubos ramificados em seu interior. Caso esse outro sistema fosse removido experimentalmente de um animal, quais das funções a seguir – locomoção, respiração, nutrição – seria afetada? Explique.

ATIVIDADES

1. Explique resumidamente como é a estrutura e qual é a função do sistema ambulacral dos equinodermos.

2. Descreva o esqueleto dos equinodermos, comparando-o com o dos artrópodes, com relação aos seguintes aspectos: posição no corpo e função.

3. O sistema ambulacral pode funcionar como um órgão acessório na respiração dos equinodermos. Com base no que você já sabe sobre esse sistema, formule uma hipótese que explique essa afirmação.

4. Copie a tabela abaixo em seu caderno e preencha-a de acordo com os hábitos de alimentação dos diferentes grupos de equinodermos.

	Lírio-do-mar	Pepino-do-mar	Ouriço-do-mar	Serpente-do-mar	Estrela-do-mar
Tipo de alimento					
Como obtém o alimento					

5. Lineu, no século XVIII, reuniu os equinodermos e os cnidários no mesmo grupo e decidiu dar-lhe o nome Radiata. Atualmente, no entanto, acredita-se que esses grupos estejam bem distantes evolutivamente.
   a) O que pode ter levado Lineu a agrupar esses animais?
   b) Que diferenças marcantes existem entre os equinodermos e os cnidários?

Estrela-do-mar.

Anêmonas em um recife de coral.

6. Apesar de parecerem mais simples do que muitos invertebrados, como os artrópodes, os equinodermos surgiram mais recentemente na Terra e há indícios de que eles estejam evolutivamente mais relacionados aos vertebrados (como aves e mamíferos, por exemplo) do que aos demais invertebrados. De acordo com as características do grupo estudado e observando a figura ao lado, cite uma característica que diferencie os equinodermos dos vertebrados e outra que constitua uma semelhança entre eles. Justifique sua resposta.

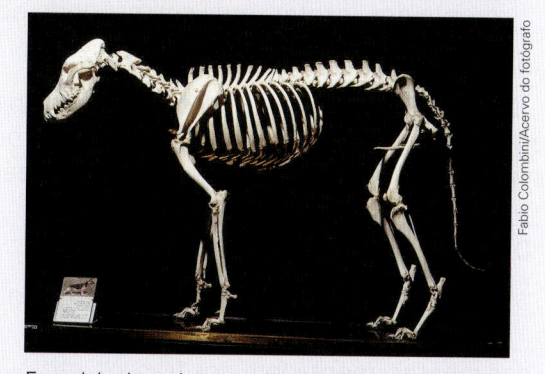

Esqueleto de cachorro pastor-alemão em exposição no Museu de Anatomia Veterinária da Faculdade de Medicina Veterinária e Zootecnia da Universidade de São Paulo.

CIÊNCIA À MÃO

Observação de moscas-das-frutas

Para começar

Você já viu uma mosca-das-frutas? Como será o ciclo de vida desses insetos?

Material

- dois frascos transparentes com tampas
- dez rodelas de banana madura

Atenção!
Cuidado ao manusear o vidro.

Procedimentos

1. Em cada frasco, coloque cinco rodelas de banana (a fruta escolhida deve estar quase madura).
2. Tampe um dos frascos e mantenha o outro destampado. Coloque os frascos em local aberto, porém protegido de chuva, até que o cheiro da banana atraia as moscas-das-frutas (isso deve demorar de três a cinco dias).
3. Observe os frascos diariamente. Quando você puder ver de cinco a dez pequenas moscas-das-frutas no frasco que ficou aberto, tampe-o, aprisionando ali as moscas.
4. Após três dias, liberte as moscas-das-frutas.
5. Observe os recipientes por duas semanas e faça registros usando tabelas, pequenas descrições em forma de diário, desenhos ou outras opções que você achar melhor.

Questões para discussão e avaliação

1. O que você pôde observar no frasco que ficou fechado o tempo todo? Qual a função dele para este experimento? (Releia o experimento de Redi, na página 70.)
2. Surgiram outros insetos no frasco aberto, além de moscas-das-frutas? Se sim, foi possível identificar esses insetos? Se possível, procure descrever o comportamento desses outros animais (se são predadores das moscas, se também se alimentam das frutas, se realizam postura de ovos, etc.).
3. Após a libertação das moscas-das-frutas, o que você observou nos dias seguintes?
4. Segundo o que você já estudou neste capítulo, entre os tipos possíveis de desenvolvimento dos insetos, qual corresponde ao das moscas-das-frutas?

Comunicação dos resultados

Com mais três colegas, desenvolva um painel para mostrar o que vocês observaram durante o experimento. Após o término do experimento, jogue as rodelas de banana na lixeira, lave bem os frascos e guarde-os para utilizá-los em experimentos futuros.

Dicas:

Utilize desenhos, fotografias ou imagens recortadas para montar o trabalho.

Divida o painel em fases: por exemplo, antes da coleta das moscas, período de coleta das moscas, montagem dos frascos, etc. Não se esqueça de representar o frasco que permaneceu fechado e de destacar a importância desse procedimento. Represente com desenhos cada uma das fases e escreva um pequeno texto sobre o que foi observado nelas.

LENDO CIÊNCIAS

ANTES DE LER

- Você sabe o que significa o termo "biofábrica"? E a expressão "controle biológico"?

Controle biológico amplia acesso do Brasil ao mercado internacional de frutas

Biofábrica localizada em Juazeiro (BA), no Vale do São Francisco, é referência na produção de machos estéreis da mosca-do-mediterrâneo para o controle biológico daquela que é considerada a praga mais ofensiva da fruticultura nacional.

O Brasil é um dos três maiores produtores de frutas no mundo, com uma produção de aproximadamente 40 milhões de toneladas anuais e uma área plantada em torno de 2,5 milhões de hectares. Trata-se de um dos mais ativos segmentos da economia nacional, liderando as estatísticas de geração de emprego e de números de estabelecimentos industriais.

Esta dinâmica do setor, aliada ao crescente aumento das exportações, observado nos últimos anos, tem exigido especial atenção, sobretudo no controle de pragas. Nesse sentido, o trabalho desenvolvido pela Biofábrica [...] é referência, por meio da produção de machos estéreis da mosca-do-mediterrâneo, para o controle biológico daquela que é considerada a praga mais ofensiva da fruticultura nacional.

O inseto ataca grande variedade de frutas tropicais, subtropicais e temperadas, a exemplo da manga, uva e goiaba, causando prejuízo entre R$ 150 e R$ 200 milhões anuais.

[...]

A instituição produz machos estéreis da [mosca-do-mediterrâneo], que, ao copularem com as fêmeas, transferem espermatozoides infecundos, bloqueando a reprodução. Tudo isso objetiva a supressão populacional do inseto.

[...]

"[O trabalho] também vem se expandindo para diferentes atuações nas áreas da sanidade animal e vegetal. Além da mosca-do-mediterrâneo, ainda há uma atuação sobre a lagarta da macieira (*Cydia pomonella*), que ataca as rosáceas, como maçã, pera e ameixa, principalmente em plantações da região Sul" [...].

[...]

Jornal da Ciência, 27 abr. 2010. Disponível em: <http://www.jornaldaciencia.org.br/Detalhe.jsp?id=70501>. Acesso em: 5 ago. 2014.

Mosca-do-mediterrâneo.

De olho no texto

1. Qual é o impacto da mosca-do-mediterrâneo na agricultura?
2. Quais seriam as vantagens de usar o controle biológico em vez de métodos tradicionais, como inseticidas?

QUESTÕES GLOBAIS

1. Construa uma tabela em seu caderno, como no modelo abaixo, e preencha os espaços com algumas das principais características de cada grupo de artrópodes.

Características	Insetos	Crustáceos	Aracnídeos	Miriápodes quilópodes	Miriápodes diplópodes
Hábitat					
Organização corporal					
Número de pernas					
Número de antenas					
Características gerais					

2. Filósofos da Antiguidade criaram a noção de que a natureza devia ser a inspiração e a "régua" do artista: ordem, padrão, harmonia, equilíbrio eram características indispensáveis a uma obra de arte. Aristóteles (384-322 a.C.) adicionou, à discussão, a ideia de simetria. Arte, filosofia e ciência andavam juntas.

   Observe as obras a seguir. Elas não são da Antiguidade, mas mostram que muitos artistas ainda seguem o princípio do equilíbrio simétrico. Em que animais que você já estudou há os mesmos tipos de simetria presente nos desenhos dessas obras? Em sua opinião, a natureza serve de inspiração e modelo para os artistas de hoje?

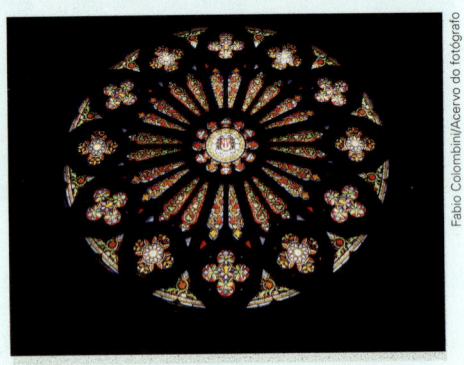

   Vitral da catedral da Sé, cidade de São Paulo.

   Vaso de cerâmica Marajoara, Belém (PA).

3. Um prato da culinária regional brasileira é a moqueca de "siri mole", preparada com os animais inteiros. Sabendo que o siri é um crustáceo que apresenta carapaça bastante enrijecida com cálcio, como é possível obter o "siri mole", necessário para preparar essa iguaria?

4. No idioma tupi, a palavra "pinda" pode significar "ouriço-do-mar" e também é usada para "anzol". Como se explicam esses dois significados, tão diferentes, para uma mesma palavra?

5. O modo de vida heterótrofo, típico dos animais, obriga esses seres a localizar e a obter o alimento, bem como a evitar tornar-se alimento de outros animais. Nesse sentido, explique como a estrutura corporal dos artrópodes pode ajudar a entender a grande diversidade e abundância desses animais. Dica: preste especial atenção aos sistemas nervoso e locomotor.

Autoavaliação

Responda novamente às questões da seção *Converse com os colegas* (p. 231). Compare as respostas que você deu agora com as que você formulou antes do estudo deste capítulo. Com base nessa comparação, avalie seu progresso no conhecimento acerca dos artrópodes.

PARA SABER MAIS

Livros

Besouros e seu mundo, de Celso L. Godinho. Rio de Janeiro: Technical Books, 2011.
Este livro é apresentado sob a forma de um pequeno atlas, contendo mais de 1400 ilustrações em cores desenhadas pelo próprio autor, além de um texto contendo uma introdução, abordando aspectos genéricos da entomologia (ciência que estuda os insetos).

Insetos: magia, formas e cores, de Tomas Sigrist. São Paulo: Avis Brasilis, 2011.
Este livro foi elaborado com o objetivo de apresentar a diversidade de insetos brasileiros, a partir do acervo fotográfico de Lester Scalon. São mais de 300 fotografias em alta resolução tomadas em contato direto com a natureza. Com enfoque na ecologia e no comportamento, apresenta ilustrações e textos a respeito de cada ordem da classe dos insetos. Um livro para quem realmente quer mergulhar no mundo dos insetos brasileiros.

Formigas em ação: como se organiza uma sociedade de insetos, de D. Gordon. Rio de Janeiro: Jorge Zahar, 2002 (Coleção Ciência e Cultura).
Relato sobre a vida no interior de um ninho de formigas, escrito de modo acessível por uma especialista em insetos sociais. A autora nos transporta para dentro de uma sociedade de formigas e apresenta um novo panorama de como elas se organizam.

Sites

<http://www.zoologico.sp.gov.br>
O Zoológico de São Paulo oferece, em seu *site*, informações sobre alguns animais invertebrados. Clicando em "Nossos animais" e, em seguida, em "Invertebrados", você tem fotos e informações sobre a aranha caranguejeira, o bicho-pau e formigas gigantes.

<http://www.aquariodeubatuba.com.br/crustaceos.htm>
O aquário de Ubatuba (SP) apresenta alguns exemplares da fauna marinha. Ao fazer um *tour* pelo *site* é possível obter informações sobre crustáceos e vários outros grupos de animais e ambientes aquáticos.

<http://www.usp.br/cbm/expovida/>
Site do Centro de Biologia Marinha (Cebimar), da Universidade de São Paulo, onde você encontra a exposição virtual "Vida, mar e muita história pra contar". Em <http://cifonauta.cebimar.usp.br/> há uma galeria de imagens com fotos de equinodermos e outros organismos marinhos produzidas pelos pesquisadores do Centro.

<http://www.infoaqua.net/pt/censo-da-vida-marinha-concluido/>
O artigo "Mais vida no mar" comenta os resultados finais do projeto Censo da Vida Marinha, um abrangente programa internacional de levantamento da biodiversidade marinha que resultou na descrição de mais de 1200 espécies novas.

<http://noticias.cebimar.usp.br/editora-divulgacao/72-desenvolvimento-embrionario-dos-ouricos-do-mar.html>
Neste outro *link* do Cebimar, você encontra o artigo "Desenvolvimento embrionário dos ouriços-do-mar", que traz descrições e fotos de algumas espécies que ocorrem no litoral paulista e as etapas do estudo do desenvolvimento desses animais.
Acessos em: 5 ago. 2014.

Filmes

Vida, documentário em 4 DVDs. BBC, 2009.
A luta pela vida em imagens espetaculares mostrando as estratégias pela perpetuação das espécies. Cenas até então impossíveis de serem registradas transformam a seleção natural em um espetáculo que revela a grandeza da natureza.

Vida de inseto. Direção: John Lasseter, Estados Unidos, 1998.
Todo ano, os gananciosos gafanhotos exigem uma parte da colheita das formigas. Mas quando algo dá errado e a colheita é destruída, os gafanhotos ameaçam atacar e as formigas são forçadas a pedir ajuda a outros insetos para enfrentá-los numa batalha.

Silvestres ou domesticados, os vertebrados são abundantes: olhe à sua volta e você verá um deles. Mais do que isso, olhe-se no espelho e você verá um vertebrado!

Neste capítulo, você terá a oportunidade de aprender muito mais sobre esse grupo de animais.

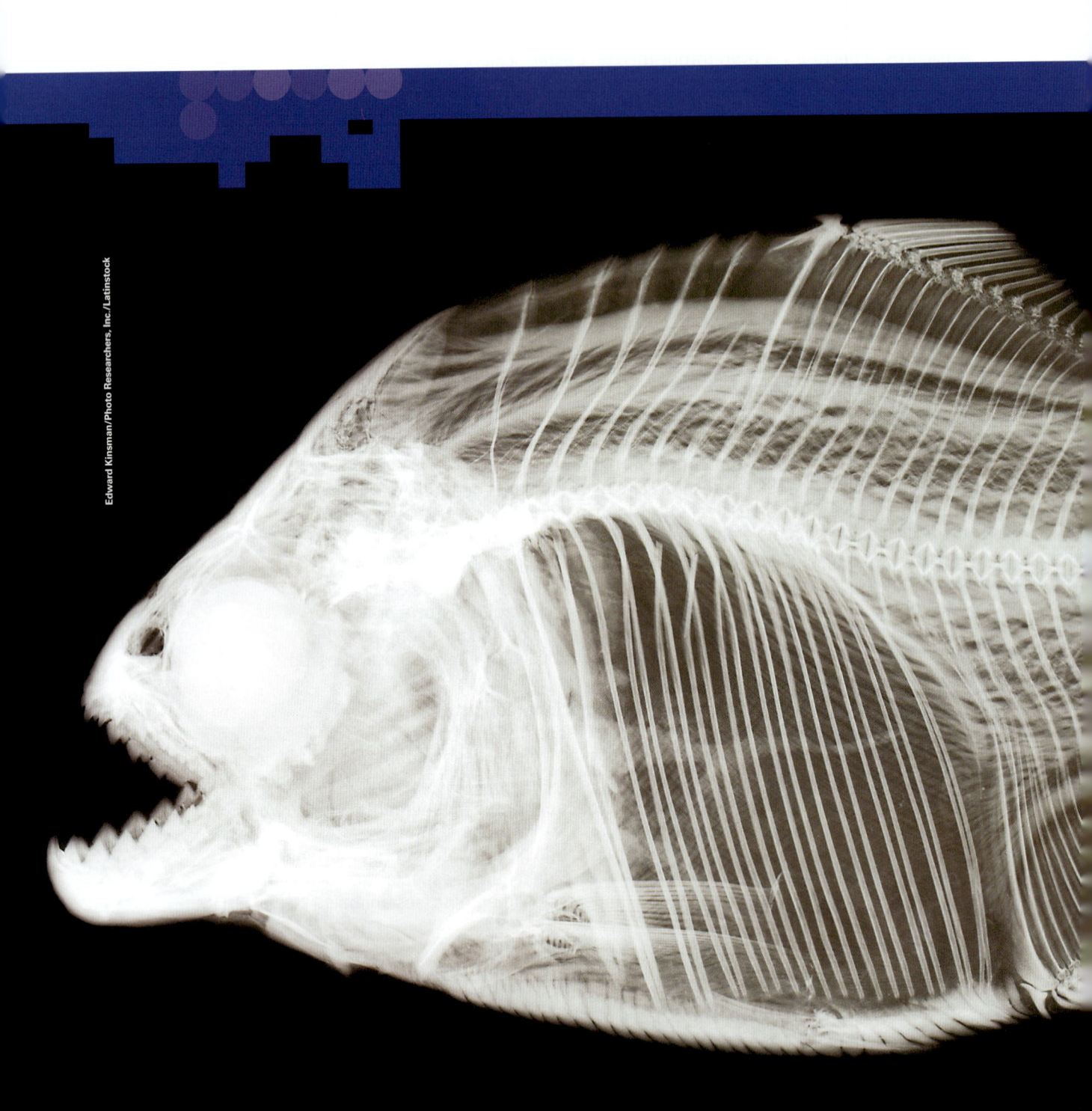

Vertebrados I

CAPÍTULO 8

Imagem de piranha (*Pigocentrus nattereri*) obtida por raios X. Esse peixe tem, em média, 40 cm.

O QUE VOCÊ VAI APRENDER

- Características gerais dos vertebrados e sua classificação
- Principais características dos peixes, anfíbios e répteis
- A diversidade desses grupos

CONVERSE COM OS COLEGAS

Os animais vertebrados estão presentes nos mais diversos ambientes. Abundantes e diversificados, eles apresentam um esqueleto interno e um cérebro especialmente capacitado a elaborar reações sofisticadas.

1. A imagem ao lado, obtida por raios X, mostra estruturas internas do corpo de um animal vertebrado. Que estruturas são essas?

2. O corpo de qual animal teria dado origem a essa imagem? Você já teve contato com esse animal? Se teve, que tipo de contato foi esse?

3. Ovos de peixe são, em geral, transparentes. É possível até mesmo ver o embrião em seu interior. Ovos de tartarugas, jacarés e serpentes apresentam uma casca branca semirrígida. Que relação poderia ser estabelecida entre o fato de ovos de peixes (moles e sem casca) estarem sempre sob a água e o fato de os ovos de répteis (com casca) serem encontrados em terra, ao ar livre?

4. Você também é um animal vertebrado. Usando seus conhecimentos sobre o corpo humano, responda: que estruturas visíveis nessa imagem também estão presentes em seu corpo?

MÓDULO 1

Peixes

Os peixes foram os primeiros vertebrados a surgir no planeta. Eles estão nos mares, rios e lagoas de toda a Terra. Mas o que são animais vertebrados?

Existem fósseis de peixes que têm mais de 500 milhões de anos.

Embora diferentes das espécies atuais, esses peixes mais antigos já apresentavam as características básicas dos vertebrados: um **esqueleto interno** formado por **crânio** e **coluna vertebral**.

O esqueleto dos vertebrados é constituído por estruturas rígidas formadas por tecido vivo e, assim, crescem junto com o corpo do animal. Elas podem ser constituídas por tecido ósseo e são chamadas de **ossos**, mas podem ser cartilaginosas, como ocorre em alguns peixes.

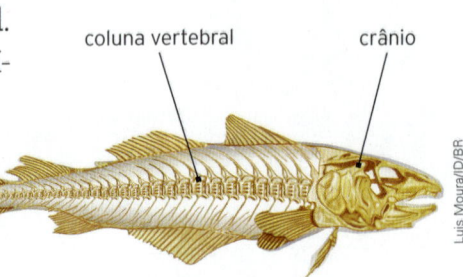

O crânio é um conjunto de cartilagens ou ossos que envolve e protege o cérebro. A coluna vertebral é formada por cartilagens ou ossos curtos, as **vértebras**, unidas entre si por articulações. A coluna vertebral contribui para a sustentação e a movimentação do corpo, além de proteger a **medula espinal**, um cordão de células nervosas que percorre a sua extensão.

Os vertebrados apresentam também a **pele**, um tecido que recobre o corpo e apresenta especializações relacionadas ao modo de vida do animal, como glândulas de muco, escamas, penas ou pelos.

Esqueleto de um peixe. (Representação artística; cores-fantasia.)

> **Vertebrados** são animais com esqueleto interno, que inclui crânio e coluna vertebral, e corpo coberto por pele.

Os vertebrados podem ser classificados em cinco grupos: **peixes**, que são animais exclusivamente aquáticos; **anfíbios**, que representam uma transição para o ambiente terrestre; **répteis**, os primeiros vertebrados completamente adaptados à vida terrestre; **aves**, adaptadas ao voo; e **mamíferos**, animais dotados de glândulas mamárias.

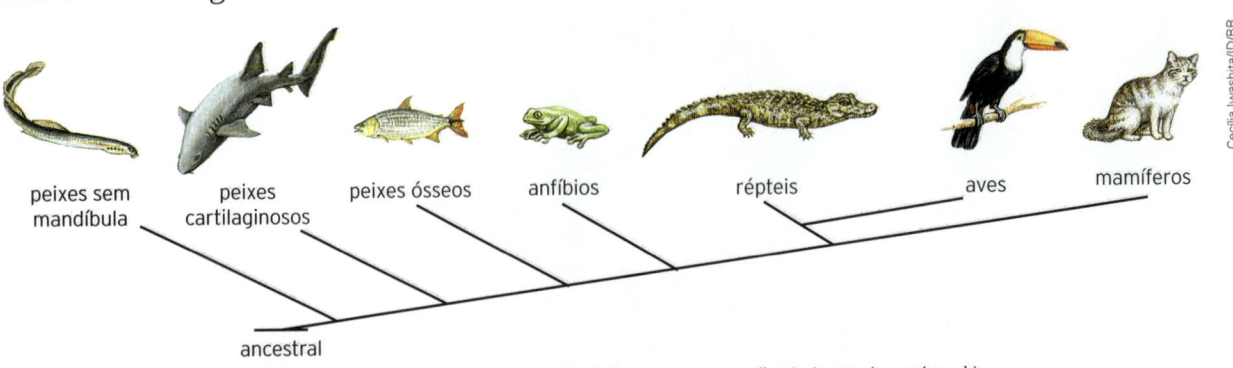

peixes sem mandíbula — peixes cartilaginosos — peixes ósseos — anfíbios — répteis — aves — mamíferos

ancestral

Esquema simplificado da evolução dos vertebrados. (Imagens da página sem proporção de tamanho entre si.)

Fonte de pesquisa: F. H. Pough e outros. *A vida dos vertebrados*. 4. ed. São Paulo: Atheneu, 2008.

••• Diversidade de peixes

Os peixes formam o grupo mais diversificado entre os vertebrados, com aproximadamente 31 mil espécies conhecidas no mundo – 5 mil delas ocorrem no Brasil.

Lambaris, sardinhas, curimatás, pacus, pirarucus, piranhas, bacalhaus, linguados, cações e raias são alguns exemplos de peixes.

Os peixes atuais são comumente divididos em três grupos: **ciclóstomos**, **condrictes** e **osteíctes**.

As feiticeiras ou peixes-bruxa (*Eptatebrus stoutii*) não possuem mandíbulas.

Ciclóstomos

Os ciclóstomos ou **agnatos** são peixes que se caracterizam por não apresentar mandíbula. A boca é arredondada, o que dá origem ao nome (do grego: *ciclos*, circular; *stoma*, boca).

O corpo é alongado e cilíndrico, com apenas nadadeiras dorsais e caudal, e sua pele não tem escamas.

Algumas espécies alimentam-se da carcaça de animais mortos, e outras são parasitas, que se fixam ao corpo de outros peixes.

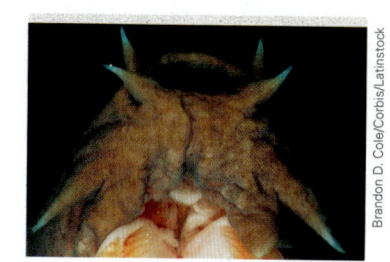

Detalhe da boca da feiticeira, um agnato.

Condrictes

Os condrictes, conhecidos como tubarões, cações e raias, compreendem aproximadamente 850 espécies, em sua maioria habitantes de águas salgadas.

Eles têm mandíbula, e o esqueleto é formado somente por cartilagem, o que dá nome ao grupo (do grego: *chondros*, cartilagem; *ichthys*, peixe).

O corpo é coberto por escamas pequenas e ásperas, e a boca fica em posição ventral. Além das nadadeiras dorsal e caudal, os condrictes também têm nadadeiras peitorais, pélvicas e anal.

Alimentam-se de peixes e outros animais marinhos, e são predadores muito eficientes. A exceção é o tubarão-baleia, que se alimenta de microrganismos obtidos por filtração. Embora sejam relatados ataques a seres humanos, a maioria das espécies é pouco agressiva.

Os tubarões são condrictes. Note as fendas branquiais, no tubarão azul (*Prionace glauca*) da foto.

263

Osteíctes

Os **osteíctes** formam o grupo mais abundante e diversificado de peixes, com aproximadamente 25 mil espécies conhecidas.

Eles também são chamados **peixes ósseos** (do grego: *osteos*, osso; *ichthys*, peixe), pois apresentam esqueleto constituído por tecido ósseo.

As espécies desse grupo possuem duas estruturas laterais que cobrem e protegem as fendas branquiais, denominadas **opérculos**. Na maioria das espécies, a boca situa-se na posição frontal.

O tucunaré (*Cichea spp*) é um exemplo de osteíctes. Observe no detalhe o opérculo e as brânquias.

A maioria dos osteíctes respira por meio de brânquias e possui nadadeiras sustentadas por finos filamentos recobertos de pele, que se assemelham a um leque.

Entre os osteíctes, porém, há um grupo que possui brânquias reduzidas e respira por meio de pulmões, chamados **peixes pulmonados**. Um exemplo é a piramboia, que habita lagoas temporárias na região amazônica. Nesse grupo de peixes, ocorrem, também, nadadeiras carnosas, sustentadas por ossos e músculos.

A presença de pulmões e de nadadeiras sustentadas por ossos e músculos, entre outras características, são evidências que sustentam a hipótese de que uma espécie desse grupo, primitiva e extinta, teria dado origem aos primeiros vertebrados terrestres.

O poraquê, ou peixe-elétrico, é um osteícte da Amazônia

Poraquê em tupi significa "o que põe para dormir" e faz alusão à sua capacidade de produzir descargas elétricas que podem até matar um cavalo.

Esse peixe faz uso da descarga elétrica para imobilizar suas presas e se localizar nas águas barrentas onde vive, como se fosse um radar.

Peixes com nadadeiras carnosas: à esquerda, o celacanto (*Latimeria chalumnal*), que respira por brânquias. À direita, a piramboia, *Lepidosiren paradoxa* (do tupi: *pira*, peixe; *m'boia*, serpente), um peixe pulmonado.

Os **osteíctes** são os representantes mais abundantes e diversificados dentro do grupo dos peixes.

Características gerais dos peixes

Os peixes são animais aquáticos, em geral de corpo fusiforme, ou seja, alongado e com as extremidades afiladas. Eles possuem nadadeiras, pele coberta por muco e escamas, e a maioria respira por meio de brânquias.

O grupo apresenta hábitos alimentares muito variados. Há espécies carnívoras, herbívoras, filtradoras e parasitas.

Os peixes não produzem calor suficiente para manter a temperatura de seu corpo constante. Animais com essa característica são denominados **ectotérmicos** (do grego *ektós*, que significa "fora, por fora", e *thermós*, "quente").

O sistema nervoso inclui um cérebro e uma medula espinal inserida no interior da coluna vertebral. Da medula espinal partem nervos para os músculos e para a periferia do corpo do peixe.

A audição e o olfato são os sentidos mais desenvolvidos nesse grupo. A visão, em geral, é limitada a um pequeno campo visual e incapaz de distinguir os elementos que estão no ambiente.

Os peixes possuem ainda um órgão dos sentidos adicional. Eles percebem as vibrações transmitidas pela água por meio da **linha lateral**: uma sequência de escamas perfuradas, localizadas lateralmente ao longo do corpo, desde o final da cabeça até o início da nadadeira caudal, sob as quais há células sensíveis aos menores movimentos da água.

Na foto, é possível observar a linha lateral no robalo-flecha (*Centropomus undecimalis*).

Peixes são vertebrados ectotérmicos com adaptações para a vida aquática, como nadadeiras e respiração branquial.

Revestimento corporal

Alguns peixes apresentam pele grossa, de couro, mas, na maioria, a pele está coberta por lâminas finas e flexíveis, as **escamas**, e apresenta glândulas produtoras de **muco**, o que os torna escorregadios.

As escamas e o muco contribuem para a natação, diminuindo o atrito com a água.

O revestimento da pele do mangangá (*Scorpaena plumieri*) o auxilia na obtenção de alimento e na proteção contra predadores.

Temperatura dos vertebrados

O metabolismo, conjunto de reações químicas que ocorrem no organismo vivo, está relacionado à temperatura corporal. De acordo com a temperatura, o metabolismo pode se tornar mais rápido, mais lento ou até mesmo se interromper.

Em alguns grupos, a velocidade do metabolismo permanece constante e elevada, pois eles são capazes de produzir calor a partir da energia que obtêm dos alimentos e, assim, manter a temperatura corporal constante e elevada. Esses animais são chamados **endotérmicos**. Aves e mamíferos são exemplos de animais endotérmicos.

Em outros grupos, os animais são incapazes de produzir calor a partir dos alimentos. Neles, a temperatura corporal é baixa e a velocidade de seu metabolismo depende da temperatura ambiente. Isso ocorre nos peixes, anfíbios e répteis, animais chamados **ectotérmicos**. Muitos desses animais permanecem inativos quando a temperatura ambiente diminui, mas vários são capazes de manter seu metabolismo elevado adotando comportamentos como estirar-se ao sol ou refugiar-se na sombra, que controlam e mantêm a temperatura corporal constante.

Diversos répteis expõem-se ao sol em dias frios. Isso eleva a temperatura de seu corpo. Na foto, jacaré-do-Pantanal (*Caiman crocodilus yacare*).

••• Locomoção

Para se deslocar, o peixe depende da ação combinada da musculatura do tronco e da nadadeira caudal. A musculatura realiza contrações alternadas do corpo para ambos os lados, enquanto a nadadeira caudal atua como remo, provocando o deslocamento para a frente. As outras nadadeiras aumentam a estabilidade e auxiliam nas mudanças de direção.

Tubarões e enguias nadam por ondulação, movendo todo o corpo lateralmente. O bacalhau, as trutas e a maioria dos outros peixes movem apenas a metade posterior do corpo, e a cauda é o principal órgão impulsionador do animal.

> A **nadadeira caudal** impulsiona o peixe para a frente e **as outras nadadeiras** dão estabilidade e direção aos movimentos.

A ação conjunta do formato corporal hidrodinâmico, da pele recoberta por muco e das escamas que reduzem o atrito, além dos músculos poderosos, permite aos peixes atingir velocidades elevadas.

Flutuação

Condrictes e osteíctes têm mecanismos diferentes para manter o corpo flutuando com um gasto mínimo de energia, isto é, sem que seja necessário nadar.

Os peixes cartilaginosos apresentam depósitos de óleo no fígado, o que reduz a densidade média do corpo do animal e facilita a flutuação.

Nos peixes ósseos, há um órgão, a **bexiga natatória**, que funciona como um "flutuador". Parte da parede dessa bexiga é muito vascularizada e gases presentes no sangue do animal podem passar para o interior da bexiga, e ela se enche, ou voltam para o sangue, e ela se esvazia.

Quando a bexiga natatória está cheia, o peixe flutua com facilidade em profundidades menores; quando está vazia, ao contrário, o peixe flutua em profundidades maiores. Assim, os osteíctes conseguem ajustar a densidade de seu corpo e se mantêm flutuando em diferentes profundidades sem fazer muito esforço, e economizam energia.

Representação esquemática mostrando a bexiga natatória (cores-fantasia).

Fonte de pesquisa: Allan Larson; Cleveland P. Hickman Jr.; Larry S. Roberts. *Princípios integrados de Zoologia*. Guanabara-Koogan, 11. ed., 2004. p. 493.

As raias ou arraias

Embora não pareçam, esses animais de corpo achatado são peixes do grupo condrictes. Há espécies marinhas e de água doce. Algumas espécies são temidas pelas pessoas porque possuem ferrões venenosos na cauda, que podem provocar ferimentos e produzir reações muito fortes quando o veneno entra na corrente sanguínea.

A raia-jamanta, *Manta birostris*, é considerada um dos maiores peixes do mundo, podendo alcançar até 7 metros de largura de uma nadadeira a outra e pesar mais de duas toneladas. São animais pouco conhecidos, que percorrem longas distâncias nos oceanos e visitam poucos locais próximos ao continente. Um desses lugares privilegiados é o Parque Estadual Marinho da Laje de Santos, no estado de São Paulo, onde se desenvolve o projeto Mantas do Brasil, que se dedica a conhecê-las e preservá-las.

Raia-jamanta (*Manta birostris*).

●●● Respiração

A maioria dos peixes respira por meio de **brânquias**, projeções filamentosas ricas em vasos sanguíneos que permitem a troca de gases entre o meio aquático e o sangue do animal.

A água rica em gás oxigênio entra pela boca do animal e sai pela abertura branquial, passando entre os filamentos branquiais. Nessa passagem, o gás oxigênio dissolvido na água difunde-se para os capilares sanguíneos dos filamentos, e o gás carbônico produzido pelo metabolismo do animal passa dos capilares ao meio aquático.

A renovação gasosa do sangue depende do fluxo constante da água entre as brânquias. Os peixes ósseos são capazes de manter esse fluxo mesmo quando estão parados. Eles forçam a entrada da água na boca por meio de movimentos da cavidade bucal e do opérculo. Já **a maioria dos peixes cartilaginosos precisa nadar** para garantir a entrada da água na boca e sua passagem pelas fendas branquiais.

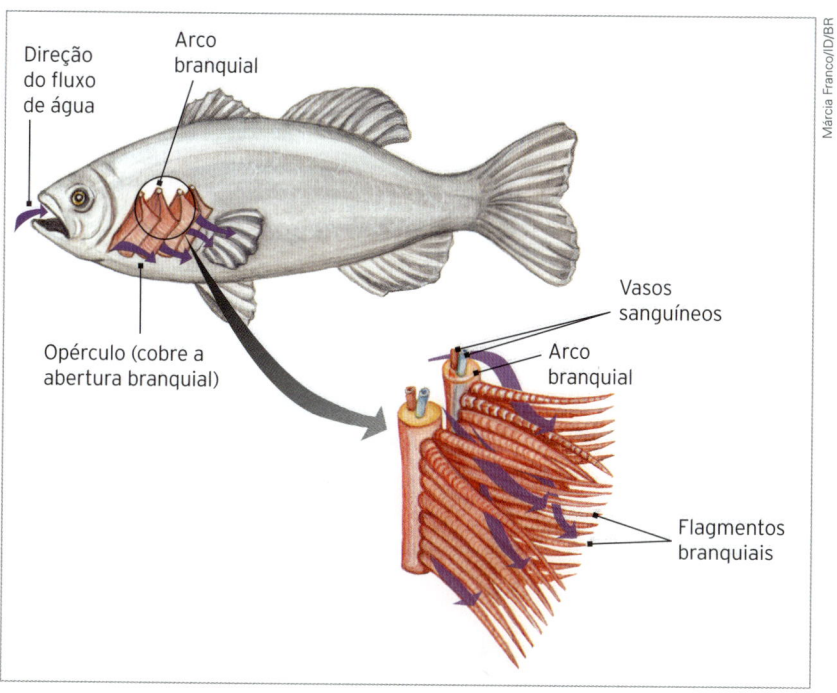

Nadadores incansáveis?

Muitos acreditam que os tubarões são peixes incansáveis, que nunca param de nadar, ou que precisam estar em constante movimento. Isso é apenas parcialmente verdade.

Para muitos tubarões, parar de nadar significa também parar de respirar. A maioria deles precisa nadar para manter a água circulando pelas brânquias, tarefa que outros peixes realizam mesmo quando imóveis.

Além disso, tubarões e raias não possuem bexiga natatória, o que dificulta sua flutuação quando estão parados.

Mesmo com essas restrições, algumas espécies conseguem se manter imóveis no fundo do mar ou em tocas.

Tubarão-lixa (*Ginglymostoma cirratum*).

Esquema da respiração branquial de um osteícte. (Representação sem proporção de tamanho; cores-fantasia.)

Um pequeno grupo de peixes, os pulmonados, respira por meio de pulmões. Esses peixes possuem uma bolsa ricamente vascularizada e saem à superfície para enchê-la de ar. Os pulmões são estruturas que permitem as trocas gasosas entre o sangue do animal e a atmosfera.

Há evidências de que os pulmões surgiram como estruturas auxiliares da respiração branquial, que teriam permanecido nos pulmonados atuais. Nos outros osteíctes, eles teriam originado a bexiga natatória, assumindo novas funções, como a de "flutuador".

••• Reprodução

Os peixes têm diferentes formas de reprodução. Em tubarões e raias, a fecundação é interna. Nos machos, a nadadeira pélvica apresenta uma modificação e atua como órgão copulador, que introduz os espermatozoides na fêmea. Dependendo da espécie, os embriões podem se desenvolver dentro ou fora do corpo da fêmea.

Nos demais peixes, a fecundação é externa. Algumas espécies apresentam larvas, em outras o desenvolvimento é direto. Suas larvas, denominadas **alevinos**, se desenvolvem fora do corpo da mãe, o que as torna alvo fácil para predadores. Entretanto, os peixes geralmente produzem milhares de ovos, o que aumenta a chance de que alguns deles se desenvolvam até a idade adulta. O fato de muitas espécies construírem tocas ou ninhos, onde as fêmeas põem os ovos, auxilia a proteção aos alevinos.

> Nos peixes pode haver **fecundação interna** ou **externa**.

Algumas espécies de peixes que habitam o mar ou as regiões mais baixas dos rios **migram**, nadando contra a correnteza, até as cabeceiras dos rios, para desovar. Esse movimento é denominado **piracema**. Os alevinos que nascem nas cabeceiras voltam ao mar, onde se tornam adultos.

Piracema

Quando acontecem as chuvas de verão, entre outubro e março, algumas espécies de peixes nadam rio acima, em direção às águas calmas das nascentes. Durante a subida, enfrentam tantos obstáculos e realizam tanto esforço que perdem muita gordura corporal. Isso estimula o amadurecimento dos testículos e ovários, favorecendo a reprodução.

As fêmeas liberam os ovos na água e os machos lançam espermatozoides sobre eles, fertilizando-os. Após alguns dias, os alevinos saem do ovo e descem o rio rumo a lagoas e várzeas de águas calmas. Durante o percurso, muitos são predados e muitos morrem, mas os que chegam encontram abrigo, alimento e podem crescer. Quando adultos, repetem a migração rio acima.

Durante a piracema, a pesca é proibida, e o período é chamado de **defeso**.

Peixes saltando contra a correnteza do rio, na época de reprodução, fenômeno conhecido por piracema.

Verifique o que aprendeu •••

1. O verso a seguir faz parte de uma famosa modinha popular:

   "Como pode o peixe vivo
   Viver fora da água fria?
   Como poderei viver
   Sem a sua companhia".

   A dúvida expressa no verso "Como pode o peixe vivo Viver fora da água fria?" é correta? Explique.

2. Em alguns desenhos animados, personagens baseadas em peixes se locomovem utilizando as nadadeiras peitorais como remos, para ganhar impulso para a frente. Essa representação corresponde, realmente, ao modo como um peixe nada?

3. Um aluno expressou a seguinte dúvida em uma aula de Ciências: "Se os tubarões não possuem ossos, por que são classificados como animais vertebrados?". Você é capaz de esclarecer a dúvida desse aluno? Explique.

Aparência dos ovos de osteícte e de um alevino recém-nascido. Os pequenos peixes nutrem-se de vitelo, uma substância presente no interior dos ovos.

ATIVIDADES

1. Identifique no esquema quais partes do esqueleto de um vertebrado estão indicadas por I; II; I + II. Compare estes elementos com o esqueleto à direita e diga a que grupo de peixes pertence esse animal. Depois, escreva uma frase sobre o que você concluiu.

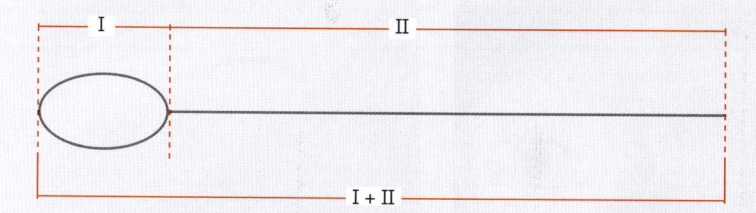

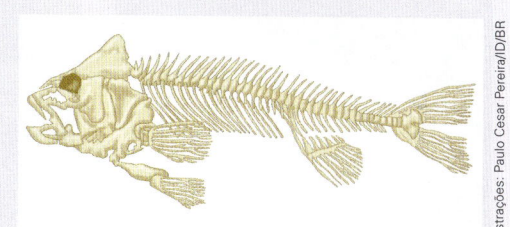

2. As escamas de algumas espécies de peixes ósseos podem revelar sua idade, pois crescem em camadas sucessivamente adicionadas à borda da escama preexistente, acompanhando o crescimento do animal. Em peixes de regiões temperadas, durante o inverno, o crescimento é mais lento e a camada fica escura e estreita. Durante o verão o crescimento é mais rápido, e a camada formada é mais clara e bem mais larga. Observe a imagem ao lado e estime a idade, em anos, do peixe do qual essa escama foi retirada.

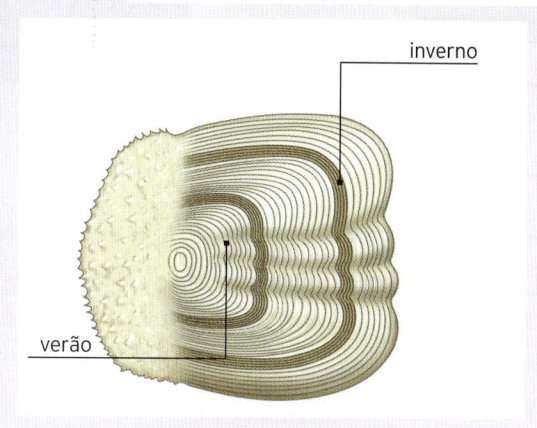

Imagens da página sem proporção de tamanho entre si.

3. Explique por que na maioria dos peixes o olfato é um sentido mais importante que a visão.

4. O que são alevinos? Que hábito de suas espécies pode protegê-los de predadores?

5. Associe a cada um dos grupos de peixes abaixo as características listadas à direita. Atenção: algumas características podem ser associadas a mais de um grupo.

Ciclóstomos

Condrictes

Osteíctes

Osteíctes pulmonados

Características
1. Respiração por brânquias
2. Nadadeiras sustentadas por filamentos
3. Nadadeiras sustentadas por ossos
4. Presença de bexiga natatória
5. Presença de pulmão
6. Esqueleto ósseo
7. Esqueleto cartilaginoso
8. Presença de mandíbula
9. Posição frontal da boca, na maioria das espécies
10. Posição ventral da boca

6. O esqueleto dos artrópodes reveste o corpo e protege os órgãos moles do animal, localizados internamente. O esqueleto dos vertebrados, sendo interno, pode realizar a mesma função? Explique.

7. Qual dos dois peixes deve apresentar melhor capacidade de flutuação: uma sardinha ou um tubarão? Explique.

ATIVIDADES

8. Observe as fotografias, que mostram diferentes peixes. Identifique a qual grupo de peixes pertence cada espécie e cite as características utilizadas na identificação.

A — 40 cm
Fábio Colombini/Acervo do fotógrafo

B — 90 cm
Tom McHugh/Photo Researchers, Inc./Latinstock

C — até 5 m
Slidepix/Dreamstime.com/ID/BR

9. Em sua fase larval, os ciclóstomos são filtradores e, quando adultos, são parasitas, fixando-se na superfície corporal de outros animais para sugar-lhes o sangue. Por que os ciclóstomos não podem apresentar um hábito predador típico, engolindo suas presas inteiras ou em partes?

10. Durante a piracema, a pesca comercial e esportiva é restringida e até mesmo proibida. Qual é a importância dessa restrição para a preservação das populações de peixes?

11. Vários rios têm seu curso modificado por barragens, e a água represada é utilizada para a produção de energia elétrica. Embora reconheçam a importância das usinas hidrelétricas, muitas pessoas argumentam que a construção de barragens prejudica as populações de peixes, e reivindicam a construção, ao lado das barragens, de escadas por onde a água do rio possa passar. Qual é a intenção dessa reivindicação?

Escada construída ao lado de uma barragem de usina hidrelétrica. Califórnia, Estados Unidos, 2007.

Mamarama/iStockphoto.com/ID/BR

12. Os peixes são um grupo muito diversificado, com hábitos alimentares variados. Porém, os peixes abissais, criaturas que vivem em águas profundas, a centenas de metros abaixo da superfície, são exclusivamente carnívoros. Como explicar esse fato?

MÓDULO 2

Anfíbios

O ciclo de vida da maioria dos anfíbios inclui uma fase aquática e outra terrestre. O nome do grupo é devido a essa "vida dupla", que é justamente o significado da palavra "anfíbio", em grego.

Dependentes da água para a reprodução e para o desenvolvimento inicial, quando adultos os anfíbios vivem em ambientes terrestes úmidos, em geral, próximos a rios e lagos.

••• Diversidade de anfíbios

Sapos, pererecas e rãs (ou jias) são os anfíbios mais conhecidos. Eles têm **quatro pernas** e, por não terem cauda, são conhecidos como **anuros** (do grego: *an*, sem; *oura*, cauda).

As **salamandras**, mais comuns no hemisfério Norte, são dotadas de pernas e cauda.

As **cecílias**, ou **cobras-cegas**, formam um grupo pouco conhecido de anfíbios. Por viverem enterradas no solo, raramente são vistas, e muitas vezes são confundidas com minhocas ou com serpentes, pois têm corpo alongado, aparentemente segmentado, e não apresentam pernas.

Os sapos, como o da fotografia, as rãs e as pererecas são anfíbios que não têm cauda.

O formato do corpo das salamandras se parece com o formato do corpo dos lagartos.

Os anfíbios são encontrados em todos os continentes, com exceção da Antártida, sendo mais abundantes nas zonas quentes do planeta.

São conhecidas aproximadamente 5 mil espécies de anfíbios, todas descendentes do mesmo ancestral comum que abandonou a água e iniciou a colonização do ambiente terrestre, há 350 milhões de anos. Estima-se que no Brasil existam mais de 800 espécies de anfíbios, das quais cerca de 30 são cecílias e apenas uma é salamandra; as demais são espécies de anfíbios anuros.

A cobra-cega ou cecília é um anfíbio cujo corpo alongado lembra o corpo de uma serpente.

Tetrápodes

Os anfíbios são animais vertebrados do grupo dos tetrápodes, ou seja, têm quatro pernas.

As pernas dos tetrápodes provavelmente foram derivadas das nadadeiras carnosas de peixes semelhantes aos atuais celacantos.

Sapo-cururu

Sapo-cururu,
Na beira do rio,
Quando o sapo grita,
Morena,
Diz que está com frio

(Trecho de cantiga popular.)

A fauna brasileira de anfíbios é representada por mais de oitocentas espécies. O sapo-cururu é um dos anfíbios mais comuns no Brasil, além de ser personagem de uma famosa modinha folclórica.

Sapo-cururu (*Bufo ictericius*).

••• Características gerais dos anfíbios

A vida no ambiente aquático exige adaptações muito diferentes das que são exigidas pela vida no ambiente terrestre. O ciclo de vida de muitos anfíbios inclui uma etapa larval aquática e uma fase adulta terrestre. Eles sofrem **metamorfose** durante seu desenvolvimento, perdendo aos poucos as características aquáticas, como nadadeiras e brânquias, e adquirindo características que possibilitam a vida na terra: pernas que permitem andar ou saltar, e respiração pulmonar.

Os machos da rã-touro (*Lithobates catesbeianus*) podem atingir até 25 cm de comprimento.

> Muitos anfíbios têm fase larval aquática e fase adulta terrestre, sofrendo **metamorfose** durante seu desenvolvimento.

Assim como os peixes, os anfíbios são animais **ectotérmicos**, ou seja, não produzem calor corporal suficiente para manter a temperatura do corpo constante. A pele contém glândulas produtoras de muco, que a mantêm constantemente umedecida. Por isso, quando manipulados, esses animais dão a sensação de ter pele fria e pegajosa.

O anuro conhecido como pingo-de-ouro (*Brachycephalus ephippium*) mede cerca de 2 cm.

O registro fóssil revela que os anfíbios pré-históricos atingiam tamanhos muito grandes. Porém, os atuais são de pequeno porte, raramente com mais de 30 cm de comprimento.

As formas larvais são carnívoras ou herbívoras. Já os adultos são sempre carnívoros e alimentam-se de minhocas, insetos, aranhas, lesmas, e vertebrados, como outros anfíbios, pequenos répteis e mamíferos. Seus dentes são pequenos e incapazes de mastigar e triturar o alimento. As presas são engolidas inteiras.

Os anfíbios capturam suas presas com o auxílio de uma língua longa que tem, na extremidade, glândulas que produzem uma substância viscosa.

Sequência de movimentos realizados por um anfíbio para capturar sua presa. (Representações sem proporção de tamanho.)

Fonte de pesquisa: F. Harvey Pough; Christine M. Janis; John B. Heiser. *A vida dos vertebrados*. 4. ed. São Paulo: Atheneu, 2008.

••• Revestimento corporal

Os anfíbios possuem pele muito fina e perdem água através dela, estando constantemente sujeitos a desidratação. Esse é um dos motivos pelos quais eles são mais abundantes nas regiões úmidas do planeta, ou próximo a rios e lagos.

Algumas espécies de sapos podem viver em regiões com baixa umidade do ar: nesse caso, a pele é mais espessa e tem uma camada impermeabilizante, da mesma forma que a pele de outros vertebrados.

Outra adaptação dos anfíbios à vida terrestre é a presença, nos adultos, de **pálpebras** e **glândulas lacrimais**, que protegem os olhos contra o ressecamento.

A maioria dos anfíbios tem hábitos noturnos, evitando a exposição ao sol nas horas mais quentes do dia.

> O revestimento corporal dos anfíbios e a presença de **glândulas** e **pálpebras** são adaptações importantes para a vida na terra.

A pele dos anfíbios apresenta dois tipos de glândulas. Uma delas produz um muco protetor que ajuda a manter a pele úmida e diminui a desidratação.

O outro tipo de glândula produz um veneno esbranquiçado e com um efeito irritante. As glândulas produtoras de veneno estão espalhadas por toda a superfície corporal de sapos, rãs, pererecas, salamandras e cecílias, mas em alguns casos, como nos sapos, existem regiões com acúmulos dessas glândulas.

É possível notar, logo atrás dos olhos, protuberâncias que correspondem às glândulas produtoras de veneno.

Com a pele coberta por substâncias tóxicas, os anfíbios se defendem dos predadores e de infecções causadas por fungos e bactérias. Contudo, os anfíbios são incapazes de lançar ou injetar o veneno que produzem: ele só é eliminado se as glândulas que o produzem forem pressionadas.

A pele contém, ainda, células com pigmentos responsáveis pelo colorido que muitas espécies apresentam.

Engolindo sapo

Os anfíbios são, em geral, menos tóxicos do que contam lendas e crenças populares.

Muitas pessoas afirmam que a urina de sapos e rãs é venenosa e pode cegar, o que não é verdade. Quando incomodados, esses animais eliminam uma solução aquosa e muito diluída que pode ser esguichada a grandes distâncias, mas é inofensiva.

Porém, qualquer animal pode ser intoxicado caso morda um sapo.

Algumas espécies de sapos produzem uma secreção tão tóxica que os indígenas da Amazônia a utilizam para envenenar suas flechas e dardos de zarabatanas. Essas espécies costumam exibir um colorido bem vistoso.

Esta espécie de sapo (*Dendrobates tinctorius*) produz veneno.

••• Locomoção

As transformações que ocorrem durante a metamorfose dos anfíbios incluem as adaptações para a locomoção em terra.

As formas larvais apresentam uma cauda longa com nadadeiras. Nos anfíbios adultos as nadadeiras estão ausentes, e a maioria possui quatro pernas.

Nos sapos, rãs e pererecas, as pernas traseiras são mais desenvolvidas que as dianteiras, e são utilizadas para o **impulso do salto** e para a natação. As rãs apresentam membranas entre os dedos, o que facilita a natação.

Girino de rã-touro (*Lithobates catesbeianus*). A nadadeira caudal membranosa do girino é uma adaptação para a natação.

As pererecas distinguem-se dos demais anfíbios pelos discos adesivos presentes nas pontas dos seus dedos. Essas estruturas as ajudam a subir na vegetação ou em superfícies verticais.

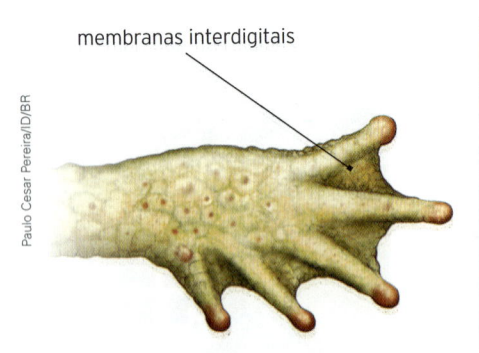

membranas interdigitais

Membranas interdigitais são adaptações para natação nos adultos. Representação sem proporção de tamanho entre as demais imagens da página.

Os discos adesivos na ponta dos dedos das pererecas permitem escalar superfícies verticais.

As salamandras possuem cauda e seus membros anteriores e posteriores têm comprimento aproximadamente igual. Elas não saltam e estão adaptadas a andar.

Há espécies de salamandra que são exclusivamente aquáticas. Nessas espécies, as larvas podem apresentar pernas pouco desenvolvidas, e a metamorfose é incompleta, de modo que a nadadeira continua presente no adulto.

As cecílias ou cobras-cegas são desprovidas de pernas e se locomovem no subsolo, pelos túneis que escavam.

> O tipo de estrutura locomotora dos anfíbios reflete o modo de vida do animal: as **larvas são aquáticas** e possuem nadadeiras; os **adultos geralmente são terrestres** e têm pernas, com exceção dos que vivem exclusivamente no subsolo.

O saci e a pererreca

As pererecas estão entre os anfíbios mais ágeis. Dotadas de fortes e longas pernas traseiras, conseguem dar saltos que ultrapassam em muitas vezes o comprimento do próprio corpo.

A palavra *pererreca* vem do idioma tupi, em que *pere'reg* significa "ir aos saltos".

É a mesma expressão indígena que deu origem ao nome do *saci-pererê*, o ente folclórico que, por ter apenas uma perna, se locomove saltitando.

●●● Reprodução

O som produzido pelos machos de sapos, rãs e pererecas atraem as fêmeas para as áreas de acasalamento. Cada espécie produz um som característico, o que permite que, em uma lagoa ou um brejo onde ocorrem várias espécies, haja o reconhecimento entre indivíduos da mesma espécie.

Observe, no esquema, algumas etapas da reprodução de um anfíbio anuro.

Algumas etapas de reprodução e desenvolvimento de um anfíbio. (Representação sem proporção de tamanho; cores-fantasia.)

1. No abraço nupcial, o macho segura a fêmea pelas costas, o que representa um estímulo para a eliminação dos óvulos.
2. A fêmea expele os óvulos imersos em uma massa gelatinosa.
3. Conforme os óvulos são expelidos, o macho elimina espermatozoides que fertilizam esses óvulos.
4. Os ovos eclodem e os girinos são liberados.
5. Os girinos se desenvolvem.
6. Surgem as pernas.
7. Os pulmões se desenvolvem e a cauda regride.
8. A metamorfose se completa e o sapo adulto passa a viver no ambiente terrestre.

Fonte de pesquisa: F. Harvey Pough; Christine M. Janis; John B. Heiser. *A vida dos vertebrados*. 4. ed. São Paulo: Atheneu, 2008.

Fora da lagoa

Os ovos dos anfíbios não têm casca que os proteja contra a perda de água. Por isso, necessitam de umidade constante, e a postura sempre ocorre em um local úmido: debaixo de pedras ou plantas, no interior de uma toca subterrânea ou, mais comumente, dentro da água.

O aspecto e o local de postura das massas de ovos variam muito. A fotografia mostra uma massa de ovos aderida à vegetação.

Na maioria dos anfíbios a fecundação é externa. Porém, nas cecílias, a cloaca dos machos é modificada em um órgão copulador, e a fecundação é interna. Os ovos, postos em ambiente úmido, desenvolvem-se em formas jovens semelhantes aos adultos. Algumas espécies são vivíparas.

Nas salamandras, em geral, não ocorre o abraço nupcial. A fêmea se aproxima do macho, toca na cauda dele, e ele elimina um casulo com espermatozoides. Esse casulo é capturado pela cloaca da fêmea, possibilitando a fecundação interna.

A metamorfose dos anfíbios dura várias semanas, e aos poucos as características de vida aquática são substituídas pelas adaptações para a vida terrestre: a cauda regride, as pernas crescem e as brânquias são substituídas por pulmões.

●●● Respiração

Uma das mais importantes adaptações relacionadas à vida na terra diz respeito à obtenção de gás oxigênio e à eliminação do gás carbônico.

A metamorfose dos anfíbios inclui, entre outras transformações, a perda das brânquias das fases larvais aquáticas e o desenvolvimento de pulmões. Porém, em algumas espécies, as brânquias persistem por toda a vida do animal.

As brânquias dos girinos localizam-se lateralmente, à altura da laringe.

Além da respiração pulmonar, os anfíbios também respiram diretamente pela pele. Como ela é fina e muito rica em vasos sanguíneos, ocorre a absorção de gás oxigênio e a eliminação de gás carbônico, processo denominado **respiração cutânea**. Boa parte das trocas gasosas em um anfíbio ocorre através da pele, especialmente durante os meses frios do ano, quando suas atividades diminuem.

Um problema relacionado à respiração cutânea é a perda de água através da pele. Assim como os gases respiratórios, a água corporal também atravessa a pele e, se o animal estiver em um ambiente quente e seco, irá rapidamente sofrer desidratação.

> Nos anfíbios, **respiração cutânea** e **respiração pulmonar** se complementam. A respiração cutânea é uma restrição à vida no ambiente terrestre, por facilitar a perda de água.

Os anfíbios anuros inflam o papo e forçam a passagem do ar através das vias respiratórias, produzindo um som característico quando o ar passa pela laringe. O coaxar pode se assemelhar a uma buzina, ao ruído de ferro batendo e a assobios, entre outros sons. O ruído produzido é característico de cada espécie, e ajuda no reconhecimento dos parceiros sexuais durante a época de acasalamento.

Para emitir sons, um sapo força a passagem de ar pelas vias respiratórias.

Jovem ou adulto?

Algumas salamandras atingem a maturidade sexual, mas continuam exibindo características das fases mais jovens.

É o caso dos axolotles, que ocorrem no México e nos Estados Unidos. O hábitat desse animal são pequenas lagoas, que podem secar durante uma parte do ano.

Se o lago evapora, o axolotle perde as brânquias e desenvolve pulmões, o que possibilita a busca por novas áreas alagadas, onde se reproduz.

O caso dos axolotles pode ser interpretado como uma adaptação à vida em ambientes onde as secas ocorrem de maneira pouco previsível.

Axolotle (*Ambystoma mexicanum*).

Verifique o que aprendeu ●●●

1. Na maioria dos anfíbios a fecundação é externa: os espermatozoides são lançados na água, sobre a massa gelatinosa que contém os óvulos. A exceção fica por conta das cobras-cegas, grupo que apresenta fecundação interna. Como se explica essa diferença em relação aos demais anfíbios?
2. Que transformações ocorrem durante a metamorfose dos anfíbios?
3. Por que os anfíbios não vivem longe da água?

ATIVIDADES

1. Associe, no caderno, os quatro anfíbios às características listadas à direita.

   Sapo

   Perereca

   Salamandra

   Cecília (cobra-cega)

   Características
   1. Os adultos têm quatro pernas.
   2. Locomovem-se rastejando.
   3. As formas larvais respiram por brânquias.
   4. Em algumas espécies os adultos apresentam brânquias.
   5. As formas larvais são aquáticas.
   6. Os adultos são carnívoros.
   7. Sofrem metamorfose durante o desenvolvimento.
   8. Os adultos têm cauda.
   9. Apresentam discos adesivos na ponta dos dedos.
   10. Usam sons para atrair parceiros sexuais.
   11. Apresentam respiração cutânea.

2. A seguir, são feitas algumas afirmações sobre os anfíbios. Em seu caderno, classifique cada frase como verdadeira ou falsa, justificando sua resposta.
   a) Os anfíbios são animais exclusivamente aquáticos.
   b) Todos os anfíbios respiram através da pele.
   c) Os anfíbios são animais bem adaptados a todos os ambientes terrestres.
   d) Sapos são animais perigosos porque injetam veneno em seus predadores.
   e) Em todos os anfíbios a fecundação é externa.

3. A pele dos anfíbios é nua, ou seja, não apresenta escamas, pelos nem penas, como a dos outros vertebrados, mas apresenta glândulas. Em relação aos sapos, responda:
   a) Quais são os tipos de glândulas presentes em sua pele?
   b) Qual é a importância dessas glândulas para a sobrevivência desses animais?

4. O coaxar de sapos, rãs e pererecas é tão característico que é possível identificar as espécies habitantes de uma lagoa apenas pelo som. Para os anfíbios, qual é a importância de produzirem sons tão característicos?

5. Observe abaixo a representação de uma rã e de uma salamandra. Esses animais pertencem à mesma classe, a dos anfíbios. Responda:

   a) Que diferenças você pode observar em relação à forma das pernas delas? Em que essas diferenças podem influenciar o movimento desses animais?
   b) Qual(is) característica(s) justificaria(m) a inclusão desses animais na classe dos anfíbios?

6. Um dos fatores limitantes para a expansão dos anfíbios nos ambientes terrestres é a pele fina, flexível e permeável, característica do grupo. Se a pele de algum anfíbio atual se tornasse impermeável, o portador dessa transformação poderia ser considerado mais adaptado para viver nos ambientes terrestres, longe da água? Justifique.

ATIVIDADES

7. As cecílias são anfíbios de corpo alongado e desprovido de pernas. Esses animais distinguem-se dos outros anfíbios por passarem toda sua vida fora da água, enterrados em tocas subterrâneas. Entretanto, as cecílias vivem restritas às regiões úmidas do planeta. Sobre esses animais:

   a) Proponha uma hipótese para explicar por que esses animais vivem em ambientes úmidos. Considere informações sobre o corpo, a reprodução e a respiração deles.

   b) Elabore uma hipótese que associe a ausência de pernas ao hábito subterrâneo desses animais. (Dica: outros animais que vivem em tocas ou galerias subterrâneas, como minhocas ou serpentes, também são desprovidos de pernas.)

8. Observe as imagens abaixo e, em seguida, anote em seu caderno um número para cada uma delas, em uma sequência que represente o desenvolvimento do animal. Identifique, ainda em seu caderno, quais são as etapas em que o animal ainda é inteiramente dependente do meio aquático para sobreviver, e em quais ele é menos dependente da água. Justifique citando características observadas nas figuras.

(Imagens da página sem proporção de tamanho entre si.)

9. O ciclo de vida dos anfíbios anuros é relativamente longo: em algumas espécies, são necessários muitos meses para se completar a metamorfose. Leia o texto abaixo e, em seguida, responda às perguntas.

   > Em algumas regiões do país, autoridades locais lançam inseticidas na água de córregos, com o objetivo de combater as populações de mosquitos, cujas larvas são aquáticas, com um ciclo de vida curto, durante poucos dias ou semanas. Porém, o inseticida também é tóxico para os girinos, e a população de anfíbios é drasticamente reduzida. Nesses locais, nota-se que, semanas após a aplicação de inseticidas, os mosquitos voltam a incomodar as populações humanas, com mais intensidade do que antes da dedetização.

   a) Qual você considera que seja uma das fontes de alimento dos anfíbios que vivem nos córregos?

   b) Por que os mosquitos voltam a incomodar as populações humanas com maior intensidade, semanas depois da aplicação dos inseticidas?

MÓDULO 3

Répteis

Os répteis têm características que permitem a vida e a reprodução longe da água, como ovos com casca e pele com escamas.

Os répteis chamam a atenção por andarem arrastando o abdome no chão: *reptare*, em latim, significa "rastejar".

Eles são encontrados em praticamente todos os hábitats: desertos, oceanos, florestas, campos, rios, lagos, etc.

●●● Diversidade de répteis

O grupo dos répteis é composto de mais de 7 mil espécies conhecidas atualmente, além dos dinossauros e de outras espécies extintas. No Brasil, há cerca de 700 espécies de répteis.

Esses animais são classificados em quatro subgrupos: **quelônios**, **crocodilianos**, **escamados** e **rincocéfalos**.

Os quelônios têm uma carapaça e são representados por tartarugas, jabutis e cágados.

Lagartos, cobras-de-duas-cabeças e serpentes são répteis que têm o corpo completamente coberto por escamas e fazem parte do grupo dos escamados.

Os crocodilos e jacarés, pertencentes ao grupo dos crocodilianos, têm o focinho alongado, a boca cheia de dentes afiados e o corpo coberto por placas rígidas.

No grupo dos rincocéfalos há apenas uma espécie atual, o tuatara.

> **Viva a diversidade**
>
> Os tuataras ocorrem apenas na Oceania, e seu nome significa "dorso espinhoso" no idioma do povo maori, nativo da Nova Zelândia.
>
> Parece um lagarto, mas o tuatara tem também características encontradas nas tartarugas, como os dentes fundidos ao maxilar.
>
> O grupo dos tuataras compartilha características com os primeiros répteis, que hoje estão extintos.
>
> Tuatara (*Sphenodon punctatus*).

Jacaré caimã.

Coral.

Filhote de jabuti.

••• Características gerais

Os répteis são animais ectotérmicos: não produzem calor suficiente para manter a temperatura do corpo constante. Por isso, a maioria das espécies é diurna: jacarés, lagartos e serpentes frequentemente são vistos tomando banhos de sol. Esse comportamento, assim como o de buscar refúgio na sombra, permite que o animal regule a temperatura de seu corpo.

Os hábitos alimentares dos répteis são variados. A maioria é carnívora, com uma dieta composta principalmente de insetos e pequenos vertebrados.

Mas há também répteis totalmente herbívoros, como uma espécie de tartaruga marinha; espécies onívoras, como alguns lagartos; e espécies com dieta altamente especializada, como algumas serpentes que se alimentam exclusivamente de ovos.

> Os **répteis** são animais ectotérmicos com hábitos alimentares variados.

Os répteis, em geral, têm órgãos dos sentidos bastante desenvolvidos, utilizados para localizar suas presas e seus parceiros sexuais e para evitar predadores. Os olhos do camaleão, por exemplo, são salientes e movem-se em todas as direções.

O olfato das serpentes é muito apurado: a língua tem sua extremidade dividida em dois e captura partículas do ar. Quando a língua é recolhida, entra em contato com o órgão olfativo localizado no céu da boca. Algumas serpentes têm um órgão sensorial capaz de detectar o calor corporal de mamíferos e aves, localizando-os facilmente, mesmo à noite. Esse órgão é chamado de **fosseta loreal**.

Os dentes da maioria dos répteis não apresentam especializações e frequentemente as presas são engolidas inteiras. Porém, jacarés e crocodilos usam suas mandíbulas poderosas para morder suas vítimas e, com vigorosos movimentos do pescoço, conseguem arrancar pedaços das presas, o que permite incluir em sua dieta animais como veados e capivaras.

Dormindo no frio

Animais ectotérmicos precisam do calor do sol para aquecer o corpo e se tornar mais ativos.

Se por um lado isso é uma desvantagem, por outro o metabolismo desses animais requer menos energia do que o metabolismo dos endotérmicos; em outras palavras, menos alimento.

Isso quer dizer que os répteis podem permanecer longos períodos sem se alimentar.

Algumas espécies de répteis de regiões temperadas refugiam-se em tocas subterrâneas durante o inverno, onde permanecem em um tipo de hibernação.

Abraço de sucuri

A sucuri é a maior serpente da fauna brasileira e uma das maiores do mundo.

Alimenta-se de mamíferos e répteis, mas, como não produz veneno, captura suas presas enrolando-se sobre elas e matando-as por asfixia.

Há relatos de ataques a gado e a seres humanos.

Sucuri (*Eunectes murinus*).

Camaleão: note os olhos salientes.

Serpente: a fosseta loreal se localiza logo atrás da narina.

●●● Revestimento corporal

A pele dos répteis é grossa e rica em uma proteína impermeável, a **queratina**. Essa é uma das principais adaptações dos répteis à vida no ambiente terrestre, pois evita a perda de água pela pele.

Muitas espécies têm o corpo completamente coberto por escamas de queratina, como lagartos e serpentes. Nesses animais, as camadas de escamas são trocadas periodicamente, por meio de mudas.

O corpo dos jacarés, crocodilos e quelônios é recoberto por placas córneas. Nos quelônios, essas placas formam os cascos, ou as carapaças, que crescem junto com o corpo do animal.

O casco é formado por placas ósseas. Acima destas há uma camada derivada da epiderme, muito rica em queratina. Internamente, o casco resulta da fusão de vértebras e costelas com a derme. Portanto, ao contrário do que pensam muitas pessoas, é impossível que esse animal saia de dentro do casco!

> A pele dos répteis, coberta por **escamas** queratinizadas e impermeável, é uma das principais adaptações do grupo para a vida no ambiente terrestre.

O padrão de cores e formas das escamas de répteis, como a jararaca e a cascavel, pode servir de camuflagem ou, ainda, de coloração de advertência, como no caso da coral, serpente bastante venenosa (ver fotografia na página 279).

O padrão da pele das serpentes e de alguns jacarés faz com que esses animais sejam caçados para a extração do couro, que é usado na confecção de calçados, bolsas e outros acessórios de vestuário.

Jacaré-de-papo-amarelo (*Caiman latirostris*).

A idade da cascavel

A cascavel é uma serpente que tem um chocalho na ponta da cauda.

Muitas pessoas acreditam que o número de anéis no chocalho da cascavel representa sua idade, mas isso não é verdade.

Se uma cascavel possui cinco anéis, isso não quer dizer que sua idade seja de cinco anos. As cascavéis mudam de pele até quatro vezes por ano e, a cada muda, um novo anel é acrescentado.

Além disso, anéis podem ser perdidos.

A extremidade da cauda da cascavel (*Crotalus durissus*) tem um chocalho. Cada anel é parte da pele que não foi removida durante a muda.

Caça predatória

I. Você compraria calçado ou bolsa confeccionados com pele de serpente ou de jacaré sem saber se o material foi obtido por meios legais? Justifique sua resposta.

••• Locomoção

Muitos répteis apresentam os membros posicionados lateralmente e quase rastejam enquanto se deslocam.

Os répteis que não têm pernas, como as serpentes, deslocam-se rastejando, e o fazem com bastante rapidez e agilidade.

Répteis aquáticos, como as tartarugas marinhas, apresentam as pernas modificadas em forma de remos e o formato do casco é hidrodinâmico. Essas tartarugas apresentam movimentos desajeitados em terra firme, mas são excelentes nadadoras.

Cobra-cipó (*Chironius bicarinatus*) em um galho de árvore.

A tartaruga marinha (*Eretmochelys imbricata*) tem casco alongado e pernas em forma de nadadeiras.

••• Respiração

Todos os répteis apresentam apenas respiração pulmonar, outra adaptação importante para a vida terrestre. Sua pele, espessa e impermeável, não permite trocas gasosas.

Tartarugas aquáticas conseguem permanecer submersas por longos períodos. Nesses animais, que armazenam ar na faringe e na cloaca, além da respiração pulmonar, ocorre também troca de gases através das mucosas dessas partes do corpo.

Nas serpentes, o pulmão esquerdo é reduzido ou até mesmo ausente, o que contribui para o formato corporal cilíndrico e alongado.

Os répteis respiram apenas por meio de **pulmões**.

Risco de morte

O momento da desova é o mais vulnerável na vida de uma fêmea adulta de tartaruga.

Nesse momento, após deslocar-se da água à praia para pôr seus ovos, ela está fora de seu hábitat, tornando-se assim mais lenta e indefesa, podendo ser atacada pelo ser humano e por outros animais.

Atualmente, algumas praias onde ocorre desova são protegidas por lei ou são monitoradas por organizações não governamentais. Em muitas dessas praias não pode haver iluminação artificial nem trânsito de veículos.

I. Faça uma pesquisa para descobrir a importância dessas atitudes.

Tartaruga marinha.

Reprodução

Nos répteis, a fecundação é interna. O ovo desses animais é formado por várias camadas, sendo semelhante ao ovo das aves. A casca externa é resistente e dificulta tanto a perda de água quanto a ação de predadores. Além disso, essa casca é cheia de poros microscópicos que permitem a respiração.

A clara do ovo protege o embrião contra choques mecânicos e lhe fornece água, e a gema contém todos os nutrientes de que o embrião necessita para seu desenvolvimento.

> Os répteis têm **fecundação interna** e botam **ovos com casca** e grande reserva nutritiva.

Muitos répteis são **ovíparos**, ou seja, após a fecundação as fêmeas põem ovos em tocas ou buracos na terra e na areia; portanto, os embriões se desenvolvem fora do corpo materno.

Em algumas espécies, como nas tartarugas, as fêmeas abandonam os ninhos logo após a postura. Em outras, como nos jacarés e algumas serpentes, as fêmeas permanecem nas proximidades do ninho, defendendo os ovos.

Algumas espécies de lagartos e serpentes produzem ovos com uma casca mais fina e que permanecem no interior do corpo da fêmea até os embriões estarem bem desenvolvidos.

Em muitas serpentes, e também em alguns lagartos, há um outro modo reprodutivo: a **viviparidade**. Nesses animais os embriões permanecem na fêmea até o momento de nascer e há fornecimento de matéria nutritiva e gases respiratórios da mãe para os embriões em formação.

Comportamentos para o acasalamento são comuns entre os répteis. Os machos de várias espécies avisam suas parceiras quando estão prontos para acasalar. As estratégias são variadas: alguns lagartos mudam de cor, e os crocodilos e jacarés emitem alertas sonoros.

Acasalamento em lagartos. A coloração vistosa do macho indica sua prontidão para o acasalamento.

Fora de perigo

O jacaré-de-papo-amarelo (*Caiman latirostris*) habitava brejos, mangues, rios, riachos e lagoas de grande parte da América do Sul, desde o Rio Grande do Norte até o norte da Argentina, além de Paraguai e Bolívia. O jacaré-do-pantanal (*Caiman crocodilus yacare*), de distribuição mais restrita, era mais encontrado na região central da América do Sul.

A caça predatória, visando ao consumo da carne e à retirada da pele – usada na confecção de sapatos, bolsas e outros artigos – além do desmatamento e a poluição das águas, fez com que esses répteis entrassem na lista de espécies ameaçadas de extinção.

A proibição da caça de exemplares silvestres e o surgimento de criadouros comerciais fizeram com que suas populações se recuperassem, e hoje não estão entre as espécies ameaçadas de extinção.

Esses exemplos mostram que ações de conservação, como recuperação de hábitats, fiscalização e medidas legais, podem reverter situações críticas de muitas espécies.

Filhote de jacaré-de-papo-amarelo (*Caiman latirostris*) recém-eclodido.

Prevenção de acidentes com répteis

Muitos répteis são animais temidos pelo ser humano, porém, em geral, os ataques a pessoas ocorrem apenas quando os animais são incomodados, tornando-se agressivos.

As picadas de serpentes representam a principal causa de acidentes envolvendo répteis. A maior parte ocorre quando a pessoa se aproxima da serpente sem perceber. Colocar as mãos no interior de tocas ou cavidades no solo, apoiar as mãos em galhos ou troncos de árvore, e, principalmente, andar sobre capim alto sem olhar para o chão representam situações de risco.

Todas as serpentes possuem veneno, mas a maioria não tem estruturas capazes de injetar o veneno em suas presas. Essas serpentes são venenosas, mas **não são peçonhentas**. As **peçonhentas** são munidas de um par de dentes inoculadores no maxilar superior.

A — não apresenta dente para inoculação de veneno

B — dente sulcado especializado na inoculação de veneno

Tipos de dentição em serpentes. A. jiboia; B. jararaca. (Representação sem proporção de tamanho).

> **Serpentes peçonhentas**, ou seja, capazes de inocular veneno, são as principais causadoras de acidentes envolvendo répteis e seres humanos.

Em caso de acidente com serpentes, não use remédios caseiros, pois eles não são eficazes. Também não aplique torniquetes, nem tente extrair o veneno, pois isso pode piorar a situação do acidentado. Procure um local onde a vítima possa receber **soro antiofídico**, o único tratamento capaz de ajudar a pessoa que foi picada.

Dragões modernos

O maior lagarto do mundo é o dragão-de-komodo, que habita uma ilha da Indonésia. Com até 3 m de comprimento e mais de 120 kg, os dragões-de-komodo são excelentes caçadores. Sua mordida, além de arrancar pedaços, provoca infecções mortais nas vítimas, devido à enorme quantidade de bactérias encontradas em sua saliva e às toxinas produzidas pelo lagarto.

Dragão-de-komodo (*Varanus komodoensis*).

Verifique o que aprendeu

1. Os répteis são o primeiro grupo de vertebrados verdadeiramente adaptado ao ambiente terrestre. Quais características destes animais justificam essa afirmação?

2. Os répteis são animais ectotérmicos e, em sua maioria, apresentam hábitos diurnos. Responda:
   a) Qual pode ser a relação entre a ectotermia e a predominância de hábitos diurnos?
   b) Qual comportamento, típico desses animais, pode contribuir para a elevação da temperatura corporal?

3. Muitos répteis possuem o hábito de expor e recolher a língua repetidamente, especialmente quando se locomovem. Como esse comportamento pode auxiliar o réptil a se orientar no ambiente?

ATIVIDADES

1. O autor do texto a seguir cometeu alguns erros ao descrever os répteis. Após uma leitura atenta, transcreva o texto em seu caderno, fazendo as correções necessárias.

   > Duas características dos répteis são fundamentais para a adaptação ao meio terrestre: a pele fina e permeável, e o ovo dotado de casca. Algumas espécies apresentam hábitos aquáticos, como tartarugas e cágados, por exemplo. Embora apresentem respiração branquial, tartarugas podem permanecer submersas por longos períodos. Mesmo tendo pernas, os répteis se locomovem rastejando. Esse hábito deu origem ao nome do grupo. Em todos os répteis, a fecundação é externa, e os embriões se desenvolvem no interior dos ovos, muitas vezes sob os cuidados da mãe.

2. Associe os quatro animais às características listadas.

   Lagarto   Serpente   Jacaré   Tartaruga

   Características
   1. Sofrem mudas durante o crescimento.
   2. Locomovem-se rastejando.
   3. Apresentam carapaça fundida ao esqueleto.
   4. A fecundação é interna.
   5. Podem apresentar dentes inoculadores de veneno.
   6. São ovíparos, na maioria.

3. A seguir, são feitas algumas afirmações sobre os répteis. Classifique, em seu caderno, cada frase como verdadeira ou falsa, justificando sua resposta.
   a) A pele dos répteis é espessa, impermeável e coberta por escamas ou placas queratinizadas.
   b) As tartarugas marinhas respiram embaixo da água.
   c) Os répteis são animais adaptados aos ambientes terrestres.
   d) Toda serpente é capaz de inocular veneno.

4. A pele dos répteis é grossa e rica em queratina. Explique como a queratina contribui para a adaptação dos répteis ao ambiente terrestre.

5. Andar no mato calçando botas de cano alto e usar luvas e camisas de manga comprida são medidas que ajudam a evitar picadas de cobra. Explique por quê.

6. Quando uma pessoa é picada por serpente, ela deve ser socorrida por uma pessoa capacitada para isso. Abaixo, há uma relação de atitudes para esse tipo de situação. Indique a medida mais adequada a ser realizada.
   Na sequência, se possível, acesse o *site* do Instituto Butantan: <www.butantan.gov.br> (acesso em: 5 ago. 2014) e pesquise mais sobre medidas corretas e incorretas nestes primeiros socorros.
   a) Fazer um corte no local da picada, sugar o sangue com a boca e depois cuspi-lo.
   b) Jogar urina da pessoa acidentada sobre o local da picada.
   c) Jogar querosene sobre o local da picada.
   d) Amarrar firmemente um pano acima do local da picada.
   e) Manter a pessoa em repouso e providenciar transporte para o hospital ou posto de saúde mais próximo.

ATIVIDADES

7. A maioria dos répteis é carnívora e apresenta órgãos dos sentidos bem desenvolvidos. Além disso, alguns répteis têm órgãos sensoriais que não estão presentes em nenhum outro grupo de vertebrados. Quais são esses órgãos e a que estímulos do ambiente eles respondem?

8. Uma diferença entre jabutis e tartarugas é o hábitat: o termo "jabuti" denomina os quelônios terrestres, e o termo "tartaruga", os quelônios aquáticos. Outra diferença está na carapaça: as tartarugas têm o casco mais achatado, enquanto os jabutis têm o casco mais arredondado. Considerando que a forma corporal dos animais representa adaptações ao hábitat e ao modo de vida, procure associar o formato do casco de jabutis ao hábitat terrestre e o de tartarugas ao hábitat aquático.

Jabuti.

Tartaruga marinha.

9. Algumas personagens de desenho animado e história em quadrinhos são inspiradas em tartarugas. Em alguns casos, essas tartarugas abandonam temporariamente o casco para fazer algumas atividades e depois retornam a ele. As tartarugas de verdade conseguem fazer isso? Explique.

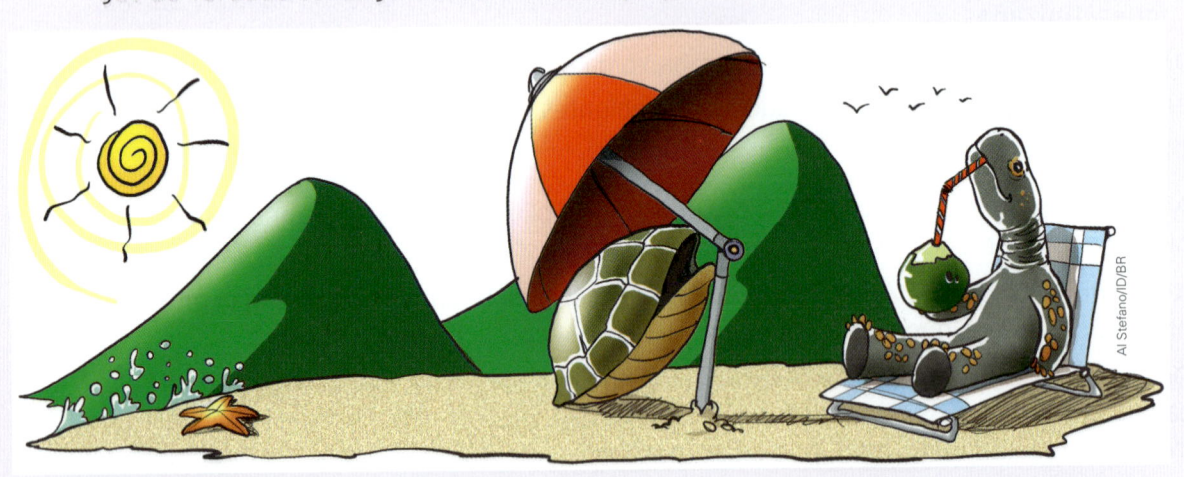

10. Os ovos de répteis em geral contêm mais reservas de nutrientes do que os ovos de anfíbios. De acordo com o que você estudou neste capítulo, indique algumas razões para essa situação.

11. Quais consequências pode sofrer um embrião de réptil em desenvolvimento se o ovo tiver sua casca envolvida por algum tipo de substância impermeável? Explique sua resposta.

12. Em algumas situações, as lagartixas se desfazem de sua cauda, que é regenerada posteriormente. Qual seria a vantagem da lagartixa ao abandonar a cauda? Em que tipo de situação isso ocorre?

CIÊNCIA À MÃO

Criando peixes ornamentais

Para começar

Se você ficasse observando um peixe de aquário por 15 dias, o que poderia ver?

Peixe beta.

Material

- aquário de vidro (ou um frasco de vidro transparente grande, ou mesmo um garrafão de água mineral de pelo menos 5 litros)
- tela de náilon ou de filó para cobrir o aquário ou frasco
- um peixe beta (*Betta splendens*)
- cascalho e areia
- plantas aquáticas, como elódea ou outros tipos que apresentem crescimento vertical
- ração para peixes, preferencialmente as desenvolvidas para beta

Procedimentos

1. Escolha um local claro e aquecido da casa ou da escola (porém não sob o sol) para instalar o aquário; a temperatura ideal da água, para o beta, é entre 24 °C e 30 °C.
2. Lave bem o aquário, sem usar sabão ou detergente: use apenas uma esponja limpa.
3. Coloque uma camada de terra ou areia no fundo, com 2 cm a 3 cm de espessura.
4. Lave o cascalho e deposite uma camada de 1 cm a 2 cm sobre a terra ou areia.
5. Encha o aquário com água de torneira até 3 cm da borda. Deixe o aquário descansar por ao menos 24 horas, sempre tampado com a tela, para que a água fique límpida e o cloro escape. Essa água deve ser parcialmente trocada a cada 5 dias.
6. Com os dedos, cave pequenos buracos no fundo e fixe neles a base de um ramo de planta.
7. Deixe o recipiente em que o peixe veio em contato com a água do aquário por alguns minutos, até que as temperaturas se equilibrem. Em seguida, solte o peixe.
8. Não coloque outros peixes no mesmo aquário onde há um macho, pois eles são muito agressivos. Pequenos grupos formados apenas por fêmeas podem conviver sem problemas.
9. Alimente-o diariamente, seguindo as orientações da embalagem de ração. Não dê alimento em excesso. Isso pode turvar a água.
10. Observe o peixe por 15 dias, em horários alternados, anotando os comportamentos que se repetem, como subir à superfície, eriçar as nadadeiras, modo de comer, etc.

Questões para discussão e avaliação

1. O peixe beta é basicamente carnívoro. Qual é a importância das plantas no aquário?
2. Nessa espécie, o macho constrói um ninho para que a fêmea desove. Após a desova, o macho fertiliza os ovos e permanece de guarda. Qual é a vantagem dessa guarda para a proteção dos ovos, considerando a agressividade típica dos machos?
3. Os peixes podem ser vistos, com frequência, próximos à superfície, com a boca fora da água, como se estivessem engolindo ar. Como explicar esse comportamento?

Comunicação dos resultados

Leia seu relatório para os colegas e conte o que você concluiu.

LENDO CIÊNCIAS

ANTES DE LER
- Você sabe o que significa uma espécie estar sob risco de extinção?
- A quem interessaria ler esse tipo de texto?

Anfíbio transparente corre risco de extinção na Amazônia

MANAUS – Uma nova espécie de perereca transparente, registrada pela primeira vez no Brasil, pelo pesquisador do Instituto Nacional de Pesquisas da Amazônia (Inpa/MCTI), Marcelo Morais, corre risco de ser extinta no Mato Grosso. "O que vem acontecendo com os anfíbios é algo silencioso, mas já podemos sentir no dia a dia os efeitos da eliminação de algumas espécies", alerta o pesquisador. A espécie de anfíbio estaria sendo alvo do desmatamento em áreas florestais no Estado.

Morais descobriu a espécie em meados de 2010, junto a pesquisadores da Universidade Federal do Mato Grosso (UFMT). A espécie de anfíbio, catalogada como *Hyalinobatrachium crurifasciatum* foi encontrada em uma das visitas de campo dos pesquisadores em Cotriguaçu, ao norte do Estado. No entanto, por ser encontrada dentro de floresta nativa às margens de pequenos igarapés, a espécie já corre risco de ser extinta na região, pois as áreas sofrem constante desmatamento.

[...]

Outro fator preponderante ao desaparecimento de várias espécies é o aquecimento global. O efeito estufa atinge diretamente os anfíbios. [...]

Educação Ambiental

Várias ações degradam o meio ambiente a longo prazo e, muitas vezes, podem ter efeito irreversível. Mas também há o preconceito do dia a dia de muitas pessoas ao se depararem com algumas espécies de anfíbio. O pesquisador alerta que, apesar de algumas pessoas acharem os sapos nojentos, eles são ótimos bioindicadores de poluição e controladores de pragas.

"Os anfíbios só vivem e se reproduzem em ambientes que tenham uma boa qualidade de água. E no seu dia a dia, eles comem grandes quantidades de insetos, como, por exemplo, o sapo-cururu (*Rhinella marina*), que pode comer por dia cerca de 1 000 insetos. Dessa forma, eles mantêm o equilíbrio ecológico, controlando as pragas", explica.

[...]

Disponível em: <http://www.portalamazonia.com.br/editoria/meio-ambiente/anfibio-transparente-corre-risco-de-extincao-na-amazonia/>.
Acesso em: 5 ago. 2014.

A espécie de anfíbio transparente estaria sendo alvo do desmatamento no Mato Grosso.

De olho no texto

1. Espécies que dão sinais sobre a qualidade das condições ambientais são chamadas de bioindicadoras. Quais são os bioindicadores citados no texto?
2. Qual é a possível relação entre as alterações climáticas recentes, sobretudo o aumento da temperatura global e a ocorrência de secas, e a extinção de espécies de anfíbios?
3. Por que os anfíbios são bons indicadores sobre a qualidade da água de um ecossistema?

ANTES DE LER

- No Brasil, existem muitas espécies de serpentes. Mas menos de 30% delas é peçonhenta. Você sabe quais são as serpentes peçonhentas brasileiras?
- É importante conhecer esse tipo de informação?

Entre o perigo e o mito

O veneno [das serpentes mencionadas a seguir] pode matar uma pessoa em pouco tempo. A reação à picada vai depender de variáveis como a parte do corpo que foi atingida, quantidade de veneno injetada, peso* da vítima e o tipo de cobra*. Por isso, especialistas do Butantan recomendam às vítimas que recebam o soro o mais rápido possível, de preferência nas primeiras três horas após o ataque. [...]

Os soros produzidos pelo Instituto são distribuídos a hospitais, casas de saúde e postos de atendimento médico de todo o país.

Surucucu (*Lachesis muta*)

A maior cobra venenosa da América do Sul, chegando a medir, quando adulta, 4,5 m. Encontrada na floresta Amazônica e Mata Atlântica. Responsável por cerca de 3% dos acidentes. Outras denominações: pico-de-jaca, surucutinga, surucucu-de-fogo, surucucu-pico-de-jaca.

Cascavel (*Crotalus durissus*)

Possui chocalho na ponta da cauda e chega a medir 1,6 m de comprimento. Preferem os campos abertos e regiões secas e pedregosas. Responsáveis por 8% dos acidentes ofídicos que ocorrem no País. Outras denominações: boicininga, maracaboia e maracamboia.

Jararaca (*Bothrops jararaca*) e Jararaca-pintada (*Bothrops neuwiedi*)

Sua cauda é lisa. Quando adulta, seu tamanho varia entre 40 cm e 2 m. Existem mais de 30 variedades que apresentam diferentes cores e desenhos. São encontradas em todo o País e responsáveis por 88% dos acidentes registrados. Outras denominações: caiçaca, jararacuçu, cotiara, cruzeira, urutu, jararaca-do-rabo-branco, surucucurana.

Corais (*Micrurus corallinus* e *Micrurus frontalis*)

Encontradas em todo o país, têm hábitos noturnos e praticam o canibalismo. Durante o dia descansam. Responsáveis por apenas 1% dos acidentes registrados. A coral é considerada a mais perigosa do Brasil, seu veneno age no sistema nervoso e pode levar uma pessoa à morte em poucos minutos. Outras denominações: coral verdadeira e ibiboboca.

Menos de 30% das cobras conhecidas no País são venenosas. [...]

Disponível em: <http://www.guiabutanta.com/butantan/serpente.htm>. Acesso em: 5 ago. 2014.
*As palavras "peso" e "cobra" significando "massa corporal" e "serpente", respectivamente, foram mantidas, conforme o texto original.

Surucucu.
Cascavel.
Jararaca.
Coral.

De olho no texto

1. Explique por que a coral, responsável por apenas 1% dos acidentes, é considerada a serpente mais perigosa do Brasil.

2. Em sua opinião, por que o título do texto é *Entre o perigo e o mito*?

QUESTÕES GLOBAIS

1. O gráfico ao lado registra a variação no tamanho corpóreo de um lagarto e de um besouro ao longo do tempo. Você saberia dizer qual linha representa o crescimento de cada um dos animais: a azul ou a vermelha? Justifique.

2. Copie e complete, em seu caderno, a tabela abaixo, que compara peixes, répteis e anfíbios quanto às características listadas. Se achar necessário, acrescente mais linhas à tabela, para características adicionais que julgar importantes.

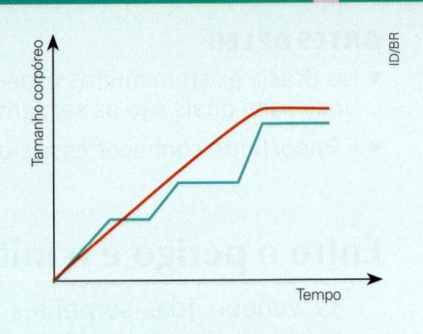

	Peixes	Anfíbios	Répteis
Hábitat			
Tipo de estrutura locomotora			
Tipo de sistema respiratório			
Fecundação interna ou externa			
Ovo sem casca / com casca			

3. Um rio, ao transbordar durante a estação das chuvas, inunda as suas margens formando lagoas. Conforme as águas voltam ao nível normal, essas lagoas tornam-se isoladas do rio, e secam completamente durante a estiagem. Muitos animais que vivem no rio aproveitam o surgimento das lagoas temporárias para expandir seus hábitats. Imagine os seguintes animais, que migraram para uma lagoa temporária:
   - um pacu (peixe com bexiga natatória);
   - uma piramboia (peixe pulmonado);
   - uma fêmea de sapo-cururu, que desovou na lagoa;
   - um jacaré.

   Quais teriam mais chances de sobreviver à estiagem? Justifique.

4. Peixes, anfíbios e répteis são ectotérmicos, isto é, não apresentam mecanismos internos de controle da temperatura corpórea. Manter a temperatura corporal constante é considerado algo vantajoso, pois permite manter um nível de atividade também constante. Porém, a endotermia requer mais gás oxigênio e mais alimento. Imagine um peixe que vive em águas profundas, em um ambiente onde a luz do sol não penetra e a temperatura permanece praticamente inalterada ao longo de todo o ano. A endotermia seria vantajosa para esse animal?

Autoavaliação

I. O ser humano é um animal vertebrado. Que características humanas também estão presentes nos grupos que você estudou neste capítulo?
   - Endotermia
   - Viviparidade
   - Hábito onívoro
   - Desenvolvimento direto, sem estágio larval
   - Respiração pulmonar

[PARA SABER MAIS]

Livros

Incrível raio X: animais, de David George Gordon. São Paulo: Girassol, 2011.
Com radiografias reais e um quadro de luz, estes livros proporcionam uma visão única dos ossos e órgãos do corpo humano e de animais, mostrando como a estrutura óssea afeta os movimentos e o que acontece dentro do corpo.

Anfíbios da Mata Atlântica, de Célio F. B. Haddad, Luís Felipe Toledo e Cynthia P. A. Prado. São Paulo: Neotropica, 2008.
Este é o primeiro guia ilustrado lançado no Brasil contendo espécies de anfíbios de toda a extensão da Mata Atlântica. Nesta obra são apresentadas 180 espécies – cerca de 40% da fauna conhecida desse bioma. O guia também inclui espécies de todas as famílias de anuros da Mata Atlântica, espécies endêmicas, e até mesmo já consideradas extintas. O guia é organizado de forma que qualquer pessoa possa pesquisar seu conteúdo, sem limites de idade e sem a necessidade de conhecimentos científicos.

Cobras e lagartos, de Susan Barraclough. São Paulo: Europa, 2010.
O livro explora o universo dos anfíbios e répteis, dois dos mais antigos grupos de animais a habitarem o planeta. A obra tem início com um capítulo sobre as cobras, descritas como caçadoras ágeis e poderosas. São analisadas diversas espécies de animais (entre cobras, lagartos, crocodilos, jacarés e aligatores), seus hábitos alimentares, hábitats, características físicas e comportamentais. Os textos são acompanhados de ilustrações e curiosidades sobre diferentes répteis. Anfíbios, como salamandras e sapos, são o tema do último capítulo.

Sites

<http://www.ra-bugio.org.br>
O Instituto Rã-bugio para Conservação da Biodiversidade é uma ONG ambientalista com sede em Jaraguá do Sul, SC. Desenvolve projetos e atua em rede com escolas do ensino fundamental e médio para promover a Educação Ambiental focada na conscientização das crianças e adolescentes sobre a importância dos serviços ambientais das áreas remanescentes de Mata Atlântica, sobretudo na proteção dos mananciais e da rica biodiversidade. O *site* traz informações e muitas fotos de anfíbios e répteis da Mata Atlântica, além de aves, mamíferos e invertebrados.

<http://www.tamar.org.br/>
O projeto Tamar trabalha para a proteção, conservação e manejo das cinco espécies de tartarugas marinhas encontradas no Brasil. Há vários centros do projeto na costa brasileira, que são abertos à população para visitação e desenvolve treinamento com estudantes universitários e pesquisas.

<http://www.redeprofauna.pr.gov.br/arquivos/File/biblioteca/bichosdoparana_anfibios.pdf>
<http://www.redeprofauna.pr.gov.br/arquivos/File/biblioteca/bichosdoparana_repteis.pdf>
Página da Rede Pró-fauna, um sistema de informações sobre fauna silvestre no estado do Paraná. Os *links* acima trazem dados e fotos de alguns anfíbios e répteis.

Acessos em: 5 ago. 2014.

Filmes

Vida: natureza, répteis, anfíbios e insetos. Estados Unidos, 2011.
Você sabia que um camaleão consegue estender a língua quase um metro de distância na velocidade de um raio? E que existem mais tipos de insetos na Terra do que de todos outros animais juntos? Esse documentário traz curiosidades e imagens da vida natural.

Mistérios do fundo do mar. Canadá, 2005. Documentário em 3 DVDs.
Descubra segredos e mistérios do oceano e sua imensidão. Acompanhe a exploração do fundo do mar com os melhores mergulhadores e se encante com a beleza da vida marinha. De peixes raros a tubarões, baleias e golfinhos, esse filme espetacular foi realizado por alguns dos cineastas mais famosos do mundo subaquático.

Existem dois grupos de vertebrados cujas características permitiram a colonização de diversos ambientes da Terra, inacessíveis a outros organismos: o das aves e o dos mamíferos. Uma dessas características é a capacidade de manter a temperatura corpórea independentemente da temperatura do ambiente ao redor.

Neste capítulo, você conhecerá muitos aspectos interessantes sobre esses grupos de animais.

Você sabe quais são os animais desta foto? (O corpo do animal maior mede, aproximadamente, 20 cm de altura; o do menor, 8 cm de comprimento, sem a cauda.)

Vertebrados II

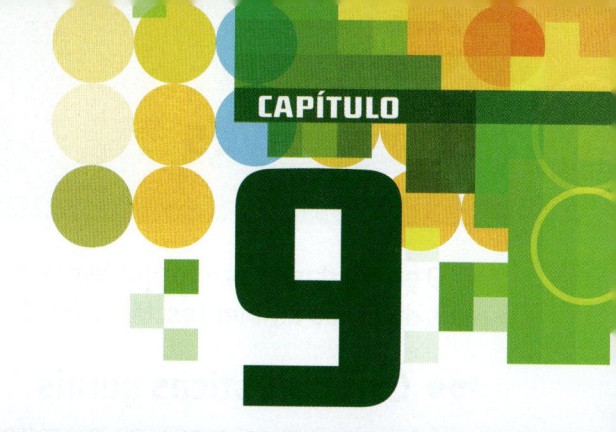

CAPÍTULO 9

O QUE VOCÊ VAI APRENDER

- Animais endotérmicos e temperatura corporal
- Características de aves e mamíferos: tipos de locomoção, revestimento do corpo, alimentação e reprodução
- Ambientes ocupados por aves e mamíferos

CONVERSE COM OS COLEGAS

Na cena noturna captada na foto ao lado, aparecem duas espécies de vertebrados.

1. Você sabe dizer que animais são esses? O que a cena sugere?

2. Você saberia dizer a quais grupos de vertebrados esses animais pertencem?

3. Que características observadas no animal que está voando permitiram que você identificasse a que grupo ele pertence?

4. Esses dois animais têm hábitos noturnos e estão acostumados a viver com pouca luz. Nessas condições, que características podem ajudá-los a perceber o ambiente ao redor?

5. Durante a noite, a temperatura cai porque o Sol não está aquecendo o ambiente. Muitos animais dependem do calor do Sol para se manter aquecidos e ativos, mas esse não é um problema para os animais da fotografia. Como você explicaria esse fato?

MÓDULO 1 — Aves

O grupo das aves é formado por quase 10 mil espécies conhecidas, distribuídas pelos mais diversos ambientes. Mais de 1 500 delas são encontradas no Brasil.

Características gerais

As aves, assim como os mamíferos, são animais **endotérmicos** (do grego *éndon*, que significa "dentro", e *thermós*, "quente"), pois seu metabolismo produz calor constantemente. A produção ininterrupta de calor mantém a temperatura do corpo desses animais praticamente constante, mesmo que a temperatura do ambiente oscile.

Por um lado, a endotermia permite que o animal seja mais ativo em períodos nos quais ocorre queda de temperatura, como à noite ou nas estações mais frias do ano. Assim, os animais endotérmicos podem habitar os ambientes frios nos quais os animais **ectotérmicos** têm dificuldade de sobreviver.

Por outro lado, animais endotérmicos gastam muita energia para manter a temperatura do corpo constante. Como consequência, aves e mamíferos precisam consumir muito mais alimento do que um animal ectotérmico de tamanho semelhante.

Além da endotermia, as aves são caracterizadas pela presença de bico, de corpo coberto de penas e dos membros anteriores transformados em asas. As várias espécies do grupo apresentam indivíduos de sexos separados, e, em geral, os machos são mais vistosos e coloridos que as fêmeas. A fecundação é interna, e as fêmeas produzem ovos.

A ave biguá-das-shetland (*Phalacrocorax bransfieldensis*) vive nas baixas temperaturas da Antártida.

Energia e calor

O metabolismo do organismo animal pode liberar energia sob diversas formas, inclusive sob a forma de **energia térmica**, que se transfere do animal para o ambiente, ou vice-versa.

Calor é o nome dado à transferência de energia térmica entre corpos com temperaturas diferentes (o corpo pode ser um objeto, o ar, a água, um ser vivo, etc.).

O calor sempre flui do corpo de maior temperatura para o corpo de menor temperatura.

As penas do azulão (*Cyanoloxia brissonii*) macho são azul-escuras e, em algumas partes, são brilhantes.

As cores das penas da fêmea do azulão são diferentes das do macho.

As aves são vertebrados **endotérmicos** que apresentam bico, asas e penas e põem ovos.

●●● Modos de locomoção

As aves podem voar, caminhar ou nadar. Os modos de locomoção variam conforme a espécie e representam adaptações aos hábitats e modos de vida de cada uma.

Elas têm quatro apêndices locomotores, assim como os anfíbios e os répteis, e os membros anteriores estão modificados em asas. As asas correspondem às pernas dianteiras ou aos braços dos outros vertebrados e estão presentes mesmo nas aves que não voam, como os pinguins e as emas.

Locomoção no céu

Nas espécies de ave que conseguem voar, verificamos vários tipos de voo. Algumas espécies, por exemplo, batem as asas constantemente, para se manter no ar, enquanto outras espécies aproveitam as correntes de ar para permanecer planando, quase sem bater as asas, por longos períodos de tempo.

O urubu (*Coragyps atratus*) é uma espécie que apresenta voo planado. (Cerca de 140 cm de envergadura de asas.)

Na terra...

Quando não estão voando, as aves usam as pernas para se locomover. Em terra, a agilidade de cada espécie varia bastante. Algumas aves, em geral as que têm longas pernas, conseguem correr velozmente.

Muitos pássaros só conseguem dar pequenos saltos com as duas pernas juntas. E há ainda aquelas aves que são tão especializadas em empoleirar-se que encontram dificuldade em andar no chão, como é o caso das araras.

As aves pernaltas, como a seriema (*Cariama cristata*), caminham com facilidade no solo.

A araracanga (*Ara macao*) tem pernas especializadas em empoleirar e anda com dificuldade sobre o chão.

Para o alto, para a frente e também para trás!

Os beija-flores são as únicas aves que conseguem pairar no ar e voar para trás.

Eles passaram por modificações que lhes permitem movimentar as asas de um modo único.

Batendo as asas velozmente, o beija-flor se mantém pairado no ar. (Aproximadamente 7 cm, do bico à cauda.)

Locomoção na água

Há também aves aquáticas. Algumas nadam apenas na superfície da água; outras conseguem mergulhar para caçar, ficando submersas por algum tempo, como os pinguins.

Os pés de muitas dessas espécies têm membranas entre os dedos, as quais tornam a natação mais eficiente.

Marrecas-toicinho (*Anas bahamensis*) nadando.

Observe a membrana entre os dedos da pata de uma marreca-de-coleira (*Callonetta leucophrys*).

Nadando com asas

Os pinguins usam principalmente as asas para nadar.

Eles são extremamente ágeis quando submersos, podem fazer curvas fechadas e mergulham várias dezenas de metros em busca de comida.

O pinguim-imperador pode ocasionalmente mergulhar a até 500 metros de profundidade e ficar submerso por até 15 minutos.

Pinguim-de-magalhães (*Spheniscus magellanicus*) nadando.

Aves que não voam

Algumas aves têm as asas pequenas em relação ao restante do corpo e, por isso, não voam. As emas, os avestruzes e os quivis, por exemplo, correm velozmente; os pinguins usam principalmente as asas para nadar.

Ema (*Rhea ambricana*) correndo no Cerrado.

Aves migratórias

A capacidade de voar possibilita, a muitas espécies de ave, a migração em determinadas épocas do ano. Elas se deslocam em busca de regiões com maior disponibilidade de alimento, menor número de predadores e temperaturas mais elevadas – condições ambientais que favorecem a reprodução.

Algumas espécies podem viajar milhares de quilômetros durante semanas. A maneira como encontram suas rotas não é totalmente esclarecida pelos cientistas.

Em bandos, o maçarico-do-papo-vermelho (*Calidris canutus*) migra desde o sul da Argentina até o Ártico, onde se reproduz. (Cerca de 25 cm, do bico à cauda.)

●●● O voo das aves

A capacidade de voar, presente na maioria das espécies do grupo das aves, está relacionada com a presença de asas, que são membros locomotores adaptados ao voo.

Embora as asas das aves sejam mais complexas do que as de planadores ou aviões, elas têm algo em comum, pois fornecem a sustentação para o voo baseadas no mesmo princípio físico.

Observe, no esquema ao lado, a representação do perfil, em corte, da asa de uma ave e da asa de um avião. Note que, nos dois casos, a superfície superior da asa é abaulada para cima. Com isso, o ar que passa por cima da asa percorre uma extensão maior do que o ar que passa por baixo da asa e, assim, a velocidade da corrente de ar superior é maior do que a da corrente de ar inferior.

Essa diferença de velocidade da corrente de ar provoca a formação de uma área de maior pressão sob a asa, resultando em uma força que atua de baixo para cima capaz de sustentar o peso do corpo do animal ou do avião.

Esquema da asa de uma ave e da asa de um avião. Acima, os retângulos de linha tracejada representam a asa em corte, vista de perfil. Abaixo, representação do perfil de uma asa, com detalhe das correntes de ar (linhas escuras) e das áreas de pressão (setas) que se formam durante o voo. (Representação sem proporção de tamanhos.)

Apêndices locomotores dos tetrápodes

Os apêndices locomotores das várias espécies de tetrápodes apresentam uma notável semelhança estrutural. Isso porque os tetrápodes derivam de um mesmo ancestral – provavelmente, peixes com dois pares de nadadeiras carnosas. Inicialmente com função natatória, esses apêndices (as nadadeiras) sofreram transformações ao longo da evolução, adaptando-se para outras funções, como locomoção em terra firme, voo, ataque, defesa e apreensão de objetos.

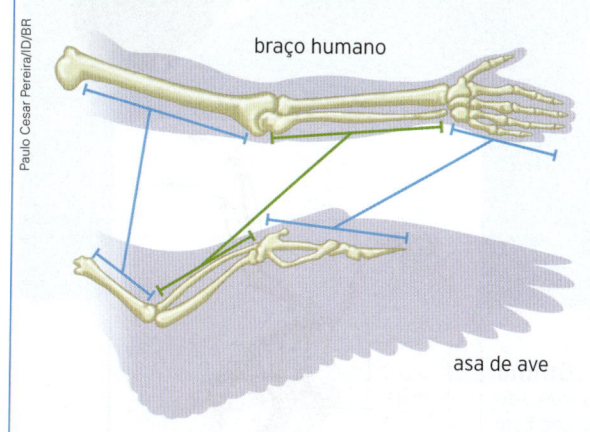

braço humano

asa de ave

Fonte de pesquisa das ilustrações desta página: F. H. Pough e outros. *A vida dos vertebrados*. São Paulo: Atheneu, 2008.

Representação esquemática dos ossos que constituem os membros anteriores da espécie humana e os membros anteriores de uma ave. Os ossos que se correspondem no braço humano e na asa de ave estão indicados pela mesma cor de fios. (Representação sem proporção de tamanhos; cores-fantasia.)

Adaptações ao voo

Além das asas, outras características das aves contribuem para que o voo seja possível e eficiente.

O sistema respiratório desse grupo, por exemplo, é de alta eficiência, permitindo obter gás oxigênio suficiente para suprir o intenso metabolismo dos músculos durante o voo.

As aves não têm bexiga urinária nem dentes, e alguns órgãos relacionados com a reprodução podem ser reduzidos em certas épocas do ano, fora do período reprodutivo. Por apresentarem essas características – que diminuem a massa corpórea e, portanto, as tornam menos pesadas – as aves estão adaptadas ao voo.

Ossos pneumáticos
O esqueleto das aves é leve em comparação ao de outros animais, pois muitos ossos são ocos e cheios de ar: são os **ossos pneumáticos**. (Cores-fantasia.)

Penas
Grande parte do corpo das aves é coberta por **penas**, que podem ser bem compridas. Isso amplia muito a superfície da asa e da cauda para o voo, além de evitar que o calor do corpo seja transferido ao ambiente.

Exemplos de adaptações das aves para o voo.

Quilha
Os **músculos peitorais**, responsáveis pelo batimento das asas, são muito fortes e potentes. Eles se fixam em um osso localizado bem no meio do peito, que tem a forma de uma **quilha**. Esse osso é relativamente grande, o que permite a fixação de muitos músculos.

osso com forma de quilha

Fonte de pesquisa: Tracy Irwin Storer e outros. *Zoologia geral*. 6. ed. rev. e aum. São Paulo: Companhia Editora Nacional, 2003. p. 672 - 673.

••• Revestimento

O corpo das aves é quase inteiramente coberto por **penas**, que se desenvolvem na **pele**, de maneira similar às escamas dos répteis e aos pelos dos seres humanos e de outros mamíferos.

Também é na pele que se originam as **escamas**, que recobrem as pernas, e as **garras**, na ponta dos dedos. Essas estruturas são densas e compactas, compostas de **queratina**, a mesma substância das estruturas que revestem o corpo de outros vertebrados, como, por exemplo, as escamas de répteis e as unhas e os pelos dos mamíferos.

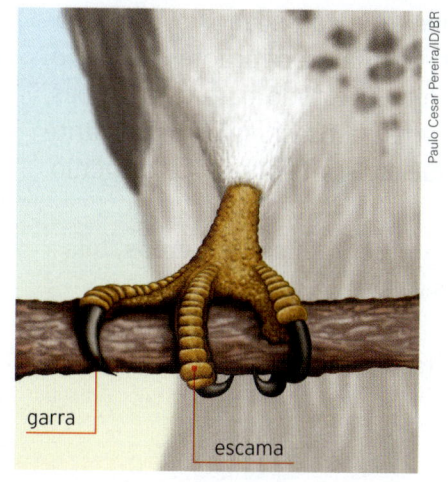

Garra e escama em pé de ave.

Pescoço pelado

Algumas espécies de ave têm regiões da pele que ficam expostas, sem cobertura de penas ou escamas. É o caso, por exemplo, da cabeça e do pescoço dos urubus.

Os urubus (na foto, o *Coragyps atratus*) não têm penas na cabeça e no pescoço.

Penas e plumas

As **penas** podem ter formas e funções diferentes.

Algumas são bem grandes e duras e cobrem o corpo, a cauda e as asas.

As penas aumentam a superfície de contato da asa com o ar, auxiliando na sustentação enquanto o animal voa. As penas da cauda também são importantes para controlar o voo.

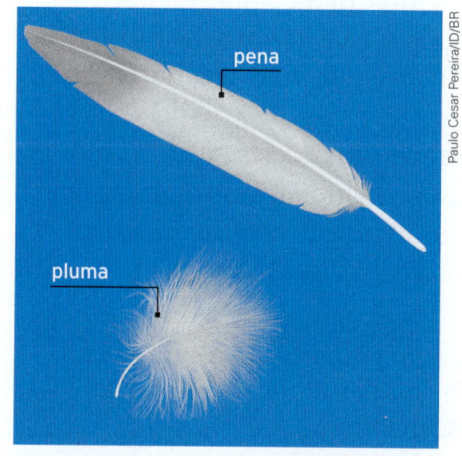

Há também penas mais macias, chamadas de **plumas**, que mantêm uma camada de ar entre a pele e o ambiente, funcionando como isolante térmico.

As penas, as escamas e as garras das aves são formadas em regiões especializadas da pele desses animais.

Aves e dinossauros

Registros fósseis e outras evidências sugerem que as aves descendem de pequenos dinossauros que andavam nas patas traseiras e corriam velozmente.

O fóssil mais antigo de ave encontrado até o momento é do arqueoptérix, um animal que viveu há cerca de 150 milhões de anos. O arqueoptérix apresentava dentes, asas com dedos e garras e uma cauda óssea, além de outras características presentes no grupo das aves atuais, como a presença de penas.

Fotografia de fóssil de um arqueoptérix, ave que está extinta há milhões de anos.

Secagem rápida

Muitas aves, principalmente as que vivem na água ou perto dela, possuem um conjunto de glândulas, localizado no dorso próximo à cauda, que produz uma **secreção oleosa**. Com o bico, as aves espalham essa secreção por todas as penas do corpo, as quais, lubrificadas, ficam impermeáveis à água, facilitando a flutuação do animal e a secagem das penas e auxiliando, também, a reduzir a perda de calor do corpo para o ambiente.

●●● Respiração

As aves respiram por **pulmões**, que são ligados a prolongamentos chamados **sacos aéreos**. Com a inspiração e expiração, os sacos aéreos enviam ar fresco o tempo todo para os pulmões, o que aumenta a eficiência das trocas gasosas. Isso é importante para o voo, um exercício intenso que consome muito gás oxigênio.

> Aves respiram por **pulmões** e apresentam **sacos aéreos**, que aumentam a eficiência das trocas gasosas.

As aves mergulhadoras respiram apenas quando estão fora da água.

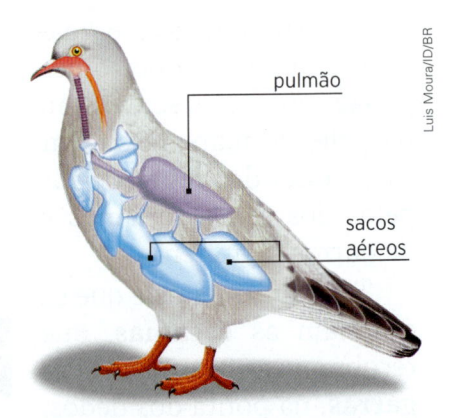

Representação dos pulmões e sacos aéreos das aves. (Representação sem proporção de tamanhos; cores-fantasia.)

Fonte de pesquisa: Knut Schmidt-Nielsen. *Fisiologia animal*. 5. ed. São Paulo: Santos, 1999. p. 44.

●●● Reprodução

Todas as aves são **ovíparas**, ou seja, reproduzem-se por meio de ovos postos no ambiente. A estrutura de seus ovos é semelhante à dos ovos de répteis: a casca dura protege o embrião, mas permite a passagem do ar através dela. O ovo contém todos os nutrientes necessários ao desenvolvimento do embrião.

Ao menos um dos pais cuida dos ovos, aquecendo-os e protegendo-os de predadores. Após o nascimento, os filhotes são alimentados pelos pais até conseguir voar em busca do próprio alimento.

Muitas espécies reproduzem-se apenas em certa época do ano.

No período de reprodução, as aves constroem seus ninhos e os machos começam a cantar mais, para atrair parceiros reprodutivos e espantar os machos concorrentes das proximidades.

> O **ovo** das aves tem casca dura, com poros microscópicos que permitem a passagem de ar. Ele contém todos os nutrientes necessários para o crescimento do embrião.

A ema (*Rhea americana*) faz o ninho no chão. Na época da reprodução, o macho cruza com várias fêmeas; elas põem os ovos no mesmo ninho e cabe ao macho chocá-los.

Algumas espécies podem, até mesmo, mudar de plumagem, exibindo cores mais vistosas, que atraem parceiros sexuais.

Além disso, há espécies que realizam complexas danças de corte antes de acasalar.

Algumas aves, como as fragatas (*Fregata magnificens*), mudam de cor na época reprodutiva.

Na época de acasalamento, o tiziu (*Volatinia jacarina*) macho dá vários saltos espalhafatosos no mesmo lugar, para chamar a atenção da fêmea.

Comportamento comum entre as aves: um casal de pés-vermelhos (*Amazonetta brasiliensis*) protege e alimenta os filhotes até que eles estejam aptos para buscar o próprio alimento.

●●● Alimentação

As aves apresentam hábitos alimentares variados, que incluem frutas, sementes, vermes, insetos, crustáceos, peixes, carcaças de mamíferos mortos, entre outros. A maioria das espécies coleta o alimento com auxílio do **bico**, uma estrutura rígida e saliente situada em torno da **boca**, que é desprovida de dentes.

Com ajuda da língua, o alimento é engolido e, após passar pelo **esôfago**, chega ao **estômago**, que, nas aves, é dividido em duas câmaras: a primeira secreta substâncias químicas digestivas, as enzimas, e a segunda é a **moela**, que tritura o alimento facilitando a ação das enzimas. Algumas aves engolem pequenas pedras, que permanecem na moela e ajudam a triturar os alimentos.

O alimento digerido segue pelo **intestino**, e as fezes são eliminadas através da **cloaca**, pequena câmara na qual desembocam, também, os ductos do sistema urinário e reprodutivo.

Em algumas espécies, uma parte do esôfago apresenta uma dilatação, popularmente conhecida como **papo**, onde o alimento fica armazenado e é umedecido.

Além da coleta de alimentos, o bico participa de outras atividades das aves, como defesa, alisamento e ordenamento das penas, articulação do canto e construção do ninho.

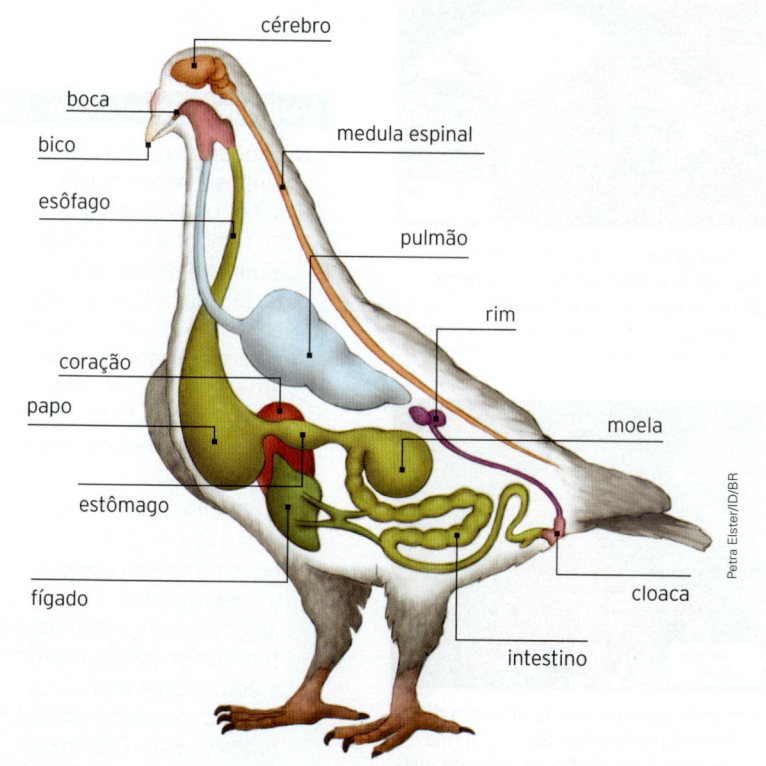

Representação dos principais órgãos internos de um pombo. Alguns desses órgãos não estão relacionados com a alimentação. (Representação sem proporção de tamanhos; cores-fantasia.)

Fonte de pesquisa: Tracy Irwin Storer e outros. *Zoologia geral*. 6. ed. rev. e aum. São Paulo: Companhia Editora Nacional, 2003.

Ora pombas!

Originária da Europa, Ásia e África, a pomba comum (*Columba livia*) foi introduzida no Brasil, provavelmente, pelos primeiros colonizadores portugueses.

Diversas raças são criadas pelos que admiram sua plumagem, ou ainda pelos que as utilizam como mensageiras (pombos-correio).

Essa ave alimenta-se de sementes, grãos e frutos, mas também de resíduos de comida encontrados no chão ou no lixo. Constrói os ninhos em meio à copa das árvores, ou em outros locais elevados e abrigados: forros de casas, beirais de telhados, torres de igrejas, etc.

É, portanto, uma ave bem adaptada aos ambientes urbanos, e, na ausência de predadores importantes, suas populações podem aumentar e causar problemas. As fezes eliminadas pelos pombos, que são extremamente ácidas, podem provocar danos em estátuas, monumentos e equipamentos públicos e pintura de veículos. Filhotes e ovos costumam atrair ratos e baratas. Além disso, as pombas transmitem doenças ao ser humano, como as provocadas pela inalação de fungos presentes nas fezes secas e a alergia respiratória.

Não alimentar as pombas em praças públicas, proteger com telas os locais em que elas constroem os ninhos, antepor obstáculos em beirais e outros locais de repouso são medidas que não provocam maus-tratos aos animais e podem deter seu crescimento populacional.

Pombas comuns (*Columba livia*) se alimentando.

A alimentação e a diversidade de bicos e garras

A diversidade dos hábitos alimentares das aves frequentemente está associada aos tipos de garra e de bico. Veja alguns exemplos:

90 cm

Algumas aves caçam outros vertebrados. O bico e as garras são fortes e pontiagudos, ajudando a ave a agarrar e dilacerar a presa. A **harpia** (*Harpia harpyja*) é um exemplo desses carnívoros.

60 cm

As aves que pescam têm geralmente o bico comprido e fino — adaptação que lhes permite fisgar um peixe, por exemplo. As **garças** (*Casmerodius albus*) são aves desse tipo e também são carnívoras.

18 cm

As aves que comem grãos usam seu bico curto e forte para quebrá-los antes de os engolir. O **cardeal** (*Paroaria coronata*) é um exemplo de ave granívora.

12 cm

Um bico fino e curto ajuda a caçar pequenos invertebrados no chão. Por outro lado, um bico largo facilita a captura de insetos durante o voo. A **andorinha** é uma dessas aves insetívoras.

1 m

O **flamingo** (*Phoenicopterus ruber*) é uma ave que filtra a água ou peneira lama para encontrar e consumir pequenos organismos. Por isso, ele tem o bico mais achatado.

19 cm

Muitas aves se alimentam de frutos. Algumas possuem o bico largo, o que lhes permite engolir frutos inteiros; outras aves, como o **tiê-sangue** (*Ramphocelus bresilius*), da foto acima, bicam os frutos, consumindo-os pouco a pouco. Essas espécies são chamadas frugívoras.

10 cm

A maioria das aves que se alimenta de néctar das flores tem o bico e a língua longos, como o beija-flor. Mas há algumas aves de bico curto, como a **cambacica** (*Coereba flaveola*), que podem até perfurar a base da flor para retirar o néctar. Nesse caso, a cambacica não atua como polinizadora.

Verifique o que aprendeu

1. Enquanto as aves constroem ninhos e permanecem sobre os ovos a maior parte do tempo, até a eclosão, algumas espécies de tartaruga botam os ovos em ninhos rasos, cavados na areia, abandonando-os em seguida. Relacione esses hábitos reprodutivos à temperatura corporal dos animais citados.

2. É comum ouvirmos que pessoas que comem pouco "comem como um passarinho". Porém, algumas aves, como alguns tipos de beija-flor, ingerem o equivalente a 100% da própria massa corporal todos os dias. Explique essa enorme necessidade alimentar dessas aves.

3. Por que é importante as aves cuidarem de seus filhotes?

ATIVIDADES

1. Todas as aves dispõem de penas, asas e outras adaptações relacionadas ao voo. No entanto, nem todas elas voam. É possível distinguir, por meio de caracteres externos, uma ave voadora de uma não voadora? Explique e dê exemplos.

2. A ausência de dentes nas aves é considerada uma adaptação para o voo, pois a massa corporal é reduzida. Como as aves compensam a ausência de dentes?

3. Os diferentes bicos das aves, muitas vezes, estão relacionados a variadas especializações alimentares. Cite pelo menos três hábitos alimentares das aves e o tipo de bico adaptado para cada um desses hábitos.

4. Escolha três espécies de ave entre as fotos deste módulo. Produza uma ficha descritiva, semelhante à do modelo ao lado, para cada uma delas. Para completar as fichas, pesquise as informações solicitadas em livros ou na internet.
   Depois, compare as fichas com as dos colegas.
   (*Dica de pesquisa*: o *site* Wiki Aves, disponível em <http://www.wikiaves.com.br/>, acesso em 14 ago. 2014, apresenta informações sobre inúmeras espécies de aves brasileiras, mas confirme as informações desse *site* com as fornecidas por outros *sites*, garantindo a confiabilidade dos dados pesquisados.)

   > Nome(s) popular(es): Pardal.
   > Nome científico: Passer domesticus.
   > Distribuição geográfica: Origem no Oriente Médio. Introduzida na Ásia, Europa e Américas.
   > Hábitat: áreas urbanas arborizadas e áreas agrícolas.
   > Hábitos alimentares: Sementes, insetos e restos de alimentos deixados pelos seres humanos.
   > Estado de conservação: Pouco preocupante.
   > Ameaças à espécie: Não há.

5. As aves gastam muita energia para bater as asas. Algumas aves, entretanto, apresentam um tipo de voo muito econômico, o chamado voo planado. Pesquise (em livros ou na internet) como as aves que praticam esse voo permanecem no ar por longos períodos sem bater as asas. Depois, responda às questões:

   a) Como as aves planadoras se beneficiam das correntes de ar ascendentes?

   b) Como essas aves decolam do chão?

   c) Quais são as principais características das asas das aves planadoras?

   Gaivota (*Larus dominucanus*) planando.

6. Quais características possibilitam o voo nas aves? Justifique.

7. Que tipo de comparação poderia ser feita entre um leque e as membranas existentes entre os dedos de um pato?

8. As andorinhas são aves migratórias. Em algumas regiões do Brasil, é possível ver enormes bandos dessas aves migrando no início do verão. Considerando essas informações, tente explicar o sentido do dito popular "Uma andorinha só não faz verão".

MÓDULO 2

Mamíferos

As características mais evidentes dos mamíferos, animais vertebrados e endotérmicos, são a presença de glândulas mamárias e de pelos sobre o corpo. Esse grupo abriga grande variedade de animais, que ocupam ambientes tanto terrestres como aquáticos, por exemplo, o morcego, o ser humano e o golfinho.

Características gerais

Os mamíferos são animais **vertebrados** e **endotérmicos**.

Duas características são facilmente reconhecíveis nesse grupo: o corpo é total ou parcialmente coberto de **pelos** e seus representantes, machos e fêmeas, têm **glândulas mamárias**. Nas fêmeas adultas, as glândulas mamárias são desenvolvidas e capazes de produzir leite, alimento essencial para a nutrição e o desenvolvimento dos filhotes.

Esse grupo reúne animais de aparências e hábitos variados. Entre eles, há quadrúpedes (que andam sobre quatro patas) e bípedes (que andam sobre duas patas); terrestres e aquáticos; nadadores e voadores. Eles se distribuem por uma grande extensão do planeta, desde as regiões frias próximas dos polos até os desertos equatoriais.

A anta (*Tapirus terrestris*) é o maior mamífero brasileiro. Nessa foto, a fêmea amamenta seu filhote.

Ursos polares (*Ursus maritimus*) e humanos habitam a região ártica, onde a temperatura média é −10 °C. Dromedários (*Camelus dromedarius*) e humanos habitam o deserto do Saara, onde as temperaturas podem variar de 50 °C, durante o dia, a −3 °C, à noite.

Os mamíferos são animais que possuem **glândulas mamárias** e o corpo coberto por **pelos**.

Reprodução

Os mamíferos apresentam fecundação interna viabilizada por meio de **cópula**, isto é, o macho introduz os espermatozoides no interior dos órgãos reprodutores da fêmea.

Em muitas espécies, há comportamentos de corte antes da cópula, como, por exemplo, a emissão de ruídos fortes e estridentes pelos machos ou a "luta" entre machos pela fêmea.

Na maioria das espécies, o embrião se desenvolve dentro do útero.

A cópula da onça-pintada (*Panthera onca*), ou jaguar, que habita florestas e campos do território brasileiro.

••• Gestação e cuidados com a prole

O período de gestação dos mamíferos varia de espécie para espécie. Em algumas, como os herbívoros que pastam em extensas pradarias, os filhotes recém-nascidos conseguem andar logo após o nascimento, uma adaptação que permite acompanhar os adultos em seus longos deslocamentos. Em outras, os filhotes nascem prematuros e terminam de se desenvolver sob os cuidados de um ou de ambos os pais.

O cuidado da mãe garante o alimento (o leite) na fase inicial do desenvolvimento do filhote. Em muitas espécies, o macho participa dos cuidados com a prole, necessários para mantê-los alimentados, aquecidos e protegidos até que sejam capazes de se alimentar e se proteger por conta própria. Também não são raras as espécies em que os filhotes aprendem comportamentos de sobrevivência no contato com os adultos.

O filhote de veado-campeiro (*Ozotoceros bezoarticus*) nasce bem desenvolvido; pouco após o nascimento, ele se levanta e corre. Com os filhotes de rato (à direita), isso não acontece.

A conexão da mãe com o embrião

Há um grande grupo de mamíferos, os **placentários**, que apresenta um órgão importante para o desenvolvimento do embrião dentro do corpo materno: a **placenta**.

Essa estrutura se forma quando o embrião é fixado na parede do útero materno. A placenta possibilita a passagem de gás oxigênio e de nutrientes do sangue da mãe para o sangue do embrião, embora não permita que o sangue de um se misture com o do outro. É também pela placenta que o embrião pode receber substâncias nocivas consumidas pela mãe.

Em sentido contrário, os resíduos e o gás carbônico produzidos pelo metabolismo do embrião passam para o sangue materno, para ser depois eliminados pela mãe.

A placenta conecta-se com a mãe através da parede do útero e com o embrião pelo **cordão umbilical**.

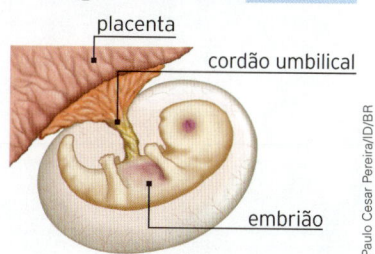

No útero, o embrião se liga à placenta pelo cordão umbilical. (Representação simplificada sem proporção de tamanhos; cores-fantasia.)

Nos mamíferos, a **placenta** é o órgão através do qual são feitas as trocas de gases e nutrientes entre a mãe e o embrião.

Riscos na gravidez

Algumas substâncias – como o álcool contido em bebidas, aquelas presentes no cigarro e certos medicamentos – são capazes de atravessar a placenta no ser humano. Quando consumidas pela mãe, tais substâncias podem prejudicar o desenvolvimento do embrião.

A placenta também permite a passagem de alguns vírus, como o HIV, causador da Aids (síndrome de deficiência imunológica adquirida).

Na gravidez, é importante tomar todos os cuidados necessários à saúde da mãe e do bebê.

Filhotes de bolso

Outro grupo de mamíferos apresenta uma placenta muito simples. Seus filhotes nascem pouco desenvolvidos depois de uma gestação curtíssima, e os recém-nascidos, agarrados nos pelos da mãe, dirigem-se até uma glândula mamária e começam a se alimentar para continuar o desenvolvimento.

Um gambá (*Didelphis marsupialis*), marsupial comum no Brasil.

Na maioria das espécies desse grupo, as glândulas mamárias são protegidas por uma expansão da pele em forma de bolsa, chamada de **marsúpio**, e, por isso, esses animais são chamados de **marsupiais**. Entre eles estão os gambás e os cangurus.

As cerca de trezentas espécies conhecidas de marsupiais são exclusivas da Oceania e das Américas. No Brasil vivem quarenta espécies, todas elas pertencentes ao grupo dos gambás e das cuícas.

Mamíferos que botam ovos

Os **monotremados** fazem parte de um pequeno grupo de mamíferos que não apresenta placenta. Eles são ovíparos, ou seja, os embriões desenvolvem-se fora do corpo da mãe, dentro de ovos semelhantes aos das aves e de alguns répteis. Mas não há dúvidas de que esses animais sejam mamíferos, porque possuem pelos e glândulas mamárias.

Existem apenas dois gêneros de monotremados: o ornitorrinco e a equidna, que vivem na Oceania, em regiões da Austrália e da Nova Guiné.

O ornitorrinco (*Ornithorhynchus anatinus*) é um mamífero que bota ovos e apresenta bico rígido.

> Os mamíferos são divididos em três grupos: os **placentários**, os **marsupiais** e os **monotremados**.

Nascimento prematuro

Apesar de um canguru adulto ter o tamanho aproximado de um ser humano, seu filhote nasce com cerca de 3 cm, depois de poucas semanas de gestação. Ele então se desloca até o marsúpio, uma bolsa no abdome da fêmea, onde completa seu desenvolvimento. No marsúpio, o filhote fica protegido e recebe alimento, pois é nessa bolsa que ficam os mamilos da fêmea.

O marsúpio permite uma interessante adaptação: em algumas espécies de cangurus, enquanto um filhote se desenvolve no marsúpio, a fêmea pode engravidar novamente, e este segundo filhote se desenvolve lentamente no útero.

Quando o primeiro filhote abandona o marsúpio, o segundo completa seu desenvolvimento e migra até a bolsa materna; a fêmea, então, pode engravidar novamente!

Caso o primeiro filhote morra, por doença, predação ou acidente, a fêmea sempre tem outros, prontos para nascer.

Fêmea de canguru (*Macropus rufogriseus*) com o filhote no marsúpio.

••• Em todos os lugares

Existem cerca de 4 mil espécies de **mamíferos** habitando todos os continentes e mares da Terra. Os placentários são os mais conhecidos e apresentam maior diversidade e distribuição.

As florestas tropicais da América do Sul, por exemplo, abrigam muitas espécies de placentários. A maioria delas vive no chão, mas muitas se especializaram em viver em cima das árvores, raramente descendo delas, como os macacos e saguis.

No Cerrado, que ocorre na América do Sul, a vegetação é mais aberta do que nas matas. Isso favorece a ocorrência de mamíferos de maior porte, como lobos-guarás e tamanduás.

Já as savanas africanas, que são ambientes semelhantes ao Cerrado Brasileiro, têm um conjunto de espécies bem diferentes. Elas são habitadas por grandes herbívoros, como as girafas e os elefantes, e por seus predadores, como os leões e as hienas, além de outros animais.

Nas florestas mais frias, parte do ano é marcada por escassez de alimento: as árvores perdem as folhas e, muitas vezes, neva. Os animais encontrados nessas áreas são mais adaptados ao frio. É o caso dos linces e dos ursos.

Mamíferos como as lhamas ou os cabritos-monteses habitam lugares montanhosos. Além do frio e da escassez de alimento, eles enfrentam as dificuldades de locomoção em lugares íngremes, às vezes pedregosos.

Os mamíferos também são encontrados em desertos e em outros ambientes áridos. As espécies menores, como o rabo-de-facho, geralmente passam o dia em tocas, nas quais a temperatura é mais baixa.

O mico-leão-dourado (*Leontopithecus rosalia*) vive em florestas tropicais.

O urso é um mamífero adaptado ao frio. (Representação artística.)

As lhamas habitam regiões montanhosas. (Representação artística.)

O rabo-de-facho (*Trinomys yonenagae*) vive na Caatinga, uma região quente e seca.

O lobo-guará (*Chrysocyon brachyurus*) vive no Cerrado brasileiro.

Mamífero até debaixo d'água

São várias as espécies de mamíferos aquáticos, presentes tanto nos mares quanto nas águas doces de rios e lagos.

Algumas dessas espécies passam parte do tempo na água para se alimentar ou fugir de predadores. É o caso de hipopótamos e lontras.

Outras, como os botos ou as baleias, nunca vêm a terra.

Entretanto, todas essas espécies respiram por pulmões e precisam emergir em busca de ar.

Ariranha (*Pteronura brasiliensis*).

●●● Alimentação

Comendo de tudo

As diferentes espécies de mamíferos têm hábitos alimentares bem diversos, associados a especializações dos dentes e de outras estruturas relacionadas à alimentação.

As espécies **herbívoras**, que se alimentam principalmente de folhas, mastigam com os dentes do fundo, triturando bem o alimento. Muitas têm os dentes da frente diferenciados, que ajudam a arrancar as folhas.

Os mamíferos **carnívoros** têm dentes afiados que os ajudam a agarrar a presa e também a arrancar e mastigar pedaços de carne.

Certos mamíferos **onívoros** têm uma dieta variada. A dentição desses animais reflete essa diversidade: eles têm dentes que ajudam a arrancar folhas, morder frutas e mastigar carnes. Os seres humanos, os macacos e os ursos são exemplos de animais onívoros.

Alguns morcegos têm a língua alongada e alimentam-se de néctar de flores.

Os tamanduás são mamíferos que não têm dentes. Eles dispõem de uma língua comprida e pegajosa que lhes permite consumir, principalmente, cupins.

Hábitos alimentares e especializações relacionadas com a alimentação. (Representações sem proporção de tamanhos.)

••• Locomoção

A maioria dos mamíferos é **quadrúpede**, ou seja, movimenta-se sobre os quatro membros. Diversas articulações do esqueleto e a própria movimentação da coluna vertebral ajudam na locomoção.

Muitos mamíferos corredores ou saltadores apresentam modificações no esqueleto das pernas que aumentam a impulsão ou o tamanho do passo. Alguns, como os cachorros, apoiam-se apenas sobre os dedos e não sobre a planta inteira dos pés. Existem também os que se apoiam somente sobre as pontas dos dedos, como os cavalos, os bois, os veados e os porcos.

Os **primatas**, grupo que inclui os macacos e seres humanos, caracterizam-se por apresentar um dos dedos em posição oposta aos demais, o que permite agarrar objetos, como os galhos das árvores, por exemplo. Muitos macacos passam grande parte do tempo em cima das árvores e se deslocam saltando de um galho a outro. Algumas espécies têm cauda comprida e ágil, usada como um membro adicional.

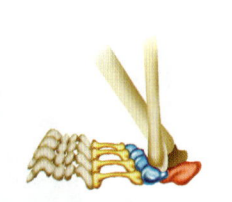

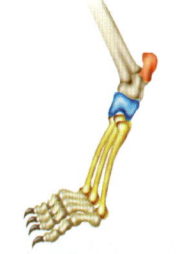

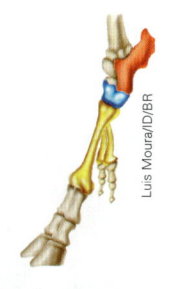

apoio na planta do pé   apoio sobre os dedos   apoio sobre as pontas dos dedos

Embora as estruturas de apoio variem, os membros posteriores dos mamíferos apresentam ossos correspondentes, assinalados no esquema pela mesma cor. (Representação sem proporção de tamanhos; cores-fantasia.)

Fonte de pesquisa: F. Harvey Pough; John B. Heiser; William N. McFarland. *A vida dos vertebrados*. São Paulo: Atheneu, 2008.

Sem as mãos

Muitos mamíferos podem ficar de pé, em certas situações, como quando querem alcançar algo ou segurar um alimento.

Os seres humanos são **bípedes**, ou seja, usam apenas os membros posteriores para caminhar; as mãos ficam livres para carregar alimentos e ferramentas e para realizar movimentos finos, como escrever ou desenhar. Cangurus também são bípedes e se locomovem dando saltos com as duas pernas ao mesmo tempo.

Cauda preênsil do macaco-barrigudo (*Lagotrix lagothricha*).

O caxinguelê (*Sciurus aestuans*) é exemplo de mamífero que fica sobre duas pernas em algumas situações.

Na água

Várias espécies de mamíferos terrestres passam boa parte do tempo na água, como as capivaras e as lontras. Esses animais têm membranas entre os dedos dos pés que facilitam a locomoção em ambiente aquático.

Em outras espécies, como as focas e os leões-marinhos, os membros em forma de nadadeira são usados para nadar e para se locomover em terra, mesmo que de forma desajeitada.

A ariranha (*Pteronura brasiliensis*) apresenta membranas entre os dedos, o que facilita a locomoção na água.

A foca (*Phoca vitulina*) tem membros em forma de nadadeiras.

Já as espécies que vivem integralmente na água, como os golfinhos, as baleias e os peixes-bois, têm os membros dianteiros e a cauda em forma de nadadeira. Os membros traseiros são totalmente reduzidos.

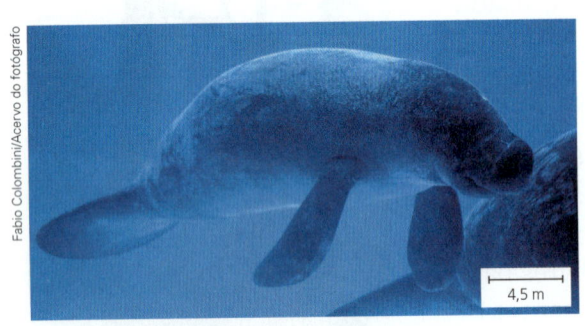

O peixe-boi (*Trichechus manatus*) tem membros dianteiros e cauda em forma de nadadeiras.

No ar

Os únicos mamíferos que voam são os **morcegos**. Seus membros dianteiros – braços e mãos – são extremamente longos e ligados por uma membrana de pele, formando as asas.

Há, ainda, espécies como o esquilo-voador, que podem planar por curtas distâncias. Eles têm uma membrana entre os membros dianteiros e traseiros que funciona como um paraquedas.

Os esquilos-voadores (*Pteromys volans*) vivem no hemisfério Norte. Esses animais têm uma membrana entre os membros dianteiros e traseiros.

Radiografia de um morcego: note que as mãos formam as asas. (Colorização artificial.)

Percebendo pelo eco

Os morcegos voam durante a noite em condições de baixa luminosidade, o que dificulta a visão.

O que eles fazem para não bater nas árvores e em outros obstáculos e para localizar seu alimento?

Durante o voo, os morcegos emitem pulsos de sons muito agudos, que o ouvido humano não consegue captar. Quando encontram algum obstáculo, esses pulsos retornam como eco. Os morcegos, então, ouvem esse eco para entender o ambiente ao redor sem usar os olhos.

Os golfinhos também utilizam um sistema de **ecolocalização** muito semelhante para se locomover na água.

••• Revestimento

A pele dos mamíferos apresenta várias adaptações relacionadas com a endotermia. Por exemplo, os pelos, que cobrem praticamente todo o corpo do animal, contribuem para manter o corpo aquecido, pois dificultam a passagem de calor para o ambiente.

Os pelos são substituídos de tempos em tempos. Nos seres humanos, essa troca é feita aos poucos, continuamente. Em outros animais, como nos cachorros e gatos, os pelos são trocados apenas em determinadas épocas do ano.

Algumas espécies, como os leões-marinhos, mudam a pelagem na época reprodutiva; certas lebres mudam de cor conforme a estação do ano, o que facilita a camuflagem.

Leões-marinhos (*Otaria byronia*) machos mudam de pelagem na época reprodutiva.

Essa espécie de lebre é marrom no verão e branca no inverno. A mudança de cor é uma maneira de se defender dos predadores.

Uma camada de gordura sob a pele atua como isolante térmico e ajuda a preservar o calor do corpo. Nas regiões onde o inverno é longo e rigoroso e o alimento escasso, a gordura sob a pele representa uma reserva nutritiva que pode garantir a sobrevivência do animal.

Por outro lado, o suor, ao evaporar, contribui para baixar a temperatura do organismo quando o corpo fica muito quente.

Algumas espécies dispõem de adaptações como a redução de temperatura corporal, o que as faz entrar em sono profundo. Esse mecanismo, conhecido como hibernação, pode ser encontrado em alguns roedores.

Unhas, garras e cascos

Muitos mamíferos apresentam unhas ou garras nas pontas dos dedos que os ajudam a segurar o alimento, subir em árvores, correr mais rápido, atacar ou se defender.

Já os cascos protegem a extremidade dos membros locomotores dos mamíferos que andam nas pontas dos dedos, como os cavalos.

Pelos antenados

Existem terminações nervosas que se ligam à base dos pelos. Por isso, quando algo toca o pelo, o animal pode sentir.

Os bigodes de gatos, cachorros, ratos e outros mamíferos são pelos muito longos e sensíveis, funcionando como antenas que os ajudam a perceber o ambiente ao redor.

Observe como os bigodes do gato-maracajá (*Leopardus wiedii*) são grandes.

Verifique o que aprendeu •••

1. Quais das características abaixo são exclusivas dos mamíferos? Justifique suas respostas.
   a) Quatro apêndices locomotores.
   b) Pelos.
   c) Endotermia.
   d) Viviparidade.
   e) Glândulas mamárias.
   f) Fecundação interna.

2. A febre caracteriza-se pelo aumento da temperatura corporal acima dos 37 °C. Uma das consequências da febre é o suor intenso. Por que transpiramos mais quando estamos com febre?

3. Como a pele dos mamíferos contribui para a manutenção da temperatura corporal?

4. Mamíferos aquáticos, como baleias e golfinhos, precisam subir à superfície com frequência. Por que isso acontece?

ATIVIDADES

1. Qual é o significado da expressão "ligação umbilical" na frase: "A cidade sempre teve uma ligação umbilical com a cultura e as artes"? Justifique sua resposta.

2. Geralmente, os mamíferos apresentam especializações relacionadas com hábitos alimentares, como a dentição. Isso possibilita aos biólogos observar os dentes de um fóssil ou esqueleto de mamífero e construir hipóteses sobre os hábitos alimentares do animal. Considere as descrições abaixo e procure classificar cada fóssil de mamífero como herbívoro, carnívoro ou onívoro, justificando suas respostas.
   a) Dentes molares bem desenvolvidos, dentes caninos e incisivos rudimentares.
   b) Dentes caninos bem desenvolvidos, dentes incisivos e molares rudimentares.
   c) Dentes molares, caninos e incisivos igualmente desenvolvidos.

3. Os mamíferos, em sua maioria, são quadrúpedes (têm quatro patas, ou pés), alguns são bípedes (têm dois pés), mas os macacos – pertencentes ao grupo dos primatas – são frequentemente denominados "quadrúmanos" (têm quatro mãos). Responda:
   a) Por que as extremidades dos membros dos macacos são denominadas mãos e não pés?
   b) Qual é a relação dessa característica com o hábitat e o modo de locomoção observados em muitas espécies de macaco?

4. Cite pelo menos três características que permitem classificar um golfinho como um mamífero e não como um peixe.

5. Uma das vantagens de ser um animal bípede é ter as mãos livres. Por que isso é uma vantagem?

6. Os mamíferos são animais endotérmicos. Isso facilita sua sobrevivência em ambientes diversificados?

7. Os mamíferos apresentam adaptações para os diferentes climas onde vivem. Cite as características de tais adaptações.

8. Observe a tira abaixo e responda às questões a seguir.

Fernando Gonsales.

   a) Qual é o papel do útero nos mamíferos placentários?
   b) Qual é o grau de parentesco entre os dois filhotes que estão conversando na tira acima? Justifique sua resposta.
   c) O que os outros filhotes estão fazendo? Qual é a importância desse comportamento?

CIÊNCIA À MÃO

Observação de aves

Para começar

Antes de começar, tente fazer um exercício de memória. Que aves você observa no seu dia a dia?

Material
- papel e lápis

Procedimentos

1 **Escolha os locais e o horário para suas observações.** Dê preferência a locais atraentes para as aves, como praças e bosques arborizados, com frutos e flores. Lembre-se também de que muitas espécies de aves preferem campos abertos.

> **ATENÇÃO!**
> - Peça ajuda a um adulto para escolher um local seguro.

2 **Saia a campo.** Use roupas de cores pouco chamativas e não faça barulho. Fale baixo, ande com cuidado e tente não ser visto pelas aves.

As melhores horas para observação são as primeiras da manhã e as últimas da tarde, para as aves de hábitos diurnos. Nesses momentos, elas procuram alimentos. Nas horas mais quentes, elas preferem ficar abrigadas entre as folhagens.

ficha nº 8

Cores	Peito amarelo; pescoço branco; uma "máscara" preta no olho; uma faixa branca sobre o olho; asas, costas e cauda marrons.
Tamanho	Aproximadamente 12 cm de corpo.
Bico	Mais ou menos fino, não muito comprido.
Pernas	Finas, mas não longas (aprox. 4 cm).
Cauda	Curta, sem bifurcação ou qualquer detalhe muito diferente.
Locais e horários	Na praça (15 h 50 min) e no campo de futebol (16 h 20 min).
Outras observações	Canta bastante, é solitária, não foi observada caminhando no chão. Parece um bem-te-vi.

3 **Faça observações e crie fichas** (como a do modelo acima) para cada tipo de ave que você conseguir observar. Descreva as aves detalhadamente e tente desenhá-las.

> Anote curiosidades, mesmo que para isso não haja espaço definido na ficha. Esteja atento a situações inesperadas.

Questões para discussão e avaliação

1. Você observou outras aves além daquelas que esperava encontrar? O que fazia a maioria das aves observadas?

2. Compare os dados que você anotou com os dados anotados por seus colegas.
   a) Suas anotações permitem identificar as mesmas aves fichadas por você nas fichas de seus colegas?
   b) Todos encontraram os mesmos tipos de aves? Em caso negativo, o que pode justificar a existência dessas diferenças?

3. Após ter realizado essa atividade converse com os colegas sobre esses procedimentos — de observação e de descrição —, buscando associá-los ao processo de investigação científica.

Comunicação dos resultados

Em grupo, escolha uma das aves observadas e prepare uma breve apresentação oral dos dados coletados: onde a ave foi encontrada, como era o seu canto, o que ela estava fazendo, etc. Organize também uma pequena exposição dos desenhos produzidos.

LENDO CIÊNCIAS

ANTES DE LER
- Que animais você espera encontrar em uma cidade?
- Por que animais silvestres, como gaviões e serpentes, têm sido encontrados em cidades?

Macacos me mordam!

[...]
Macacos, morcegos, gambás, botos, baleias, papagaios, gaviões e até jacarés podem ser encontrados nas áreas urbanas da cidade [do Rio de Janeiro] com certa frequência e acabam virando notícia em jornais e na TV. Mas por que isso acontece? [...]

Bem, antes de qualquer coisa é preciso entender que nossa cidade repleta de edifícios, avenidas, viadutos, automóveis e tantas outras construções já foi uma paisagem característica da Mata Atlântica. [...] Em outras palavras, o ambiente em que vivemos era, no passado, uma floresta repleta de espécies nativas, que foi se transformando ao longo do tempo na grande metrópole de hoje.

[...] as áreas ocupadas por estes animais se tornaram cada vez mais restritas. [...] Nas cidades, [...] as áreas protegidas são, em geral, rodeadas de condomínios, indústrias, favelas e vias expressas. [...]

Gavião-carijó (*Rupornis magnirostris*), um dos animais silvestres encontrados na cidade do Rio de Janeiro.

As espécies de animais procuram, então, se movimentar em busca de alimento, abrigo, companheiros para procriação e, muitas vezes, acabam na nossa casa, no trabalho, na escola, praça ou praia que frequentamos. Na verdade, nós continuamos invadindo seus ambientes, como no passado, e os animais seguem fazendo as atividades que os mantêm vivos, como transitar, comer e suprir suas necessidades básicas.

[...] Devemos tomar cuidado com a possibilidade de transmissão de doenças, pois algumas espécies de animais silvestres trazem este risco quando se aproximam de nós. A raiva é um exemplo. [...]

O desafio é manter uma convivência harmoniosa com estes animais, enquanto buscamos soluções para conservar a biodiversidade em áreas urbanas.

Vânia Rocha. Disponível em: <http://www.invivo.fiocruz.br/cgi/cgilua.exe/sys/start.htm?infoid=1036&sid=2>. Acesso em: 14 ago. 2014.

De olho no texto

1. De acordo com o texto, por que os animais silvestres acabam indo para as cidades?
2. A proximidade com os animais silvestres pode trazer riscos à população? Quais?
3. Segundo o texto, macacos, morcegos, gambás, botos, baleias, papagaios, gaviões e até jacarés podem ser encontrados no Rio de Janeiro. Qual desses animais não faz parte dos grupos estudados neste capítulo? Cite uma característica que o diferencia desses grupos.

QUESTÕES GLOBAIS

1. Os ossos das aves não são iguais aos dos demais vertebrados. Quais são suas características? Qual é o seu valor adaptativo para as aves?

2. Alguns edredons são preenchidos com plumas de aves. Explique o porquê, levando em conta uma das funções das plumas em muitas espécies de aves.

3. Os animais podem ter os dois olhos voltados para a frente, o que permite uma avaliação mais precisa de distâncias e localização de objetos. Ou podem ter os olhos voltados para os lados, tendo uma visão mais ampla de tudo o que está ao redor. Sabendo disso e observando as fotografias ao lado, qual é o animal que tem a visão mais adequada para um caçador e qual é provavelmente uma presa? Justifique.

Veado-campeiro (*Ozotoceros bezoarticus*).

Harpia (*Harpia harpyja*).

4. Um animal endotérmico que habita um lugar frio consome bastante energia para manter a temperatura do corpo acima da temperatura ambiental.
   a) Como o animal repõe a energia consumida?
   b) Por que é importante que esse animal tenha mecanismos que diminuam a perda de calor para o ambiente?
   c) Cite pelo menos dois exemplos de características que melhoram o isolamento térmico do corpo de um animal endotérmico.

5. Na foto ao lado, vemos que óleo e água não se misturam.
   Esse princípio físico tem uma importante implicação para a vida das aves aquáticas, como os gansos e os patos. Que implicação é essa?

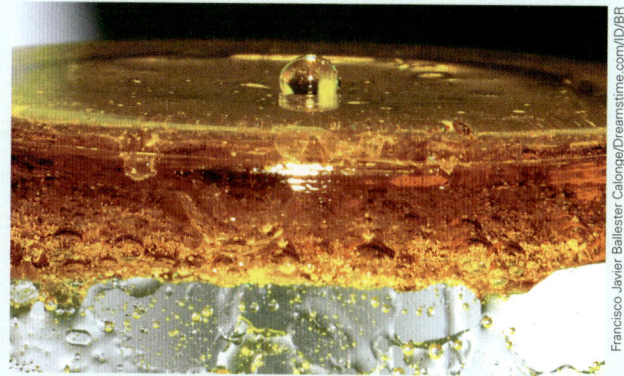

Água e óleo.

Seres humanos e trato animal

A maioria dos animais usados na alimentação do ser humano não é caçada, mas sim criada especialmente para ser morta. Algumas vezes, esses animais crescem confinados para que ganhem massa corporal rapidamente.

Há também animais que são provocados ou mortos em festas populares, como touradas e rodeios.

I. O que você pensa a respeito desses tratamentos?

II. Em sua opinião, como deve ser a relação do ser humano com os outros animais?

Com seus colegas, liste algumas atividades humanas ligadas à utilização de animais e discuta sobre elas. Não deixe de considerar o respeito à diversidade cultural.

QUESTÕES GLOBAIS

6. Os ornitorrincos têm bicos e, além disso, botam ovos, como as aves. Por que, então, eles não são classificados como aves?

7. Faça esta atividade em dupla. Observem atentamente os animais representados a seguir.

Imagens da página sem proporção de tamanhos entre si.

a) Listem diferentes critérios que poderiam ser usados para agrupá-los. Vocês conseguem criar também critérios mais específicos que subdividam os grupos formados?

b) Que grupos foram formados?

c) As outras duplas criaram os mesmos grupos que vocês? Expliquem.

Autoavaliação

I. O que você já sabia sobre aves e mamíferos antes de estudar este capítulo?

II. O que você aprendeu de mais interessante sobre as aves? E sobre os mamíferos?

III. Sobre a atividade prática de observação de aves, responda.
- Você conseguiu realizá-la com sucesso? O que deu certo e o que deu errado durante a execução da atividade?
- Você trabalhou sozinho ou em grupo? Quais são as vantagens e as desvantagens de trabalhar sozinho ou em grupo?

IV. Como você pode ampliar seus conhecimentos sobre as aves e os mamíferos?

PARA SABER MAIS

Livros
Aves de rapina, de Genevieve de Becker, São Paulo: Girassol, 2008. (Coleção O Mundo Fascinante dos Animais).
Obra repleta de curiosidades sobre a vida selvagem. Suas fotos oferecem uma visão das principais espécies de aves de rapina, suas características e seus comportamentos.
***Aves do Brasil*: Pantanal e Cerrado**, de Robert S. Ridgely e outros. São Paulo: Horizonte Geográfico, 2011.
Esta obra apresenta 1020 ilustrações e 740 espécies de aves que habitam o Pantanal e Cerrado brasileiro. A equipe responsável pelo livro teve o respaldo de instituições de pesquisa e conservação da natureza, bancos de dados científicos e recursos de cartografia.
***Berços da vida*: ninhos de aves brasileiras**, de Dante Buzzetti e Silvestre Silva. São Paulo: Terceiro Nome, 2008.
O Brasil possui uma das mais diversificadas avifaunas do planeta, e este livro, com mais de 270 fotos de 140 espécies, apresenta o mundo construído pelas aves brasileiras para a sua reprodução. Informações sobre a reprodução e a biologia de espécies raras, ameaçadas e pouco conhecidas.
***Um por todos, e todos por um*: a vida em grupo dos mamíferos.** Cristina Santos. São Paulo: Cortez, 2011.
Os animais que vivem em grupo são chamados de animais sociais. Vivendo em grupo, os filhotes desenvolvem as habilidades que serão necessárias para a vida adulta. Conheça neste livro o significado de diversos comportamentos de alguns dos mamíferos sociais da bela fauna brasileira.

Sites
<http://www.amigosdopeixe-boi.org.br/>
Site da Associação Amigos do Peixe-boi, que desenvolve projetos de proteção aos mamíferos aquáticos da Amazônia, como apoiar e coordenar atividades de pesquisa científica e de educação ambiental; organizar e participar de encontros de caráter cultural e científico; promover a integração de entidades ligadas à conservação da fauna e do meio ambiente em geral.
<http://www.museu-goeldi.br/>
Site do Museu Paraense Emílio Goeldi, localizado em Belém, que guarda uma das mais importantes coleções biológicas da região Norte e é visitado por pesquisadores de todo o mundo. Clicando, por exemplo, em "Escola Virtual de Assuntos Amazônicos" é possível ter acesso a muitas informações sobre a fauna e a flora da região, com imagens e informações técnicas.
<http://www.redeprofauna.pr.gov.br/arquivos/File/biblioteca/livro_aves_parana.pdf>
No *link* acima está disponível o livro *Aves da planície alagável do alto rio Paraná*, obra em que estão registradas 295 espécies de aves na planície alagável do alto rio Paraná. Cada ave é acompanhada de foto e ficha técnica.
Acessos em: 14 ago. 2014.

Zoológicos
Bosque e Zoológico Municipal Dr. Fábio de Sá Barreto – Ribeirão Preto, SP
O Zoológico Fábio de Sá Barreto tem um programa de educação ambiental que atende a alunos de todas as idades com o auxílio de monitores responsáveis por passar os conhecimentos sobre a fauna e a flora do lugar aos visitantes e educar para a preservação do ambiente natural. Pelo *site* é possível conhecer os diversos setores do parque.
Informações disponíveis em: <http://www.ribeiraopreto.sp.gov.br/turismo/zoologico/i71educacao.php>.
Fundação Jardim Zoológico Brasília – Brasília, DF
No Jardim Zoológico de Brasília é possível conhecer diversas espécies de animais, entre aves, répteis e mamíferos, principalmente espécies da América do Sul, alguns sob ameaça de extinção. Nas ilhas podem ser observados macacos, marrecos, garças e outros animais. O *site* traz notícias e muita informação, incluindo os serviços de visita monitorada oferecidos pelo zoológico.
Informações disponíveis em: <http://www.zoo.df.gov.br/>.
Acessos em: 14 ago. 2014.

Filmes
A marcha dos pinguins. Direção de Luc Jacquet. França, 2005.
O que há no pinguim imperador e em seus domínios no território inóspito da Antártida que nos faz olhá-los maravilhados e de queixo caído? Esse documentário, ganhador do Oscar de 2006 em sua categoria, mostra imagens surpreendentemente próximas das aves lutando contra as intempéries.
Migração alada. Direção: Jacques Perrin, 2001.
Esse documentário mostra o comportamento de algumas aves migratórias que cruzam os céus do mundo. Durante 3 anos são acompanhados os hábitos de migração de diversas espécies de aves, passando por todos os continentes do planeta.
***Vida*: mamíferos e primatas**. Grã-Bretanha, 2011.
Documentário da BBC que mostra a vida e o comportamento desses animais: macacos usando pedras como martelos para abrir cocos; morcegos gigantes se alimentando de frutas e muito mais – imagens espetaculares que revelam a grandeza da natureza.

Referências bibliográficas

ALBERTS, B. et al. *Molecular biology of the cell*. 4. ed. Nova York: Garland Science. 2002.

ALEXANDRIA – *Revista de Educação em Ciência e Tecnologia*. Florianópolis: Programa de Pós--Graduação em Educação Científica e Tecnológica da UFSC. v. 1, n. 1, março de 2008.

ASSOCIAÇÃO BRASILEIRA DE FILOSOFIA E HISTÓRIA DA BIOLOGIA. *Filosofia e História da Biologia 1*. Campinas: ABFHiB, 2006.

_____. *Filosofia e História da Biologia 2*. Campinas: ABFHiB, 2007.

ATLAS DA FAUNA BRASILEIRA. São Paulo: Melhoramentos, 2000.

ATLAS GEOGRÁFICO ESCOLAR. 5. ed. Rio de Janeiro: IBGE, 2009.

AUDESIRK, T.; AUDESIRK, G. *Biology & life on Earth*. 7. ed. New Jersey: Prentice-Hall, 2004.

BRASIL. Ministério da Educação. Secretaria de Educação Fundamental. *Parâmetros curriculares nacionais* – Ciências Naturais. 5ª a 8ª séries. Brasília: MEC, 1998.

BRODY, D. E.; BRODY, A. R. *As sete maiores descobertas científicas da história*. 6. ed. São Paulo: Companhia das Letras, 2002.

BRUSCA, R. C.; BRUSCA, G. J. *Invertebrados*. 2. ed. Rio de Janeiro: Guanabara Koogan, 2007.

_____; *Invertebrates*. 2. ed. Sunderland: Sinauer, 2003.

CAMPBELL, N. et al. *Biology*. 8. ed. California: The Benjamin-Cummings Company, Inc., 2010.

CAPRA, F. *A teia da vida*. 12. ed. São Paulo: Cultrix, 2010.

CARVALHO, A. M. P. *Ensino de Ciências*: unindo a pesquisa e a prática. São Paulo: Cengage Learning, 2003.

CHALMERS, A. F. *A fabricação da ciência*. São Paulo: Ed. da Unesp, 1994.

COLLINS, H.; TREVOR, P. *O Golem*: o que você deveria saber sobre Ciência. São Paulo: Ed. da Unesp, 2003.

CURTIS, Helena. *Biologia*. 2. ed. Rio de Janeiro: Guanabara Koogan, 1977.

DASHEFSKY, H. S. *Dicionário de ciência ambiental*. 3. ed. São Paulo: Gaia, 2003.

DIAS, G. F. *Educação ambiental*: princípios e práticas. 3. ed. São Paulo: Gaia, 2004.

DICIONÁRIO DE ECOLOGIA E CIÊNCIAS AMBIENTAIS. 2. ed. São Paulo: Unesp-Melhoramentos, 2011.

FISHER, Len. *A ciência no cotidiano*: como aproveitar a ciência nas atividades do dia a dia. 2. ed. Rio de Janeiro: Jorge Zahar, 2008.

HICKMAN, C. P.; ROBERTS, L. S.; LARSON, A. *Princípios integrados de Zoologia*. 11. ed. Rio de Janeiro: Guanabara Koogan, 2004.

ÍSOLA, L.; CALDINI, V. L. M. *Atlas geográfico Saraiva*. 3. ed. São Paulo: Saraiva, 2009.

MARGULIS, L. *O que é vida?* Rio de Janeiro: Jorge Zahar, 2002.

_____; SAGAN, D. *Microcosmos*. London: Allen & Unwin, 1987.

_____; SCHWARTZ, Karlene V. *Cinco reinos*: um guia ilustrado dos filos da vida na Terra. Rio de Janeiro: Guanabara Koogan, 2001.

MARIANO, J. B. *Impactos ambientais do refino de petróleo*. São Paulo: Interciência, 2005.

MERGULHÃO, M. C.; VASAKI, B. N. G. *Educando para a conservação da natureza*: sugestões de atividades em educação ambiental. 2. ed. São Paulo: Educ, 2002.

MICHEL, Rival. *Grandes experimentos científicos*. Rio de Janeiro: Jorge Zahar, 1997.

NEVE, A. *A seca*. São Paulo: Paulinas, 2000.

NEVES, David Pereira. *Parasitologia humana*. 10. ed. São Paulo: Atheneu, 2003.

PIAGET, Jean. *Epistemologia genética*. São Paulo: Martins Fontes, 2002.

POUGH, F. H.; HEISER, J. B.; JANIS, C. M. *A vida dos vertebrados*. 4. ed. São Paulo: Atheneu, 2008.

PROST, André. *La Terre*. Paris: Belin, 1999.

RAVEN, Peter H.; EVERT, Ray F.; EICHHORN, Susan E. *Biologia vegetal*. 7. ed. Rio de Janeiro: Guanabara Koogan, 2007.

REIGOTA, Marcos. *Meio ambiente e representação social*. 8. ed. São Paulo: Cortez, 2001. (Coleção Questões da Nossa Época).

RICKLEFS, R. E. *A economia da natureza*. 6. ed. Rio de Janeiro: Guanabara Koogan, 2006.

RONAN, C. A. *História ilustrada da Ciência*: das origens à Grécia. 2. ed. Rio de Janeiro: Jorge Zahar, 2001.

ROSE, S. V. *Atlas da Terra*. São Paulo: Martins Fontes, 1997.

RUPPERT, E. E.; BARNES, R. D. *Zoologia dos invertebrados*. 7. ed. São Paulo: Roca, 2005.

SCHMIDT-NIELSEN, Knut. *Fisiologia animal*. 5. ed. São Paulo: Santos, 1999.

SCIENTIFIC AMERICAN. Nova York, jan. 2000.

STORER, Tracy Irwin et al. *Zoologia geral*. 6. ed. rev. e aum. São Paulo: Companhia Editora Nacional, 2003.

TAIZ, L.; ZEIGER, E. *Plant physiology*. 5. ed. Sunderland: Sinauer Associates, 2010.

TOWNSEND, C. R. et al. *Fundamentos em Ecologia*. 3. ed. São Paulo: Artmed, 2010.

Fontes da internet

Agência de Informações da Empresa Brasileira de Pesquisa Agropecuária – Embrapa, Ministério da Agricultura, Pecuária e Abastecimento. Disponível em: <http://www.agencia.cnptia.embrapa.br>.

Ainsworth, Barbara E. et al. *Compendium of Physical Activities*: classification of energy costs of human physical activities. Disponível em: <http://www.cdof.com.br/MET_compendium.pdf>.

De Olho nos Mananciais. Disponível em: <http://www.mananciais.org.br>.

Fioravanti, Carlos. Mais vida no mar. Revista *Pesquisa Fapesp*. Disponível em: <http://revistapesquisa.fapesp.br/2010/10/27/mais-vida-no-mar>.

Fundação Oswaldo Cruz. Disponível em: <http://www.fiocruz.br>.

Fundação SOS Mata Atlântica. Disponível em: <http://mapas.sosma.org.br>.

Instituto Brasileiro de Geografia e Estatística – IBGE. Disponível em: <http://www.ibge.gov.br>.

Instituto Brasileiro do Meio Ambiente e dos Recursos Naturais Renováveis – Ibama. Ministério do Meio Ambiente. Disponível em: <http://www.ibama.gov.br>.

Instituto Chico Mendes de Conservação da Biodiversidade – ICMBio, Ministério do Meio Ambiente. Disponível em: <http://www.icmbio.gov.br>.

Instituto Ciência Hoje. Disponível em: <http://cienciahoje.uol.com.br>.

Instituto Socioambiental. Disponível em: <http://www.socioambiental.org>.

Jornal da Ciência, Sociedade Brasileira para o Progresso da Ciência – SBPC, 27 abr. 2010. Disponível em: <http://www.jornaldaciencia.org.br/Detalhe.jsp?id=70501>.

Migotto, Álvaro Esteves. Desenvolvimento embrionário dos ouriços-do-mar. Disponível em: <http://noticias.cebimar.usp.br/editora-divulgacao/72-desenvolvimento-embrionario-dos-ouricos-do-mar.html>.

Ministério da Educação. Disponível em: <http://portal.mec.gov.br>.

Ministério do Meio Ambiente (MMA). Disponível em: <http://www.mma.gov.br/>.

Portal da Saúde. Ministério da Saúde. Disponível em: <http://portal.saude.gov.br> e <http://www.saude.gov.br>.

Rede Dengue, Fundação Oswaldo Cruz. Disponível em: <http://www.fiocruz.br/rededengue/cgi/cgilua.exe/sys/start.htm?infoid=125&sid=9>.

Revista da Sociedade Brasileira de Medicina Tropical, v. 36, n. 5. Disponível em: <http://www.scielo.br/scielo.php?script=sci_arttext&pid=S0037-86822003000500009&lng=pt&nrm=iso>.

Secretaria de Vigilância em Saúde. Ministério da Saúde. Disponível em: <http://tabnet.datasus.gov.br>.

Yale University. Disponível em: <http://www.yale.edu/bio243/HIV/hivstructure.html>.

Acessos em: 5 ago. 2014.

João Batista Aguilar

Para Viver Juntos

Animais brasileiros ameaçados de extinção

CIÊNCIAS

ENSINO FUNDAMENTAL 7º ANO

7

sm

Biomas brasileiros

OCEANO ATLÂNTICO

BIOMA FLORESTA AMAZÔNICA

BIOMA CAATINGA

BIOMA CERRADO

BIOMA PANTANAL

OCEANO PACÍFICO

BIOMA MATA ATLÂNTICA

BIOMA CAMPOS SULINOS

Equador
Trópico de Capricórnio

0   130   260 km
1 cm – 130 km

Fonte: Disponível em: <http://www.ibge.gov.br>. Acesso em: 14 ago. 2014.

19. toninha, cachimbo, boto-amarelo, franciscana (*Pontoporia blainvillei*) - ES, PR, RJ, RS, SC, SP.

Ordem Chiroptera
20. morcego (*Lonchophylla bokermanni*) - MG, RJ.
21. morcego (*Lonchophylla dekeyseri*) - DF, GO, MG, PI.
22. morcego (*Platyrrhinus recifinus*) - CE, ES, MG, PE, SP, RJ.
23. morcego (*Lasiurus ebenus*) - SP (Ilha do Cardoso).
24. morcego (*Myotis ruber*) - PR, RJ, SC, SP, RS, MG, ES, MS.

Ordem Didelphimorphia
25. cuíca-de-colete (*Caluromysiops irrupta*) - RO.

Ordem Primates
26. guariba-de-mãos-ruivas (*Alouatta belzebul ululata*) - MA.
27. bugio, barbado (*Alouatta guariba guariba*) - BA, MG, ES.
28. coatá, macaco-aranha (*Ateles belzebuth*) - AM.
29. coatá (*Ateies marginatus*) - PA.
30. muriqui, mono-carvoeiro (*Brachyteles arachnoides*) - PR, RJ, SP.
31. muriqui (*Brachyteles hypoxanthus*) - BA, ES, MG.
32. sagui-da-serra-escuro (*Callithrix aurita*) - MG, RJ, SP.
33. sagui-da-serra (*Callithrix flaviceps*) - ES, MG, RJ.
34. mico-leão-de-cara-preta (*Leontopithecus caissara*) - PR, SP.
35. mico-leão-de-cara-dourada (*Leontopithecus chrysomelas*) - BA, MG.
36. mico-leão-preto (*Leontopithecus chrysopygus*) - SP.
37. mico-leão-dourado (*Leontopithecus rosalia*) - RJ.
38. sagui-de-duas-cores (*Saguinus bicolor*) - AM.
39. macaco-caiarara (*Cebus kaapori*) - MA, PA.
40. macaco-prego (*Cebus robustus*) - BA, ES, MG.
41. macaco-prego-de-peito-amarelo (*Cebus xanthosternos*) - BA, MG, SE.
42. macaco-de-cheiro (*Saimiri vanzolinii*) - AM.
43. uacari-branco (*Cacajao calvus calvus*) - AM.
44. uacari-de-novaes (*Cacajao calvus novaesi*) - AM.
45. uacari-vermelho (*Cacajao calvus rubicundus*) - AM.
46. guigó (*Callicebus barbarabrownae*) - BA, SE.
47. guigó-de-coimbra-filho (*Celticebus coimbrai*) - SE.
48. sauá, guigó (*Calicebus meanochir*) - BA, ES, MG.
49. sauá, guigó (*Calicebus personatus*) - ES, MG.
50. cuxiú-preto (*Chiropotes satanas*) - MA, PA.
51. cuxiú (*Chiropotes utahicki*) - MT, PA.

Ordem Rodentia
52. rato-do-cacau (*Callistomys pictus*) - BA.
53. rato-de-espinho (*Carterodon sulcidens*) - MS, MG, DF.
54. rato-da-árvore (*Phyllomys brasiliensis*) - MG.
55. rato-da-árvore (*Phyllomys thomasi*) - SP.
56. rato-da-árvore (*Phyllomys unicolor*) - BA.
57. ouriço-preto (*Chaetomys subspinosus*) - RJ, sul da Bahia, norte do ES.
58. rato-candango (*Juscelinomys candango*) - DF.
59. rato-do-mato (*Kunsia fronto*) - MG, DF.
60. rato-do-mato-ferrugíneo (*Phaenomys ferrugineus*) - RJ, BA.
61. rato-do-mato-vermelho (*Rhagomys rufescens*) - RJ, MG.
62. rato-do-mato (*Wilfredomys oenax*) - Ocorre do sudeste do Brasil até o Uruguai, inclusive na Região Sul do Brasil.
63. tuco-tuco (*Ctenomys flamarioni*) - RS.

Ordem Sirenia
64. peixe-boi-da-amazônia (*Trichechus inunguis*) - AM, AP, PA, RO, RR.
65. peixe-boi-marinho (*Trichechus manatus*) - AL, AP, CE, MA, PA, PB, PE, PI, RN.

Ordem Xenarthra
66. preguiça-de-coleira (*Bradypus torquatus*) - BA, ES, MG, RJ.
67. tatu-canastra (*Priodontes maximus*) - AC, AM, AP, BA, DF, GO, MG, MS, MT, PA, PI, RO, RR, TO.
68. tatu-bola (*Tolypeutes tricinctus*) - AL, BA, GO, PI, RN, MA, CE, PE, MG, TO.
69. tamanduá-bandeira (*Myrmecophaga tridactyla*) - todo o território nacional.

Répteis
Ordem Squamata
70. jiboia-de-cropan (*Corallus cropanii*) - sul de SP (nos municípios de Juquitiba e Mairinque).
71. dormideira-da-queimada-grande (*Dipsas albifrons cavalheiroi*) - SP (ilha da Queimada Grande).
72. cobra-de-vidro (*Heterodactylus lundii*) - MG.
73. lagartinho-do-cipó (*Placosoma cipoense*) - MG (Serra do Cipó).
74. camaleãozinho (*Anisolepis undulatus*) - RS.
75. lagartixa-de-abaeté (*Cnemidophorus abaetensis*) - litoral da BA.
76. lagarto-da-cauda-verde (*Cnemidophorus littoralis*) - litoral do RJ (entre Macaé e Maricá).
77. lagartinho-de-linhares (*Cnemidophorus nativo*) - litoral da BA e do ES.
78. lagartinho-de-vacaria (*Cnemidophorus vacariensis*) - litoral norte do RS (nas redondezas do município de Vacaria).
79. lagartixa-da-areia (*Liolaemus lutzae*) - litoral do RJ.
80. lagartinho-da-praia (*Liolaemus occipitalis*) - litoral do RS e de SC.
81. jararaca-de-alcatrazes (*Bothrops alcatraz*) - SP (ilha de Alcatraz).
82. jararaca-ilhoa (*Bothrops insularis*) - SP (ilha da Queimada Grande).
83. jararaca (*Bothrops pirajai*) - BA.

Ordem Testudines
84. cágado-de-hoge (*Phrynops hogei*) - Bacia do Rio Paraíba do Sul: RJ, ES, MG.
85. cabeçuda, tartaruga-meio-pente (*Caretta caretta*) - AL, BA, CE, ES, MA, PE, RJ, RN, RS, SE.
86. tartaruga-verde, aruanã (*Chelonia mydas*) - AL, AP, BA, CE, ES, MA, PA, PE, PR, RJ, RN, RS, SE, SC, SP.
87. tartaruga-de-pente (*Eretmochelys imbricata*) - AL, BA, ES, PE, RJ, RN, SE, SP.
88. tartaruga-oliva (*Lepidochelys olivacea*) - AL, BA, CE, ES, PE, PR, RJ, RN, SE, SP.
89. tartaruga-de-couro (*Dermochelys coriacea*) - AL, BA, CE, ES, MA, PE, PR, RJ, RS, SC, SP.

Anfíbios
Ordem Anura
90. flamenguinho, sapinho-de-barriga-vermelha (*Melanophryniscus dorsalis*) - RS, SC.
91. sapinho-narigudo-de-barriga-vermelha (*Melanophryniscus macrogranulosus*) - RS.
92. perereca (*Hyla cymbalum*) - SP.
93. perereca (*Hyla izecksohni*) - SP.
94. perereca-verde (*Hylomantis granulosa*) - PE.
95. perereca (*Phrynomedusa fimbriata*) - SP (Paranapiacaba, Serra do Mar).
96. perereca-de-folhagem-com-perna-reticulada (*Phyllomedusa ayeaye*) - MG.
97. perereca (*Scinax alcatraz*) - SP (ilha de Alcatraz).
98. rãzinha (*Adelophryne baturitensis*) - CE (serra de Baturité).
99. rãzinha (*Adelophryne maranguapensis*) - CE (serra de Maranguape).
100. sapinho (*Holoaden bradei*) - Alto do Itatiaia, MG, RJ.
101. sapinho (*Odontophrynus moratoi*) - SP.
102. rãzinha (*Paratelmatobius lutzii*) - Alto do Itatiaia, MG, RJ.
103. rãzinha (*Physalaemus soaresi*) - Horto Florestal de Santa Cruz, em Itaguaí, RJ.
104. rãzinha (*Thoropa lutzi*) - município do RJ; Santa Teresa no ES e Parque Nacional do Caparaó, MG.
105. rãzinha (*Thoropa petropolitana*) - ES, RJ.

Milton Santos. *Atlas nacional do Brasil*. Rio de Janeiro: IBGE, 2010.

CIÊNCIAS
ENSINO FUNDAMENTAL 7º ANO

7

Animais brasileiros ameaçados de extinção

Fauna ameaçada de extinção – aves

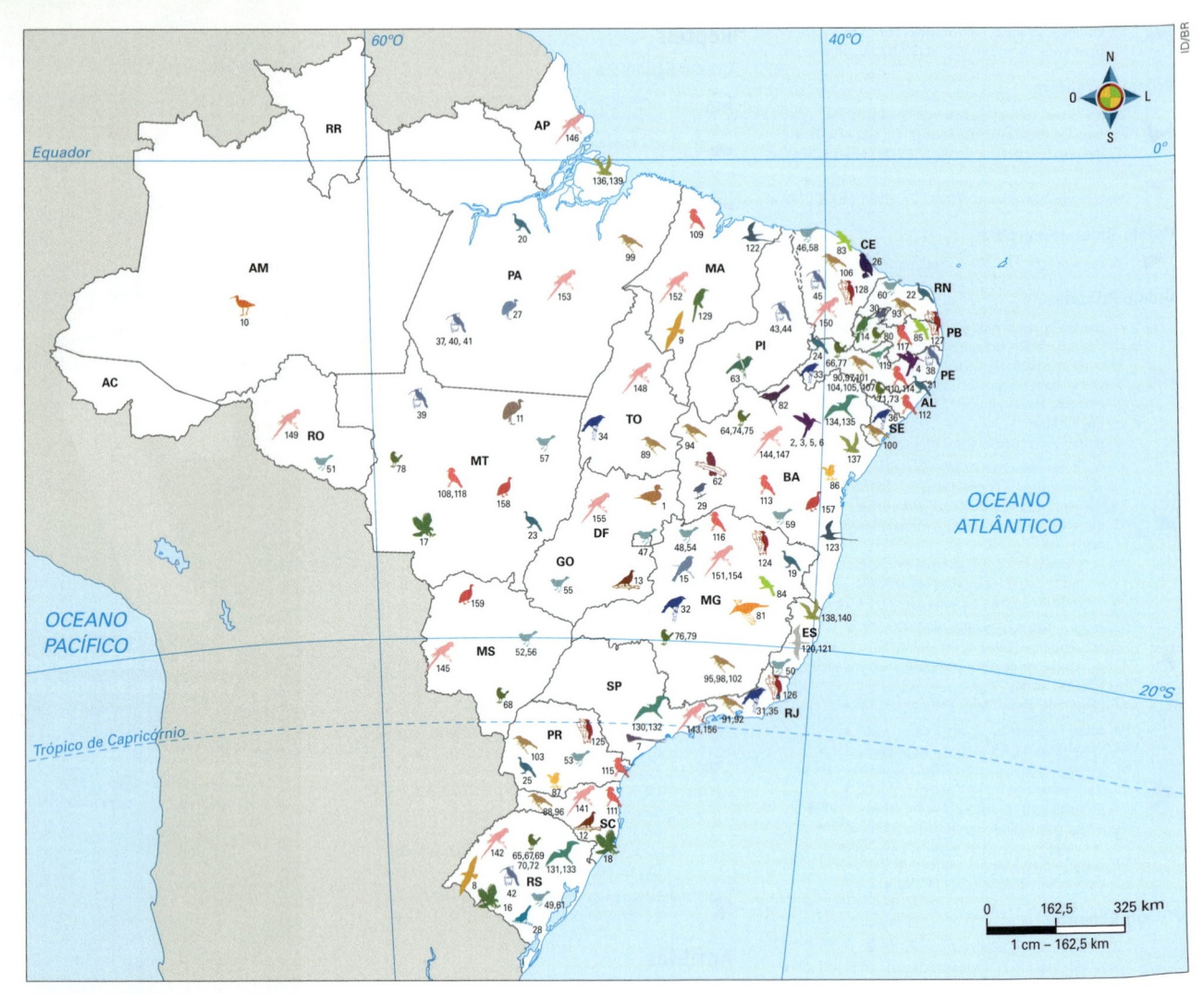

Fonte: *Atlas geográfico escolar*. 6. ed. Rio de Janeiro: IBGE, 2012.

● Espécie vulnerável à extinção ● Espécie extinta na natureza ● Espécie extinta
● Espécie em perigo de extinção ● Espécie criticamente em perigo de extinção

Legenda – aves

Aves

Ordem Anseriformes
1. pato-mergulhão (*Mergus octosetaceus*) - BA, GO, MG, PR, RJ, SC, SP, TO. ●

Ordem Apodiformes
2. balança-rabo-canela (*Glaucis dohrnii*) - BA, ES. ●
3. besourão-de-bico-grande (*Phaethornis margarettae*) - BA, ES. ●
4. besourão-de-bico-grande (*Phaethornis ochraceiventris camargoi*) - AL, PE. ●
5. rabo-de-espinho (*Popelairia l. langsdorffi*) - BA, ES, RJ. ●
6. beija-flor-da-costa-violeta (*Thalurania watertonii*) - AL, BA, PE, SE. ●

Ordem Caprimulgiformes
7. bacurau-de-rabo-branco (*Caprimulgus candicans*) - GO, MT, SP. ●

Ordem Charadriiformes
8. gaivota-de-rabo-preto (*Larus atlanticus*) - RS. ●
9. trinta-réis-real (*Thalasseus maximus*) - BA, ES, MA, PA, PE, PR, RJ, RS, SC, SE, SP. ●
10. maçarico-esquimó (*Numenius borealis*) - AM, MT, SP. ●

Ordem Ciconiiformes
11. socó-jararaca (*Tigrisoma fasciatum*) - GO, MT, PR, RJ, SC, SP. ●

Ordem Columbiformes
12. pararu (*Claravis godefrida*) - BA, ES, MG, PR, RJ, SC, SP. ●
13. rolinha-do-planalto (*Columbina cyanops*) - GO, MS, MT, SP. ●

Ordem Coraciiformes
14. udu-de-coroa-azul-do-nordeste (*Momotus momota marcgraviana*) - Al, PS, PE. ●

Ordem Cuculiformes
15. jacu-estalo (*Neomorphus geoffroyi dulcis*) - ES, MG, RJ. ●

Ordem Falconiformes
16. gavião-cinza (*Circus cinereus*) - RS, SC. ●
17. águia-cinzenta (*Harpyhaliaetus coronatus*) - BA, DF, GO, MA, MG, MT, PR, RJ, RS, SC, SP, TO. ●
18. gavião-pombo-pequeno (*Leocoptemis lacernulata*) - AL, BA, ES, MG, PR, RJ, SC, SP. ●

Ordem Galliformes
19. mutum-do-sudeste (*Crax blumenbachii*) - BA, ES, MG, RJ. ●
20. mutum-de-penacho (*Crax faseiolata pinima*) - MA, PA. ●
21. mutum-de-alagoas (*Mitu mitu*) - AL, PE. ●
22. jacucaca (*Penelope jacucaca*) - AL, BA, CE, MA, MG, PB, PE, PI, RN. ●
23. jacu-de-barriga-vermelha (*Penelope ochrogaster*) - GO, MG, MT, TO. ●

24. jacu-de-alagoas (*Penelope superciliaris alagoensis*) - AL, PB, PE. ●
25. jacutinga (*Pipile jacutinga*) - BA, ES, MG, PR, RJ, RS, SC, SP. ●
26. uru-do-nordeste (*Odontophorus capueira plumbeicollis*) - AL, CE, PB, PE. ●

Ordem Gruiformes

27. jacamim-de-costa-verde (*Psophia viridis obscura*) - MA, PA. ●
28. sanã-cinza (*Porzana spiloptera*) - RS. ●

Ordem Passeriformes

29. cuspidor-do-nordeste (*Conopophaga lineata cearae*) - AL, BA, CE, PB, PE. ●
30. chupa-dente-de-máscara (*Conopophaga melanops nigrifrons*) - AL, PB, PE. ●
31. tietê-de-coroa, anambé-mirim (*Calyptura cristata*) - RJ. ●
32. crejoá, cotlinga-crejoá (*Cotinga maculata*) - BA, ES, MG, RJ. ●
33. anambezinho, anambé-de-crista (*Iodopleura pipra leucopygia*) - AL, PB, PE. ●
34. araponga-de-barbela (*Procnias averano averano*) - AL, BA, CE, MA, PB, PE, PI, TO. ●
35. saudade-de-asa-cinza (*Tijuca condita*) - RJ. ●
36. anambé-de-asa-branca (*Xipholena atropurpurea*) - AL, BA, ES, PB, PE, RJ, SE. ●
37. arapaçu-canela-de-belém (*Dendrexetestes rufigula paraensis*) - PA. ●
38. arapaçu-pardo-do-nordeste (*Dendrocincla fuliginosa taunayi*) - AL, PE. ●
39. pardo-do-xingu-arapaçu (*Dendrocincla fuliginosa trumai*) - MT. ●
40. arapaçu-da-taoca-maranhense (*Dendrocincla merula badia*) - MA, PA. ●
41. arapaçu-barrado-do-nordeste (*Dendrocolaptes certhia medius*) - AL, MA, PA, PE. ●
42. arapaçu-platino (*Drymornis bridgesii*) - RS. ●
43. arapaçu-escamado-de-wagler (*Lepidocolaptes wagleri*) - BA, MG, PI. ●
44. arapaçu-do-nordeste (*Xiphocolaptes falcirostris*) - BA, CE, MA, MG, PB, PE, PI. ●
45. arapaçu-de-garganta-amarela-do-nordeste (*Xiphorhynchus fuscus atlanticus*) - AL, CE, PB, PE. ●
46. furriel-do-nordeste (*Caryothraustes canadensis frontalis*) - AL, CE, PE. ●
47. tico-tico-do-campo (*Coryphaspiza melanotis*) - DF, GO, MG, MS, MT, PA, SP. ●
48. anumará (*Curaeus forbesi*) - AL, MG, PE. ●
49. cardeal-amarelo (*Gubernatrix cristata*) - RS. ●
50. saíra-apunhalada (*Nemosia rourdei*) - ES. ●
51. bicudo, bicudo-verdadeiro (*Oryzoborus maximiliani*) - AI, BA, CE, DF, ES, GO, MG, MS, MT, PA, PI, RJ, RO, SP. ●
52. caboclinho-de-chapéu-cinzento (*Sporophila cinnamomea*) - GO, MG, MS, PR, RS, SP. ●
53. cigarra-verdadeira (*Sporophila falcirostris*) - BA, ES, MG, PR, RJ, SP. ●
54. pixoxó, chanchão (*Sporophila frontalis*) - BA, ES, MG, PR, RJ, RS, SC, SP. ●
55. caboclinho-de-barriga-preta (*Sporophila melanogaster*) - DF, GO, MG, PR, RS, SC, SP. ●
56. caboclinho-do-sertão (*Sporophila nigrorufa*) - MS, MT. ●
57. caboclinho-de-papo-branco (*Sporophila palustris*) - BA, GO, MG, MS, MT, RS, SP. ●
58. soldadinho (*Tangara cyanocephala cearensis*) - CE. ●
59. saíra-de-lenço, soldadinho (*Tangara cyanocephala corallina*) - AL, BA, PE. ●
60. pintor-verdadeiro (*Tangara fastuosa*) - AL, PB, PE, RN. ●
61. veste-amarela (*Xanthopsar flavus*) - RS, SC. ●
62. tovacuçu-malhado (*Grallaria varia intercedens*) - BA, ES, PE. ●
63. pintassilgo-baiano (*Carduelis yarrellii*) - AL, BA, CE, PB, PE, PI. ●
64. acrobata (*Acrobatonis fonsecai*) - BA. ●
65. lenheiro (*Asthenes baeri*) - RS. ●
66. barranqueiro-do-nordeste (*Automolus eucophthalmus lammi*) - AL, PB, PE. ●
67. corredor-crestudo (*Coryphistera alaudina*) - RS. ●
68. andarilho, bate-bunda (*Geobates poecilopterus*) - BA, DF, GO, MG, MS, MT, SP, TO. ●
69. rabudinho (*Leptasthenura platensis*) - RS. ●
70. junqueiro-de-bico-reto (*Limnoctites rectirostris*) - RS, SC. ●
71. limpa-folha-do-nordeste (*Philydor novaesi*) - AL. ●
72. coperete (*Pseudoseisura lophotes*) - RS. ●
73. vira-folha-pardo-do-nordeste (*Sclerurus caudacutus caligineus*) - AL. ●
74. vira-folha-pardo-do-sudeste (*Sclerurus caudacutus umbretta*) - BA, ES. ●
75. vira-folhas-cearense (*Sclerurus scansor cearensis*) - BA, CE, PE. ●
76. joão-baiano (*Synallaxis cinerea*) - BA, MG. ●
77. tatac (*Synallaxis infuscata*) - AL, PE. ●
78. joão-do-araguaia (*Synallaxis simoni*) - GO, MT, TO. ●
79. rabo-amarelo (*Thrypophaga macroura*) - BA, ES, MG, RJ. ●
80. bico-virado-liso (*Xenops minutus alagoanus*) - AL, PB, PE. ●
81. caminheiro-grande (*Anthus natterери*) - MG, PR, RS, SC, SP. ●
82. sabiá-castanho (*Cichlopsis leucogenys leucogenys*) - BA, ES. ●
83. soldadinho-do-araripe, lavadeira-da-mata (*Antilophia bokermanni*) - CE. ●
84. caneleirinho-de-chapéu-preto, caneleirinho-de-boné-preto (*Piprites pileatus*) - MG, PR, RJ, RS, SC, SP. ●
85. flautim-marrom (*Schiffornis turdinus intermedius*) - AL, PB, PE. ●
86. entufado-baiano, bigodudo-baiano (*Merulaxis stresemanni*) - BA. ●
87. macuquinho-do-brejo (*Scytalopus iraiensis*) - PR, RS. ●
88. papo-branco (*Biatas nigropectus*) - MG, PR, RJ, SC, SP. ●
89. chororó-tocantinense (*Cercomacra ferdinandi*) - TO. ●
90. chororó-didi (*Cercomacra laeta sabinoi*) - AL, PE. ●
91. formigueiro-de-cabeça-negra, papa-formigas-de-cabeça-negra (*Formicivora erythronotus*) - RJ. ●
92. formigueiro-do-litoral, com-com (*Formicivora litoralis*) - RJ. ●

93. chorozinho-de-papo-preto (*Herpsilochmus pectoralis*) - BA, MA, RN, SE. ●
94. chorozinho-da-bahia (*Herpsilochmus pileatus*) - BA. ●
95. formigueiro-de-cauda-ruiva (*Myrmeciza ruficauda*) - AL, BA, ES, MG, PB, PE. ●
96. choquinha-pequena (*Myrmotherula minor*) - BA, ES, MG, RJ, SC, SP. ●
97. choquinha-de-alagoas (*Myrmotherula snowi*) - AL, PE. ●
98. choquinha-de-rabo-cintado (*Myrmotherula urosticta*) - BA, ES, MG, RJ. ●
99. mãe-de-taoca-pintada (*Phlegopsis nigromaculata paraensis*) - MA, PA. ●
100. olho-de-fogo-rendado, papa-taoca-da-bahia (*Pyriglena atra*) - BA, SE. ●
101. papa-toaca (*Pyriglena leuconota pernambucensis*) - AL, PE. ●
102. gravatazeiro (*Rhopornis ardesiaca*) - BA, MG. ●
103. bicudinho-do-brejo (*Stymphalornis acutirostris*) - PR, SC. ●
104. zidedê-do-nordeste (*Terenura sicki*) - AL, PE. ●
105. choca-lisa-do-nordeste (*Thamnophilus aethiops distans*) - AL, PE. ●
106. choca-da-mata-de-baturité (*Thamnophifus caerulescens cearensis*) - CE. ●
107. choca-da-mata-do-nordeste (*Thamnophilus caerulescens pernambucensis*) - AL, PE. ●
108. galito (*Alectrurus tricolor*) - DF, GO, MG, MS, MT, PR, SP. ●
109. maria-do-campo, papa-moscas-do-campo (*Culicivora caudacuta*) - BA, DF, GO, MA, MG, MS, MT, PR, SP, TO. ●
110. cocoruta (*Elaenia ridleyana*) - PE. ●
111. mata-catarinense (*Hemitriccus kaempferi*) - PR, SC. ●
112. maria-do-nordeste (*Hemitriccus mirandae*) - AL, CE, PB, PE. ●
113. borboletinha-baiano (*Phylloscartes beckeri*) - BA. ●
114. cara-pintada (*Phylloscartes ceciliae*) - AL, PE. ●
115. maria-da-restinga (*Phylloscartes kronei*) - PR, RS, SC, SP. ●
116. cara-dourada (*Phylloscartes roquettei*) - MG. ●
117. patinho-do-nordeste (*Platyrinchus mystaceus niveigularis*) - AL, PB, PE. ●
118. tricolino-canela, papa-moscas-canela (*Polystictus pectoralis pectoralis*) - GO, MS, MT, PR, RS, SP. ●
119. juruviara-de-noronha (*Vireo gracilirostris*) - PE. ●

Ordem Pelecaniformes

120. tesourão-pequeno (*Fregata ariel*) - ES. ●
121. tesourão-grande (*Fregata minor*) - ES. ●
122. rabo-de-palha (*Phaethon aethereus*) - AL, BA, MA, PE, RJ, SE. ●
123. rabo-de-palha-de-bico-laranja (*Phaethon lepturus*) - BA, PE. ●

Ordem Piciformes

124. pica-pau-de-coleira-do-sudeste (*Celeus torquatus tinnunculus*) - BA, ES, MG. ●
125. pica-pau-de-cara-amarela (*Dryocopus galeatus*) - PR, RS, SC. ●
126. pica-pau-dourado-escuro-do-sudeste (*Piculus chrysochloros polyzonus*) - ES, RJ. ●
127. pica-pau-anão-dourado (*Picumnus exilis pernambucensis*) - Al, PB, PE. ●
128. pica-pau-anão-da-caatinga (*Picumnus limae*) - CE. ●
129. araçari-de-pescoço-vermelho (*Pteroglossus bitoquartus*) - MA, PA. ●

Ordem Procellariiformes

130. albatroz-de-tristão, albatroz-de-gough (*Diomedea dabbenena*) - RS, SC, SP. ●
131. albatroz-real, albatroz-real-meridional (*Diomedea epomophora*) - RJ, RS, SC. ●
132. albatroz-viajeiro, albatroz-errante (*Diomedea exulans*) - RJ, RS, SC, SP. ●
133. albatroz-real-setentrional (*Diomedea sanfordi*) - RS, SC. ●
134. albatroz-de-nariz-amarelo (*Thalassarche chlororhynchos*) - AL, BA, PE, RJ, RS, SC, SP. ●
135. albatroz-de-sobrancelha (*Thalassarche melanophris*) - AL, BA, CE, ES, PR, RJ, RS, SC, SE, SP. ●
136. pardela-preta, pretinha (*Procellaria aequinoctialis*) - BA, CE, ES, PA, PR, RJ, RS, SC, SP. ●
137. pardela-de-óculos (*Procellaria conspicillata*) - BA, ES, RJ, RS, SC, SP. ●
138. pardela-da-trindade (*Pterodroma arminjoniana*) - ES. ●
139. fura-buxo-de-capuz (*Pterodroma incerta*) - PA, PR, RJ, RS, SC, SP. ●
140. pardela-de-asa-larga (*Putiinus lherminieri*) - ES, PE. ●

Ordem Psittaciformes

141. papagaio-da-cara-roxa, chauá (*Amazona brasiliensis*) - PR, SC, SP. ●
142. papagaio-charão (*Amazona pretrei*) - RS, SC. ●
143. chauá (*Amazona rhodocorytha*) - AL, BA, ES, MG, RJ, SP. ●
144. papagaio-de-peito-roxo (*Amazona vinacea*) - BA, ES, MG, PR, RJ, RS, SC, SP. ●
145. arara-azul-pequena (*Anodorhynchus glaucus*) - MS, PR, RS, SC. ●
146. arara-azul-grande (*Anodorhynchus hyacinthinus*) - AP, BA, GO, MA, MG, MS, MT, PA, PI, SP, TO. ●
147. arara-azul-de-leari (*Anodorhynchus leari*) - BA. ●
148. ararinha-azul (*Cyanopsitta spixii*) - BA, MA, PE, PI, TO. ●
149. ararajuba (*Guaruba guarouba*) - MA, MT, PA, RO. ●
150. cara-suja (*Pyrrhura anaca*) - AL, CE, PE. ●
151. fura-mato (*Pyrrhura cruentata*) - BA, ES, MG, RJ. ●
152. tiriba-pérola (*Pyrrhura lepida coerulescens*) - MA. ●
153. tiriba-pérola (*Pyrrhura lepida lepida*) - MA, PA. ●
154. tiriba-de-orelha-branca (*Pyrrhura leucotis*) - BA, ES, MG, RJ. ●
155. tiriba-de-orelha-branca (*Pyrrhura pfrimeri*) - GO, TO. ●
156. apuim-de-cauda-vermelha (*Touit melanonota*) - BA, ES, RJ, SP. ●

Ordem Tinamiformes

157. jaó (*Crypturellus noctivagus noctivagus*) - BA, ES, MG, PR, RJ, RS, SC, SP. ●
158. codorna, codorna-buraqueira (*Nothura minor*) - DF, GO, MG, MS, MT, SP. ●
159. inhambu-carapé (*Taoniscus nanus*) - DF, GO, MG, MS, PR, SP, TO. ●

Milton Santos. *Atlas nacional do Brasil*. Rio de Janeiro: IBGE, 2010.

Fauna ameaçada de extinção – mamíferos, répteis e anfíbios

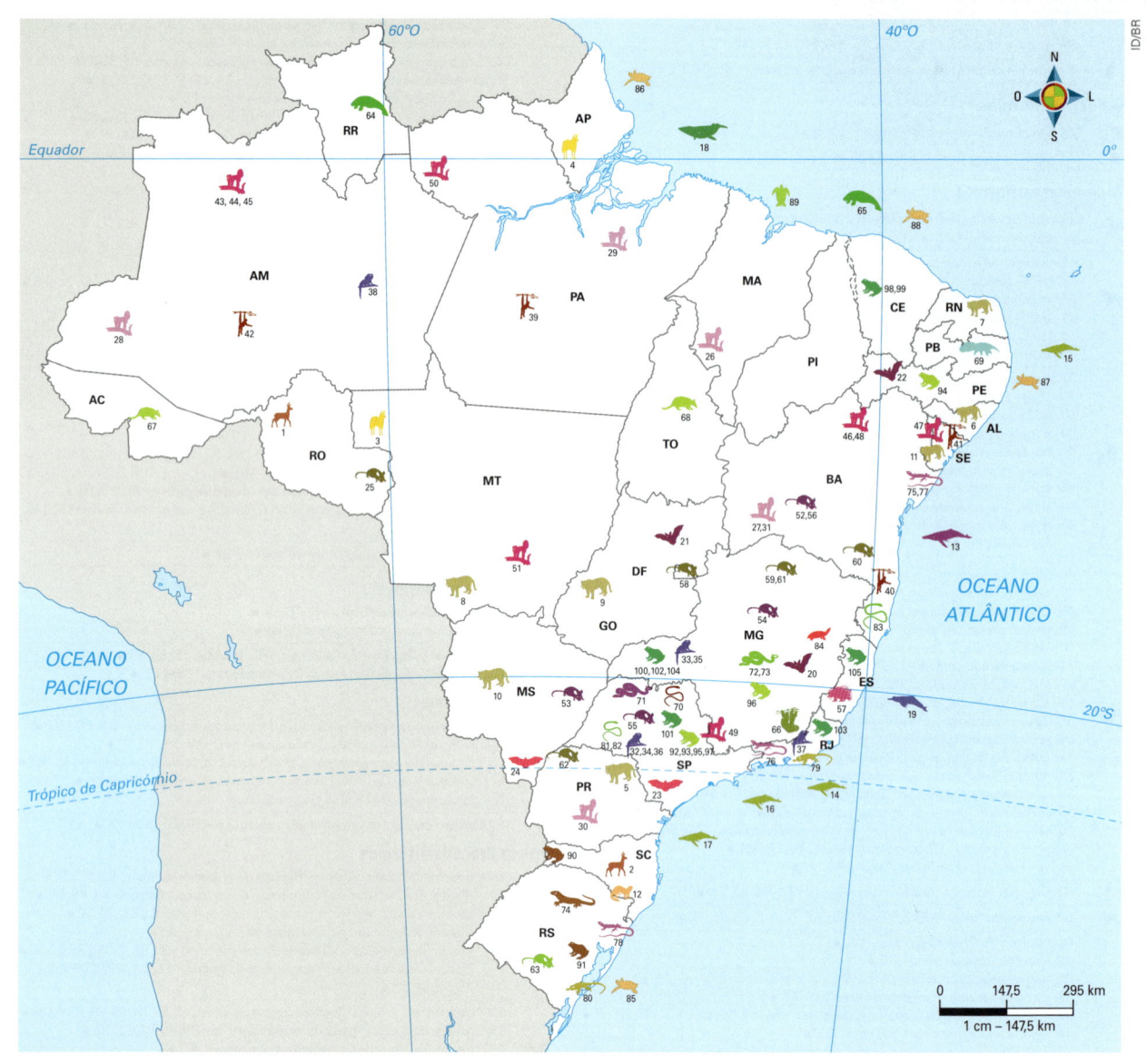

Fonte: *Atlas geográfico escolar*. 6. ed. Rio de Janeiro: IBGE, 2012.

● Espécie extinta ● Espécie criticamente em perigo de extinção
● Espécie em perigo de extinção ● Espécie vulnerável à extinção

Legenda – mamíferos, répteis e anfíbios

Mamíferos

Ordem Artiodactyla
1. cervo-do-pantanal (*Blastocerus dichotomus*) - GO, MG, MS, MT, PR, RO, RS, SP, TO. ●
2. veado-bororó-do-sul (*Mazama nana*) - PR, RS, SC, SP. ●

Ordem Carnivora
3. lobo-guará (*Chrysocyon brachyurus*) - BA, DF, GO, MA, MG, MS, MT, PR, RJ, RS, SC, SP, TO. ●
4. cachorro-vinagre (*Speothos venaticus*) - AC, AM, AP, BA, DF, GO, MA, MS, MI, PA, PR, RO, RR, SC, SP, TO. ●
5. jaguatirica (*Leopardus pardalis mitis*) - sul do Brasil. ●
6. gato-do-mato (*Leopardus tigrinus*) - todo o território nacional. ●
7. gato-maracajá (*Leopardus wiedii*) - todo o território nacional. ●
8. gato-palheiro (*Oncifelis colocolo*) - BA, DF, GO, MG, MS, MT, PI, RS, SP, TO. ●
9. onça-pintada (*Panthera onca*) - AC, AM, AP, BA, ES, GO, MA, MG, MS, MT, PA, PI, PR, RJ, RO, RR, RS, SP, TO. ●
10. onça-parda, suçuarana, puma, onça-vermelha, leão-baio (*Puma concolor capricornensis*) - ES, MG, MS, PR, RJ, RS, SC, SP. ●
11. onça-vermelha, suçuarana, onça-parda, puma (*Puma concolor greeni*) - AL, BA, CE, MA, PB, PE, PI, RN, SE, AM (porção sul). ●
12. ariranha (*Pteronura brasiliensis*) - AC, AM, AP, DF, GO, MA, MS, MT, PA, PR, RJ, RO, RR, SP, TO, MG, SC, ES, BA, PI, AL. ●

Ordem Cetacea
13. baleia-franca-do-sul (*Eubalaena australis*) - BA, PR, RS, SC, RJ, SP. ●
14. baleia-sei, espadarte (*Balaenoptera borealis*) - PB, RJ, ES. Provavelmente ocorre em toda a costa brasileira. ●
15. baleia-azul (*Balaenoptera musculus*) - PB, RJ, RS. Provavelmente ocorre em toda a costa brasileira. ●
16. baleia-fin (*Balaenoptera physalus*) - PB, RJ, RS, SP, BA. Provavelmente ocorre em toda a costa brasileira. ●
17. baleia-jubarte, jubarte (*Megaptera novaeangliae*) - BA, ES, PR, RJ, RS, SC, SP, RN, PB. Provavelmente ocorre em toda a costa brasileira. ●
18. cachalote (*Physeter macrocephalus*) - BA, CE, PA, RN, PB, PE, SE, RJ, SP, SC, RS. Provavelmente ocorre em toda a costa brasileira. ●